深入絕境：戰地記者瑪麗・柯爾文的生與死

IN EXTREMIS: THE LIFE AND DEATH OF THE WAR CORRESPONDENT MARIE COLVIN

Lindsey Hilsum 琳賽・希爾遜／著　黃楷君／譯

■推薦序

記者：在現場

◎閭丘露薇

因為在二十多年的記者生涯中，採訪過多場戰爭和衝突，因此，我會經常被問到：是否值得冒著生命危險去現場？

我想，看過這本書之後，大家就會獲得答案，而這些答案，是每個視報導真相為最大使命的記者，都會給予的。因為只有人在現場，才可能進行報導，而冒著受傷，甚至失去生命的危險，這是記者這個職業本身附帶的風險。也因為這樣，如何做到不是逞能，而是充滿自信地完成工作，需要記者的專業和經驗。

但是即便這樣，危險依然無處不在。瑪麗・柯爾文是一個經驗豐富的記者，也因為這樣，讓她有能力比其他記者走得更靠近最前線。我並不認識她，但是我們曾經在一些地方擦肩而過。二〇〇三年的伊拉克，二〇一一年的利比亞。在利比亞，她去了米蘇拉塔，這是最接近前線戰火交鋒的地方。我和我的同事一直想去，但是卻只能在班加西焦慮地等待通行證，也因此，對於那些已經深入前方的同行們心生佩服，因為明白，這歸功於他們的人脈和經驗，讓他們走得更快更前，讓他們可以發出很多獨家報導，讓大眾更加詳盡和精準地了解戰事動態。但是這種深入，也增加了他們承受的風險。

柯爾文在敘利亞遭到政府的定點炸彈襲擊而遇難。這並不讓人意外。敘利亞政府一直嚴格限制外國媒體進入，因為當局並不希望外界獲得的資訊，和官方發布的不同，尤其是不希望外國媒體出現在反對派區域，從而讓反對派在國際社會上有發聲的平臺。也因為這樣，當柯爾文在當地用衛星電話做直播報導，這種不受官方限制的敘述，自然遭到當局痛恨。

因為知道現場報導的風險，很多媒體會限制記者前往，但是也因為高風險，讓現場報導成為使外界了解真相的一種必須。當地的民眾處於怎樣的生活狀態，敘利亞政府有沒有攻擊平民？來自現場的民眾，或者反對派的敘述，被政府描述為誤導甚至謊言，這個時候，新聞記者的現場報導，成為幫助各國政府，以及國際組織來對現狀進行決策的重要資訊來源。

其實不僅僅是戰場和衝突現場，太多時候，即便承受來自各方的壓力——包括政府，企業，利益團體，甚至大眾——記者也需要堅持在現場，提供獨立的聲音。

每個記者作為社會的一分子，身上總是不免帶著時代的印記。柯爾文是一個感性的人，也因為這樣，她會在報導伊拉克戰爭時犯下錯誤。而我一直認為，雖然沒有一個記者能夠做到絕對客觀中立，但是記者需要理性和冷靜，將個人價值偏好和工作區分開來，這樣才能避免因為情感上的偏好，而犯下判斷錯誤。但是同一時間，我也認同柯爾文一直的堅持：記者需要為弱者發聲。要擁有這樣的情懷，才不會對社會不公無意識地視而不見。

在這本書裡面，柯爾文是一個希望能夠平衡事業和家庭的女性，但是最終沒能做到。而這正是很多女性記者，尤其是採訪戰亂和衝突的女性記者所面對的問題。研究顯示，大部分報導戰地的女性記者處於單身狀態，而且和報導戰地的男性記者相比，她們的學歷以及情緒控制能力更高，顯示女性跨入的門檻，要比男性高得多。柯爾文的那個年代，女性要在這個被視為男性的領地站穩腳跟，獲得尊重，她付出的，要比現在的女性記者多得多。但正是因為有她這樣的一批打破了男性壟斷的人，才使得後來者，可以將很多機會視為理所當然。

我喜歡這本書，因為不僅僅回答了開頭的問題，也展現了柯爾文的立體形象。她不再僅僅是一個戰地女記者。她之所以堅守在她的崗位，是因為她的價值觀，她的性格，她對這份職業的了解，她對這個社會的承擔。

閭丘露薇，前鳳凰衛視記者、全球新聞總監。曾為伊拉克戰爭時唯一在現場直播的華人女記者。現為香港浸會大學新聞系助理教授。

謹以此書紀念另一位同路的夥伴——莎拉・柯普（Sarah Corp）。

對我來說，我的書寫總是關乎**在絕境中**的人性、那些被推展至無法忍受的狀況下所展現的人性；而我始終認為，告訴世人戰爭的真實情況非常重要。

——瑪麗・柯爾文，寫於二〇〇一年

晴朗的天氣

這片無波的藍色不是我的海；
這裡有甜美的水域，在陽光下風景旖旎，
其沉默的漣漪順從地迎上一條醒目整齊的線，一波接著一波。
這不是我的海，它恭順地沖刷未受擾動的沙灘，一片閃耀和溫暖。
我需要更猛烈、更嚴酷的海浪；
了解狂風暴雨之人，厭惡平靜。

就讓愛再次將我擊潰，
充分釋放它百萬道絕望的浪花；
驟然劇烈地漲落；咆哮令天空崩裂；
一道莽撞的浪拍打在心上，當它退去，
留下碎片和晶石和濕答答的帶鹽海草。

——桃樂絲・帕克（Dorothy Parker）[1]

1 譯注：桃樂絲・帕克（1893-1967），美國詩人。

目次

第三部　世界的彼端

第四部　倫敦

前言

我們生活的方式，
無論膽怯或無懼，
皆將成為我們的生命。

——謝默斯・希尼（Seamus Heaney）[1]

那晚，在貝魯特（Beirut）[2]的晚餐時間只有一個話題：是否該找人口販子偷渡我們通過邊界，進入敘利亞和遭到圍攻的霍姆斯鎮（Homs）。當時是二〇一二年的二月，革命正演變成內戰。希望推翻敘利亞政府的叛軍，正堅守在鄰近霍姆斯的巴巴阿姆爾（Baba Amr）地區。同一時間，總統巴夏爾・阿薩德

1 譯注：謝默斯・希尼（1939-2013）為愛爾蘭作家、詩人。
2 譯注：黎巴嫩首都，有東方小巴黎之稱。

（Bashar al-Assad）的軍隊以火砲猛烈轟炸當地。

我們四人已經在記者生涯中冒過許多次險。吉姆．穆伊爾（Jim Muir）從一九八〇年代初便擔任ＢＢＣ的中東記者，儘管蒙受綁架的威脅，仍居留黎巴嫩數年之久。尼珥．麥法夸爾（Neil MacFarquhar）童年時在利比亞長大，受《紐約時報》（*New York Times*）派駐中東。我曾報導過盧安達（Rwanda）、伊拉克、利比亞和另外十多個國家的衝突事件。此外還有《週日泰晤士報》（*Sunday Times*）的瑪麗．柯爾文。她的左眼戴著一只眼罩，那隻眼睛在十年前，被斯里蘭卡政府士兵投擲的一顆手榴彈炸傷，因此失去視力。一九九九年，配備槍枝和彎刀的民兵進逼東帝汶的聯合國駐區，即便多數其他記者都搭上最後一班飛機離境，瑪麗仍拒絕離去。同一年的冬天，她在俄國人轟炸道路時，於車臣的嚴寒山區瀕臨死亡。她總是一次次更加深入當地，也一次次待得更久。

不僅巴巴阿姆爾的轟擊毫無間斷，人口販子還可能綁架我們勒索贖金，或轉賣給聖戰士。對我們三人來說，這已經超越所能承受的危險底限，但瑪麗不以為意。「無論如何這就是我們的工作。」她說。於是就這麼決定了。她將進入戰地。

十五個月前，我人在倫敦的聖布里奇教堂（St Bride's），也就是艦隊街（Fleet Street）上的記者教堂，當時瑪麗在年度禮拜上發表演說，紀念當年喪生的同業。「我們總是必須自問，新聞值得我們承擔多高的風險。」她說。她高高站在讀經臺上，瘦削的身軀罩著一件黑色針織洋裝，眼鏡架在鼻子上，好用她那隻僅存未盲的眼睛讀稿。「什麼是勇敢，而什麼又是逞能？」

當晚在貝魯特的晚餐後，我回到飯店，不安地思考著，究竟是瑪麗魯莽，還是我懦弱。我有不去霍姆斯的理由——我的膝蓋不好，有個編輯認為那趟旅程會太過危險，我還有本書要寫——但那些都只是藉口。瑪麗知道新聞所在，赴湯蹈火也要前往報導。我完成了關於黎巴嫩敘利亞難民的報導後，搭機回到倫敦。瑪麗多花了幾天安排她的行程，接著和攝影師保羅．康羅伊（Paul Conroy）踏上危機四伏的旅程，他們步行、搭乘摩托車和吉普車，甚至一度爬行通過暴雨水溝。

幾天後我收到一封電子郵件，是用衛星電話寄出的。「到巴巴阿姆爾了。這裡簡直是場噩夢，但太令人憤慨了，非常值得。我現在應該要申請伊朗簽證，但我把我伊朗門路的聯絡方式遺留在家中。你有伊斯蘭指導部辦公室（Islamic Guidance Office）那位（相較之下！）親切的女士的電話嗎？」瑪麗已經在計畫她的下一趟旅程。

當週星期六，我讀到她關於「寡婦的地下室」的報導。她奉著名戰爭記者瑪莎．蓋爾霍恩（Martha Gellhorn）為楷模，蓋爾霍恩曾經報導過西班牙內戰（Spanish Civil War）和諾曼第登陸戰（D-Day landings），而她的那篇報導則和蓋爾霍恩的任何一篇戰爭報導一樣強而有力。「這是個飢寒交迫的城市，砲彈的爆炸聲和陣陣砲火轟隆迴響……冰冷的雨水填滿坑洞，白雪從沒有玻璃的窗戶飄進屋內。」她寫道，「每個人的嘴上都在問著：『為什麼世界棄我們而去？』」

我以為她已經在返家的路上，但兩天後，我聽說她又回到巴巴阿姆爾。我對她感到生氣。為什麼要再次冒險呢？她寄給我一封電子郵件，說她後悔離開了，而且其他歐洲記者也在霍姆斯，所以她覺得自己也應該待在那裡。當時的情況非常緊急，她必須在星期日她的報社出刊前就發布報導。我們安排了一次Skype通話，讓她替我任職的第四臺新聞（Channel 4 News）做段訪談。我們在訪談開始前聊了幾句。

「琳賽，這是我們見過最糟的情況了。」

「我知道，但妳打算怎麼從那裡脫身？」

她停頓了一會。

「就這樣了。我也不曉得。我還在安排。」

隔天早晨，我醒來時想起一位在巴格達（Baghdad）被綁架撕票的朋友。瑪麗也可能遭遇這樣的不測，我心想。我在上班途中的公車上，接到一位在貝魯特的西班牙友人稍來的訊息，她的記者丈夫也在巴巴阿姆爾。

「我想妳的朋友瑪麗遇上可怕的事了。妳聽說了嗎？」

*

瑪麗死後的幾天一團混亂。有名年輕的法籍攝影師瑞米・歐希里克（Rémi Ochlik）也不幸遇害。《週日泰晤士報》竭盡全力要把保羅・康羅伊給救出來——他受了重傷，另一名法籍記者艾狄・布維耶（Edith Bouvier）也是。我把我的悲慟和掛念，灌注在廣播節目上談論瑪麗的事蹟，以及替《金融時報》（*Financial Times*）撰寫她的訃文。我發現自己憶起一九九八年我們初相識的情景，當時衣索比亞和厄利垂亞（Eritrea）之間的戰爭已經爆發。有十來位記者在吉布地（Djibouti），包括瑪麗和我，那是地球上最炎熱的地方。我們看上一架搖搖晃晃的烏克蘭飛機，正在將救援人員和商人從厄利垂亞首都阿斯瑪拉（Asmara）載離。當時的情況並不尋常——所有明智之人都爭先恐後離境，但有「一小群瘋子」試圖入境，他們是記者。有兩名烏克蘭飛行員同意掉頭，送我們回去。一轉眼，瑪麗和我已經走過鋪有柏油碎石的飛機跑道，路面熱得快要融化。上機後，我們坐在一塊。飛機在崎嶇不平的跑道上滑行時，我們注意到有兩個東西猛然飛越窗外——那是兩位飛行員汗濕的襯衫，他們掛在機翼上晾乾，結果忘記要穿上。我們朝敞開的駕駛員座艙門一瞧——沒錯，他們正打著赤膊開飛機。機身突然向上傾斜，堆放在前方的電視採訪設備沒有固定住，沿著走道逐漸往後滑。瑪麗和我捧腹大笑，幾乎快要從座位上跌下來。我們就像兩個女學生在課堂上咯咯笑著。這是我對她最初的印象。當然我過去曾見過她，也因為她的名聲認識她，但那是我們成為好友的時刻。我們笑得停不下來，想著自己可能會從空中墜落紅海而死。

接下來的十四年間，我們會在前往採訪途中，或在帕丁頓（Paddington）附近、特派記者經常出沒的前線俱樂部（Frontline Club）相見。她邀請我參加派對，第一次是在她諾丁丘（Notting Hill）的公寓，後來是她在漢墨斯密（Hammersmith）購入的房子，位於泰晤士河的北岸。她穿著一襲黑色的雞尾酒會禮服，姿態優雅，調配著伏特加馬丁尼，屋子裡滿是演員、詩人、政治家和記者。隨著二十世紀末和二十一世紀初衝突事件激增，我感覺我們是共患難的死黨，就像記者團的塞爾瑪（Thelma）和露易絲（Louise）[3]。二〇〇一年四月，我聽說她在斯里蘭卡中彈。我聯繫上她時，她人已經回到美國，正等著為她受傷的眼睛動手術。「我沒辦法哭，」她說，「但我需要哭，因為我不斷收到泰米爾人（Tamils）的訊息，說要捐贈他們的一隻眼睛給我。」外科醫師發現一枚長六毫米的砲彈碎片抵住她的視神經。她自那時起戴上的眼罩，成為她的代表性標誌，也是她英勇的象徵。

---

3 譯注：塞爾瑪和露易絲是一九九一年電影《末路狂花》（*Thelma & Louise*）的兩位女主角，片中描述露易絲射殺了一名非禮塞爾瑪的男子後，兩人亡命天涯的故事。

如今她聲名大噪，變成授獎的熱門人選，且也獲獎無數，但她卻日漸消瘦、性格乖僻。我在二〇〇三年美國入侵後的伊拉克見到她時，她臉上的皺紋似乎更加深了。某個在倫敦的晚上，我們在一群人權運動人士的觀眾面前共同演講。觀眾席中有位認真的年輕女性提問，想知道我們是如何處理報導衝突事件後的創傷。這是個前往戰區採訪的特派記者都討厭的問題——我們真的有必要在某個星期四晚上，在一整個講堂的陌生人面前，坦露我們的心靈狀態嗎？瑪麗和我互使了眼色。

「琳賽和我，我們兩人會去酒吧喝酒。」她用她從未改變的東岸口音，慢聲慢氣地回答，而我們咯咯笑了起來。

有時候事情沒那麼好笑。某次我在倫敦安排了一位伊朗社運人士的採訪，她兩小時後才姍姍來遲，而且還喝醉了，令我勃然大怒。後來我原諒了她，這是當然的，因為所有人都會原諒瑪麗——她擁有一種個人魅力，當你認為她把你看作好友時，會感到雀躍不已。我認識她的方式相當簡單，就如同你認識某個同樣因患難和倖存而心有戚戚的朋友，譬如炸彈在你離開後立即爆炸，或擊中道路另一端的空大樓，而你只差幾碼的距離或幾分鐘就會遇難。對於她的黑暗面，我僅略知一二，如她幾次破裂的婚姻，以及我知道深深折磨她的創傷後精神壓力。

在她逝世後的那週，我找到一張二〇〇二年的照片，那是她失去一眼視力的隔年。照片裡我們兩人身在傑寧（Jenin）的巴勒斯坦難民營的瓦礫堆中，難民營剛剛慘遭以色列的推土機摧毀。相片裡的瑪麗穿著淡藍色的丹寧襯衫和灰色牛仔褲，眼罩蓋在她的左眼上，一手拿著筆記本，一手拿著筆。我身穿紫色襯衫和深藍長褲。我們看上去滿身灰塵，疲憊又快樂。而那正是我們當時的感受，在一股記者取得新聞的強烈渴望下團結齊心，也很高興遇見彼此。那次相遇留下的幾張照片，是我僅有的兩人合照。

我認識她的時間匆忙而短暫——比如在的黎波里（Tripoli）的晚餐、通過約旦河西岸地區的顛簸車程、在耶路撒冷一起喝酒——如今她卻已離開人世。我對許多關於瑪麗的事一無所知，無論是她對我隱瞞，或我選擇不看的事情。是什麼驅使她在職業和私人生活，都走向這樣的極端？是勇敢抑或魯莽？她是我們世代最受敬佩的戰地記者，她的私人生活也因衝突留下傷痕。而雖然我把她視為好友，我對她的認識卻如此微不足道。

悲慟的情緒沉澱之後，我總是時時想起她。她永遠都在那裡，她的鬼魂激勵我去發掘一切我在她生前錯過的點滴。

第一部

美國

第一章　死人的樹枝

多年以來，她都和噩夢生活在一起。即使如此，那些在她中彈後陰魂不散、一再出現的噩夢，依然讓她招架不住。每當她漸入夢鄉，她的潛意識便會重複播放事發經過，那些從未解決的恐懼和猶豫，就像卡在迴圈之中的恐怖電影，永無止盡地重複。

在夢中，她躺在地上，看著火光搖曳，聽著機關槍的射擊聲和士兵的交談聲，和她在斯里蘭卡的那個漆黑夜晚聽見的聲音一模一樣。當時月亮還沒有從地平線升起。這些是她擁有的選項：她可以站起身來大喊，希望他們會看到她是個白人女子，明顯是外國人。她也可以嘗試匍匐爬行離開，但她心知肚明，他們會射擊任何他們看見在移動的東西。或者，她也可以躺著不動，等待命運的安排。這個抉擇將會決定她的生死，可是接下來將發生的事已經無可挽回。她沒辦法讓時間倒轉，也無法快轉。站起來？爬走？躺好？站起來？爬走？躺好？這些選項不斷重複出現在她的腦海，恐懼的鼓擊愈來愈大，而她就麻痺地躺在那裡。

在現實生活中，很難弄清楚實際發生了什麼事，然而在日後，她發現事情的經過其實相當單純。幾名泰米爾人帶領著她，從叛軍占領的斯里蘭卡地區，進入政府的領地。然而，在他們跨越前線時，卻碰上軍隊巡邏。瑪麗迅速趴向地面，子彈就在她身旁呼嘯飛過。可是護送她的人員已經遁入叢林，掉頭退回他們來程的路上。她獨自一人躺在那裡大約半小時，嚇得動彈不得，最後才做出她命運的抉擇。

「記者！美國記者！」她邊站起身來，邊大聲叫喊，雙手高舉。突然之間，她的一隻眼睛和胸口感到一陣劇痛，痛得她幾乎喘不過氣來。其中一名士兵對她投擲手榴彈。倒地時，她發現鮮血正從她的眼睛和嘴角緩緩滴落。她深深感到憂傷，以為自己就快死了。她孤注一擲爬向他們，希望對方會停火幫助她，一邊大叫著：「醫生！」或許，他們會看見她是個受傷的外國平民，而不是游擊隊戰士。他們對她大吼，要她站起來，把外套脫掉。不知怎的，她設法跌跌撞撞地走向前去，雙手高舉在空中。每當她不支倒地，他們就會再次大喊，要她再站起身來。

在那個噩夢中，時間會在那枚榴彈發射之前凍結靜止，她的人生在她眼前一幕幕浮現。她曾親眼見證的衝突場景，一一閃過她的腦海：在車臣的地下室，有名老人因為一只俄國火箭炸開了他的後腦杓，正在呼哧呼哧地喘氣；她在科索沃某處的樹叢底下，偶然看見一具身穿破舊毛料西裝的農民屍體；有名巴勒斯坦的年輕女子在貝魯特中槍，她眼睜睜看著她斷氣。她看著那些人的軀體，脆弱而破碎。還有她自己的軀體。這些影像不斷重複播放，直到她驚恐不安地醒來。她雖然安穩地躺在自己的床上，卻深怕下個夜晚來臨，這一切又必須從頭來過。

瑪麗．柯爾文在二〇〇一年四月前往斯里蘭卡，因為長達整整六年，沒有一位外國記者在泰米爾猛虎組織（Tamil Tiger）的領地採訪報導。在這場將近二十年的戰爭中，大約已經有八萬三千人喪命。斯國政府封鎖記者，為獨立而戰的狂熱游擊隊員也不信任他們，導致沒有記者膽敢跨越前線。於是，泰米爾平民蒙受暴力攻擊，但他們的慘況卻幾乎無人報導。這就是她前進當地的原因。這就是她認為值得冒險一試的原因。

她被送往紐約接受治療。外科醫生說，他無法挽救她左眼的視力，但他會試著保住那隻眼睛。為此，瑪麗的母親擔心得發狂，堅持要她回到長島（Long Island）的家，以便好好照顧她，做她從小喜愛的肉糜糕給她吃，確保她能得到康復所需要的一切。瑪麗的前夫也搭機前來探望，隨後還和她的母親達成共識，這次瑪麗必須接受他們兩人的照料。

她為什麼要抗拒呢？毫無疑問，她需要有人照顧，但不知為何這就是讓她無法忍受。好像失去一隻眼睛的視力還不夠慘，現在還得一併失去她的獨立自主。她想要待在紐約的高級飯店，抽菸，喝雞尾酒，和她最要好的朋友卡崔娜（Katrina）一起消磨時光，她總是可以逗瑪麗發笑。她必須盡可能恢復那二十年來的記者生涯所成就的自我。截至當時，她已經離開美國整整十六年。她住過巴黎、倫敦和耶路撒冷，曾經探訪世界各地的衝突現場。她冒險犯難、戰勝困難，並且贏得名聲，成為世界上最強悍，卻又最富同情心的記者之一，同時也是最優秀、最風趣的夥伴。這就是她。她害怕情緒的浪潮會淹沒她，害怕她的家人、她家鄉令人膩煩的狹隘觀念，以及將會粉碎她本質的安全承諾，害怕這一切將會吞噬她。無論她的情況多麼絕望，她都不能讓自己退回起點。

*

瑪麗在長島上的牡蠣灣鎮（Oyster Bay）度過她的童年和青春期，那裡是典型的郊區。生活在柯爾文家那個社區的家庭，都是美國戰後的新中產階級：教師、小生意人和公務員。在這個時代，母親總是待在家中，父親下班後會享用一根香菸和一杯威士忌雞尾酒。他們會收看《天才小麻煩》（*Leave It To*

Beaver）和《唐娜・瑞德秀》（*The Donna Reed Show*）這類關於家庭生活的溫馨電視喜劇。瑪麗的父親之所以在社區出名，是因為他的大姐貝蒂（Bette）是益智節目《計時挑戰》（*Beat the Clock*）的主持人。

瑪麗是柯爾文家的第一個孩子，出生於一九五六年一月十二日，皇后區的阿斯托利亞（Astoria）。她是個靜不下來的嬰孩，很快就長出一頭濃密的黑色鬈髮。那時，美國正在快速變遷。德懷特・艾森豪（Dwight D. Eisenhower）在那年當選連任，他是最後一位在十九世紀出生的美國總統。貓王在《艾德・蘇利文秀》（*Ed Sullivan Show*）節目上高唱〈獵犬〉（Hound Dog）時大力擺臀，震驚全國。冷戰正逐步升級：就在這一年，蘇伊士運河危機爆發，蘇聯入侵匈牙利。瑪麗的父母有更緊迫的擔憂——瑪麗的母親蘿絲瑪麗（Rosemarie）帶著她和隔年出生的弟弟比利（Billy），上上下下他們公寓大樓的三段階梯，已經十分辛苦吃力。而如今她又懷孕了。長島有海灘、農田和馬鈴薯農場，看似是個完美的解決方案。他們在東諾維奇（East Norwich）找到一間新建的房子，比鄰更高檔的牡蠣灣。麥可出生時，他們一家人已經在這間房子安頓下來，瑪麗的父母將在這裡生下另外兩個孩子，並度過他們的餘生。

對蘿絲瑪麗來說，這是人生的一大躍進。她從小生長在勞動階級居住的南布朗克斯（South Bronx），在兩次世界大戰之間的貧乏年代長大。一如那個地區的許多其他居民，她的父母若絲和詹姆斯・馬隆（Rose and James Marron）是愛爾蘭裔。她的父親在她僅僅幾個月大時便離開人世，母親辛苦拉拔三個孩子長大，變得比過去都更加篤信宗教、更頑固不屈。在福坦莫耶穌會大學（Fordham Jesuit University）就學期間，蘿絲瑪麗必須半工半讀。她在那裡接受培訓，準備成為教師。「那時，我不認為自己已經準備好進入一段關係。」她回憶，「我必須自力學習，家裡無法給我任何幫助。」可是，當她遇見威廉・柯爾文（William Colvin）——這名男子六呎高、個子高瘦、自信滿滿，還有一頭深色的鬈髮——

她改變了想法。「他對任何事或任何人都十分親切包容。」她說，「我在一個重視教條的家庭長大，但我不是那樣的人。能夠認識一個和我有相同感受的人，令我如釋重負。」她心想，她想要這樣養育自己的孩子：把他們教養成好的天主教徒，遵守紀律又用功好學，但同時寬容且開明。

*

柯爾文家是蘿絲瑪麗口中「會在家裡裝蕾絲窗簾的愛爾蘭人」——中產階級，而且相對享有特權。雖然比爾（Bill）[1]父親的家族是蘇格蘭人的後裔，但他們自認為是愛爾蘭天主教徒。比爾也就讀聖奧古斯丁天主教高中（Saint Augustine's Catholic High School）。為校刊寫稿讓比爾懷抱成為記者的夢想。可是在一九四四年十七歲那年，他卻從軍加入美國海軍陸戰隊。美國在廣島和長崎投下原子彈時，他仍在受訓階段。他受派前往中國的港口城市天津，共產黨部隊攻擊美軍時，他和同排的同袍偶爾要——按照他的說法——「和亞洲佬纏鬥」。他在一九四六年九月離開中國後，鮮少提起他的經歷。不過在多年後，瑪麗將會憶起自己在六歲時，曾經邊踢正步走來走去，邊唱著「從蒙特祖馬（Montezuma）[2]的大廳，到的黎波里海岸」，那是她父親教她的海軍陸戰隊讚歌（Marines' Hymn）。她說，這麼做似乎「非常浪漫又令人慷慨激昂」。終其一生，她都和軍人處得很好。她父親的舉止帶有軍人的氣度，而且堅持他的孩子應當維持他在海軍陸戰隊學到的高行為標準。

1 譯注：瑪麗父親名「威廉」的小名。
2 譯注：指蒙特祖馬二世（Moctezuma II, 1466-1520），墨西哥阿茲特克帝國的最後一位皇帝。

服役結束後，比爾開始感到身體不適。他在中國染上結核病，必須在皇后區的美國陸戰隊醫院住院兩年。要進入新聞業並不容易，於是出院後不久，他選擇走更安全的路，在福坦莫大學接受教師培訓。他認識了一名身材高䠷、堅定不移的年輕女子。她小他五歲，有著一頭紅髮和開朗的臉龐，而且和他一樣，對自我提升懷抱熱情。遇見這名女子時，他感覺一切終於明朗了起來。比爾・柯爾文和蘿絲瑪麗・馬隆在南布朗克斯的聖路加教堂舉行結婚典禮。她身穿一襲白色的絲綢長洋裝，領口裝飾著扇形花邊，手裡捧著一束百合花。他穿著一套晨禮服，繫上條紋領飾巾，髮油讓他的頭髮散發光澤。他們去百慕達度蜜月，緊接著就生了孩子。

比爾・柯爾文全心投入教學工作，整個教職生涯都在皇后區的森林小丘高中（Forest Hills High School）任教，人人都說他是模範英文教師。他指導一支童子軍團，而且活躍於地方政治圈，不過他從未喪失年輕時對寫作的熱情。一如數百萬名美國人，他也曾響應一則《紐約時報書評》（*New York Times Book Review*）上的廣告，報名參加一門函授課程，由康乃狄克州威斯特波特（Westport）的著名作家學校（Famous Writers School）授課。他們保證會「教你如何成功在家寫作」，更提出以作家身分獲得「財務成就和自主能力」的可能性。

他在一九六七年填寫的申請表格，揭露了這名父親的許多特質。而不久後，瑪麗就會開始叛逆反抗他。他寫道，自己的主要抱負是「成為一個好人，過著完滿的人生，並且在我死前，創作出美感和意義兼具的文字」。興趣：政治和閱讀。最喜愛的課堂科目：英文和哲學。最喜愛的作家：華特・惠特曼（Walt Whitman）、威廉・福克納（William Faulkner）和莎士比亞。他精選的報刊雜誌是《好家政》（*Good Housekeeping*）、耶穌會週刊雜誌《美國》（*America*）和《牡蠣灣衛報》（*Oyster Bay Guardian*）。「我大概只是想要運用文字，努力解決永恆的衝突。」他在說明自己為何想要寫作的短文中這麼寫著。不過，他寫的另一則故事可能說明了更多。故事主角是一名教師，只是碰巧也叫做比爾。「這個社會不會接受一個男人只是一名教師，」他寫道，「他必須真正擁有其他身分，才能為自己的存在辯解。」

*

瑪麗的妹妹艾琳（Aileen）於一九六〇年出生，綽號小布（Boo）。四年後，就在瑪麗滿九歲前夕，蘿絲瑪麗生下他們第五個，也是最後一個孩子凱瑟琳（Cathleen），人們總是叫她凱特（Cat）。瑪麗過去對其他手足的出生興趣缺缺，可是這個新生的妹妹卻令她著迷。這份感受從未消失，而凱特開始蹣跚學步後，便與瑪麗形影不離。身為長女，瑪麗在一樓有一間專屬於她的小房間。凱特依然記得躺在她房間床上，玩著「郵票親親」，那是她大姊發明的一個遊戲。「她會告訴我某個地方的故事——巴西，或可能是中國——那裡有派對和跳舞的女人，或是亞馬遜皇后。接著她會按照飛機飛行到那裡的時間，幾個小時就親我幾下，好把我送入夢鄉。」柯爾文家孩子的生活，大多都在家後方的「山丘下」度過。比爾動員了鄰里的爸爸們，挖出一道砂質斜坡，用舊輪胎支撐坡頂的擋土牆，並且在坡腳打造出平坦的遊樂區。他們在那裡種植常春藤、皂莢樹和山茱萸樹。鄰居的孩子們和瑪麗的弟妹，總是深受她的熱情牽引，緊跟在她後頭。她不僅是年紀最大的孩子，而且高䠷、結實、強壯，又樂意嘗試任何事物。她一頭亂蓬蓬的深色鬈髮和她果斷的態度，讓她成為注意力的焦點。「她是個讓人想要追隨的人，」她的弟弟麥可說，「我那時總以為，只要我跟著瑪麗走，就會天下太平。」

他們最愛的遊戲是「死人的樹枝」。「我們每個人都會選一棵自己的樹，」比利回憶，「接著你要沿著一根樹枝往外爬，看看誰的樹枝會先斷掉。」瑪麗永遠是往外推進最遠的那個人。如果她的樹枝斷裂，導致她墜落地面，她只會逕自站起身來，去找另一根樹枝。不過一般來說，在她抵達脆弱的末端之前，其他的孩子往往早就已經放棄挑戰。這個遊戲不只投合了瑪麗肢體上的勇敢無畏，更投合她的競爭心：她喜歡贏得勝利。每年第一場雪降下時，社區的爸爸們會挖出一條蛇行的雪橇跑道。只要確認四周都沒有大人，比利就會在上面澆水，好讓跑道結冰，雪橇就能滑得更快。瑪麗大約十歲時，曾全速猛撞上一棵橡樹，撞斷了鼻梁，也劃破額頭。她被送到醫院，最後留下一道疤痕。這是柯爾文家的孩子少數幾次跑去向大人求助——因為他們父母的規定是，你只有在流血時，才能哭著回家。

柯爾文家的生活中總是有海，因為只要騎腳踏車就能到達海邊。冬天時，每當海灣的邊緣結凍，他們就會爬上浮冰往外漂，而且彼此挑釁，看誰敢漂得更遠。當夏天來臨，他們就會整天待在沙灘上。他們加入童子軍，去種植場（Planting Fields）露營。那是附近的一座公園和植物園，夏季時綠意盎然，到了十月，就會閃耀著橘色、紅色和金色的色彩。在某次健行要結束時，瑪麗的童子軍隊長注意到她經常獨來獨往，很少和其他人黏在一起。「她並不調皮，只是好奇又毫無畏懼。」她後來發現，「即使早在那時候，她擅於主導且勇敢行事的性格便已經表露無遺。」

牡蠣灣的鎮中心是由少少幾間商店、一座火車站和議會建築所組成，大致上就只有這些。最大的噪音，是來自在海上升空盤旋的海鷗。這是個十分安全的地方，所有人都認識彼此，孩子們四處自由閒逛。可是，長島以外的世界的危險仍然威脅著他們。瑪麗就讀的小學定期舉行核彈演習，學校告訴孩子們要聚集在走廊，因為那裡沒有窗戶，並且要靠牆蹲下。（儘管我們並不清楚，這些行為要怎麼在核子戰爭爆發時救他們一命。）一九六三年十一月的某天，瑪麗提早抵達幼兒園接比利和麥可回家，學校離家大約一英里遠。「我不曉得怎麼回事，但我可以感受到發生了一些可怕的事情。」麥可回憶，「她正在哭，所以我在我們走回家的路上也哭了起來。」那天，老師向瑪麗的班級透露了甘迺迪總統遇刺身亡的消息。

對比爾和蘿絲瑪麗而言，這不只是記得自己聽說這消息時，人在什麼地方的問題而已。他們身為當地民主黨的支柱，曾經不屈不撓為甘迺迪助選。他在一九六一年上任時，原本處於劣勢的民主黨黨員已掌控了牡蠣灣鎮議會，象徵著新的自由主義風氣正在橫掃美國。地方政治讓瑪麗初次瞥見了權力與腐敗。牡蠣灣曾經是共和黨的堡壘，拿索郡（Nassau County）的大老黨（Grand Old Party）[3]據說是全國最有勢力的政治組織。黨主席約瑟夫・馬吉奧塔（Joseph Margiotta）還開著一臺車牌號碼是「GOP–1」的汽車。市政的人事聘雇、升遷和合約全都要經手他，而他因為合作參與一個保險業的計畫，圖利自身政治裙帶，最終遭判有罪。

一九六五年，新選上的民主黨鎮長開除舊任的鎮史工作者，改指派「年輕又有活力」的比爾・柯爾文。瑪麗的父親做了一年未支薪的兼職鎮史工作。後來，他受派擔任郡財政主管，這是個有支薪的全職職位，因此他必須請假離開教學工作。他參選黨內選舉時，孩子們被迫要幫忙製作紅、白、藍三色的圓形小徽章，上頭寫著競選口號「萬事靠柯爾文」。他落選後，他忠心的大女兒宣稱這是「一場陰謀」。每天晚上，孩子們蹦蹦跳跳回到家後，晚餐餐桌上的對話經常提起政治。瑪麗曾聽見她的父母哀嘆，美國一天比一天更捲入越戰。羅伯特・甘迺迪（Robert Kennedy）和馬丁・路德・金恩（Martin

3 譯注：拿索郡為牡蠣灣鎮所屬的郡，大老黨為共和黨的別稱。

Luther King）雙雙遇刺後，她看見他們絕望不已。而在一九六八年，共和黨的理查德．尼克森（Richard Nixon）當選後，她明白了他們的失望。

*

到了一九六九年，瑪麗正在牡蠣灣高中（Oyster Bay High）就讀。那是一所公立學校，校舍是一棟一九二〇年代的裝飾藝術建築，氣勢宏偉。赤褐色的磚牆上，有白色石灰岩的橫飾帶（friezes）裝飾著上下滑窗的上方。學校距離海灣僅一百碼。因為她在藝術和科學兩個科目都表現優異，直接進入優等班。有時她的居家實驗會出差錯，比如某次，她用一條毛巾做成搖籃，掛在她房間內的落地燈上，嘗試孵化一顆鴨蛋。當晚大約凌晨一點，毛巾著火了。蘿絲瑪麗聞到煙味後，急忙集合孩子們，把他們帶到露臺上。消防員同時趕到現場，一旁鄰居們聚集觀看這戲劇性的景象。那時瑪麗才剛剛開始寫日記，她在日記中記錄下她的心得：「真是蠢斃了！」

瑪麗的日記透露出多數青少女會關心的事物：仔細觀察校車上坐在她隔壁的同學，不斷想著某個男孩的眼神或招呼代表的意義，或急著拒絕她媽媽為她挑選的圓領紅色洋裝。

> 一九六九年一月二日：每個人都穿長褲。看在老天的份上，我一定得和媽咪談談，要她也讓我穿長褲。我不確定我想不想穿，但我必須穿。

幾天後，同學間流行的穿著，影響了她在學校樂隊演奏法國號的表現。

> 一九六九年一月六日：今天穿了長褲。粗藍布的喇叭褲。結果很難演奏樂器，長褲太緊了。

到了春末，所有高中女生都穿短褲去上學。

> 一九六九年五月二十八日：今天我穿了短褲去學校。大家也都這麼穿。但我的褲子超短又超緊，還穿了背心和涼鞋。我們回到家時，媽咪氣炸了。我經歷了一場母女訓話，她質問我為何要這麼做。她告訴我，我看起來有多麼暴露挑逗。

當然，挑逗正是她的目的，因為瑪麗正試著吸引一個名叫傑夫（Jeff）的男孩的注意。她的父母成為她的阻礙，尤其是她的父親。儘管在政治上是進步派，但比爾對家庭的看法仍然相當傳統。他是家中的經濟來源，而——身為一家之主——全家只有他可以免除做家事的義務。雖然他支持女兒們的學術抱負，但他鮮少關心女性解放運動，即便女性運動已經開始影響當時的抗爭文化。瑪麗與父親施加的限制多有摩擦，她擁有準確無誤的直覺，知道什麼事最能激怒他。「大約在她十二歲時，父女衝突就開始了。」蘿絲瑪麗記得，「瑪麗清楚知道要怎麼踩他的地雷。」星期天上聖道明羅馬天主教教堂（Saint Dominic Roman Catholic Church）參加彌撒，是柯爾文家的慣例。除非生重病，否則不接受任何缺席的理由。可是，這一家人經常遲到，因為比爾和瑪麗總是為了她的穿著爭吵不休。叛逆給了她某種滿足感。

一九六九年六月八日：上教堂。穿了迷你裙。爸媽不開心。

瑪麗幾年前已經領過第一次聖餐，她試圖要說服天父站在她這一邊，向祂報告自己的教徒紀錄，並且發誓，只要祂讓傑夫喜歡她，她就會每晚都誦念一段《痛悔經》。「希望這會奏效。」她寫道。（結果沒有。）她擔心自己比多數的男生高，也擔心其他的女生更苗條、更漂亮。事實上，她愈來愈有魅力。她有雙綠色眼睛，白晰清透的肌膚在夏天很容易就能曬成古銅色，嘴形勻稱，長鬈髮垂落在臉頰兩旁，就像卡洛・金（Carole King）的造型。那是她和朋友們喜愛民謠搖滾歌手之一。可是，有時候她也搞不懂自己的感受。她知道自己比男生聰明，但卻渴望得到他們的注意。她很喜歡跑得比父親快時，那種戰勝他的感覺，繞著房子在潮濕的草叢中追逐——然而，儘管她想要違逆他，卻同樣渴望他的認可。如果在學校有男生行為不當，那個男生的處罰就是去和女生們站在一起，好像那是終極的屈辱。要搞懂這一切實在不容易。

*

瑪麗的日記呈現出一個活潑、聰穎又搞笑的的女孩，四周的世界總令她興奮不已。她讀托爾金的書，買史蒂芬野狼合唱團（Steppenwolf）、約翰・藍儂與小野洋子、以及音樂劇《毛髮》（*Hair*）的專輯。她訓練狗坐下。她撒小謊，說自己在運動會拿到第二名，事實上她沒有獲得名次。她也和其他美國人一樣，對太空計畫興高采烈。

一九六九年三月十二日：阿波羅號還在運行軌道上，明天濺落。我們五月就可能登上月球了！

一九六九年夏天，她學會開船，這將成為她一生熱愛的嗜好。

一九六九年七月十六日：今天多數時候我都有抓牢舵柄。做得還行。風很大，我們的船身不斷傾斜——進入海峽時速度飛快。

七月十七日：我和欣蒂兩人單獨出海……老天，實在太好玩了……回來時我把船停得完美無缺……被媽看見了。一個在碼頭上的男人說：「看看那兩個女生，她們可真厲害。」茱莉說，她覺得我們得到船長的好評了。哇！

長達近一年，她對獨立自主的渴望都轉移到另一項任務上：買一艘船。她的父親列出種種障礙：她需要救生員證書和安全執照，還必須賺取足夠的錢，自己買船。他告訴蘿絲瑪麗，他認為這得花上她幾年的時間。這樣正好，因為十六歲會是適合擁有一艘船的年紀。瑪麗把這當作一項挑戰。她在那年夏天就已經拿到救生員證書，開始朝安全執照努力，並且把她當褓母賺到的錢存起來。

一九六九年七月十八日：存了二十九塊進銀行。現在有七十九塊五了！

到了隔年的五月，她已經存到足夠的錢，可以買一艘二手的翻車魚船（Sunfish），那是一種有面三角形船帆的雙人小艇。全家人都記得，那天下午一名男子無預警出現在家門前，拖車上載著那艘船。瑪麗在前門雀躍地用單腳跳來跳去，情緒在得意洋洋和故作鎮定間擺盪。她的父親不知道應該感到驕傲還是驚恐。那時她十四歲。在幾個月的祕密計畫期間，她把五歲的凱特當作傾訴對象。「那是個不可能的目標，但她辦到了。」凱特說，「我的童年就是如此。她會讓你興致勃勃，還會大力吹噓。就像是一場祕密行動——過程中的每個步驟都教人興奮難耐。而當船停在家門前時，會令人『哇！』地驚嘆。在我眼中，她天下無敵。」

*

瑪麗正在尋覓理想。一九七〇年一月，她寫了一則故事，內容關於三位火星科學家推測地球上是否有生命，而結論是不可能有，因為地球的大氣層充斥著交通工具排放的一氧化碳。故事以作者的懇求結尾：「地球人，這難道不是我們該有所行動的時刻嗎？」她熱切地觀看海洋生物學家賈克・庫斯托（Jacques Cousteau）製作的那些紀錄片，對海洋汙染憂心忡忡。她的一頭鬈髮和改變世界的決心，必定讓她能完全融入關心環保議題的嬉皮圈，但她對於自己的形象愈來愈在意。

一九七〇年四月二十五日：今天去了趟州立大學。我現在時時跟上生態環境的最新發展。我們真的必須停止汙染世界，否則任何自然環境都會被破壞殆盡。那裡擠滿了時髦的人們。穿著「可愛的小休閒鞋」讓我覺得自己真夠老土。不該穿這雙鞋的！

她發起了一項資源回收計畫，四處張貼告示，要民眾把他們的紙板、報紙和瓶罐帶到柯爾文家。可是她百密一疏，忘記告訴她的父母。「她號召了全鎮的民眾，把垃圾帶來我們的庭院。」蘿絲瑪麗回想，「我們必須全部整理乾淨。全家人都得動手。」儘管如此，蘿絲瑪麗和比爾大致上樂於鼓勵女兒關注社會公義。「家人抵制吃肉相當長的一段時間，因為人們用惡劣的方式飼養動物。」凱特記得，「我們會吃鮭魚糕、雞和魚，但不吃牛肉。我們抵制葡萄，因為加州的工人遭到剝削，也抵制雀巢的產品，但原因我忘了。」

每天瑪麗走在學校走廊上，都會經過六名穿著制服的青年肖像，他們是在越南殉戰的校友。高年級的學生經常會到學校前的草坪上，手舉橫幅，上頭寫著「停止戰爭」和「世界和平」。

> 一九七〇年五月八日：學校今天在抗議。（幾乎）整個高中的人都站出來了，學生們要不是在家，就是在草坪上集會。我也加入他們……媽說我不能去，但我還是去了。

雖然蘿絲瑪麗可能反對女兒蹺課抗議，但她和比爾自己偶爾也會參與反戰示威運動。「我們的社區非常保守，也支持戰爭，但我們認為戰爭糟糕透頂，也向孩子們傳達這樣的想法。」她回憶。還有另一位成人也經常上街抗議，那就是雅德莉安．巴雷特修女（Sister Adrian Barrett），她是一位聖道明教堂的基進左翼修女。雅德莉安修女身材嬌小又圓滾滾的，身高僅四呎十一，人稱「球鞋修女」，因為她總是穿及膝的海軍藍裙搭配球鞋。在一九六〇年代初，她便已經是民權運動的活躍人士。如今她擔任一個社會行動委員會的主席，捐贈食物和玩具給窮人，並倡議爭取低價住宅。當她成為牡蠣灣民主黨委員會（Oyster Bay Democratic Committee）的主席時，她覺得自己就像加入了一個地下教會，警察不只一次必須護送她通過譏諷她基進行動的群眾。瑪麗成為她的得力助手。

五餅二魚寓言有個非常美式的版本，民眾稱之為「派的奇蹟」（Miracle of the Pies），雅德莉安修女正是幕後的推手。一間冷凍食品公司「史密斯太太派」（Mrs Smith's Pies）的一位代表打電話來，說他們有一萬個完全可以食用的派，但因為派皮顏色過深而被認定無法銷售。另一名牡蠣灣高中的學生湯姆．德傑蘇（Thom De Jesu）仍然記得，雅德莉安修女和瑪麗負責安排分發那些派。「我們把派搬上貨車，由她們分送給社區的每一間教堂和慈善廚房。」他回憶，「你想吃什麼口味都有，只要你想吃的是椰子卡士達口味！」

雅德莉安修女從牡蠣灣帶了一群人到華盛頓特區，參加國家廣場上盛大的反戰遊行。起初，比爾和蘿絲瑪麗說，十四歲的瑪麗年紀太輕，不應該去。但最後他們心軟了，一部分是因為他們信任雅德莉安修女，另一部分則是因為，要拒絕意志堅強的長女已經愈來愈困難了。

*

當了十五年的家庭主婦和全職媽媽後，蘿絲瑪麗重回全職的教師工作。如今所有的孩子都上學去了，而雖然他們絕對稱不上貧窮，但多一份薪水總是能讓這個家更寬裕。比爾參選入主鎮議會。「愛社區，愛家庭，比爾．柯爾文懂人民。」傳單上的說明這麼寫著。上頭還有張照片，是柯爾文一家人手牽著手，排成一列走過草坪。照片左方有個人沒和任何人牽手，那就是瑪麗。她穿著一件白色短洋裝，濃密的長髮襯托她的臉。她微笑面對鏡頭，但身體卻背對其他家人，彷彿她正要往不同的方向走去。

比爾落選了，於是回到他的教學崗位。他仍是議會的反對派領袖，但他的政治野心逐漸消退。提出到澳洲教書的申請沒有下文。那張完美家庭的相片掩飾了某些令人不安的現實。比利因為閱讀障礙在校表現不佳，瑪麗試圖幫助他，但他卻變得愛找麻煩，令人擔憂。他會蹺課到海灘喝啤酒，直到夜深才回家。蘿絲瑪麗通常早早上床睡覺，但比爾總是熬夜，喝威士忌和抽煙，觀賞《狄恩．馬丁秀》（*The Dean Martin Show*）或看書，直到所有人都到家。幾杯黃湯下肚後，如果他心情好，就會帶孩子們外出去觀賞北斗七星和其他星座。可是，如果他們在宵禁時間後才回來，他就會勃然大怒。「我以前和爸爸的關係並不好，」比利回憶，「我會在凌晨兩點偷溜回家。如果被逮個正著，他就會把我壓在牆上大吼大叫。」瑪麗也和他們的父親起衝突。「他非常嚴格，標準極高，而她是個嬉皮。」比利補充。

瑪麗在十五歲時，有次染上重感冒，意外服用過多會引發嗜睡的流感配劑。急救護理人員在徹底搜查她房間確認是否有其他藥物時，發現了避孕藥。比爾為此震怒；但蘿絲瑪麗認為這是成長過程中無可避免的部分。只要瑪麗在學校表現優異——而且她一直都拿A⁺——蘿絲瑪麗就不會太過擔心，可是比爾很擔心女兒正在偏離正軌。有天晚上，有個年輕人穿著破洞牛仔褲，蓄著一頭垂落臉上的長直髮，在外頭叫她。比爾看了一眼，驚恐地詢問妻子，她是否真要讓女兒和那種生物一起廝混。蘿絲瑪麗去看過是何方神聖後，笑著回來——那是湯姆．德傑蘇，他是幫忙派的奇蹟計畫的社區少年，瑪麗在高中和青少年社團裡常和他一起玩。她和湯姆短暫約會過一段時間，相處不大合拍後，便維持朋友關係。放學後，他們會坐在沙灘上，抽著大麻菸捲，談論一切世界上不公不義的事。「她喜歡人生中冒險的那一面。」湯姆回憶，「她的性格剛毅不屈，非常關心受壓迫者。」

瑪麗逐漸感到無趣。學校作業輕而易舉，弟妹令她惱怒，牡蠣灣又太小了。十六歲時，她開始和一個高䠷精瘦的長髮男孩約會，對方也喜歡玩帆船，看來能為生活增添刺激。克里斯．比加特（Chris Biggart）的媽媽共生下十二個小孩，他們的父親死後，她和其中八個孩子搬遷到東諾維奇。克里斯經常因為酒後或無照駕駛被警察盯上。「我們以前是野孩子。」他說，「瑪麗總是在我身邊，因為我們熱愛派對。她的父母很討厭我。他們認為我是步入歧途的壞榜樣。」瑪麗會從她臥房窗戶外的樹盪到外頭，好和克里斯過夜。「這是她第一次轟轟烈烈、和性有關的戀愛經驗，」湯姆說，「比加特家的人都很強悍，令她興奮不已。她發現他們刺激又好玩，比她自己的家人更不拘謹。我當時有點吃醋。」

瑪麗和克里斯會去凱格尼（Cagney's），那是一間位於松谷（Pine Hollow）的小酒吧，她跟著點唱機的音樂跳舞，而他打撞球。有時他們會搭便車到紐約市，去看樂團表演或到酒吧喝酒，大搖大擺拿著偽造的身分證件。這麼一來，就沒有人會知道他們未成年。他們吸食迷幻藥、抽大麻，在深夜偷溜進陌生人家的花園，在他們的泳池裸泳，並在路尾尚未完工的屋子裡做愛，地板上的防水布刮擦著瑪麗的背。有次，比爾跟蹤到半個街區外克里斯的家，衝進他的房間，逮到他們同床共枕。

「瑪麗——現在馬上回家！」他命令道，聲音因暴怒而粗啞。他對著克里斯大吼，用手指猛戳他。「不要接近我女兒！」另一晚，克里斯和瑪麗在她的床上，聽到她的父母比預期更早到家。「我一絲不掛衝出瑪麗家，拿著我的衣服躲進樹林裡。」克里斯回憶，「真夠難堪的。」

二十幾歲時，瑪麗在她的日記裡表現出，在牡蠣灣擁有性經驗是一種「勝利——一種認可」。不過，她比父女兩人所意識到的都還更是個乖巧的女兒。克里斯記得她總是在讀書和做功課，自律緩和了她的野性。而雖然她父親對性愛的態度彷彿食古不化，但至少她的父母誠實表達。她最討厭的是小鎮裡虛飾的正派。男人會在城裡和妓女上床，再回到家中體面妻子的身旁，政客會把暑期工作分發給朋友的小孩，諸如此類的偽善。她下定決心要逃離這裡。

感恩節和蘿絲瑪麗的家族一起過節，耶誕節則和比爾的家族團聚。在後院尋找復活節彩蛋。蘿絲瑪麗那位篤信宗教、脾氣不好的母親戈米（Gommy）時常來訪。在紐約州北部度過一星期的夏日假期。聖派翠克節（St Patrick's Day）和美國獨立紀念日時，會在家中舉辦派對。隨著瑪麗愈長愈大，柯爾文家行事曆令人安心的規律開始變得單調乏味。她和比利會把父母酒吧裡的每一瓶酒都偷喝一些，「山丘下」變成喝酒和抽菸的地點。瑪麗用黑色的燈芯絨布覆蓋她臥室的牆面，上頭裝飾著孔雀羽毛和香蒲。她躺在床上聽著民謠搖滾和抗爭音樂——巴布・狄倫（Bob Dylan）、鄉村喬與魚樂團（Country Joe and the Fish）、李歐納・柯恩（Leonard Cohen）。凱特是她親愛的「大姊的小跟班」，她說她從沒學過一首童謠，但瑪麗卻教她唱瓊妮・蜜雪兒（Joni Mitchell）《藍》（*Blue*）專輯裡的每一首歌。瑪麗和朋友一起打發時間、隨意彈奏吉他和抽大麻時，也會帶上她。「那時我是個小小野孩子。」凱特說。

航行為瑪麗帶來慰藉——在未來也會多次撫慰她的心。她賣出那艘翻車魚船，換成一艘霍比式帆船（Hobie Cat）。在海灣平穩的水域裡通常會有數十艘船載沉載浮，但瑪麗會把船開到長島海灣的開放海域，在外海待上幾個小時。當烏雲出現，海浪變得洶湧，其他人會掉頭回到岸上。然而，她卻會航向暴風雨，享受船身的搖晃，與大三角帆和翻覆的可能性搏鬥，當海浪從她四周襲來時運用技巧導正船隻。她發現，危險令人精神亢奮。

風平浪靜時，她會凝望著中央島（Centre Island）上簇葉半掩的大房子，那裡是富人的住宅區，隱身在大樹樹林中。她可以看見岸上希旺哈卡科林斯遊艇俱樂部（Seawanhaka Corinthian Yacht Club）那棟覆蓋著雪松屋頂的灰藍色豪宅。有年夏天，她得到一份在那裡當服務生的工作。希旺哈卡擁有橡木貼皮酒吧和專屬會員制，是該區最負盛名的俱樂部。賽船大會後，就可以看見富人和名人的遊艇綁在繫船具上。這是牡蠣灣最接近上流社會的地方。而對瑪麗來說，俱樂部為她展現了以往從未見過的生活方式。她在豪華婚禮和募款餐會服務客人用餐後，會把剩下的芒果和龍蝦螯帶回家。她發現，和有錢人交談可以像和管理員或其他俱樂部職員聊天一樣自在。她和所有人都相處自如。這地方真高檔，她心想。除此之外，那更是個遠離東諾維奇狹小的家的世界。在家裡，麥可無時無刻都在震天價響地播放著何許人合唱團（The Who）和史密斯飛船（Aerosmith）的音樂，她與父親的衝突永無止盡，弟妹為了家事爭吵不休。

*

到了她高中生涯的倒數第二年，雖然瑪麗仍取得前幾名的成績，但她顯然已太過叛逆，無法繼續苦讀。於是她決定出國一年，參加美國實地服務（American Field Service）組織的文化交流計畫。在這之後幾年，她會將這件事描述成獨立的行動，就像她獨自逃離到海上，但事實上她的母親是當地美國實地服務分會的管理人。參與計畫的學生通常會去歐洲和某個家庭同住，但瑪麗申請前往南美洲，這個決定在牡蠣灣已算得上是新聞——地方報紙《領袖報》（*The Leader*）以「瑪麗．柯爾文將前往巴西」為標題，刊登了一篇報導。文中寫著，瑪麗要求受派前往一個「和她最沒有文化關聯」的國家。

一九七三年一月，瑪麗在十七歲生日後兩週搭機前往里約熱內盧，先修習短期的葡萄牙語言課程，而後才和吉兒妲和奧斯瓦多．比埃爾夫婦，以及他們的三個孩子一起生活。最初是住在他們的海灘小屋，後來搬到聖利奧波爾杜（São Leopoldo），這是座德國移民建立的工業小城，位於巴西的最南邊。在飛機上時，她焦躁不安，擔心著她究竟該說些什麼，又如何讓人聽得懂她的話。寄宿家庭的女兒吉絲雷妮記得瑪麗下機時全副武裝，彷彿準備要進入亞馬遜雨林。「她穿著一件上膠的綠色斗蓬和橡膠靴。」吉絲雷妮回憶，「她說她會這麼穿是因為巴西有很多蚊蟲。」接下來幾天他們都在笑談這件事，而瑪麗也開始了解到，這趟冒險將和她想像的不大一樣。她和比埃爾家同住前幾週的日記，典型地呈現出年輕時期的獨自旅行可以多麼茫然混亂，又興奮不已。一切事物都十分陌生刺激，也令人擔心，點滴都值得記錄和評論。奧斯瓦多是地方醫院的醫師，而吉兒妲是個藝術家。十五歲的吉絲雷妮綽號「娜妮」，雖然年紀比瑪麗小，卻顯得更世故精明，「就像個大姊姊」。

一九七三年二月三日：所有的鄰居看到我都很興奮，但我無法和他們交談。他們全都親吻彼此——所以我也這麼做了。今晚我們和娜妮的朋友們一起出門——我是那個安靜又格格不入的女孩。單純開車四處兜風似乎是當地的習慣，在路上來回繞行。方圓數英里的所有年輕人都會在市中心聚集——穿著非常時髦——展示他們的行頭。就連男生也盛裝打扮。奇怪的是——我完全不想家。我比較喜歡這裡。

瑪麗立刻發現巴西人對性採取不同的態度：

一九七三年二月五日：這裡的男生會去妓院滿足性需求——這麼做不僅合法，也被社會接受。

他們會和「正派」的女孩約會。這導致人們對性的態度不太好——好像性很骯髒，是應該掩蓋的慾望……他們不相信美國的許多事情。從沒人聽說過婚前同居這種事！

她很快就不再緊張焦慮，適應了與這家人的生活。「我已經愛上他們了。」她寫道。在瑪麗眼中，吉兒妲的魅力難以言喻。她是個三十五六歲的嬌小女性，比蘿絲瑪麗年輕幾歲，留著時髦蓬鬆的一頭金髮。她把瑪麗螺旋狀的鬈髮燙直，買給她當時巴西流行的緊身襯衫。瑪麗總是非常在意自己的身體和體重，她難為情地發現自己比巴西女生還胖，而她鬆垮的嬉皮長褲和寬大的上衣讓她看起來邋遢過時。她下定決心要節食減重。

她寄回家的信件已經佚失，但她留下許多她的家人朋友寫給她的信。最令人開心的可能是凱特寄來的信，當時她八歲：「我們要寫出如果我們有艘魔法船，會用來做些什麼。我寫：『我會去巴西看妳』。我好想妳。妳想我嗎？」

隨著信件一封封累積，瑪麗和父親開始修補兩人之間的裂痕。從他寫的信可以看出，他正在嘗試把女兒當作大人看待，而不是個小女孩。過去他一直要女兒繼續當個小女孩，而這令瑪麗恨之入骨。「親愛的麗，」他寫著，「實在難以相信妳已經離家快四個月了。我們非常想念妳。少了妳，家裡彷彿出現了一道缺口。我們想念妳每天帶給我們的許多刺激，這妳再擅長不過了。」他想知道水門事件是否對巴西當地造成任何影響。「法院取得白宮錄音帶的奮鬥過程將會寫下歷史——妳的孩子會學習這段歷史，把它看作尼克森對抗國會和美國人民的經典最高法院案例。」

事實上，瑪麗發現她新認識的人和她的父母抱持截然不同的政治觀點。巴西當時是受右翼軍人執政團體統治，而聖利奧波爾杜是巴西最保守的城市之一。「幾乎整個南美洲都支持尼克森——我遇到的所有人都這麼說，」她寫道，似乎對她素未謀面的數百萬名南美人不以為意。「我還有點難加入政治論爭，但我想是時候了。他們喜歡尼克森的反共立場。」有一兩次，她在上學途中看見馬拉著拖車噠噠走過，短暫瞥見比埃爾家居住的中產階級郊區以外的貧困狀況。她發現，這裡的所有人都能自在分享他們的情緒，但卻鮮少談論政治，和她的家鄉牡蠣灣正好相反。

在巴西時，瑪麗就讀於希諾達爾學院（Colégio Sinodal），這是一所路德會高中。就如同她適應與一個新家庭同住，她也輕鬆適應了葡萄牙語的授課。「她變成巴西人了！」吉兒姐說。那年的重頭戲是瑪麗年長後會不屑參加的活動——她在社交舞會上初登場。她仔細化妝，身穿令曲線畢露的海藍色絲綢短洋裝，配戴珍珠耳環。她與其他初登場的少女裝腔作勢走過伸展臺，還和奧斯瓦多跳華爾滋。「她容光煥發，非常快樂，彷彿身在童話故事中。」吉兒姐記得，「我想，那天晚上她相信自己是個美麗的女人。」

瑪麗在一九七三年十二月回到牡蠣灣。十個月前，她在出國之前拍下的護照相片裡是個圓臉女孩，一頭沒有造型的長髮，穿著白色毛衣，領口有一圈環繞脖子的針織圖樣。而在她要離開巴西時拍的照片裡，她的頭髮剪短又燙直，眉毛經過修整，身穿一件緊身的黑色高領上衣。不過，真正全然不同的是她的姿態。她不再被動地看著鏡頭，而是抬高她的下巴，頭稍微向身體的一邊傾斜。她看起來既冷靜又目空一切。這是脫胎換骨的瑪麗．柯爾文。

瑪麗已經在巴西接受學術評估測驗（Scholastic Assessment Tests）——實際上就是大學入學考試——她的表現極為優異，成為美國優秀學生獎學金（National Merit Scholarship）的決賽入圍者。她不需要再回到學校完成最後一年的學業，於是在紐約一間廣告代理商找到工作，每天搭火車通勤到城裡。此時，她已經立志要成為一位像賈克・庫斯托那樣的海洋生物學家。唯一的問題是，她錯過了大學的申請入學截止日期。一九七四年春天，她開車到新哈芬（New Haven），向耶魯大學的招生人員解釋，她沒辦法從巴西郵寄申請表格。瑪麗曾多次證明，錯過截止時間並不會阻礙她的成功，而這正是第一次。她在秋季獲准入學。

*

在離家的這一年間，瑪麗長大了。而即便她的父親不贊同她的生活方式，也無法限制她。在晚上和週末，她會和一個高中好友潔瑞琳・漢拉罕（Jerelyn Hanrahan）一起打發時間，她是一位深思熟慮又富有藝術性的年輕女子，也擁有無所畏懼的精神，與瑪麗相稱。瑪麗終其一生都和女性建立親密的友誼，而潔瑞琳是她的第一位女性密友。

她們會穿著緊身洋裝和高跟鞋去酒吧。她們芳齡十八，面貌姣好、不受拘束，而且自信滿滿，足以靠性魅力吸引男性，又令他們望塵莫及。她們兩人都有車——潔瑞琳的車是一臺大福特，瑪麗的是一臺六七年的雪佛蘭邁銳寶（Chevy Malibu）。「我還記得沿著海濱道路開著車，我們談論著男生，又換到政治。」潔瑞琳說，「這些事都同樣重要。瑪麗迷上《紐約時報》，每天都會買一份來讀。」她們會在海灘上升起營火，坐在火堆旁天南地北地聊天：聊她們的家人、水門事件、性、大學、她們的夢想和計畫。「她認為牡蠣灣是個無處發展的小鎮。」潔瑞琳說。瑪麗決心不要恢復在巴西減掉的體重，於是開始喝咖啡，不吃東西。「她著迷於維持身材和運動。」潔瑞琳回憶，「她會喝二十五杯咖啡，喝酒，卻不吃東西，最後把胃搞壞了。」這成為她一生的習慣。

週末時，她們在希旺哈卡俱樂部當服務生。晚上十一點下班後，她們會脫掉白色制服，在海裡裸泳。瑪麗會無精打采地緩緩划水向外游，仰躺看著星空。其他時候，她們則會在酒吧裡，和蓄著濃密八字鬍的金髮酒保華特（Walter）喝長島冰茶。有天晚上，他們三人幾乎喝得爛醉，蹣跚走上俱樂部的頂樓，把浴缸注滿泡沫，一絲不掛地坐在裡面咯咯發笑，大口喝著一瓶香檳。華特說，「我以為自己已經掛掉上天堂了。」

那年夏天，瑪麗和潔瑞琳告訴她們的父母，她們要去舊金山拜訪潔瑞琳的姐姐，但真正的計畫是要去墨西哥旅行。到科羅拉多時，她們聽到一個廣播電臺在播放共乘廣告，於是搭訕上一名年紀稍長的女性，她正準備開車南下，想要找人分攤旅費。瑪麗身穿登山靴、短褲和長袖襯衫，潔瑞琳在腰帶內藏了把小刀，她們把後背包扔進車裡，就此上路。出發後幾天，她們在深夜開車通過杜藍哥（Durango）時撞上路上的石塊：這是歹徒搶劫行車的典型手法。女駕駛試圖繼續往前開，直到遠到她們足以逃脫，但車子的車軸壞了，她們只好把門鎖上，在車上睡一晚。隔天，瑪麗和潔瑞琳徒步到最近的城鎮。在維拉德尼亞（Velardeña）塵土飛揚的街上，有人告訴她們有位醫師會說英語，這正是她們認識法蘭西斯科．羅札諾醫師（Dr Francisco Lozano）的經過，人們都叫他潘喬（Pancho）。「他的體重應該有三百磅，穿著西裝褲和白襯衫來應門。」潔瑞琳記得，「他會一邊看書，一邊吃罐裝墨西哥辣椒。」她們睡在潘喬家裡的一間房間，地板布滿灰塵。隔天一早，在被一隻不知如何闖入的公雞吵醒後，她們決定接受醫師的提議，跟著他去看看當地的銀礦礦場。

採掘金屬礦的懸崖被挖得坑坑疤疤，繩索和木板在上頭縱橫交錯。這是非常原始的採礦方法。瑪麗和潔瑞琳看著一名穿著全身黑的婦女，帶著五個小孩經過。孩子們朝這個方向飛奔過來，就像一群小鳥。潘喬說，她是個流落街頭的寡婦，丈夫可能是死於一場採礦意外。這是個貧困艱苦的世界，和瑪麗在巴西看到的一切都截然不同。「瑪麗非常關心工人的處境，不斷詢問醫師他們領到多少薪水、工時多長。」潔瑞琳說，「她的問題源源不絕。嘴邊一直說著：『我真不敢相信他們一小時只賺二十五分。我真是無法相信。』」潔瑞琳認為，就在那天，瑪麗的腦海中敲響了某記警鐘。「在那之前我從沒看過她那樣窮追猛問。我想那就是她成為記者的時刻。」

兩年後，在耶魯大學念書時，瑪麗在一門新聞學課堂上寫了一篇旅遊報導，那是關於她和潔瑞琳一起探尋「真實的墨西哥」。

我們在墨西哥的第一晚抵達契瓦瓦（Chihuahua），兩人愉快地散步外出，想嚐嚐墨西哥菜，看看當地的夜生活。走過兩個街區後，路人緊張的眼光開始轉為驚恐；擦身而過的男子轉頭跟蹤我們，各個角落和敞開的門扇傳來口哨聲，車子按著喇叭發出性暗示……街上沒有其他女人……曾到墨西哥旅行的朋友歸來時，帶回熱情洋溢的故事，訴說當地人多麼溫暖開放。可是，他們忘了告訴我們，他們認識的所有朋友都是男性；而我們沒有留意到，所有說故事的人也都是男性。

這是瑪麗的典型作風。她從不會因為某事也許不夠明智，或有其危險，或因為她的女性身分可能面臨的風險，就升起不去做的念頭。開始寫作時，她發現這樣的冒險是豐富的寶庫，就像杜藍哥岩石裡蘊藏的銀礦。留意細節的觀察力、令人身歷其境的文字能力，以及幾乎不顧自身安全的行事風格，成為她新聞報導的招牌特色。

第二章　父與女

到耶魯大學的第一天，瑪麗在排隊註冊時，發現自己身旁有個女生，頭髮和她一樣狂野奔放。凱塔莉娜．維提奇（Katarina Wittich）綽號「凱托」（Kato），她的家族有一半的血統是德裔，另一半是匈牙利裔，他們是無神論者，而且放蕩不羈，和瑪麗的家族大不相同。但她們有個共同點：兩人都是常春藤聯盟貴族學校世界裡的局外人。光是身為女性，她們就已經成為歷史上的特例——就在五年前的一九六九年，耶魯大學才剛開始招收女學生，而當時有六成的學生是男性。瑪麗隸屬於西利曼學院（Silliman College），學院名源自一位十九世紀的科學教授。學院給人一種古老的氛圍，即便實際上並不古老，目的是要讓學生銘記傳統的重要性與學術優異的要求。著名校友名單囊括了作家、諾貝爾獎得主、最高法院法官、外交官，和數十位美國各行各業的成功人士。

瑪麗和凱托成為形影不離的波希米亞拍檔。苗條又醒目的凱托總是一身黑，瑪麗則愛穿一九四〇年代風格的束腰復古洋裝，在多數其他女生都穿著短裙和羊毛衫的校園中，她們頗出風頭。有時，她們會和傑拉德．維塔格里亞諾（Gerald Vitagliano）一起行動，他也是她們在開學日認識的大一新生，正苦惱著是否該出櫃。他們三人都試圖在離家後塑造嶄新的個性。「瑪麗極度強悍且熱情——很難不愛上她。」凱托回憶，「但我也看見她身上柔軟、脆弱又缺乏安全感的部分，不曉得自己的歸屬在哪裡。」瑪麗的獎學金未能支付她的所有學費，於是她在學生餐廳工作，補貼部分開銷。她、凱托和傑拉德會去新哈芬的同伴酒吧（Partners）跳舞，那是一間同志酒吧，吸引了一群熱愛變裝的非裔美國人，但沒有什麼耶魯學生。那段日子，新哈芬的某些事物相當難熬，但從未令瑪麗卻步。

二月時，她認識了兩個大四生，計畫要去紐奧良參加同志嘉年華會，於是她跑去敲傑拉德的房門，想說服他加入他們。他說，「別傻了，我還有報告要寫呢。」但她糾纏不休，逼迫他答應。他們四人開了二十小時的車，穿越賓州、西維吉尼亞州、肯塔基州的邊緣地帶、田納西州、阿拉巴馬州和密西西比州，前往路易斯安那州。一路上，四人輪流駕駛，收音機播放的音樂震天作響。他們寄宿在其中一位大四生的母親家，去了數十間酒吧，參加數十場遊行，喝得酩酊大醉，朝彼此互撒五彩紙花。「那趟旅程好玩得不得了。要不是她，我就不會去了。」傑拉德說。

有天在西利曼學院的庭院，她碰巧和維克多．伯溫（Victor Bevine）交談，他是個深懷抱負的演員，年長她兩歲，有著一對憂鬱的黑色眼眸，和一張柔軟敏感的嘴。她提議要幫他縫補牛仔褲——對瑪麗這樣獨立自主的人來說，這是個相當傳統的女性化招數——但卻奏效了。維克多還在摸索自己的性向，但瑪麗令人無法抗拒，不斷追求直到他心軟。她告訴維克多一句她最喜愛的巴西歌曲的歌詞：*São demais os perigos desta vida/pra quem tem paixão*——滿懷熱情的生命中，總有太多危險。

他們散步到新哈芬的伍司特廣場（Wooster Square），坐在長椅上談天。維克多告訴她，自己的父母離異，他已經好多年沒有見過父親。瑪麗說她的經驗正好相反。「我爸媽太愛彼此，我只希望他們離開人世時，可以一起走。」她告訴他，「我覺得他們沒有彼此會活不下去。」不過，凱托看到事情的另一面。

「她不常談論她的爸爸，但顯然有些芥蒂。」她回憶，「她總是想證明自己，抵抗任何施加在她身上的限制，也就是她爸爸的作為。他會說：『妳不能做這，不能做那。』而她就會覺得：『任何你說我不能做的事，我就要做得比任何人都好。』」

維克多介紹瑪麗認識了一個同學巴比·史萊弗（Bobby Shriver），他是前總統甘迺迪的妹妹尤妮絲·史萊弗（Eunice Shriver）的兒子。瑪麗正漸漸踏入一些社交圈，類似於她在希旺哈卡科林斯遊艇俱樂部見過的那些圈子。「如果某事令瑪麗感到畏懼，或帶給她挑戰，她就會下定決心克服它。」凱托說，「她決定要克服特權和勢力，晉升那些階級名流之列。」但瑪麗不這麼看。巴比和他的朋友懷抱成為作家和記者的夢想，這一點讓她很感興趣。她的新朋友們時常開派對，她很享受，但凱托不愛。到了她大學二年級的春天，這兩個女生已經漸行漸遠。

巴比那個學期要畢業了，於是他在海安尼斯港（Hyannis Port）的甘迺迪家族宅邸舉辦了一場派對。他叫瑪麗也帶上另一位大二生卡崔娜·赫隆（Katrina Heron），她是他們朋友圈的邊緣人。卡崔娜聰明絕頂，擁有天生麗質的美貌，令瑪麗印象深刻。卡崔娜出身白人新教徒菁英的新英格蘭家族，看似沉著冷靜、飽讀詩書、自信滿滿，但這兩個女子很快發現她們同樣熱愛冒險，卻又心懷猶疑。和瑪麗一樣，卡崔娜曾在拉丁美洲待過一年，她住在墨西哥，也到瓜地馬拉和貝里斯（Belize）旅行。兩人都明白進入耶魯大學的權利是自己爭取來的，卻不知為何缺乏歸屬感。或許是身為女性的緣故，又或者是因為她們現在背負期望，要受成功人士的樣板束縛。她們都熱愛跑步，所以一起上健身房，參加女子足球隊的甄試。（當卡崔娜成功入選，但她落選時，瑪麗發誓每一場球賽都會到場，為她的朋友加油打氣。）最重要的是，兩人都愛書成痴。攻讀英國語文的卡崔娜，為瑪麗引介她先前未曾讀過的文學作品，從珍·

奧斯汀較不為人知的作品到當代小說，應有盡有。「她看書的速度比我快上許多，而且會同時讀不只一本書。」卡崔娜回憶。從那時開始，兩人養成畢生的嗜好，彼此推薦書，再興致勃勃地討論，各自都感覺在對方讀過以前，自己不算真正體會過一本書。她們成為靈魂伴侶。這是一段深厚的友誼，而且將會長長久久。

卡崔娜也讓瑪麗愛上鄉村音樂。「我會帶一張邦妮・雷特（Bonnie Raitt）或艾美露・哈瑞絲（Emmylou Harris）的專輯，而她會一播再播。」她回想當時的情景，「唱針收回時，她會去倒一杯她無時無刻都在喝的黑咖啡，再把唱針放回開頭處。每重播三次，我就得去把唱片翻面。」她們時常跳舞喝酒，在深夜聽著珮西・克萊恩（Patsy Cline）的歌曲談天，談論愛與生命的意義，以及那些因瑪麗缺乏方向感、又總是記不住鑰匙在哪，而更顯荒唐的冒險。最眾所周知的一次是瑪麗開著她弟弟比利的敞篷車，因為瑪麗堅持儀表板上的溫度指針是油表，結果在長島快速道路上沒油了。厄運反倒讓她們發笑；她們是雙人拍檔，自信和笑聲讓兩人緊緊相連。男友來來去去，但她們總是擁有彼此的陪伴。瑪麗總是親暱地叫卡崔娜小金（Kim），而卡崔娜總是喚她小莉（Rie）。她們會共穿對方的衣服，開始學會對方的怪癖和特殊措辭，兩人親同姊妹。

卡崔娜井井有條，而瑪麗雜亂無章，但她自有一套方法，去應付令她惱怒生厭的現實生活瑣事——直接忽略。她鮮少支付圖書館逾期罰金，總是拖了又拖才開始處理學生貸款。在她內心深處，債務帶來的是刺激，而非實質的擔憂。她很少開她那臺老雪佛蘭邁瑞寶，於是決定送給弟弟麥可，他在某次寒流期間來新哈芬取車。「那車因為蓋滿了雪，看起來就像臺福斯金龜車。」他回憶。瑪麗遞給他一根棒球球棒。「我開始敲碎那些雪和冰，結果在每一層都找到一張違規停車罰單！難怪她想要擺脫它。」

*

巴比和瑪麗為她大二結束後的夏天想了個計畫：在科德角（Cape Cod）做海濱烤蛤野餐的生意。卡崔娜也答應加入行列。巴比堅持不要依靠自己家族的名氣，於是在傳單上自稱「羅伯特・柯頓」（Robert Cotton）。他們租下一間在沙地上搖搖欲墜、木瓦屋頂的兩層樓林蔭小屋，當作他們自己和一群來來去去的朋友和助手的住處。

「我們就在廚房外面做起生意——有大袋大袋的蚌蛤、一箱箱的鹽水海草和一疊疊的桌巾。」卡崔娜記得，「我們無時無刻都把窗戶敞開，無論下雨或晴天，好讓空氣流通，屋裡才不會聞起來像座養魚場。」瑪麗積極投入工作，收集木柴、料理並和客人閒聊。她的熱情成為吸引顧客的部分賣點；她熱愛派對，結果現在辦派對還能賺錢。「我們盡全力招攬客人，聯絡旅館，請他們幫忙發傳單。」巴比說，「我們有臺小貨車，會開車去採集海藻，用老派的方法，把海藻鋪在滾燙的岩石上蒸烤蚌蛤。一週大約舉辦三四場烤蚌殼大會。」

那年秋天，瑪麗回到耶魯大學時自信又快樂。兩年前入學時懷抱的任何格格不入的感受早已消失無蹤。她和卡崔娜一起租了間德懷特街（Dwight Street）上的公寓，離校園不遠。兩人的友誼讓瑪麗能夠重新思考她與父母的關係。這兩個年輕女子都在遠離她們的原生家庭，試圖在新時代打造新生活。那時，女性正在拒絕成為她們的母親所扮演、父親所期望的角色。瑪麗的母親明白瑪麗不可能甘於墨守成規的人生，做一份體面但無須全心投入的家庭工作，可是瑪麗的父親——既是和善的一家之主，也是她最渴望獲得認同的人——對她有何期許？她並不知道答案，而當她試圖不去在意，這個問題卻仍令她困擾不已。「對她來說，爸爸就像是塊磁鐵吸引著她。」卡崔娜認為，「但我有種感覺，她總刻意要遠離他。」

瑪麗的想法正在改變。她不再想成為下一個賈克・庫斯托，也不再繼續她的人類學主修。這兩條路都不夠有創造性。她擔心要把主修改成歷史或英文已經太遲了，但卡崔娜說服她，人類學背景也同樣對新聞工作有益。

那是個記者成為英雄的時代。一九七一年，五角大廈文件（Pentagon Papers）外流，導致美國政府祕密轟炸柬埔寨和寮國、暗中擴大越南戰爭的經過曝光。文件內容最初刊登在《紐約時報》上，政府對報社發出聯邦法院禁止令後，又刊載於《華盛頓郵報》（*Washington Post*）。隔年，希莫爾・赫許（Seymour Hersh）揭露美萊村屠殺（My Lai massacre）事件，在這場屠殺中，美國士兵殺害一座越南村莊裡超過三百名手無寸鐵的平民。水門事件醜聞接踵而至，揭發者是《華郵》的卡爾・伯恩斯坦（Carl Bernstein）和鮑勃・伍華德（Bob Woodward）——他本身也是耶魯大學的校友——迫使尼克森總統辭職下臺。伯恩斯坦和伍華德的著作《總統的人馬》（*All The President's Men*）在瑪麗要去上大學前正好問世，並在她三年級時改拍成電影，由達斯汀・霍夫曼（Dustin Hoffman）和勞勃・瑞福（Robert Redford）主演。那時的記者是「好人」，會揭穿官方的詭計和謊言。

巴比建議瑪麗去應徵《耶魯日報》（*Yale Daily News*）的一份工作。報社位在一棟有著豎框窗的優雅紅磚建築內，看似又是個難以涉足的耶魯大學菁英機構。那些在「耶報」工作的學生都早已為進入報社準備多年，而且經常會繼續到美國頂尖的報社任職。瑪麗要進報社似乎已經太遲了，但她遇上意外的好運——那學期有群學生正在籌劃開辦《耶魯日報雜誌》（*Yale Daily News Magazine*）。時機完美。她負責評論戲劇製作和電影，從一部不太知名的捷克劇作（〈探戈〉探討了革命與反革命的必然性；同時也向尼采的精神致敬，許多劇中對話皆高度仰賴他的哲學思想」），談到最新的詹姆士．龐德（James Bond）電影（「老套劇情層出不窮，全都很精彩」），並附上五張龐德女郎穿著比基尼的照片。

有篇要聞是關於參加垮世代[1]詩人艾倫．金斯堡（Allen Ginsberg）的一場朗讀會，她形容金斯堡是「一位不像先知的先知，穿著皺巴巴的黑色西裝、有衣領扣的黃色正裝襯衫和條紋領帶，脖子上圍著一條閃亮的金鏈徽章」。金斯堡朗誦「裁決警察之詩」，摘錄資訊自由法（Freedom of Information Act）訴訟中取得的聯邦調查局文件，訴訟過程揭露了美國政府對付左翼煽動者的一場祕密行動。在活動結束後的訪談中，金斯堡告訴瑪麗，官方讓六〇年代社運人士名譽掃地的政治宣傳，促使現下世代的理想幻滅，並提供了「七〇年代憤世嫉俗和冷漠氛圍的關鍵性因素」。瑪麗寫下一段引人入勝的比喻：「金斯堡就像個白髮蒼蒼的猶太祖母，感受著她生病孩子發燙的額頭，試圖診斷新世代的耶魯人。」

瑪麗自己既不憤世嫉俗，也不冷漠。儘管如此，她在街頭抗爭的日子已經過去。她需要新的目標，但她還不知道是什麼樣的目標。她只知道新聞採訪是她下一件想探索的事。

*

一九七六年十一月的某天晚上，維克多到德懷特街的公寓來找瑪麗。他在洗澡時聽見電話鈴響。

1 譯注：即「垮掉的一代」（Beat Generation），指二戰後五〇年代的一群美國作家，他們拒絕當時美國氾濫的物質主義，喜愛探索東方宗教，支持迷幻藥物經驗和性解放。六〇年代的嬉皮運動深受其影響。

傑克森・布朗（Jackson Browne）的最新專輯《遲來的飛翔》（*Late for the Sky*）正在唱盤上播送。當最後一首歌結束，唱片繼續轉動時，唱針搖動發出劈啪聲——但瑪麗沒有把唱針移回原位重新播放。注意到事態有異，他踏出浴缸，擦乾身體並走到客廳，發現瑪麗淚流滿面，幾乎說不出話。

「我爸得了癌症。」她啜泣著說，「已經擴散到全身了。」

瑪麗回到牡蠣灣，發現家裡一團混亂。比利已經加入海軍陸戰隊，人在北卡羅來納州的彭德爾頓營（Camp Pendleton），正要搭船前往沖繩。麥可剛上大學，去了賓州。只有當時十四歲的小布和十二歲的凱特在家陪伴父母。比爾從夏天就開始感到側身疼痛，當時他在蓋一座露臺，曾笨手笨腳地抬了某件重物。可是他不以為意，直到感恩節前都沒有去看醫生。檢查結果顯示，他罹患結腸癌，而且癌細胞已經轉移。十二月時，探查手術發現癌細胞已太過擴散，進一步的治療也於事無補。瑪麗去醫院探病，而這位她藉著反抗來定義自我的高壯權威人物，如今卻躺在病床上無助消瘦，她幾乎不知道該說些什麼。「你現在有時間看書了。」她說，試圖對他說點話，任何話都好，只要不帶憐憫或恐懼。他看著她。「是啊。」他答道，隨後轉過身去，默不作聲地盯著窗外的停車場。

那年耶誕節，父母雙方家族的所有叔伯阿姨等長輩親戚和堂表兄弟姐妹，都造訪東諾維奇的家。日益憔悴虛弱的比爾身穿毛衣，撐坐在他的椅子上，這是愛家男人的最後作為，掌管著耶誕禮物和遊戲。他和蘿絲瑪麗已經決定，他要在家度過最後時光，在他們養育家庭、幸福生活的屋子裡離開人世。他花時間和每個孩子相處，試著鼓勵他們，告訴他們要在他過世後勇敢面對。快滿二十歲的瑪麗原先無憂無慮，無須承擔任何責任，現在被迫匆匆長大成人。她慰藉母親，照顧小布和凱特，同時還要摸索走出自己內心悲慟的迷霧。她告訴維克多，自己無法再和他交往下去。當時他已深深愛上她，但仍為自己的性向所苦；而她無法應付這段關係的需求，也拒絕他給予的支持。如今卡崔娜成為瑪麗的依靠。到了下學期，她在週末回牡蠣灣探望父親。有個護士每天都去看看他的狀況。比爾的姐姐愛琳（Aileen）的丈夫是個受過訓練的海軍軍醫，每天晚上都會去替他洗澡，照料他的個人需求。比爾和蘿絲瑪麗會在夜裡談論他們攜手共度的人生，以及他逝世後她所面對的未來。「我爸媽幾乎每晚都熬夜聊天。」小布記得，「到最後他們天天徹夜長談。我會聽著他們的對話入睡。」

一九七七年二月五日，比爾．柯爾文在東諾維奇的家中逝世。享年五十歲。他的葬禮在聖道明教堂舉行。瑪麗的幾個大學友人從新哈芬開車南下出席，卡崔娜和傑拉德也在其列。地方報紙記錄，約有五百人參加喪禮——他任教二十二年的學校的師生、他率領的童子軍團成員、社區社會行動理事會（Community Social Action Council）的工作夥伴、他在地方民主黨的同事、數十位親戚和柯爾文家的朋友，包括瑪麗在牡蠣灣高中的同學。身為前海軍陸戰隊隊員，比爾下葬在數英里外的派勞恩（Pinelawn）軍人公墓。

四十年後，蘿絲瑪麗談起她丈夫病逝仍會哭泣。他們的婚姻非常美滿，她說。在他死後，她靠著丈夫的撫恤金和她教職的薪水衣食無虞，但她內心有一部分已經隨他一同死去。瑪麗提議休學一年，待在牡蠣灣協助她的母親照顧較年幼的孩子，肩負起她父親生前一直要她謹記在心的長女之責。可是蘿絲瑪麗拒絕了她——她不要瑪麗犧牲自己的未來。她堅忍面對。她一邊工作，一邊照顧小布和凱特，直到他們上大學，繼續參與教堂和社區活動，每天都一步步向前邁進。屋子裡總是擠滿她邀請來留宿的外國學生。她從未被絕望擊潰。

*

回到耶魯，瑪麗努力從自己的悲傷中找尋意義。凱特經常來借住公寓，跟著她的大姊四處走，就像她小時候一樣。瑪麗明白，父親的逝世代表著其他同學仍在享受的青春期奢侈，對她來說已經戛然而止。她會在漫漫長夜裡，向卡崔娜訴說她和比爾懸而未決卻已劃下句點的父女關係。「我想，她可能是盼望長大後的某個時刻，他們會再次理解彼此，一切就會好轉。」卡崔娜說，「她發現再也沒有辦法或時間可以修補兩人的關係了，這讓她一蹶不振。」

一九七七年七月十日：父親的死對我的生活造成如此巨大的影響，我至今依然不清楚有多深遠。但我看見一個陽剛快樂的男人就這麼走了——儘管他擁有想要的一切——這話並不誇大，他的一切就是家庭，家庭就是一切的目標。如果沒有目標，為什麼要每天工作、存錢、買房、買車？自從他離開後，媽媽的生活開始顯得漫無目的。他從這樣的一個男人變成一具屍體，冰冷平靜，帶著如此莊嚴的安詳氣息——他就連在棺材裡也那麼剛正不阿。「我的一生十分美好。我讓人們快樂。我也做了我認為對的事。」最後這一點——是我爸爸一生的本質。每當想起他的離去，總讓我勇氣盡失。為什麼我竟然這麼在意這一切的小事？但我確實學到一件事——人生苦短。

她意識到自己不只是**想要**成為記者——而是**必須**成為記者。也許，她是在挑戰父親未竟的寫作夢想，又或許他的逝世讓她更清楚了解自己。可是，她在此時做出的決定會影響她接下來的人生，而她為自己設下的標準是父親的標準。

一九七七年七月十日：我有好多事想讓他親眼看看——向他證明我自己。不知為何，他一直是我的標準，至今依然如此。我所做的一切都是想讓他驕傲。這聽來可能會讓人覺得「妳現在才這麼說，但他已經不在人世了。」而且其實我也並非全然這麼想——但我必須如此露骨地陳述，因為讓他感到驕傲才是最重要的事。沒錯，我確實有自己的目標，也絕不可能因為他過世而放棄，但我的確非常渴望他能以我為傲……

她選修了一門新聞政治學的課，撰寫一篇關於古巴日報《格拉瑪》（*Granma*）的報告，以及一篇《華爾街日報》（*Wall Street Journal*）的評論文章。在另一門課堂上，她練習寫作電視劇本，作品中有部分是改編自美國廣播公司（ABC）記者希拉瑞．布朗（Hilary Brown）的報導，她是少數報導過越戰的女性。不過，改變她人生的那門課是非虛構寫作，老師是普立茲獎得主的記者兼小說家約翰．赫希（John Hersey）。

赫希在中國出生，父母都是傳教士，曾在歐洲和亞洲報導第二次世界大戰。他曾撰寫超過二十四本著作，首創在非虛構作品中運用虛構寫作技巧，同時又對兩種文類的基本差異瞭若指掌，因而聞名。赫希是名含蓄的男性，教導瑪麗時才剛滿六十歲。他是紳士中的紳士，穿著一件粗呢西裝外套，手肘處有皮革補丁，濃密的白髮從額頭往後梳。赫希自己也是耶魯大學的校友，他只選了十二名大三和大四學生來上他的課，許多人都繼續在新聞界發展出卓越的職業生涯。他指定的讀物五花八門，有馬克西姆・高爾基（Maxim Gorky）[2]的托爾斯泰傳略，也有諾拉・艾芙倫（Nora Ephron）[3]的散文集《瘋狂的沙拉》（*Crazy Salad*）的選文。他還會請學生寫作故事，並在課堂上討論。他總是談論真相，而非平衡報導。此外，相較於在基礎新聞採訪課上教授如何蒐集事實，他對形塑特色和敘事更感興趣。他對清楚明瞭的措辭非常堅持，和每個學生個別指導時，常查閱《福勒現代英語用法辭典》（*Fowler's Modern English Usage*），修正拙劣的用詞，在紙頁邊緣潦草寫下他的評論。他會用鉛筆書寫，以免和學生進一步討論後改變想法。

瑪麗總是說赫希的《廣島》（*Hiroshima*）是她讀過關於戰爭最好的一本書。這本書簡短而低調，根據原子彈投下後那年他所做的報導寫成，勾勒出倖存的五位日本民眾和一位德國傳教士的生命交集。在一九八六年《巴黎評論》（*Paris Review*）的一次訪問中，赫希表示這本書的靈感是來自於桑頓・懷爾德（Thornton Wilder）的小說《聖路易之橋》（*The Bridge of San Luis Rey*），描繪一道在祕魯的吊橋崩垮後，喪生的五人環環相扣的故事。「我感覺那似乎是個可能的方法，來處理這個極為複雜的廣島故事；選擇一些人——最後是六個人——他們的生命道路彼此相交，並走向這個共同的災難時刻。於是，我去了趟廣島，馬上開始尋找適合那種寫作格式的受訪者。」他說。

赫希沒有聚焦在支持和反對原子彈的爭論，或使用原子彈背後的戰略上，而是讓個人的經驗揭露政治和軍事決策對人的影響。《廣島》鬆散的散文點綴著微小的細節，彷彿一幅日本畫，原子爆炸餘波的恐怖和混亂歷歷在目，而開頭是以簡單的文句，描寫炸彈墜落之際每個倖存者正在做些什麼。生還者在文中自然而然登場，宛如小說角色，而非新聞報導的受訪對象，他們的故事就像情節一樣交織在一起，記憶中的對話讓事件栩栩如生。「我希望讀者能夠融入角色，感受到部分的痛苦、部分的災難，進而了解這起事件。」

然而，赫希並不認同當時風行、諾曼·梅勒（Norman Mailer）和湯姆·沃爾夫（Tom Wolfe）等作家實踐的「新新聞學」（New Journalism）。在赫希看來，「非虛構小說」的概念相當危險——楚門·卡波提（Truman Capote）創造出這個詞，來形容他一九六六年的暢銷書《冷血》（*In Cold Blood*），描寫堪薩斯州的一場謀殺。像小說家一樣捏造故事，會逐漸削弱讀者對新聞報導的信任，因為讀者認為新聞應該保持純粹。「小說重要的是作者的聲音，而報導重要的是作者的權威。」一九八〇年刊登在《耶魯評論》（*The Yale Review*）的文章〈關於執照的傳說〉（The Legend on the License）中，他如此寫道，「事情非常簡單……我們所要做的只有堅持兩個原則：小說的作者必須創造故事。而記者絕不能創造故事。」

瑪麗受到前所未有的激勵，上完第一堂赫希的課後就去找卡崔娜。她已經知道自己想成為記者——如今她知道她想成為哪一種記者。「我找到了，這就是我想做的事。」她說，「我想要用這種方法述說這些龐雜的故事。」她成為赫希的追隨者。赫希的哲學和寫作方法是指引她畢生新聞工作的基本原則。他告訴瑪麗，實際寫作是學習的不二法門——沒有理論，只能不斷練習。事件，也就是人們的所作所為，才是精髓所在。記者比較像木匠，而非藝術家，將樹木砍劈成一則故事，鑿刻、磨光、打亮，直到完美無缺。是在赫希的課堂上，瑪麗撰寫進入耶魯大學之前的夏天，她和潔瑞琳去墨西哥城旅行的記敘文。「我們走下車，筋疲力竭，肢體痙攣，仍被公車的味道燻得暈頭轉向，車上如運送牲畜的貨車般擁

2　譯注：高爾基（1868-1936）為蘇聯作家，在文學上開創社會主義的寫實主義（socialist realism），也從事政治運動。

3　譯注：艾芙倫（1941-2012）為美國電影製作人、導演、編劇兼作家，著名的作品有《西雅圖夜未眠》、《電子情書》等。

擠，還有幾隻乘客的雞，」她寫。赫希在頁緣寫下評語：「詞藻過度堆砌。稍嫌囉嗦。」但接著又稱讚她「傳統的拾荒者販售的破舊報紙」這段語句是「不錯的一筆」。他兩次批評她用詞老套。最後他寫道：「我喜歡文中強悍、坦率的寫實風格，但沒有出現獨特的人物。不過，地方的描寫栩栩如生。」她後來的作品特別強調戰爭中的人物故事——可以看出對於這些指導，瑪麗多麼謹記在心。

*

雖然維克多苦苦哀求，瑪麗已經無法再和他交往。父親死後，她不願和任何男性有牽扯。後來，就在大三學年末，她勾搭上杰拉德・威弗（Gerald Weaver），外號杰瑞（Gerry）。

杰瑞是名大四生，大她一歲，有著棕色的眼睛和無神論者的態度。他主修歷史，常踢足球和打拳擊，交女友無往不利。經過一場瘋狂的派對後，他和瑪麗最後在耶魯大學校園附近的格羅弗街公墓（Grove Street Cemetery）做愛。「瑪麗的眼睛閃閃發光，透露出她願意嘗試任何事。」杰瑞回憶，「她玩世不恭、性格大膽又不符常規。」他覺得這一切都迷人至極，但接下來的幾週，他有時不見人影，而且總是十分冷淡。他的難以捉摸挑逗著她。他們會在派對上偶然碰見，一起享用迷幻藥，偶爾上床。那不是段真正的關係，甚至也稱不上約會。她知道他有個女友。她可以假裝冷靜——這在耶魯大學的社交圈內是必要的——但杰瑞不只是冷靜，而是幾乎到了冷酷的地步。有時瑪麗認為他在取笑她。她感到無地自容，彷彿自己不夠性感或女性化。「杰瑞——究竟是你還是我，總覺得要一直裝酷才行？」她問，但他從沒有機會回答，因為她並未寄出寫著這個問題的那封信。

杰瑞散發危險的氣息。卡崔娜認為他就只是個靠不住的男生，但在瑪麗眼中，他神祕誘人。她內心騷動不安，不只是因為她能感覺到自己正墜入愛河，也因為她父親的逝世令她赤裸而脆弱。她對新聞採訪的熱情依舊強烈，但那份傷痛——那份不只想被一個男人愛著，更要受他肯定的渴望——並未削弱。

一九七七年七月十日：我明明有好多想投注精力的事，我經常自問，為什麼生活中完全沒有男人，我就快樂不起來。這是否已經無法改變了呢？我的自我意識無法脫離男性而存在——我需要他們的回饋。就是那長久以來的矛盾，我想要我的自由，我想要無拘無束創作，擁有自由的靈魂，但與此同時，我承認自己渴望安全感。

這確實是多年來的兩難。瑪麗日後將會認識一九三〇和四〇年代女性記者的事蹟，她們努力奮鬥，要過著戰地記者的人生，並兼顧完滿的個人生活——經常以失敗告終。年僅二十歲的她如今開始思索這個問題，並在不知不覺中，附和了李．米勒（Lee Miller）的一段文字。米勒是偉大的二戰攝影師，在開創她自己的事業以前，曾是曼．雷（Man Ray）[4]和畢卡索的靈感來源。一九三八年，在一段不幸福的婚姻裡掙扎時，她寫下：「我渴望擁有安全感與自由的夢幻結合。」將成為瑪麗偶像的瑪莎．蓋爾霍恩，是那個世代最偉大的記者之一，卻經常被稱作「海明威的妻子」，儘管他們的婚姻維持不到五年。瑪麗是女人幫的一分子，不過幾年前，女性先鋒才攻破美國菁英大學覆滿常春藤的高牆，用努力和與

4　譯注：曼．雷（1890-1976）為美國現代主義藝術家，啟發了達達主義和超現實主義。

生俱來的能力，來證明她們與男性同儕平等。然而，她也渴望傳統。「我們謹慎地告訴自己，如果我們沒有結婚也無所謂，但內心的浪漫理想是妳會找到一個好男人，結婚生子。」卡崔娜說。

在那段日子，瑪麗抗拒許多女性主義的思想。「女性研究」這個新學科的先鋒被人們認為缺乏幽默感又尖銳，這形象令她厭惡。她並沒有質疑大眾公認什麼樣的女人才有吸引力的標準，無論是何種特質，她只想確保自己具備就夠了。她沒有貶低自己的聰穎或野心，她找到其他取悅男性的方式，有時當「哥兒們」，有時則和他們調情。

一九七七年七月三日：我會一直提防那些相信男性能夠哭泣非常重要的男生。那些會談論多愁善感的男生和過度女性主義的耶魯女強人是一夥的，而她們總是支配那些人。他們就是那幾個會出現在女性研究課堂上的男同學，因為他們對女性主義「有共鳴」。

然而，她將發現，自己絕頂聰明、無所畏懼，卻同時習慣和任何她覺得迷人的男人上床，令許多男性相當困惑。杰瑞是第一個說發現她「很陽剛」的人。她不顧一切的勇敢，與一般人對於女性應該要有、可能會有的樣子的既定觀念抵觸。當學期來到尾聲，杰瑞準備畢業，瑪麗不確定未來能否再見到他。她試圖道別，決心要忘了他，繼續過生活，假定那段關係——如果兩人稱得上有交往的話——已經結束。

在那封未寄出的信中，她許下諾言。

一九七七年七月十日：我一直喜歡我們兩人關係的一點是：沒有要求，也沒有期待。但我確實有個期待：如果在我們五十歲時在一場雞尾酒派對上相遇之前，我都不會再見到你，我希望（一）你不會頂著啤酒肚，以及（二）你會抓著我，硬是將我拉離現場。或許到那時候，我就能冷靜面對了。我承諾會讓自己看起來很冷靜。

*

瑪麗在牡蠣灣度過夏天，試著給予她的母親、凱特和小布支持。九月時，她在學期開始前回到耶魯粉刷林塢街（Lynwood）三十三號的牆壁，這是她和卡崔娜要在最後一學年同居的房屋。帶著身上的斑斑油漆，她到學生酒吧喝杯酒，碰巧和戴夫．漢弗維爾（Dave Humphreville）聊起天來。他是個親切體貼的歷史系學生，來自伊利諾州，靠著足球獎學金進了耶大。他們不久就開始約會。戴夫並不屬於瑪麗踏入的耶魯風雲人物圈，但她從不放在心上。她愛他的真誠、低調的聰穎和令人安心的體格。他深受她對人生充滿幹勁的姿態吸引。「她好像根本不在意別人的眼光，」他回想，「那讓人覺得很解放。她無法被歸類。她的朋友圈中，有些人認為我是頭腦簡單、四肢發達的男生，但她不在乎。她總是一笑置之。」

卡崔娜和瑪麗是風靡校園的大四生，所有人都想認識她們，而林塢街三十三號成為著名的派對場地——那是間寬敞但年久失修的連棟式住宅，外觀一半包覆石板，另一半是紅磚，位在一條有行道樹的街上。「瑪麗至少每星期都會舉辦一場派對，有時兩場。」克萊爾．恩德斯（Claire Enders）回憶，她是卡崔娜的表妹，當時剛到耶魯大學不久。人們在晚上十點左右出現，現場有很多廉價白酒和大麻，也經常有食物，因為瑪麗喜歡下廚。啤酒會堆放在門廊的雪地上保冰，而總有人帶上一瓶傑克丹尼威士忌（Jack Daniel's）。瑪麗往往是待在舞池的第一人和最後一人，喇叭震天播放著滾石樂團、大衛・鮑伊或衝擊合唱團等新龐克樂團的唱片。

她努力練習新聞報導，用一篇輕鬆愉快的第一人稱故事磨練她的寫作技巧，內容是關於和卡崔娜等一群朋友搭乘熱氣球的旅程。這篇文章發表在《耶魯日報雜誌》上，如今她已經成為特約撰稿人。有天晚上，她帶戴夫去新哈芬髒亂不堪的區域，在一間刺青工作室待了十小時。那裡的刺青師綽號小狐（Foxy），正在一名自行車手和一對重生基督徒身上練習她的技藝。那成為一篇精彩有趣的文章。她試著不去想杰瑞，但很難辦到，因為他現在進了耶魯法學院，而且他們仍會在派對上相遇。戴夫是遠遠更好的賭注，但她依舊對得不到的人事物所散發的吸引力無力招架。這兩個男人分別對應到她本性的兩個對立面。一個是好男友，一個是壞男友。一個她能夠擁有，一個她不能自已地渴望。

在耶魯的最後一週，她帶著咖啡壺，躲在圖書館裡過夜，像瘋狂帽匠一樣在書堆間焦急奔走，忙著完成各科報告，才能順利畢業。她錯過了所有獎學金、補助金和助學金的申請時限。然而，經過四年，她已經發展出某種結合了野心與宿命論人生哲學。她在一篇題為〈時限將至〉（Running Out of Time）的文章中如此解釋。

《耶魯日報》，一九七八年，畢業典禮日

就算你搞砸、選擇錯誤的道路、或在賭城演出徹底失敗，全都無所謂。重要的是先全心投入，去「追隨你的熱情所在」。而如果你搞砸了，那就搞砸了。我們現在必須擔心的是成功的到來。一旦你成功了，犯錯就會變得難堪，也愈來愈難把握近在眼前的微小機會，並持之以恆。你隨時都能成為耀眼明星，又何必倉促行事？

她的大學生涯就此落幕，而她已經準備好迎接下一個冒險。

＊

畢業後，瑪麗搬到紐約，去尋找當記者的工作機會。她和一個耶魯大學認識的朋友，在中城（Midtown）一間髒亂的旅社合租一間房間，住了幾個星期。後來，她在地獄廚房（Hell's Kitchen）[5]一棟公寓大樓的四十三樓，找到一間便宜的分租套房，當時那裡還是個破舊的地區。套房內部是白漆牆面，配備鑲木地板、一張雙人床、一些植物和「曼哈頓風景明信片般」的景觀。

一九七八年七月五日：我自己想在房裡做什麼就做什麼。明天我會把房間通通擦乾淨，摸遍所有物品，讓房間清潔溜溜，安排寫作用的檯面，在打字機裝上空白頁。只有我自己一個人——太開心了！

5 譯注：指紐約市曼哈頓中城西區。

不久，從不間斷的車輛嘈雜聲在她耳裡就像海浪聲一樣撫慰人心。每天早上，她都會沿著西側公路跑步，為自己在那裡默默無聞而欣喜自在，並且觀察一位常在陽光下用棒球帽遮著臉打瞌睡的流浪漢。她和耶魯大學的朋友碰面聚會之餘，也寄出了一些履歷，尋找短期的工作以維持生計。她為《鄉村之聲》（*Village Voice*）到費城訪問演員詹姆斯．可可（James Coco），認識到任何出差的推銷員，或四處奔走的記者都知道的事：獨自一人在陌生城市的飯店度過漫長的白天和黑夜，起初令人興奮，但寂寞會突然襲來。隨著截稿日期接近，她習慣拔自己的眉毛，還注意到已經拔出血來：「壓抑焦慮，表情保持冷靜，搥牆，咬緊牙關。」

在紐約的時候，每隔幾週她就會和約翰．雪利（John Schley）見面，他是大她二十歲的耶魯大學校友，他們相識於最後一個學期的一場哈佛對耶魯冰上曲棍球比賽。約翰出身紐澤西州一個富有的養馬家族，先後涉獵股票和不動產。他口袋裡總是有閒錢，非常樂意請她到蘇活區或西村（West Village）吃晚餐。有次他邀請瑪麗到他父母宏偉的郊區別墅參加派對——她沒有合適的衣服可以穿，於是他們匆匆跑進閣樓，找到一件他祖母的灰色絲綢禮服。瑪麗的身材高䠷又苗條，閃耀光澤的頭髮在她背後流洩而下，美得令人屏息。約翰不是瑪麗會喜歡的類型。他身高比她矮，不擅長社交，有些拙於言辭，也沒有特別的野心。有個共同朋友稱他為「發育不良的案例」，但他無條件的愛慕令人難以抗拒。他想要和瑪麗結婚，但這是段無性的關係，瑪麗在他求婚時哈哈大笑。一如杰瑞經常沒有按照承諾出現、擺明瑪麗的順位在他另一位女友之後，瑪麗也濫用約翰的感情，如果有更感興趣的事情就對他失約。她似乎在測試他，看看他會不會毫無保留地愛自己，就像孩子也會如此測試父母的愛。

她們畢業後，卡崔娜搬到德州，在《達拉斯晨報》（*Dallas Morning News*）工作。幾個月後，瑪麗搭機去南部找她，兩人開車環州，用收音機播放鄉村音樂，觀賞牛仔競技會，一如往常一起歡笑。回到城裡，瑪麗早上都會待在紐約公共圖書館的閱覽室，從報紙尋找各報社編輯的姓名，從《查塔努加時報》（*Chattanooga Times*）到《蒙哥馬利廣告人報》（*Montgomery Advertiser*），應徵任何可以當記者的職位，試圖找到門路進入「新聞業，這個我想投身的信仰」。有時她會納悶自己是否被野心迷惑。「我是個無名小卒。」她沉思，「不對，這我無法接受。為什麼？因為我能感受到自己蘊藏的潛力。但我確實能接受，這些嘗試到最後可能會一事無成。」她已經準備好去任何地方，但她內心有部分自覺必須待在她母親身邊，至少直到小布和凱特都已經離家自立。

她不斷閱讀──《美麗與毀滅》（*The Beautiful and the Damned*）、《刺鳥》（*The Thorn Birds*）、《蓋普眼中的世界》（*The World According to Garp*）──但影響她最深的書是華克．波西（Walker Percy）的《影迷》（*The Moviegoer*）。她對小說中的反傳統主角賓克斯．波令（Binx Bolling）深感共鳴，他長久以來都疏離自己的生命，直到身躺在一道溝渠中，凝視著一隻糞金龜，瑪麗發現，她也曾經歷這樣的頓悟時刻。

一九七八年十月十二日：對我來說，是我父親的離世。那種感覺好像我之前是無意識地活著；回顧過去，那段人生好像是別人的生命……後來發現對我最重要的是能夠寫作，也發現自己因為害怕失敗，而畏懼去嘗試寫作；因為一直以來，我人生的一切都十分順遂。在任何其他事情上失敗，都稱不上是真正的失敗；但若在寫作上失敗，就會是貨真價實的失敗。論成就，寫作也會是我唯一看重的成就。

自由撰稿人的收入微薄，她知道自己應該要節省開支，但難以執行，遂被債務纏身。她勉強過活，直到十二月時父親的一個朋友告訴她，卡車司機工會的紐約市政雇員分會「地方二三七」（Local 237）正在找人編輯通訊報。

*

當一名來自長島的友人建議他面試某個剛從耶魯大學畢業、想要當記者的女孩時，喬．麥德莫（Joe McDermott）有所遲疑。身為一個勞工階級的愛爾蘭天主教工會成員，他不自覺地提防任何來自常春藤聯盟的人，但是——因為發現自己對編輯簡訊報一竅不通，急需人手協助——他便勉強答應見她。「她走進來時美麗動人。」他回憶，「她有著典型愛爾蘭裔的白皙肌膚，就像鯖魚的下腹。還有一頭黑髮。她的幽默感絕佳，面試時掌控全場。我在她離開辦公室前就錄取了她。」

瑪麗欣喜若狂。她一直深受強悍的男性吸引，而國際卡車司機工會（International Brotherhood of Teamsters）是最著名的美國勞工工會，擁有全美最強悍工會的名聲。惡名昭彰的司機工會領袖吉米．霍法（Jimmy Hoffa）曾在一九六〇年代時，因涉入組織犯罪而遭判有罪，但理查德．尼克森替他減刑，據說是為了回報競選總統期間工會對他的支持。瑪麗開始在地方二三七工作的三年前，霍法計畫在底特律和兩名黑手黨領袖會面，但在計畫夭折後失蹤。他最終遭宣判死亡，但他生前失蹤的詳情從未有完整的解釋。瑪麗見到的許多工會成員仍然對霍法忠心耿耿。在她看來，卡車司機工會非常有趣，還帶有她渴望的危險邊緣之感。

在她面試後，認識的一個工會的傢伙說：「嘿，瑪麗，喬告訴我妳電話裡的聲音很好聽。妳會唱歌嗎？」

「一個音符都唱不出來。」

「妳不會唱歌？」

「如果會唱，我早就靠這吃飯了。」

「那跳舞呢？妳會跳舞嗎？」

「跳舞的話，我會。」

「那就跳一段吧。」

於是，在那名男子的黑色大辦公桌前，瑪麗在亮橙紅色的粗毛地毯上旋轉跳舞。

瑪麗在她的日記中描述了這段遭遇，但沒有多加評論。她必須融入這個男性占壓倒性多數的環境——其他少數幾個在那裡工作的女性都是祕書。她的同事叫她「小妹」，而且會在她到場時，擺明收起黃色笑話。不過，根據喬的說法，瑪麗因為讓地方二三七的通訊報改頭換面，很快就贏得了眾人的尊重。她馬上了解到，成員並不想讀工會領袖枯燥乏味的公告，而是想看到自己的照片和故事印刷在報紙上。為了某個議題，她訪問了一群工人，這群工人負責控制進入城市的水道上的橋樑升降。在另一個議題，她則和馬廄的馬伕打交道，他們負責替紐約市警察局的馬匹釘蹄鐵。（報導標題是〈讓紐約最精良的馬匹不失蹄〉。）不久後，工會成員都在排隊，等著這個一頭蓬鬆黑髮、輕鬆自如的年輕女子來和他們談天，拍攝他們的照片，寫下他們的故事。

部分的工會幹事花了稍長的時間才接納她，尤其是前制服消防員協會（Uniformed Firefighters

Association）領袖米基・馬耶（Mickey Maye）。他身高六呎二，體重超過兩百磅，曾經是名職業拳擊手，因為在一場辯論中揍了他的對手，而輸掉上一次的工會選舉。一九七一年時，有些同志運動人士試圖擅自闖入年度消防員舞會，他狠狠毆打了其中一名抗議者，推他滾下手扶梯，於是遭控襲擊。但他也有英勇的一面，曾經被拍到衝出陷入火海的大樓，替一名嬰兒實施人工呼吸。米基對吉米・霍法忠貞不二。而身為愛爾蘭天主教徒，他也大力支持愛爾蘭共和主義（Irish Republican）事業，謠傳他曾參與走私武器給愛爾蘭民族解放軍（Irish National Liberation Army），或在美國中情局工作。他的年紀是瑪麗的兩倍大（體型也幾乎是她的兩倍），一開始擺出高人一等的姿態，預測她會在兩年內被「搞大肚子」，走入家庭。後來，她靠著聰穎和努力贏得他的尊重時，米基用他唯一會的說法來表達敬意，告訴瑪麗，她「像個男人一樣」思考。

如今她有了正職，便搬到格林威治村（Greenwich Village），租下克里斯多弗街（Christopher Street）的一間套房，這裡有臺呼哧作響的暖氣機，窗外可以看見後方的小巷，距離「靴子馬鞍」（Boots and Saddle）同志酒吧僅數門之遙。她在冰箱塞滿了雞肉、波隴芥末醬和香檳。米基把她的床揹上樓，汗水不斷從臉龐滴落。他或許是卡車司機工會中最強悍的男人，但他無法拒絕「小妹」的求助。他們去皇后區洛卡威（Rockaway）的一處荒涼海灘上散步，討論著亨利・季辛吉（Henry Kissinger）的最新著作、工會的談判戰術和外部關係。米基說服她認同愛爾蘭國族主義理想的正當性，這是她父母從未支持的運動，但瑪麗相信這不僅是為自由的奮鬥，更是她傳統遺產的一部分。（後來幾年，當她試圖在解放運動領袖面前為自己的資歷增光時，她會暗示自己的父親出身歷史悠久的自由鬥士家族，但這其實與她的家族傳說毫無關連，更別說與事實相符。）

米基和瑪麗經常在午餐時間就喝光一兩瓶酒。到了晚上，喬會加入他們，這「三劍客」會去獅頭酒館（Lion's Head），那是間骯髒昏暗的酒吧，有座深威士忌色的吧臺。酒館就位在瑪麗新公寓的對街，地點十分便利，兩旁分別是著名的同志酒吧石牆（Stonewall）和《鄉村之聲》的辦公室。獅頭酒館是間記者酒吧，牆面裝飾著書衣，許多都是出自其顧客之筆。酒館的廁所畫滿了塗鴉——原先有計畫要重新粉刷，但引發眾人的抗議。人們視之為一間「寫作上癮的酒客」去的愛爾蘭酒吧，二十四小時全年無休，好讓《紐約郵報》、《每日新聞》（*Daily News*）、《新聞日報》（*Newsday*）、通訊社和十餘間其他報社的記者，在任何時間結束輪班後，可以造訪此地。瑪麗立刻在酒館大受歡迎，成為那裡的常客，身旁總是圍繞著受她活力和美貌吸引的男性——他們很快就發現，她不僅能在任何對話中堅守自己的立場，酒量更勝他們一籌。

或許在工作上和酒館裡，瑪麗的發言聽起來都自信滿滿，但那不盡然是她內心的感受。

> 一九七九年四月十九日：我很害怕，因為身邊的所有人都期待我成功，但我知道自己是多麼脆弱、不堪一擊……喬如此深信我「辦得到」，彷彿那已是「既成事實」。

這是第一次，她意識到身為女性可能會阻礙她的發展。聽聞工會通訊報的印刷業者稱她為初入社交界的名媛，瑪麗大發雷霆。更令她氣憤的是，有次她去訪問下水道設施的專員時，對方說：「妳是怎麼進到卡車司機工會的？妳看起來應該要去寫時尚報導才對。」（她太晚才想到好的反擊：「嗯，你倒是選對工作了——來管下水道。」）不過，他們的假設指出了她自己的兩難——她該如何實現她的野心，同時不抹煞自己的女性特質？「我希望所有人都能覺得我是個有趣的人，但也要認真看待我，把我當作稱職的記者。」她在日記中若有所思地寫道。

> 一九八〇年五月二十二日：對於我們這些想要突破、當壞女孩的女性來說，沒有一個榜樣可以效法，也沒有像諾曼・梅勒、詹姆士・狄恩和馬龍・白蘭度那樣博得認同的機會。他們的反叛中帶有性感、魅力的氣息……

她可以想見，同樣是性放蕩的作家或記者，女性會收到的評價將和男性不同，並記錄下她在《紐約時報》讀到的一句話：「性從不缺乏，卻少有解放。」女性作家認真投入事業的傳統典範是埋首書堆的女學者，而瑪麗絕對不想成為那樣的女性。她閱讀大衛・哈伯斯坦（David Halberstam）的著作《當權者》（*The Powers That Be*），內容是關於美國政治權力和媒體的關係，她納悶在競爭激烈、男性支配的新聞界，一位女性如何能夠贏得尊重？因為她注意到作者沒有引用任何報導越戰、麥卡錫（McCarthy）聽證會、水門事件或任何國際危機的女性記者意見（參與其中的政界女性遠遠更少）。

她也思索著，在男性眼中，所有人是否都只有勝者和敗者之分。或許這影響了歷史？對於她在耶魯大學猛烈抨擊的女性研究課堂的學生來說，這個問題可能相當基礎，但瑪麗直到此刻才有所意識。

她愈揣摩男性的思維，就愈為她身為女性的形象感到擔憂。有時她會大嗑起司和脆餅，或吃掉一整條麵包。接著她又會咒罵自己，因為她想要保持苗條美麗，以達成她自我期許的形象：要毫不費勁就貌美又聰明。她沒有在日記中明說，但她已經顯現出暴食症的徵兆。只有航海能讓她忘卻自我。她、凱特和蘿絲瑪麗去佛州度假，在那裡租下一艘船。瑪麗深信自己知道方向，載著她們不斷南下，距離遠到她們以為已經抵達古巴。發現那片海岸只是南方的小礁島後，三人都大大鬆了口氣，哈哈大笑。

一九八〇年四月一日：在一片奇景中開著帆船……我已經遺忘那種感受，與海水、海風合作和對抗。我們啟程時，天氣晴朗，微風吹拂。五點半時，烏雲和駭人的強風突然來勢洶洶……我愛海洋。令人平靜、撫慰人心、無邊無際、始終如一。

有時，她發現自己毫無預警地因為憶起父親而哭泣，想到父親從未真正認識自己，也好奇自己是否了解父親。她對他的離去感到憤怒，同時羨慕他在生前看似享有的穩定和知足。她明白，如果她想要獲得成就感，絕不會是在卡車司機工會。聽著喬談論他對工人教育的滿腔熱血，讀著工會成員寄來的信，署名處寫著「你共同鬥爭的伙伴」，瑪麗發現，這不是**她的**鬥爭。

卡崔娜——瑪麗稱她為「世界上對我最重要的人」——最近搬到紐約生活。她在一間小規模、獨立的科技雜誌社工作，也住在格林威治村，距離瑪麗的公寓僅僅一個街區。在她心中，她的世界是與卡崔娜共享的。這兩名女子經常一起泡在獅頭酒館，偶爾會去五四俱樂部（Studio 54），那是間夜店和迪斯可舞廳，因劇院般的布置和燈光，以及許多名人光顧而聞名。克萊爾・恩德斯記得，曾經看過瑪麗跳著舞，身穿「金色迷你裙和高跟涼鞋，她苗條的身材在舞廳燈球和閃燈下十分耀眼，她那頭宛如前拉斐爾派（pre-raphaelite）畫家筆下的鬈髮有光環圍繞」。音樂能夠短暫蓋過瑪麗腦中質疑的聲音。

＊

因為想要「寫作、談論、思索書」，她開始在紐約大學新學院（New School）夜間班選修現代小說。這門課是由作家兼《紐約時報》書評安納托．波雅德（Anatole Broyard）所教授，他是一位瘦削優雅的男士，有一對深色的內雙眼睛，經常佩戴領巾。幾年過後，當波雅德逝世，人們才漸漸知道他隱藏了他路易斯安那州的克里奧爾（Creole）血統[6]，選擇以白人身分生活。顯然在瑪麗眼裡，他是圈內人中的圈內人。他在學生中唯獨選中瑪麗，帶她去義大利餐廳共進晚餐，分享他認識的當紅作家的故事，包括諾曼．梅勒和阿內絲．尼恩（Anaïs Nin），逗得瑪麗樂不可支。在他的課堂筆記上，她草草記下他引用的佛洛伊德對兩性的歸納：「男人對新奇的事物有感，女人則對熟悉的事物有感。」

雖然這門課充斥許多類似的性別歧視假設，瑪麗發現波雅德那夥人能帶給她知識上的刺激。經過幾個月後，她漸漸意識到他們對世界的感知截然不同；當他試圖寫一部小說，其中的事件結局絕對不會在現實生活中發生，然而，瑪麗卻有「對事實的固著依戀」。她在多麗絲．萊辛（Doris Lessing）小說《金色筆記》（*The Golden Notebook*）的女主角安娜身上找到共鳴，安娜會在房間四處釘上新聞簡報。她的公寓也堆滿了《紐約時報》的報紙。瑪麗恍然大悟，她所熱愛的不完全是寫作，而是報導。

無論在情感或工作上，都是時候往前邁進了，而獅頭酒館為這兩方面都提供了機會。有天晚上，她碰巧和喬的一個朋友聊到天，他是愛爾蘭裔美國人，一頭深色鬈髮，總是哈哈大笑。帕迪．蘇利文（Paddy Sullivan）在《每日新聞》工作。他提到他有一艘帆船時，兩人已經半醉。「她聽到後眼睛一亮。」他回憶，「我們又喝了幾輪酒，大約在凌晨一兩點時，我們坐上我新買的福斯金龜車，一直開到北布朗克斯（North Bronx）。當時一片漆黑，我們仍上船出海，拋下船錨。隔天早上醒來，完全不曉得自己身在何方。我們兩人都迷失方向。那時情愫開始萌芽。」帕迪年過四十，已經離婚，是個事業有成的記者，曾經任職《紐約郵報》和通訊社合眾國際社（United Press International）。他們不僅同樣熱愛帆船運動，也都對新聞報導懷抱熱忱，還能千杯不醉。兩人不久就開始幾乎每晚約會，並且在他家過夜。

米基心碎了。瑪麗告訴他，她在和別的男人約會時，他流下眼淚。瑪麗回到她的公寓，對於拋棄他深感愧疚。米基那身聚酯纖維的格紋西裝，還會在簡餐餐廳打翻蕃茄醬，並不符合瑪麗想要的人生的想像，但她感覺他們有著「同樣的靈魂」，而她也對他敞開心胸，她從不曾對較年輕的男性這麼做。

一九八〇年七月二十四日：自從我爸爸過世之後，我再也沒有這樣大哭、啜泣過。那種感覺和送走爸爸一模一樣。沒有好好完結，他便已經離去，無法說上最後一句話。

6 譯注：在路易斯安那州，克里奧爾人原指成為美國國土前，法屬時期的原生居民後代，不指特定種族。後用來指稱混血血統。

第三章　愛人與良師

一九八〇年來到尾聲，瑪麗將她在克里斯多弗街的公寓轉租出去，搬到帕迪家同居。她透過他認識了合眾國際社的記者，他們將她介紹給一名編輯，讓對方參考她的履歷和剪報。一九八一年初，合眾國際社提供了她在紐澤西州一般路線記者的職位。離開卡車司機工會令人傷感，但她的老闆喬．麥德莫鼓勵她──他肯定她會擁有輝煌的職業生涯。

但起初的感覺並不太輝煌。幾乎每天下午，她都要搭超過一小時的火車去州府特倫頓（Trenton），那是座不討人喜歡的城市，天黑後工業工廠紛紛關閉，市中心十分荒涼。合眾國際社位在兩間鋪有破舊油氈地毯的昏暗房間，與《特倫頓時報》（*Trenton Times*）的新聞編輯室相連。瑪麗的輪班工作時間為八小時，如果遇上大新聞會睡在通訊社內，並拒絕帕迪為她支付計程車費，堅持步行來回特倫頓車站，不論日夜。

強納森．蘭戴（Jonathan Landay）是名熱心的紐約青年，有著一頭深色頭髮和輪廓鮮明的五官，強調論點時總習慣前傾身體。他告訴瑪麗內情。「紐澤西是開始記者職業生涯的絕佳地點。」他說，「你會碰上犯罪集團、重大環境議題、大西洋城開放賭城博奕，和紐澤西外海的石油探勘。」在他的記憶中，瑪麗學習速度很快，也是個好同事，不久就有足夠自信，可以獨自一人留守社內。工作方法是由當時的科技來決定。記者通常都守在有線電話旁，向消防隊和警察詢問新聞和最新發展。瑪麗學會通訊社必備的速寫，還要兼顧字跡清晰。她必須將新聞報導打進電傳打字機，打字機會將之轉換成一條多孔的長帶，這條長帶放入某臺機器後，就會傳送訊號到紐約的新聞編輯室，在那裡報導會出現在紙本上，也就是一份電傳文件。經過編輯後，報導會被放到電報上，供報社挑選刊登。她也必須為廣播改寫報導。特倫頓是州中心，因此那裡的記者會編輯來自大西洋城、紐瓦克（Newark）和紐澤西州議會大廈的新聞稿，再轉寄到紐約。發報機滴答作響，而記者總是趕著要完成一篇報導，就立刻開始為下一篇動筆。在她到職第一週，瑪麗將一張編輯傳來的電傳文件貼在她的日記本上，標題是「今日找碴」，寫著詳盡的指導說明，關於日期欄格式、該避免的用詞（用「超過」，而非「多過」），以及當較高階法院推翻了較低階法院判決時，報導要如何不受制於引言（即文章的開頭句）。這些是通訊社寫作的重要細節，而她在合眾國際社學到的技巧，對她接下來的職業生涯大有助益。

另一位在特倫頓的同事是威拉德．庫克（Willard Cook），他是個身材修長的金髮青年，懷抱文學野心。幾個月前，瑪麗和他在紐約的一場派對上認識，兩人短暫約會過一段時間。他一眼就看出，瑪麗無限的精力和確認事實的能力，將會讓她成為明星記者。「她從不會把故事搞砸。她的報導總是非常準確。」威拉德回憶，「她真心在乎新聞，而且手腳很快。」在當時，數百個美國城鎮都有日報，多數的報社都是訂閱合眾國際社和他們的對手美聯社。記者績效的判定，端看有多少家報社將他或她的報導放到頭版上。瑪麗對於小報式的故事眼光敏銳，於一九八二年八月便早早選中風行一時的喬喬．吉奧加尼（Jojo Giorgianni）系列報導，他是名重達四分之一噸的強暴犯，被醫師認定太過肥胖，無法在牢房中存活。瑪麗對犯罪集團很感興趣，熱衷踏出通訊社辦公室，去追查犯罪和貪污的新聞，但每日一般新聞報導的需求，阻礙了獨家的特別報導或調查。她曾耗費幾個漆黑寒冷的夜晚，追蹤一名州警察在坍塌意外中喪生的新聞，偶爾能夠滿足她對離奇事件的愛好。

合眾國際社，紐澤西州帕特森（Paterson），一九八二年十月八日

本週四，一名自稱女巫的女子身穿一席白色禮服，肩披閃亮的金色斗蓬，對帕特森市施展「減稅咒」。人稱「帕特森官方女巫」的喬伊絲·盧奇雅諾（Joyce Luciano）於中午舉行下咒儀式，約有一百名市民和員工參與。盧奇雅諾女士在公共安全綜合設施內擺放了一張桌子，觀眾圍繞桌旁，在這名金髮女巫的鼓勵下，精力充沛地喊著「和平、繁榮與愛」。

這並不是安納托·波雅德的現代小說，但瑪麗正走出自己的路。她瀏覽她的文稿，擔心讀起來像「某人試圖模仿報社作家的筆觸」。不過，她十分雀躍：「當下的感受是——我辦到了！」而且她樂在其中。「她的咯咯笑聲很有感染力。」威拉德說，「我們會出去喝酒到凌晨兩點，之後她就會回去工作。她紀律嚴明，還有驚人的耐力。」當時的美聯社有些死板，而合眾國際社則有某種文青調調。就像所有那個時代的新聞編輯室，合眾國際社的男性職員占絕大多數，但威拉德未曾見過瑪麗因此焦慮不安。「我聽過其他女同事談到性別歧視，但她一句話都沒說。」他記得。

那時，帕迪上《每日新聞》的夜班。「她會叫我起床，然後我們會開船出海。」他說。她很喜歡和她的「水手」（她都這麼叫帕迪）在一起，但她就是定不下來。偶爾她會和耶魯大學認識的杰瑞・威弗碰面，而那過去的渴望和不安全感會再度滋長，即便杰瑞的婚期已近。很難明確解釋哪裡出了問題，但她渴望一個更大的世界，來滿足她對生命的慾望。「我的內心太過放縱無度。」她想。最終她向帕迪提出分手。

一九八一年十二月十六日：我感覺自己彷彿就要溺斃窒息，思緒和情感麻木遲鈍——任何痛苦都比這好。分離讓人思考。這麼做是要強迫將自己推向極端。

*

和帕迪分手後，瑪麗搬回她在克里斯多弗街的公寓。她以為自己想獨處，但很快就開始和一名記者約會，他最近剛從合眾國際社的大西洋城分社移居到紐約。約翰・羅德斯（John Rhodes）英俊、有禮、勤奮又體貼。他和她的同事強納森發明了一種技巧，將一兩美金的賭注延長整夜，藉此在大西洋城的賭場暢飲免費的酒。他們三人都喜歡玩帆船，約翰的父親在康乃狄克的老家有艘帆船。瑪麗和約翰共度幸福快樂的跨年夜，兩週後在紐約慶祝她的二十六歲生日。

一九八二年一月十二日：感覺我人生的方向愈來愈清晰。可是，我也必須停止等待未知但我期待的事，負起責任。

她帶約翰去牡蠣灣，而她的母親開始敢於寄望，瑪麗有安頓成家的可能。她和約翰有同樣的嗜好——逛藝廊、看電影、閱讀——也做同樣的工作。然而，就像和帕迪交往一樣，她無法擺脫那種心神不定的感受。瑪麗喜歡約翰「內在的自信」，但約翰說他愛她時，她又感覺自己受到限制，宛如籠中之獸，「總是來回踱步，測試著籠條的強度」。也許她不適合進入戀愛關係，她如此思索，但她卻總是處在關係之中。

那年夏天，瑪麗和約翰去法國度假，這是她第一次到歐洲旅行，也是使用她在紐約語言課學到的法語的機會。她一直很羨慕卡崔娜童年曾短暫住過巴黎，在瑪麗看來，這是她比較國際化的原因。現在她很高興能夠受到「異國感的洗禮」，並宣告自己「愛上巴黎」。她想著約翰和她可能給人的印象。

> 一九八二年六月十六日：約翰的模樣是十足的美式風格，但相當英俊、高䠷、一頭金髮，穿著深色細直條紋的灰白牛津布襯衫。我身穿一件輕薄的夏日洋裝，感覺自己美豔動人……我想我可以一生都穿著一件白色夏日洋裝，和一個覺得我漂亮的男人共享一瓶酒。在他的眼底，我能夠看見驚艷與愛，至少此刻如此。

對於她體重的擔憂，破壞了她心中兩人如電影主角般的想像。在國內，沒有人會認為她胖。但在巴黎，她感覺自己就像個笨手笨腳的美國人，身旁都是苗條完美的法國女生，穿著T恤和露出腳踝的牛仔褲。在那裡特別難控制食慾，因為她無法抗拒奶油可頌配果醬的早餐，配著又苦又濃的咖啡，接著是漫長的四道式晚餐，搭配起司和一瓶隆河丘葡萄酒（Côtes du Rhône）。

他們走訪了常見的觀光景點——艾菲爾鐵塔、巴黎聖母院、羅浮宮——雖然傷兵院（Les Invalides）展示的軍事裝備令她感到無趣，但她試著想像那些曾扛著這些裝備的士兵的感受，並在她參觀拿破崙之墓時，深思那裡天差地別的宏偉壯觀。

他們開車到諾曼第，去參觀二次世界大戰的戰場和同盟國公墓，也造訪博物館，那裡的諾曼第登陸戰展覽讓她久久不捨離去。

一九八二年六月二十四日：看著所有的照片和示意圖，不斷讓我身歷其境地想像在六月六日進攻當天，身在其中的個人的感受。上噸的炸彈和數萬名士兵破浪衝上海岸，他們被機關槍射擊而在浪花中倒下。在作戰方案中，所有的大規模行動都合情合理——但其中的個人呢？我想知道，在大規模行動中，人是否能夠放棄個人的生存慾望？

這是她的新聞工作導師約翰・赫希也會思索的問題，而她終其一生都在尋求答案。她的思維已經像個戰地記者。在戰爭的集體暴力中個人的角色與感受，將會成為她新聞報導中的重要主題。

他們搭火車到亞維農，頻繁做愛，行為表現就像任何年輕情侶會有的樣子。她感覺自己來到了人生的交叉路口。

一九八二年六月二十四日：在這趟旅程和我們在巴黎的第一晚，我看著他，就像看著我會共度往後歲月的那個人，我們會一起養育孩子，攜手走遍各個城市和國家，並肩工作。

整個假期，她不斷夢見過去幾年的前男友和事件，彷彿是在潛意識洗滌她過去的種種，同時試圖想清楚，她和約翰是否有未來。她努力了解國際事件，每天閱讀《國際前鋒論壇報》（*International Herald Tribune*），記住關於歐洲的各種資訊。

一九八二年六月二十八日：昨晚躺在床上，我真的能透過我的窗戶，看見外面的夜空和一顆星星。我想那可能是個象徵，於是許願能夠在巴黎找到一份工作。

約翰也許下一個願望，但守口如瓶。她很肯定那個願望和她有關。他開始打他的履歷。她猜想，一起生活，或許住在法國，是否會是他們的共同計畫。他們繼續前往倫敦，在國家劇院看了一齣莎士比亞劇，和一些約翰在牛津大學的朋友見面。他為她製作一本相簿兼剪貼簿，裡頭貼著票券和酒標，留作紀念。

一九八二年九月，瑪麗帶凱特北上耶魯大學——她的小妹正跟隨她的腳步。小布則已進入哈佛大學。瑪麗自己的人生也在向前邁進。在特倫頓工作一年半後，合眾國際社調派她到紐約的都會版編輯部，但公司已陷入財務危機。一九八三年，兩位來自納士維（Nashville）、三十五六歲的企業家收購通訊社，於是所有主要的營運工作都從紐約轉移到華盛頓特區。瑪麗受派為國際版編輯部的特輯編輯。合眾國際社替員工減薪，但她不以為意——在華府的工作可能是她邁向海外派任的第一步，或許能派駐巴黎。至於約翰，他離開了合眾國際社，開始在紐約的《每日新聞》工作。那不成問題，瑪麗想。他們可以在週末見面。

與此同時，她在華府的新工作將會帶她進入一名男子的生活圈，他將成為她的導師，而他非凡的人生拓展超越新聞工作，觸及垮世代的世界，以及二十世紀中葉紐約最惡名昭彰的罪行之一。

*

近四十年前，大約在瑪麗的父親應募進入海軍陸戰隊之際，盧西恩・卡爾（Lucien Carr）和他的朋友傑克・凱魯亞克（Jack Kerouac）試圖登上一艘商船，從紐約外海航向歐洲；他們希望能在巴黎被同盟國解放前抵達當地。大副看了這兩個年輕人一眼，發現他們是偷渡客，便將他們趕下船。當時的盧西恩是名修長英俊的十九歲青年，蓄著金色小鬍子，掛著嘲諷的笑容，就讀哥倫比亞大學一年級。他在大學將凱魯亞克介紹給艾倫・金斯堡和威廉・柏洛茲（William Burroughs）認識，後者年長幾歲。他們一夥人後來被稱為垮世代。雖然從未以作家身分出名，盧西恩是極具號召力的核心人物，讓他們凝聚在一起：「盧是我們的黏著劑。」金斯堡後來曾如此形容他。此外，盧西恩用三句格言，定義他們的藝術信條：赤裸的自我表現是創造力的種子；藝術家的意識是透過擾亂感官來拓展；以及，藝術規避傳統的道德倫理。有名三十幾歲的男子在垮世代團體邊緣徘徊，他是柏洛茲的朋友大衛・卡默爾（David Kammerer），早在一九三〇年代在聖路易斯（St Louis）擔任盧西恩的童子軍團長時，便對盧西恩懷抱情慾的迷戀。

遭驅離港口後的那晚，兩個年輕人去他們聚會的老地方之一喝酒。半醉的盧西恩最後和卡默爾兩人單獨走在西一一五街（West 115th Street）上。據盧西恩所述，那名較年長的男子試圖性侵害他——這已經不是第一次。盧西恩用他的童軍刀刺殺卡默爾，綁起他的手腳，棄屍在哈德遜河（Hudson）。

這起案件廣受媒體關注，許多社論作家都更同情殺人兇手，而非受害者。在一九四〇年代，性犯罪者和男同性戀幾乎劃上等號，而盧西恩用他的異性戀性向來為自己辯解。他遭宣判一級非預謀殺人罪，僅在紐約州北部的艾邁拉監獄（Elmira Correctional Facility）服刑兩年。他出獄後，唯一能找到的工作是在合眾國際社當送稿生。到了一九八〇年代，他已經升遷為紐約分社的資深文字編輯。「你一走進合眾國際社的大門，就會立刻聽聞那個故事。」威拉德說，「盧西恩承擔著整起事件的精神壓力，對此不大自在。」

你還會聽到另一個故事，關於盧（人們都這麼叫他）曾提供一卷黃色的合眾國際社電傳打字機用紙，凱魯亞克於一九五一年在上頭寫下《在路上》（*On The Road*）一書。（那卷打字機用紙最終以兩百四十萬美金的價格售出，偶爾會在博物館的垮世代展覽上巡迴展出。）這一切都是口述流傳；盧本人鮮少提起他的過去。

或許是注意到年輕記者的好奇心，他往往和他們保持距離。而他在墮落的年少時期之後已經戒酒，因此也不常去獅頭酒館或其他酒吧。他曾經歷長期抑鬱症和酒精中毒的折磨；自我控制是他存活下來不可或缺的要素。即便已經戒煙，他還是會坐在新聞編輯室中央，嘴裡咬著一根塑膠攪拌吸管，代替香菸。他已經與第一任妻子離婚，那是他三個兒子的母親，如今和第二任妻子希拉．強森（Sheila Johnson）住在東村（East Village），她是名非裔美國人，年紀只有他的一半。他的兒子迦勒（Caleb）是位小說家，他在日後寫道，他的父親曾肢體和言語虐待自己的小孩，或許是在回應他在卡默爾手下遭受的虐待。

但這在一九八〇年代，盧西恩還在合眾國際社任職時，尚未公諸於世。

盧從沒有成為一位記者。他獨特的才華，是能夠閱讀他人寫下的數千字，並立即從中擷取出故事的精髓。他光是聽到記者的推銷，就能立刻知道那是不是個好的新聞故事，也知道該如何講述和宣傳它。他的新聞從業真言是「讓他們笑，讓他們哭，讓他們性慾高漲」，一語道破要讓新聞刺激興奮，而不只是提供資訊的必要性。他經常對年輕記者的稿子提出的批評是：「你為什麼不把第二段移到第一段？」盧西恩身材精瘦，低沉的嗓音可以傳遍新聞編輯室，他擁有一種吸引人靠近的氣場，讓年輕記者力求他的認可。

當其他的垮派成員被讚揚為文學界人士，盧．卡爾只是他們故事中的一則註腳，宛如一個跌倒在路旁、俊美憂愁的男孩。他在擔任導師時找到了救贖。有時，金斯堡會在詩歌讀書會上，對他的恩情表達謝意，但盧總是感覺未受賞識。「我親眼看著他們愈來愈發達，成為大人物之後，會說謝謝你，談論著我給予他們的幫助，但從不是真心的。」他向瑪麗抱怨。不過，他很認真看待自己的角色。「神要我到這世上當一位推手。」他告訴她。

合眾國際社的紐約市辦公室關閉後，許多資深員工離職，但盧選擇加入強制搬遷到華府的行列。雖然當時他和瑪麗還不太熟稔，但他們最終在亞當斯摩根（Adams Morgan）共享一棟兩層樓的連棟式住宅，那裡是美國首府最像格林威治村的區域。那棟屋子的第三名房客是丹．契斯查爾（Dan Chiszar），他的性格孤僻，後來離開新聞業，加入馬戲團擔任雜工。第四名房客是盧的狗，班丘，牠是隻小硬毛雜種狗，只有三隻腳，戴著紅色領巾。

「盧會像李爾王一樣坐在一張扶手椅上，班丘待在他身旁。」蘇珊．拉米雷茲．德雅雷加諾（Susanne

Ramirez de Arellano）記得。她是名波多黎各裔的年輕記者，任職於合眾國際社的拉丁美洲版編輯部。「我會坐在他的腳邊，但瑪麗總是和他平起平坐。」這兩名年輕女子會先在廚房喝葡萄酒和威士忌，大抽香菸，才進到客廳和盧談話——或許更多時候是聽他講話。蘇珊很慶幸盧不喝酒，因為有時候她會感覺，他克制情緒的面具已經快掛不住了。「他會從關於政治、詩歌、垮世代精湛又博學的討論，一百八十度大轉變，突然因為我們聽不懂他的話而動怒。他的聲音會變得非常粗啞刺耳，就像破碎的酒杯和菸蒂[1]。」她有些怕他。「瑪麗鎮得住盧西恩。那就好像在航行時，一道巨浪迎面而來，但你知道如何應對。」

有天晚上，盧帶瑪麗去一間杜邦圓環（Dupont Circle）的小酒館見幾個朋友，結果是威廉．柏洛茲和艾倫．金斯堡。這對她來說特別令人興奮，因為她曾在一九七八年為《耶魯日報》訪問過金斯堡。隨著夜愈來愈深，她想起自己認識一個在華盛頓的朋友，會比任何人都想在場和他們見面，於是她到電話亭打了通電話。「杰瑞，」她說，「我現在和威廉．柏洛茲、艾倫．金斯堡在一塊。我向他們提到你，他們說你一定要來和我們喝杯酒。」但杰瑞害怕再次和瑪麗幽會——自從她搬到華盛頓後，他們見過幾次面——將會加速他的婚姻終結，因此不情願地拒絕了邀約。幾週後，瑪麗寄給他一張附相框的柏洛茲相片，上頭還有金斯堡的簽名——這份禮物展現了她的成就和大方。

日復一日，瑪麗把她的精力貫注在新工作上，努力讓一切順利進行，唯恐失去而非常在乎工作，情緒在工作日起起伏伏。合眾國際社辦公室位在某個地鐵站上方，華府商業區和內城區的交界處。她和她的同事會圍坐在一張金屬大桌旁，使用舊式的箱形顯示器電腦。由於合眾國際社隨時瀕臨破產邊

1 譯注：「破碎的酒杯和菸蒂」為槍與玫瑰〈曾經〉（There Was A Time）的歌詞。

緣，較年輕的記者所被賦予的責任可能比在其他公司都要來得多。瑪麗經常要負責決定，其他記者的報導在電報上發布以前，是否需要再確認他們的資料來源，或做進一步的調查。她喜愛潤稿，看到她編輯的報導刊登在大報上也能帶給她滿足感，但這一切都只是在為她期待即將到來的重大突破演練。

她和蘇珊會徹夜長談，談論她們的野心和能夠媲美著名記者的渴望，如瑪莎・蓋爾霍恩，她報導了一九三〇年代法西斯主義在歐洲的崛起；以及奧里亞娜・法拉奇（Oriana Fallaci），她先是反抗墨索里尼，而後展開了報導戰爭和革命的職業生涯。瑪麗和蘇珊夢想擁有一切。「我們想要成為超級女英雄記者，向男人證明我們和他們一樣能幹。可是，我們也想要家庭、鮮花和蘋果派的香味。」蘇珊說。

一九八四年春天，瑪麗和約翰加入一群她的大學老友——卡崔娜和她的男友克力斯・巴特（Chris Bartle）、戴夫・漢弗維爾、巴比・史萊弗等人——一起去貝里斯航海度假。他們瘋狂飲酒，爭論海明威和愛麗絲・華克（Alice Walker）誰是比較優秀的作家，並受困在一處沙洲上，被當地的拉斯塔法里教徒（Rastafarians）營救。瑪麗不知不覺恢復到她無憂無慮的學生時期作風，懷念起她和戴夫的大學戀情，因此對約翰愈發感到不耐。他的保護慾快把她給逼瘋了，他們在玩帆船時，約翰不停說著「瑪麗，小心點」、「瑪麗，注意妳的手」。比起卡崔娜——「穿著粉紅短褲和白色T恤，非常好看」——她覺得自己醜陋難耐——「滿頭油髮，小腹又有贅肉」。更重要的是，她認為卡崔娜和克力斯看起來很幸福。反觀她和約翰卻已漸漸疏遠。他在尋求穩定的生活，但她渴望冒險。

回到華府，她和強納森・蘭戴將他們最愛的消遣介紹給盧。「我第一次帶盧出海，他就愛上了。」強納森說，他有艘航海大師二十二號（Sailmaster 22）帆船，名叫亞南達（Ananda）。強壯結實的盧很快就學會如何在波濤洶湧的海上，搏鬥制服擺盪的船，儘管他偶爾會不慎撞裂肋骨。「我們會在真的很惡劣的天氣出海。」強納森說，「我記得船還曾經翻覆，但他愛死了。」瑪麗在盧身上找到志同道合的精神，他不會勸告她要小心謹慎，而且更喜歡暴風雨，勝過風平浪靜。盧買下一艘和強納森相同型號的船，命名為亞南達二號。那艘船有著玻璃纖維船身，搭配擦亮的木製零件和木頭桅杆，於是盧和瑪麗會花上數小時打磨和油漆，再出海前往乞沙比克灣（Chesapeake Bay），無論天氣是晴是雨。

一九八四年時，凱特曾從耶魯大學前去拜訪大姊，他們原訂帶她出海幾天。「最後我們在海上待了一星期，因為遇上赤道無風帶，一點風都沒有。」她記得，「我們就這樣困在外海，無電可用。」盧告訴她凶殺大衛．卡默爾的經過，並談起他在監獄服刑的日子。起初凱特難以理解，為什麼她的姊姊要和如此年長的男子廝混，如果她們的父親仍然在世，就會和盧同年——甚至比她歷任前男友的年紀都大。但經過那趟帆船之旅後，她明白了。「他非常激勵人心，極具個人魅力。」她說。卡崔娜不像凱特那樣肯定。「小麗，」她在她們某次通長時間的電話聊天時說，「我只是擔心妳會一頭栽進去，許久才能讓自己脫身。妳很容易因為內疚而心軟。」

卡崔娜為她好友的擔心不無道理。盧已經重開酒戒。有天他們在船上喝完酒後，他昏倒了。暴風雨來襲，瑪麗必須獨自駕船回到港口，把盧扛上岸。這起事件成為新聞編輯室盛傳的話題。比起盧，這則趣聞更增添瑪麗的神祕感。至此，所有人都相信他們的關係不僅止於室友。「她二十幾歲，他年近六十，但是他們愛上彼此，我覺得這很棒。」強納森說。「但我知道他們的關係不會持久，因為她年輕又滿懷抱負，不會永遠待在他身邊。」艾倫．金斯堡問瑪麗怎麼看盧的飲酒問題。

「他有時會暴怒。你見過嗎？」他問。

「我很害怕那些時候。」她回答。

頸上戴著珍珠項鏈，寬鬆襯衫罩在緊身牛仔褲上，瑪麗擁有獨一無二的波希米亞風格。儘管節食讓她痛苦萬分，但她身材苗條，自然散發優雅氣質。她豐厚的鬈髮如今長度修剪到正好落在肩上，依然是任何人會第一眼注意到她的特徵，接著則是她濃綠的雙眼。她所到之處，總是能引人頻頻回頭注目。「再怎麼說瑪麗酷也不為過。」提姆．戈登（Tim Golden）表示，他是個剛加入合眾國際社拉丁美洲版編輯部的社會新鮮人。「她非常開朗的性格有趣、不做作、又充滿好奇心。無論在什麼地方，她都知道那裡所有好玩的事情。人們總是想待在她身邊。」提姆也察覺到瑪麗有些脆弱，與她不斷增加的專業和社交自信互相矛盾。「你可以感覺到她渴望被愛，但卻缺少了某些東西，或許和她的父親有關。」身為導師，盧更顯然是個父親般的人物，勝過其他她認識的年長男性。他注意到她能夠深刻感受，但同時克制情緒。「她的大腦有種區別的能力，就算你告訴她，她今晚將被處決，她仍然會外出享樂。」他曾說。他說得沒錯，瑪麗心想。盧能夠幫助她梳理她的思緒，突破她覆蓋在思緒之上、她所謂的「嫻熟的虛飾」，「那光鮮亮麗的假象讓我能夠從容不迫，應付各式各樣的危機」。盧本身的感受則是五味雜陳。提姆在場時，他會心生妒忌，感覺出現爭奪瑪麗的愛的對手。

提姆和瑪麗會談論他們的抱負。雖然比瑪麗年輕五歲，提姆已經在中美洲的戰爭現場從事報導一段時間，那是當時最重大的新聞。他流利的西班牙語和全力以赴的自信，彌補了他的年輕和經驗的不足。在六個月內，他便已離開華府，投入《邁阿密先鋒報》（*Miami Herald*）在薩爾瓦多的報導工作。瑪麗感覺自己遠遠落後，年近三十，卻仍困在國際版編輯部。「可惡，如果你能辦得到，也沒有任何事情能夠阻擋我。」她在他要出發前這麼對他說。

有時她會吸食古柯鹼，好在她明知自己必須下決定，卻拿不定主意時，分散些注意力。一九八五年中，瑪麗決定要清除後顧之憂，做好準備。她終於告訴約翰·羅德斯那件兩人都心知肚明的事：他們的關係到此為止。她無法和一個「沒有悲劇、沒有不安、沒有黑暗」的人在一起。不過，她很清楚將她此生最穩定的關係放置一旁的後果。

一九八五年五月十八日：我坐在床上，外頭天氣晴朗。眼淚掉個不停，認真為自己大哭。我已經告訴約翰，我不想再見他了……我想要不一樣的人生……我絕對無法再找到任何人像約翰那樣毫無保留地愛我，為人和待我都如此善良。

瑪麗把目標訂在合眾國際社巴黎分社主任的職位，為此上了更多法語課。在她的申請表上，她強調自己在耶魯大學學習到的法國歷史和政治知識。不過，對於一間逐漸走向破產的公司來說，在經理級主管眼中，她的最後一句話可能更具說服力：「我單身無家累，一只行李箱就能裝下我所有家當，輕鬆就能搬家。」

她對亞維農夜空中那顆星星許下的願望成真了：她得到巴黎的那份工作。在她一九八五年七月三十一日的送別派對，眾人徹夜狂歡。盧的狗兒班丘得意洋洋地帶著一條藍色頭巾，那是瑪麗為了這場派對買給牠的。她穿著盧口中的那件「去法國喝酒的洋裝」，毀掉了她和約翰在香榭麗舍大街買下的那雙佐登牌（Charles Jourdan）淡藍女鞋。她的母親也來參加派對，一邊對任何聽她說話的人評論：「瑪麗對鞋子很粗魯。」一邊泡咖啡給那些留到最後的朋友。不出所料，蘿絲瑪麗希望瑪麗能和約翰重修舊好，她認為他會照顧她的女兒。她略帶尖刻地表示，盧和瑪麗在感情中「都是索取者」。瑪麗最後待在盧的房間，醉醺醺地表白她的愛意，問他為什麼至今他們沒有上床。新聞編輯室的八卦說錯了——他們兩人的關係依然無性。隔天早上，盧帶她去機場，宿醉未解的她在機場睡著了。

「快起來，瑪麗，否則他們不讓妳上飛機了。」他說。

一九八五年八月四日：在巴黎的第一天！我現在是巴黎分社主任了。我辦到了。欣喜若狂。

*

在巴黎，瑪麗找到了她前幾年在紐約尋覓已久的東西：女性典範。《紐約時報》的專欄作家弗洛拉・盧易斯（Flora Lewis）當時年近六十，對瑪麗照顧有加。「她教會我喝伏特加馬丁尼的技巧。」瑪麗後來說，「我想，我能把這份工作做好——邊喝馬丁尼，邊和消息門路交談。我滿腔熱血。接著弗洛拉用她粗啞正經的聲音說：『瑪麗——妳隔天早上必須記得別人告訴妳什麼消息。』」

此外，還有艾琳・莫斯比（Aline Mosby），她已經六十三歲，仍在為合眾國際社做報導。她是第一位成為莫斯科特派記者的美國女性。她曾因訪問過李・哈維・奧斯華（Lee Harvey Oswald）而聞名，他在暗殺甘迺迪總統之前幾年，曾試圖叛逃至蘇聯。在新聞通訊社的漫長職業生涯中，艾琳也曾被派駐到北京和維也納。身材嬌小的她穿著迪奧套裝，灰金色的頭髮整理成優雅的髮型，令瑪麗印象深刻。最初，瑪麗曾借住她的公寓，那裡可以俯瞰塞納河和巴黎聖母院的壯觀景致。瑪麗注意到公寓內雅致的家具陳設——桃紅色的緞子窗簾垂掛在木環上，沉重的古董木頭家具，鑲嵌黃金的俄羅斯塑像，還有畫、書櫃和地毯。這些是她渴望擁有的那種國際事業生涯所帶來的獎勵。她記下她新朋友的一段可以引以為戒的遭遇：「在莫斯科時，艾琳和柯錫金（Kosygin）[2]的兒子約會。她出席了一場盛宴，不慎喝下被人下藥的飲料，三天後才在排水溝中醒來。報紙上的照片說明寫著『喝醉的美國特派記者』，而後她便遭到驅逐出境。」

艾琳幫瑪麗在左岸找到一間公寓，距離知名的莎士比亞書店（Shakespeare and Company）不遠。公寓建築就位在一條鵝卵石街道旁，有著分為上下門扇的寬敞大門，通往一個小庭院，擺放著鳳仙花和天竺葵盆栽。這位年長的女前輩介紹她認識上好的豬肉製品，教她如何分辨普通和優質的勃艮第葡萄酒，帶她去附近的餐廳吃飯。艾琳會在餐廳堅持要將最好的牛排切成骰子塊狀，好留給她的兩隻暹羅貓，娜塔莎和喵喵。

每天瑪麗都會走過橋，前往合眾國際社分社所在的義大利大道（boulevard des Italiens）。辦公室位在一棟建於十九世紀中葉的大樓的三樓，建築宏偉但年久失修。在布滿灰塵的硬紙板檔案夾堆中，她找到一些玻璃碎片，來自近期對街的以色列銀行遭受的炸彈攻擊——極左派團體的小規模恐怖主義行動，將會是接下來幾個月內的例行新聞。電傳機軋軋作響，送來非洲法語區的新聞稿，紙張在破舊的綠色金屬桌下不斷堆積。不過，咖啡機正常運轉，她的辦公室還有從天花板延伸到地面的窗戶，朝向巴黎的四大道之一，所以她心滿意足。儘管年輕，瑪麗發現要主張她的權威不大困難。她為分社注入使命感，

2 譯注：柯錫金（Alexei Nikolayevich Kosygin, 1904-1980）為蘇聯前總理，任期為一九六四至一九八〇年。

長時間工作，她的熱情深深感染了其他同事。「她是個很出色的分社主任。」其中一人說，「她支持她的下屬，總是為我們撐腰。」合眾國際社歡樂的飲酒文化也飄過大西洋，傳到法國。華盛頓特區慢巴黎六小時，截稿時間還遠，在附近的新聞酒吧（Pub de la Presse）吃午餐時，沒理由不配上一瓶勃艮第葡萄酒。若有任何人生日，他們會在她寬敞的辦公室喝香檳、吃鵝肝醬和起司慶祝。當時美金十分強勢，即使靠著削減過的合眾國際社薪水，也能在法國過著優渥的生活。

瑪麗擔心她的法文不夠好，於是報名了更多課程，看法國電視，並且經常閱讀——法文小說、法國歷史、法國時事，無所不讀。她會去歌劇院、古典音樂會和藝廊。每天早晨，她沿著左岸慢跑。入夜後，她望著窗外的河景，幾乎不敢相信自己的幸運。

一九八五年九月二十六日：塞納河黑鏡今晚平靜無波，橋樑的倒影彼此嬉戲，相互交疊。打在巴黎聖母院的燈光煙霧朦朧，空氣中瀰漫著濃霧。

她和盧幾乎天天通電話。「我愛你，也想你。」她對他說，「巴黎很完美，只可惜你不在這裡。」有次，他搭機到巴黎共度連假週末。兩人都無法克制慾望，但她開始了解，他們在華府時，他不願和她同床的原因：不僅因為他有攝護腺的毛病，也因為他對妻子深感愧疚。雖然他們都渴望肉體關係，但卻力不從心，於是他們喝更多伏特加，透過酒精的遮掩看著巴黎和彼此。盧說他會離婚，搬到巴黎。可是瑪麗反對——他在法國無事可做。有時她會想，她願意和他一起生養孩子；她想像著金髮綠眼的小女孩，但也感覺到自己正在退縮。「他不喜歡社交，但我依然熱愛明亮的燈光和跳舞。我想要在黎明坐著一臺敞篷跑車，在香榭麗舍大街兜風。那不是盧西恩的作風。」

十二月時，她飛到波多黎各的聖胡安（San Juan）去見他，他們要從那裡航行到美屬維京群島。兩人都心知肚明，這趟旅程將會決定他們的未來，無論是分是合。盧談到繼續和希拉維持婚姻關係，但和瑪麗交往。接著又談到和希拉離婚，和瑪麗結婚，但她能夠自由和其他男人上床，以彌補他無法給她的性滿足。他們喝鳳梨可樂達，一起抽菸，播放瑪麗最愛的珮西．克萊恩的歌曲。偶爾盧會因為酒醉而勃然大怒。「我喜歡看他喝酒，但害怕他暴怒，我們現在都稱之為他的狂暴行徑。」瑪麗寫道，在她內心耿耿於懷的是那無法說出口的事實：他曾經殺害一個男人。對兩人來說，最簡單的做法是回復到以前的關係——導師和學生。在一場爭執後，她衝到沙灘上。他帶著一塊寫字板追上她。「妳可以躲開我，但躲不開這個。」他說，「妳擁有天才的種子。我很清楚，而且我從未誤判過。妳不能再當熱衷交際派對的瑪麗了。妳必須專心當個記者一陣子，但妳不能停在那裡，否則妳將會落得一場空。我會讓妳成為小說家。」有天，他們直朝暴風雨航行，尋求那讓兩人相愛的危險與刺激，但盧體力不足，無法即時將船帆升起。他的年紀正在顯現，而瑪麗已經失去耐心。

他們各自回到華府和巴黎後，她打電話告訴他，這段感情到此為止。盧寄給她一打紅玫瑰，哀求再一次的機會。正如卡崔娜的預期，她感到內疚。兩人的權力平衡已經改變——他們不再是導師和學生，而是一名邁向未來的年輕女子，將年長的男子拋諸腦後。深夜，月亮在塞納河上升起時，她坐在她的公寓讀著格雷安．葛林（Graham Greene）的《愛情的盡頭》（*The End of the Affair*）。那文字刀刀見骨，令她痛苦不堪。愛情總有盡頭，她心想，而最糟糕的部分就是你已經看見盡頭的時候。

*

她在巴黎最好的朋友是新認識的一位《紐約時報》記者。茱蒂絲．米勒（Judith Miller）大瑪麗八歲，但瑪麗立刻就感覺與她十分契合，形容她「美麗又有非常擅於分析的頭腦」，但也注意到她「銳氣逼人」。如果你在一場派對或外交酒會上看見瑪麗，茱蒂一定也在場，反之亦然。有位法國議員愛上了她們兩人。法國政治的密謀和小型恐怖攻擊的循環，令瑪麗和茱蒂生厭，於是她們以一篇松露季的特別報導為理由，開車到鄉下去。一路上兩人都在談論她們非常想處理的報導：黎巴嫩的人質危機、劫機事件、蘇聯和西方國家支持的聖戰士（*mujahideen*）在阿富汗的戰爭。在法國的生活好玩有趣，但她們並未成為只寫豬隻在森林裡嗅聞松露的報導的記者。晚餐時，有名好奇的服務生詢問，她們兩位單身的美國女子在這偏遠的法國外省（*la France profonde*）做些什麼。她們向他解釋後，他有些訝異地看著她們。「女士，」他說，「美國人不懂松露的高貴的。」她們邊笑邊想，他無疑是說對了。

耶誕節時，她們決定在茱蒂的公寓舉辦一場派對，邀請外交官、官員、甚至是一些部長來參加。瑪麗當晚早早到場。「耶誕樹在哪？」她問。茱蒂說她沒時間去買樹。「可是妳不能辦耶誕派對，卻沒有耶誕樹啊！」瑪麗說。外燴人員布置餐點時，她拖著茱蒂一起去瑪黑區（Marais），她們買下唯一能找到的一棵樹，在雪中扛著它回家。當然，那棵樹大得無法搬進公寓，於是瑪麗向門房的丈夫借來一把鋸子，把樹鋸成適合的大小。客人在一小時後抵達時，樹枝依然空蕩蕩的。

「我們把裝飾耶誕樹當成派對的一項活動。」茱蒂回憶，「法國的官員和部長非常拘謹，但大量的酒下肚後，他們說那是場最與眾不同的耶誕派對。」受派對的成功鼓舞，兩名女子在最後一位客人離開後，外出去喝杯睡前酒，直到凌晨才歸返。隔天早上，門房告訴茱蒂和瑪麗，她們在不知情的狀況下，將外燴人員、門房和她的丈夫反鎖在公寓裡了。她先生爬出窗戶，抓著一根竿子滑行而下，才拿到一把備用鑰匙，解救出其他人。

巴黎總是有源源不絕的音樂會、雞尾酒和政商名流的訪談，在社交活動方面，比華府精彩有趣多了。瑪麗為了一篇報導報名高空鞦韆課，之後決定要繼續上課，因為那是個很酷的保持身材的方法。在日記中，她記錄她認識的穿著入時的女性都穿些什麼衣服；報導巴黎時裝秀的艾琳．莫斯比，依然是她心中好品味的代表。她們一起去買內衣，艾琳鼓勵瑪麗丟掉她實用的美國運動內衣，換成拉佩拉（La Perla）的緞質蕾絲精品內衣，搭配絲質內褲。瑪麗開始購買昂貴的衣服，無論她銀行帳戶裡是否有足夠的錢。她的母親來拜訪她，瑪麗帶她四處觀光。蘿絲瑪麗驚艷於她女兒流利的法語，而且似乎認識許多外交官和政府官員。

三十歲生日當天，瑪麗的同事送給她一個巧克力蛋糕，而她幾乎整天都和艾琳一起逛街購物，但當晚她獨自一人度過。她懷念起過去，情緒低落，於是播放了約翰．羅德斯寄給她的一卷錄音帶，收錄她最愛的鄉村和西部歌曲。

> 一九八六年一月十二日：三十歲了。可悲透頂……胖得穿不下我的牛仔褲，看著鏡子裡的雙下巴和橘皮臉頰。而且孤單一人……你覺得為什麼我的人生總是在拚命向前衝刺，一再拋下他人？我無法感受，我不再有所感受。我不害怕，因為我從沒有一刻好好感受……

她打過去時，盧沒有接電話。就像在他之前的杰瑞．威弗和米基．馬耶，盧也表示她不像女人。「妳是妳爸爸的兒子。這大大解釋了妳為什麼是這麼男孩子氣的女生。」他說。瑪麗已經試圖解釋，她一直以來都感覺和其他女生格格不入，她認為她們總是喜歡迂迴行事，而她則喜歡直接解決問題。或許那就是男人認為她有問題的原因，她如此思索。或許他們說得沒錯。拋棄過米基、帕迪和約翰，如今她也在用同樣的方式拋棄盧。她怎麼能如此悶悶不樂，卻依然狠心無情？盧對她說：「妳永遠無法真正愛人。那很悲慘。」有時她會納悶，他是否說中了事實。

一九八六年一月二十日：我為何如此冷酷？如此虛假？我那麼渴望愛人。但無論談戀愛或單身，我都感到孤單。我想要他的陪伴，而我討厭那種感受。一談戀愛、有人陪伴，我就感覺快要窒息。總在第一次衝動後，便想要逃離。

二月，盧最後一次來拜訪她。他們租下一臺車，開車去羅亞爾河谷（Loire Valley）。他在時髦的飯店房間裡抖落菸灰，令瑪麗愈來愈惱怒；他甚至告訴她，她會在意這種事情是十足的「中產階級作風」。她想，這是未宣戰的戰爭。他回到華府後，瑪麗打電話告訴他，這次她心意已決：這段感情到此結束。

現在沒有新的男性會令她分心；她需要的是一篇新的報導。隔月，她得到了她等待已久的機會。摩洛哥的哈珊國王（King Hassan）正在歡慶他統治二十五週年，並邀請記者來見證慶祝活動。這是瑪麗第一次去北非旅行，抵達時期待得興奮顫抖，手裡抓著一本伊利亞．卡內提（Elias Canetti）的《聆聽馬拉喀什》（*Voices of Marrakesh*）。在薛米拉米絲飯店（Semiramis Hotel）為她端來咖啡的服務生小心翼翼，避免和她眼神交會：「我們都因為我的女性特徵而感到尷尬。」她攔下一輛計程車進城時，警察尾隨觀察她在做些什麼——她不確定這是因為她是名女性、記者，或僅僅因為是外國人。

一九八六年三月三日：坐車經過一群戴著面紗的女性，只露出深色的雙眼，她們穿著長罩袍（djellabas），有的只是粗麻布罩衫，其他則是有刺繡裝飾的緞子衣料……到了德吉瑪廣場（Djema el Fna），那是座在市中心的廣場，車水馬龍……有些男人帶著蛇和貓頭鷹，其中一人用牽繩牽著他的猴子，走向前來握我的手，他的肌膚乾癟黝黑，指關節很小。

記者被帶到王宮去，瑪麗送出關於慶祝活動準備過程的報導，描述穿著紅色制服的衛兵方陣手握長矛，宴會餐桌堆滿了裝著甜點和堅果的銀色托盤。其中一位摩洛哥記者邀請她去夜總會，她在那裡看到一名弄蛇人將一條巨大蟒蛇纏繞在一名美國觀光客的脖子上。那位記者上前攀談時，她並不意外，但他搭訕的開場白嚇了她一跳：「我必須告訴妳，我愛我的國王。摩洛哥深受神的保佑，才有幸擁有一位這樣的國王。」訪問記者團參加在美國大使館的酒會，再接著去一位法國伯爵夫人在泰勒莊園（Villa Taylor）主辦的雞尾酒派對，邱吉爾曾在此接待過羅斯福。瑪麗在那裡認識了《週日泰晤士報》的記者大衛・布朗迪（David Blundy）。她告訴他她在合眾國際社工作時，他回答：「噢，一位真正的記者。」她人生中最重要的一段感情就此萌芽。

大衛當時四十歲，可說是英國記者中的傳奇人物。他曾報導北愛爾蘭、中美洲和中東的衝突，也報導過衣索比亞的饑荒，和辛巴威政府資助的殺戮事件。大衛經常穿著牛仔褲和皮革夾克，行為舉止混亂不堪，掩飾著他最敏銳的頭腦——他會搜索出其他人錯過的細節，還能夠讓受訪者說出遠超過他們自己預期的資訊。即便他試圖營造出自己不太做事的印象，但他其實是個非常認真盡責的記者。他極具個人魅力，身材高眺、皮膚黝黑又英俊，擁有只要專注在某個女人身上，就能讓她以為自己是他世界中心的本領。通常那持續不了太久。儘管大衛擁有負心漢的名聲，是「處處留情」的類型，女人往往會原諒他，因為他幽默又有男孩般的脆弱，讓她們想要照顧他。男人也受他吸引，但不是在性方面，而是因為他很擅長開玩笑——機智又風趣的英式自嘲。

王室典禮後那天，國際記者被帶到機場，受招待去撒哈拉沙漠旅行。但那趟旅程一團混亂，令人困惑和延遲的狀況層出不窮，飛機甚至飛錯機場，弄丟了所有人的行李。這是瑪麗第一次體驗到新聞業中，較為荒謬的例行公事之一：慌張無能的政府隨行人員所組織的媒體招待行程，試圖聚集一群叛逆的記者，去參訪毫無新聞價值的模範工廠或農場。當飛機降落在沙漠中的簡便跑道，他們告知記者坐上一輛準備好的巴士。大衛將他的皮夾克放在他隔壁的座位上——瑪麗撿起外套，甩到她肩上，坐了下來。

結果當天的行程重點是一間化學工廠。來自第三世界的國營通訊社記者態度認真嚴肅，拍攝開關面板，並記錄下磷酸鹽製程的無數細節，兩人看到這一幕捧腹大笑。瑪麗和大衛覺得這一切都非常可笑；如她所述，他們當時的「心情既臭味相投，又魯莽狂妄」。

在他們當晚下榻的小鎮旅館，另一位記者告訴瑪麗，大衛有個長期交往的女友莎米拉．歐斯曼（Samira Osman）。瑪麗不以為意：她正考慮告訴大衛，她知道自己遇見了絕配的另一半——而她說得沒錯，儘管並不意謂著她找到了終身伴侶。瑪麗和大衛就像一對雙胞胎。他們不僅擁有同樣的幽默感，也同樣不顧一切勇闖世界，能夠讓聚會的氣氛變得歡快，迷倒在場的所有人。兩人幾乎都會不計代價，只為取得報導，或享樂一夜，絲毫不考慮後果。接著他們會很快向前邁進，擔心如果待得太久，會受困原地。兩人的認識不太像是相遇，更像是照鏡子時看見對方的倒影。

隔天，摩洛哥政府帶記者去偏遠沙漠的一座軍事基地。那是瑪麗第一次搭乘直昇機。有位奧地利的記者借給瑪麗他的隨身聽，於是他們在撒哈拉的沙地上猛然降落時，她可以用險峻海峽樂團（Dire Straits）和布魯斯・史普林斯汀（Bruce Springsteen）的音樂蓋過旋翼的轟隆巨響，同時欣賞著下方新月狀的沙丘和雲蔭。一輛吉普車接送他們前往基地，有位上校在那裡端出烤全羊招待他們，回答與西撒哈拉獨立陣線（Polisario）相關的問題，也就是主張占領撒哈拉西部的反叛勢力。儘管瑪麗筋疲力竭，全身沾滿塵土，頭上纏著一條圍巾，戴著回程用的護目鏡，她一如往常地快樂。在這趟旅程一開始，其他記者互相分享戰爭故事時，她感覺自己身在其中，就像個無知的小女孩。如今她成為他們的一分子。

回到馬拉喀什，她送出這次沙漠之旅的幾篇報導，淋浴後換上白色洋裝和綠色毛衣。大衛開玩笑說，現在她乾乾淨淨，他反而認不得她了。到了晚上，兩人喝著威士忌直到深夜，自然而然地同床共枕。瑪麗有種強烈的預感，她的人生即將迎來轉變。

*

瑪麗人在摩洛哥時，穆安瑪爾・格達費上校（Colonel Muammar Gaddafi）在利比亞舉行了一場國際記者會，宣告建立一支「國際革命戰鬥勢力」，以便與美國作戰。格達費將成為這支勢力的資助者和領袖，隆納・雷根總統（President Ronald Reagan）為其首要目標。這位利比亞領導人在一場一九六九年的政變中掌權，自視為全球對抗帝國主義鬥爭的指路明燈。雷根稱格達費為「中東的瘋狗」，認為這位利比亞領袖正計畫暗殺他。以色列也在上校的目標範圍內——一九八五年，激進的巴勒斯坦阿布・尼達爾組織（Abu Nidal Organisation）對以色列航空在維也納和羅馬機場的報到櫃臺發動致命的恐怖攻擊，格達費為他們提供武器和偽造護照。領路人、弟兄領袖或普世理論家，格達費擁有各式各樣的自稱。他不斷威脅，要對在利比亞外海錫德拉灣（Gulf of Sidra）執行任務的美國軍艦發動攻擊。根據海事法，公海始於距離國家海岸外十二浬處，但格達費下令將「死亡界線」訂在六十二浬，禁止任何外國船隻在這個範圍內通行。一九八六年三月二十三日，一支美國戰鬥支隊跨越界線，由航空母艦、巡洋艦、巡防艦、驅逐艦和兩百五十架戰機組成，聲稱他們在執行一項「航海自由」任務。事實上，美國人是在挑釁格達費，因為他們想要向他展示如果他繼續發動恐怖攻擊，將會面對的武力威脅。隔天，利比亞人發射近期向蘇聯購入的 SA-5 飛彈，並用飛機攔截美國的戰鬥機。在接續的小規模海陸戰鬥中，共有三十五名利比亞海員喪生，美國沒有折損一兵一卒。

瑪麗剛從摩洛哥回到巴黎，三天後又加入受邀至的黎波里的外國記者團。她終於身處她想望的地方：世界最重大的新聞現場。在機場時，記者被招待茶飲，頭頂上方掛著一條旗幟宣告：「無論天生或在歷史上，我們皆反對美國帝國勢力。」有張海報印著雷根總統的臉，背景是一片沙漠和一具骸骨，文字說明寫著：「野蠻人雷根是戀屍癖，因為他的手段令人類窒息。」瑪麗在機場和街上短暫散步時觀察到的地方色彩，就已經足夠寫出第一篇報導，但每位編輯都想要的是格達費的訪談。茱蒂．米勒先前曾在利比亞待過三個月，但這次沒能拿到簽證。她提供瑪麗她的門路清單，其中包括弟兄領袖的心腹。眾所周知，格達費更可能答應接受女性記者的訪談——愈年輕貌美的愈好——但他好色成性，經常向訪問他的女性求歡。瑪麗並未因此退縮。大衛．布朗迪剛搭機抵達，頻頻強烈抗議，因為他知道比起他，格達費更有可能和瑪麗談話。她不斷打給格達費的助手，五天後，她的努力不懈得到回報。

瑪麗在凌晨三點接到傳喚。有輛車抵達旅館，載著她穿梭利比亞首都空蕩黑暗的街道，來到格達費固若金湯的宅邸——阿齊齊亞軍營（Bab al-Aziziyah）。他的地下碉堡和他佯裝居住的貝都因（Bedouin）帳篷有著天壤之別，高聳的水泥牆圍繞四周，俄製坦克戰車在旁守衛。他的女性衛兵穿著緊身迷彩制服，臀上的皮套插著手槍。她們一邊怒視瑪麗，一邊帶她下樓，來到一間黑暗的狹小穴室，牆上鑲嵌著人造木板條，一塊厚重的窗簾將之與臥室和浴室區隔開來。瑪麗已經抵達他內部的密室。幾分鐘後，他走進房間，身穿裝填墊料的灰色飛行服，沒穿襪子的腳隱約從蜥蜴皮便鞋邊緣露出。

「我是格達費！」他大方宣告。

「這不是在開玩笑吧！」瑪麗心想。

他在她身旁坐下，坐在一張軟墊沙發上。「輕柔的阿拉伯音樂和甜美的香氣瀰漫空中。」她事後在一篇文章中寫道，「一名助手端來兩杯義大利濃縮咖啡和兩杯甜味的杏仁奶。」她注意到格達費噴了法國的古龍水。訪談中，他表示他已經準備好攻擊世界上任何地方的美國目標，並且將美國和利比亞之間的衝突比擬為十字軍東征。在訪問尾聲，他將他的手放在她大腿上，詢問有沒有機會再見到她，彷彿那是一次約會。「你何不再打電話給我呢？」瑪麗說。

幾天後，一名助手依約打給她，格達費接過電話，說他想再和她聊聊天。這次的會面情形更怪異一些，也更具威脅性。她抵達地下碉堡時，一件白色洋裝和一雙小綠鞋已經為她擺在一張椅子上。她拒絕換上，表示衣鞋的尺寸太小了。格達費接著大步走進房間，鎖上門後，把鑰匙放入他的口袋。

瑪麗總是會留意人們的衣著，但格達費的穿搭是她看過最奇特的。他身穿紅色絲綢襯衫、白銀條紋的寬垮褲，還披著一件金色的斗蓬。每當她問起與美國的緊張情勢，他就會關掉她的磁帶錄音機，把手放在她的膝上，說他累了，想要聊點其他話題。他告訴瑪麗，利比亞與前一週柏林佳人舞廳（La Belle discotheque）的爆炸案毫無瓜葛。在那場攻擊事件中，兩名美國士兵和一名土耳其女性不幸喪生。美國情報單位表示，他們已經攔截到一則道賀訊息，從的黎波里電傳到東柏林的利比亞大使館。「利比亞和這次的爆炸案一點關係也沒有。」但格達費如是說。

瑪麗問他，如今人人都認為美國進攻已經勢在必行，他對此有何看法。「這是誰告訴妳的？」他問。瑪麗有些不知所措，她說：「我在ＢＢＣ的新聞裡聽到的。」格達費立刻從座位上彈起，打開收音機，轉到ＢＢＣ國際頻道，彷彿這是他第一次聽說美國進攻的消息，即使的黎波里的所有人都在瘋狂談論這件事。他喋喋不休地談著阿拉伯民族團結、巴勒斯坦理想和他的「第三普世理論」[3]，這是奠基於他的思考與執念的政治哲學主張。正常情況下，受訪者會主動結束訪談，但這次的情況卻顛倒過來，在經過幾小時後，是瑪麗表示她實在必須告辭，才終於逃離現場。

那場訪問登上美國和全世界的新聞頭版。凱特那時尚未從耶魯大學畢業，她記得一群朋友衝進她的房間說：「妳姊姊上廣播節目了！」她們的母親當時人在費城參加教師大會，當她打開電視，看見瑪麗身處一個所有人都預期將會在幾小時後遭到轟炸的城市，她一點也開心不起來。她在耶魯大學的昔日男友戴夫・漢弗維爾在廣播聽見她的報導，打電話告訴卡崔娜。卡崔娜很高興聽到她好友的成就，同時也擔心她的安危。一夕之間，瑪麗・柯爾文不再是個默默無聞的通訊社記者，而是在美國戰機引擎在瀝青跑道上加速運轉之際，訪問穆安瑪爾・「瘋狗」・格達費的英勇女性。

瑪麗提供她和格達費會面的細節給大衛・布朗迪，幫助他撰寫報導——她從不吝分享情報給其他記者，將因此在日後贏得好名聲。四月十四日晚上，兩人和英國領事休・杜納齊（Hugh Dunnachie）在他的黎波里的別墅見面，記者圈都稱他的宅邸是羞恥之屋，因為那裡是唯一能找到酒的地方。她曾告訴格達費的一位助手她人在那裡，而在凌晨一點半，別墅的電話響起，傳來美國的戰機正在轟炸東部城市班加西（Benghazi）的消息。的黎波里的襲擊隨時可能發生。瑪麗撥電話到格達費的辦公室，但無人接聽。半小時後，據大衛所述：「當十三架F-11戰鬥轟炸機和三架雷達干擾機低空呼嘯飛過海面，英國領事住處的門窗嘎嘎作響，水晶吊燈搖晃不止，連建築本身也在震動。」瑪麗、大衛和休爬到屋頂上，看著曳光彈發射，聽著高射砲在襲擊結束後轟隆射擊至少十五分鐘。

「所有人都衝到街上。」瑪麗在發送給合眾國際社的電報中寫道，「我們試圖從領事的住處回到飯店，那裡是各報記者工作的據點。格達費革命委員會的衛兵湧上街頭。」官員告訴記者，格達費的養女哈娜（Hana）已經在襲擊中喪生（這個故事流傳長達二十五年，最後發現她依然在世，生活無虞，並且正在讀醫。）他本人直到兩天後才公開現身，穿著附有金色肩章的白色海軍制服，左胸口袋上別著五槓的勳章，他坐在一幅巨大的利比亞地圖前，發表電視演說。瑪麗的特殊門路似乎已經不再管用，於是她和所有其他記者搭乘公車，走訪在美軍襲擊行動中，遭到轟炸的一座養雞場和其他地點。她此生從未如此努力工作。當時利比亞空軍會隨機發射防空砲組，以免發生另一次襲擊，而記者永遠不知道下個小時他們會被款待、拘留或遣返。在如此混亂的氛圍中，她每天都仍送出三四篇報導。

最終，官方告知所有人都必須在四月底前離境，但在幾週後，瑪麗又回到利比亞去會見格達費。「我被傳喚到避難所中，負責管理的衛兵一如往常地亂成一團，無緣無故一直催促著我前進，所有人顯然

3 譯注：格達費的第三普世理論融合阿拉伯民族主義和社會主義，主張政治和經濟必須以伊斯蘭教義為原則。

都全副武裝。」她在日記裡記錄當時的情景。這次，格達費身穿整齊的海軍藍色滑雪服，褲管塞進義大利製的黑色靴子，靴筒高度及腿肚，兩袖上有青綠色的條紋。

「這是怎麼回事？妳為什麼沒有警告我，他們會轟炸我的住處？」他詢問她。她回答表示，她沒有他的私人電話號碼，而她打電話到他辦公室時，沒有人接聽。他開始對他的助理用阿拉伯語說話，那是個名叫法蒂雅（Fatiya）的年輕女子，她開始哭泣。「這太可笑了，你不能怪罪法蒂雅。」瑪麗說。格達費隨意出手抓了法蒂雅的胸部——更顯現出他隨便的初夜權[4]態度。瑪麗注意到，法蒂雅沒有反應。

格達費說，事實上他已經知道瑪麗曾試圖通知他，並為此心懷感激。他似乎認為瑪麗是要警告他，而不是為了報導詢問他對襲擊的反應。她是否有聽到他在電視上提起她？他問。她困惑了一會，直到想起在襲擊後幾天，格達費曾表示，雖然雷根恨他，但美國人民愛戴他，證據就是當時「有個美國女子」撥電話警告他小心攻擊行動。她意識到他指的正是她本人。「我沒有說出妳的名字，因為雷根如果知道是妳，會將妳滅口。」格達費說。

*

瑪麗的格達費訪談是那年合眾國際社的獨家新聞，但仍舊無法阻止公司營運終止。當時的傳聞不只有扣薪和裁員，還有完全倒閉。瑪麗和茱蒂．米勒為《滾石》（*Rolling Stone*）雜誌共同撰寫了一篇關於格達費的文章。瑪麗也四處應徵，尋找新的工作機會。接著，大衛．布朗迪想到了一個主意。於一九八一年買下《泰晤士報》和《週日泰晤士報》的魯柏．梅鐸（Rupert Murdoch），已經決定要將製程現代化，為此裁撤數百名加入工會的印刷工的職位。他將工廠從艦隊街搬遷到沃平（Wapping）後，就能雇用較少的工作人員來製造紙張，印刷工為此展開罷工。當時，瑪格麗特・柴契爾（Margaret Thatcher）首相堅決打擊工會，記者也分為兩派，一派是加入印刷工行列的「異議分子」，一派則拒絕跨越罷工糾察線。爭議持續延燒時，《週日電訊報》（*Sunday Telegraph*）提供大衛一個華盛頓特區特派記者的高薪職位。那瑪麗何不試著應徵他在《週日泰晤士報》的舊職位呢？他向她建議。大衛會給她他人脈的「祕密通訊錄」，好替她安排面試。她擁有紮實的通訊社經歷，以及利比亞前線報導的豐富作品集，完全能夠勝任這份工作。儘管她具備卡車司機工會的工作經歷，她對柴契爾夫人和工會之間的英國鬥爭不感興趣——她只想報導中東相關的新聞。能夠接替大衛的職位，簡直宛如命運的安排。

大衛已為《週日泰晤士報》本社工作十六年，他在離職時，留下一張自我解嘲的紙條給他的同事，最後一段寫著：

> 我會想念中東的（除了伊拉克、約旦、利比亞、蘇丹、以色列和西貝魯特以外——摩洛哥還行）。我知道我把這區的新聞，留給一位比我更纖細、也可能更稱職的人物。柯爾文很能幹，但你們讀到她在利比亞寫的新聞稿時，不必用上『令人驚艷』和『天啊』這種誇張的字眼（我記得其中很多段落都是從我的一篇報導裡擷取出來的）。我祝你們一切順心，也祝福柯爾文，即便她將要接管我的工作、我的公寓、我的車、我的電腦、我新買的水晶眼鏡，也將取代我，和莎米拉展開一段認真的交往關係。

4 譯注：法文「droit de seigneur」直譯為「領主的權力」，指領主可以奪取當地新婚女性初夜的權力。

一九八六年九月，瑪麗開始在《週日泰晤士報》工作。她延後一週上工，好搭機到波士頓，去當卡崔娜和克力斯．巴特婚禮的伴娘。她最好的朋友似乎擁有一切——婚姻和一份在《紐約時報》雜誌的編輯工作。不過，瑪麗的人生看來也非常振奮人心。她不僅是接手大衛．布朗迪的職位，更是在跟隨更早世代的知名戰地記者的腳步。瑪莎．蓋爾霍恩的好友薇吉妮雅．考勒斯（Virginia Cowles）曾在第二次世界大戰期間，擔任《週日泰晤士報》的特派記者。該報還有位派駐越南的明星記者尼可拉斯．托馬林（Nicholas Tomalin），因撰寫〈中將殲滅越共〉（The General Goes Zapping Charlie Cong）而名聞遐邇，這篇文章是揭露美軍漫不經心地殺害平民的第一批報導之一。托馬林本人是在一九七三年報導贖罪日戰爭時，遭敘利亞飛彈轟炸而身亡。無論是國內或國外，這間報社都是以生猛有力的調查著稱。瑪麗在的黎波里那漫長繁忙的幾個月把日記晾在一旁，而今在裡頭簡短提及在巴黎的道別晚餐。

一九八六年九月二十三日：星期一晚上搬家到倫敦，很累。星期二早上開始在《週日泰晤士報》的新工作。新買的阿尼亞斯貝（Agnes B）洋裝，寬敞的新聞編輯室，目前還格格不入，但為自己感到驕傲。

隔天早上，她便受派前往貝魯特。

第二部
中東

第四章　死亡之路

瑪麗接到抵達貝魯特後的指示，是要走出航廈，「果斷邁步」走上一座小丘，直到她看見一位名叫阿貝德（Abed）的司機，他可能會記得她的名字，或至少知道她是《週日泰晤士報》派來的記者。很容易就能認出他來，因為他矮小又禿頭，留著八字鬍。「黎巴嫩大概有無數個這樣的男子吧。」她心想，她坐在賽普勒斯城市拉納卡（Larnaca）的飯店裡，等待她的班機到來。「真擔心我沒能有個好的開始。」

在一九八六年九月，貝魯特是地球上最危險的城市。五個月前，英國記者約翰・麥卡錫（John McCarthy）在去機場的路上遭到綁架，而瑪麗正要降落在那座事發機場。貝魯特美國大學（American University of Beirut）的講師布萊恩・基南（Brian Keenan）大約在同一時間遭人劫持。另外兩位貝魯特美國大學講師的屍體在城市邊緣尋獲，而在瑪麗抵達的兩週前，又有另兩名美國教師遭到綁架。貝魯特的基督徒東區和穆斯林西區之間的分歧只是隱憂之一；西貝魯特內部的衝突同樣致命，而且情況雙倍難解，貌似無數的民兵、陣營和教派彼此對立。他們綁架西方人來交換政治讓步或購買武器的資金。如果不幸被擄，你不會知道綁匪用你的性命討價還價時，你將被鎖在地下室多少年。

瑪麗忐忑不安，擔心她自身的安危，也擔心她是否能夠理解並解釋事情的經過。在拉納卡的飯店房間裡，她打電話給卡崔娜。她們通話的時間久到飯店櫃臺插撥打斷，並告訴她那通電話的費用已經高達九十七英鎊。這兩名女子都意識到，這將是瑪麗下半生的開始。她一直在等待這一刻，即將揭曉她會成功或失敗、存活或喪生。這件事沉重得難以思量，於是她們聊著衣服和假日的計畫。卡崔娜說：「我不想掛電話，一掛掉妳又會離我三千英里遠了。我愛妳。」

在飛機上，瑪麗擺出她的「紐約地鐵表情」，試著表現出煩悶無聊、有些心不在焉的樣子。科莫多爾飯店（Commodore Hotel）是記者通常在貝魯特下榻的飯店，他們派來了一名男子在入境處迎接她——「是『梅莉・柯爾文』小姐嗎？請跟我來。」——接著帶她到阿貝德等待的地點。年近六十的他非常可靠，盡忠職守。他告訴瑪麗：「妳現在是西貝魯特唯一的一位美國人，所以無時無刻、無論妳做什麼，我都會待在妳身邊。」他們開車經過夷平的美國海軍陸戰隊總部，那裡在三年前遭到轟炸。接著穿越炸毀的街道，建築倒塌，塵土堆積，孩童只穿著內衣褲，在排水溝裡玩耍，最後他們抵達夏地飯店（Summerland Hotel）。科莫多爾現在太危險了——那間飯店因為一隻名叫可可的鸚鵡而聞名，牠會在櫃臺的籠中模仿即將落下的砲彈聲響：最近飯店的正門口曾爆發交火。

瑪麗走進她的房間，拉開窗簾，看見了異常的戲劇性場面：背景是廢墟般的城市，前方卻是一座大型的藍色泳池，「身材肥胖、肌膚曬成古銅色、長著肥胖紋的白髮男子，和穿著長及髖骨、顯露完美臀部曲線的黑色洋裝的美麗女子」經常光顧泳池。這是貝魯特，富裕海灣國家阿拉伯人的遊樂場，罩袍（chadors）和比基尼共存之地，該區的教派和宗教在這座城市引爆分裂，又如碎石硬路面般重新粗糙拼湊，錯置而破碎。

十餘件中東衝突的毀滅性力量，都集中在這小小的數平方英里內。核心衝突是巴勒斯坦人和猶太人，為了爭奪南方以色列掌控權的紛爭。一九八二年，以色列勢力入侵黎巴嫩，目標是驅趕巴勒斯坦解放組織（Palestinian Liberation Organisation），他們已經在世界各地針對以色列目標發動恐怖攻擊。雖然巴解組織領袖亞西爾．阿拉法特（Yasser Arafat）和他的親信已經離開貝魯特，以色列人仍然留在當地，與武裝的黎巴嫩基督教徒結為同盟。伊朗和敘利亞都熱切反對以色列，資助兩支當地民兵真主黨（Hizbollah）和希望黨（Amal），兩者的成員都屬於少數的什葉穆斯林。攻擊美國海軍陸戰隊的是真主黨，美軍待在貝魯特是為了監督巴勒斯坦解放組織撤出，在當地被視為猶太復國主義者（Zionists）的盟友，而受到民眾憎恨。黎巴嫩的遜尼穆斯林也組成武裝團體，另一個少數穆斯林教派德魯茲（Druze）也這麼做。同盟時時刻刻都在變換，領地得而復失，局外人發現愈來愈難搞清楚是誰在對抗誰，更別說理解衝突發生的原因。

阿貝德載瑪麗到各個武裝團體的總部，去取得媒體通行證，一路上都在解釋各戰爭勢力的地理分布。「這裡是希望黨掌控的，這個區域是真主黨的——看見那個女人了嗎？」瑪麗看到一名頭戴貝雷帽、高舉機關槍的年輕女子。「她在貝魯特很有名，她曾開著她的車進入以色列的兵營。」阿貝德說。他們在濱海路的一間咖啡廳用餐，還沒吃完三明治，阿貝德就從座位上跳了起來。「好，我們得走了。」他突然這麼說，把瑪麗推上車。他看見一名男子可能正在考慮把她當作綁架目標。「我不喜歡有人先是走遠離我，再走近我身旁，接著又離開。」他解釋。他們開車上路，駛經三個小男孩正在爭搶一把打開的彈簧刀。

瑪麗與政客和民兵領袖進行訪談，跨越綠線——區隔東西貝魯特的非正式邊界——一切都仰賴阿貝德的協助。她犯下所有西方女性都曾經歷過一次的尷尬錯誤，伸出她的手要和一位虔誠的穆斯林男性握手，對方卻只微微欠身，把他的手放在左胸上。阿貝德解釋，這位男性只會觸碰他家族內的女性。

記者團裡的話題全都和綁架事件有關。《衛報》（*Guardian*）通訊記者戴維・赫斯特（David Hirst）說，上週他遭人綁上一臺車，而一想到要整整兩年都被鎖鍊拴在暖氣機上，他就有了掙脫逃出車外的力氣。「如果我是詹姆士・龐德，我的反應可能就不一樣了。」他說。當然，綁架不是唯一的危險。BBC通訊記者吉姆・穆伊爾高眺金髮，外表就像一名苦行僧，有人詢問他貝魯特是否令他沮喪消沉時，他列舉出在過去幾個月不幸身亡的朋友。

在如此身經百戰的記者身旁，瑪麗感覺自己年輕又缺乏經驗。他們告誡她絕對不要說「以色列」，改說「迪克希」（Dixie），以防間諜或閒晃的民兵聽見她在討論記者經常造訪那個猶太國家，會讓他們淪為目標。她開著窗戶睡覺，好讓自己能聽見砲擊聲。她的短波收音機轉到BBC國際頻道，以防半夜有突發新聞。她已經開始養成戰地記者的習慣。

她發現，為一份週日的報紙發送新聞稿，和為通訊社工作截然不同。她很開心再也不必時時待在電話或電報附近，因為現在她不需要一取得片段的消息就傳送文稿。她過去就曾經想過，能夠深入訪問人是件好事，花時間了解事情的詳細經過。可是，搶先回報新聞的需要，已經被取得原創新聞的壓力取代。因為她有整個禮拜可以尋找報導的故事，她的編輯會期待無法在電報或日報讀到的獨家新聞。她的第一篇報導是關於港口城市泰爾（Tyre），有支聯合國軍隊試圖在當地占據部分區域的以色列人，以及各式各樣的民兵之間維持和平。希望黨和真主黨都表示，他們的主要敵人是以色列，但兩黨卻都忙於和彼此競爭，無暇對付以色列人。伊朗領袖何梅尼（Ayatollah Khomeini）的海報四處可見；宗教狂熱正在崛起。瑪麗試圖解釋民兵團體群集的原因，十分晦澀難解，但當她描寫她所見到的人們，故事便鮮活了起來。

《週日泰晤士報》，泰爾，一九八六年九月二十八日

從泰爾回到貝魯特的路上，我順道載一位希望黨的年輕戰士一程，他名叫尼瑪．阿赫瑪德．阿敏（Neemeh Ahmad Amin）。他驕傲地掀起他的藍波T恤，露出以色列機關槍留下的八個彈孔。「藍波只是部電影。」他說，「而我們才是真人版的藍波。」

在美國，瑪麗絕對無法獲准使用第一人稱寫作。美國編輯堅持使用某些詞句，諸如「這名記者看見」或「有名記者看見」，而非「我看見」。英國報紙的寫作不那麼正式。瑪麗在美國所受的訓練與英式更口語化的新風格之間無所適從，令她自信盡失。送出泰爾的報導之後，瑪麗確定她討厭自己所寫下的文字。「或許我再也不能寫作了。我就是無法振作起來。」她心想。她經常喝酒到深夜，睡三小時後，又早起趕在截稿期限前寫稿，沒有留給自己足夠的時間修潤她的散文。她想起大衛．布朗迪。在的黎波里的深夜，他在筆記本上潦草寫下他文稿的架構。她羨慕他寫作的輕盈筆觸。接下來的週五晚上，距離截稿期限只剩四小時，她暴飲暴食水果、威士忌、葡萄酒、起司和鷹嘴豆泥。她終於送出報導時，卻非常厭惡那篇稿子。隔天，《週日泰晤士報》告知電傳文件沒有送達；她錯過了截稿時間。她焦慮得幾乎要發狂。

夜裡，她有時會夢見大衛，有時則是卡崔娜，都是那些她最深愛且欽佩的人。她終於過著她夢寐以求的生活，卻絲毫沒有把握能夠勝任。

*

瑪麗幾乎沒有時間在大衛那間位於北倫敦海蓋特（Highgate）的公寓安頓下來，因為她大多時候都在旅行。一九八六年十二月，薩達姆．海珊（Saddam Hussein）政府邀請一小群記者，去看看伊拉克如何在與伊朗伊斯蘭共和國的戰爭中取得上風。事實上，兩國都沒有占據優勢，但經過腥風血雨的六年後，伊拉克人在近期擊退一波伊朗對法奧半島（Fao peninsula）的入侵，迫使對方撤退到巴斯拉城（Basra）的東南方。因此他們有足夠的自信，帶領外國人見證他們所確立的地位。這將成為瑪麗第一次的傳統戰爭經驗。

參訪團的其中一位記者是《每日電訊報》（*Daily Telegraph*）的通訊記者。一直到不久前，派翠克．畢肖普（Patrick Bishop）都還在《週日泰晤士報》工作。他在瑪麗最初抵達倫敦時就注意到她了，但他試圖在影印機旁搭訕她卻沒有成功。「至少可以說，她很客氣，但也很冷淡。」他回憶。派翠克當時三十四歲，也是來自愛爾蘭天主教的家族，但是個典型的英格蘭男人——牛津大學畢業生，一頭蓬亂的深色頭髮，雙眼眼角布滿細紋，喜歡穿著皺巴巴的夾克，搭配牛仔褲。報導過福克蘭群島戰爭的派翠克，自認稱得上是個軍事專家，他認為這可能有助於讓瑪麗留下深刻印象。

一抵達巴格達，瑪麗和派翠克等十來位記者團的成員，就被人護送到巴斯拉，聆聽海珊幾位將軍的簡報，接著由專車接送，走公路來到前線。雙方軍隊在兩側都已經挖掘好掩體，之間相隔綿延數百碼的無人地帶。泥濘的戰壕圍繞著帶刺鐵絲網，後方排列著嚴密的裝甲部隊——看起來就像索姆河戰役（battle of the Somme）的場景。「我們會殺死任何踏上我們領地的人。」伊拉克士兵告訴記者，服從地遵照他們的長官所制訂的劇本發言。「我們非常樂意殺掉所有伊朗人。」成排赤腳的伊朗戰俘被迫在道路上跪地，供記者視察。許多人的身上都有因砲彈碎片受傷而包紮的傷口，有些只是青少年，在何梅尼的「人海攻勢」中被送上戰場。

法國電視臺的通訊記者要求要看看屍體。德國記者不斷暗中低聲討論伊拉克的「祕密武器」。派翠克總是像個少年記者，他為了幫助瑪麗，正在向她解釋蘇聯製造的T-55坦克車和更新型的T-72型號有何不同。同時，砲彈持續在稍遠處轟然落下。「雖然有很多轟炸，但大部分都不會危險。」他向她保證，「妳要學會分辨對外發射和對內飛來的砲火。」這全都是對外發射的砲彈，他解釋時突然聽見一聲較大的爆炸聲響。「但這次是對內的！」他一邊大吼，一邊撲向地面。那記砲彈確實是敵方射擊過來的，但在半英里外落地。派翠克是在場唯一趴在泥地上的人。瑪麗站在原地，看起來不為所動，低下頭略帶嘲弄地看著他匆忙站起身來，拍去他身上的塵土。

「我那時心想，完蛋了。」他回憶，「這之後我別想在她心中留下好印象了。所以接下來的整趟旅程，我都在幻想，也許我們會好運碰上搭乘的吉普車遭到砲擊，我就能把她從燃燒的車輛殘骸中拯救出來！」

伊拉克的士兵也像派翠克一樣，似乎無法壓抑擋不住的男性衝動，要在女性面前賣弄自己的能力。重機槍師的射擊士原先靜靜坐在他們固定的位子上，邊看著電池供電的電視邊抽菸。但他們一見到瑪麗和媒體團中的另一位女記者，就開始發射子彈。數百碼外的伊朗人開火回擊。在那幾分鐘內，這兩名女性的現身貌似點燃了當地沉寂數月的戰火。「其他人都緊張得全身僵硬，認為那情勢令人擔心，但瑪麗似乎不以為意。」派翠克回想。

瑪麗和派翠克與幾位美國記者在巴斯拉的一間大舞廳慶祝跨年夜，休假的伊拉克士兵在那裡與肚皮舞者和妓女廝混。音樂震天作響，所有人都一起跳舞和喝酒。伊拉克人光是活著就已經感到萬幸，正發洩著鬱悶的心情，敞開雙臂歡迎外國人加入他們的行列。接近午夜時，所有人都站起身來，卻沒有合唱一首伊拉克的傳統歌曲或〈友誼天長地久〉，反倒因為無人能解釋的原因，大夥兒突然興高采烈地演唱起〈祝你生日快樂〉。瑪麗和派翠克笑彎了腰，就快愛上彼此的兩人也跟著合唱。有什麼理由不高歌一曲呢？那是一九八七年美好又古怪的開始。

*

女性記者的身分在中東有其優勢。瑪麗和巴勒斯坦裔的美國記者拉米絲．安多尼（Lamis Andoni）成為摯友，她也正在伊拉克出差。雖然和瑪麗同年，拉米絲有時會因為瘦小的身材和一頭黑髮襯托的甜美臉龐，被誤認為是青少女。人們看見她的署名，總假定她是男性，因為他們不會想到有女性——尤其是阿拉伯女性——在前線從事新聞報導工作。拉米絲向瑪麗解釋，中東地區重視家族和部族，獨身的女性會被視為奇人異士。「他們認為我只是個四處閒逛的小可愛。阿拉伯女性要付出更多努力才能贏得尊重。」她說。她建議瑪麗穿著保守一些，並和人談論自己的家庭。拉米絲告訴她，身為女性的唯一問題是，如果妳完成一次優秀的訪問，會有人指控妳是和某人上床才得到那個機會的。不過，阿拉伯男性經常自覺要保護女性記者，邀請她們喝茶，而且對談時會比面對男性更加無所顧忌。

一月初，伊朗人對巴斯拉發動新的一波攻擊。夜復一夜，城市都遭到轟炸，期間居民在天黑後畏縮躲在地下室內，早晨便試圖用任何他們找得到的交通方式離開。記者群大感挫折，因為他們被限制在巴格達活動，由情報部的隨扈人員監看，他們接獲指示，不能讓他們聽到任何伊朗在戰場占上風的傳聞。巴斯拉淪陷的謠言四處流傳，但無人能夠確認真偽。拉米絲有個主意：如果她和瑪麗打扮得像伊拉克的婦女，或許她們能夠搭上通往巴斯拉的火車，去看看那裡發生了什麼事。瑪麗不會說阿拉伯語，必須保持沉默，但那不成問題。拉米絲有來自伊拉克的親戚，或多或少會說點當地的方言，於是由她來負責說話。瑪麗認為這是個絕佳的計畫。

當巴格達夜晚的寒意擁抱這座水泥城市，這兩名女性穿著暖和的毛衣和黑長裙，把一些財物塞進伊拉克婦女常用的那種小手提袋裡。瑪麗緊緊別住一條頭巾，蓋住她的鬈髮。黎明前，她和拉米絲偷溜出旅館。

不幸的是，拉米絲失聲沙啞，因此說話時聽起來不如她預期的信心滿滿。她們搭計程車到車站，購買到巴斯拉的車票，隨後跳上第一輛火車，但當火車準備駛離車站，其他的乘客全都大喊：「下車！」拉米絲和瑪麗這才發現她們搭上的車載滿了士兵，正要前往前線，於是不得不跳下車。下一班火車非常擁擠，人聲鼎沸。想當然爾，儘管有手提袋和頭巾，民眾可以看出她們有些不同。

拉米絲嚴守她想好的掩護來歷。「我要去科威特，我們要回去和我的家人團聚。」她用她嘶啞的聲音說著。其他乘客懷疑地看著她身旁高䠷苗條的女性。「她是外國人嗎？」他們問。「噢，對啊，她是我的大嫂，我哥哥的妻子。」拉米絲說。瑪麗聽不懂他們對話的任何一個字，但對拉米絲無辜的臉龐印象深刻。她很擅長說謊，瑪麗心想，如果她們想成功執行計畫，這才能必不可少。

火車軋軋緩慢駛過沙漠，途經成排參差不齊的棗椰棕櫚樹和單調的水泥屋聚落，最後到達巴斯拉。那是個寧靜的午後。路上的車子寥寥可數，更別提計程車了，但拉米絲成功揮手攔下一臺空蕩蕩的巴士。聽到她說她們想去市中心時，司機不可置信地盯著她看。

「妳們瘋了！誰會想進城去？」他說，「所有人都在逃離城市，或躲藏起來。」

拉米絲捏造了一個故事，說她在找她的兒子，最終司機同意載她們到喜來登飯店附近。這是她們唯一能想到的適合的目的地，而且碰巧位在阿拉伯河（Shatt al-Arab）河畔，那是標誌著前線位置的水道。瓦礫遍布的荒涼街景掠過車窗的同時，司機盤問這嬌小的女子為何她的口音如此古怪，她沉默的旅伴又是何許人也。她們去那裡的真正目的是什麼？政府已經警告伊拉克人不要相信任何人，因為伊朗間諜可能祕密受派到任何地方。最後他在一條坑坑疤疤的街道靠邊停下。「妳們真是瘋了。我不相信妳們。」他說。「下車。」於是她們在黃昏時分抵達巴斯拉中心，孤立無援，等待著砲擊開始。

大約十五分鐘後，第一批飛彈在她們四周墜落。幸運的是，有名睡在辦公室的商人起了憐憫之心，引領她們到他的地下室避難。「我想這一定就是德國在第二次世界大戰最後幾天的感受。」他說。最後，她們成功抵達喜來登。許多焚燬的車輛丟棄在通往飯店的路上。飯店窗戶已經粉碎。因為不久前附近的一間酒吧遭到空襲，游泳池滿是砲彈碎片和瓦礫。一匹死馬躺在炸彈坑旁。當拉米絲說她們想要間房間住一晚，站在外頭的警衛顯得難以置信，接著帶她們到瑞士籍經理和其他飯店員工避難的地下室。

「啊，妳們是那兩個記者。」他們說，「軍隊在找妳們。」

軍方允許他們暫住一晚——實際上也別無選擇。一枚砲彈猛然擊落在飯店內，但所幸沒有爆炸。

隔天早上，瑪麗和拉米絲回到車站，那裡聚集著士兵，難民、行囊、行李箱和哭泣的兒童，他們擠滿月臺，卻不見火車的蹤影。最終，拉米絲同意付費給一名要開車前往巴格達的男子，請他載她們一程。飯店除了生的白腰豆，沒有其他食物可吃，因此她和瑪麗很開心能在跳上車前，先稍停在公車司機們用餐的烤肉串攤。幸好檢查哨的士兵通常不會要求檢查女性的身分文件，太仔細端詳男性車內的女眷被認為是無禮的行為。於是瑪麗和拉米絲在後座縮著身子，用圍巾蓋住她們的臉，沒有人問起她們。

第一位司機抵達他的目的地後，把她們交給另一人，直到她們終於回到巴格達，筋疲力竭，體內充斥腎上腺素。但是她們平安歸來，還帶回其他記者無法取得的新聞。

《週日泰晤士報》，巴斯拉，一九八七年一月二十五日

在巴斯拉，人們總說白天屬於伊拉克，而夜晚屬於伊朗。伊拉克的第二大城遭到圍攻。截至昨日，伊朗砲彈已經連續十七天猛烈轟炸住宅……隨處都有悲劇上演。一名士兵一邊哭泣，一邊描述他的三個朋友於星期三在砲擊看似趨緩時，外出打電話回家。結果三人都遭擊中喪生。

在一篇談論她女性記者身分的文章中，瑪麗不帶感情地描寫那段旅程：

《週日泰晤士報》，巴斯拉，一九八七年二月一日

砲彈開始在巴斯拉墜落，而我毫無掩護時，我只自覺愚蠢，再度讓自己身陷困境——想著這次我可能做得太過火了。恐懼稍後才席捲而來，害怕真的會讓人腿軟。不過我們因此得到一篇新聞，說明那座城鎮遭到圍攻，但尚未淪陷。而因為是女性，我們得以進入城市，往往不會遭受仔細的查驗……媒體團的男性成員在拉米絲和我歸返時，向我們道賀。我們拿到一篇經典的獨家報導，而毫無疑問，你會為此用盡一切手段。

拉米絲記得的情況並不相同。她表示，男性記者斥責她們「暗中破壞所有人的機會」，抱怨她們運用「女性伎倆」，彷彿男性記者從未利用新聞界的男性校友人脈，或是假設他們的性別能讓他們取得門路。瑪麗之所以會說沒有芥蒂，要不是信以為真，就是認為這才是明智之舉。

伊拉克官員因為兩名記者溜出他們掌控之外而震怒——對情報部的隨扈人員而言，搞丟一名記者便已經是可能丟掉工作的大禍。瑪麗和拉米絲被禁止離境，擔憂會遭到監禁。她們不法行為的消息流傳開來，引起一位重要訪客的注意：阿拉法特。拉米絲帶著瑪麗一起去見巴勒斯坦解放組織的主席，她熟識主席，試圖說服他向伊拉克政府為她們美言幾句。她們產出的是一篇正向的新聞報導，掃除了巴斯拉淪陷的破壞性謠言。結果奏效了。瑪麗獲准飛往科威特，參加阿拉伯國家聯盟高峰會（Arab League

Summit)，而拉米絲則搭乘阿拉法特的飛機離開。

瑪麗鬆了一口氣。她成功脫身了。

*

超過三百場手術是在全身麻醉下進行，剩餘則是局部麻醉或沒有麻醉。整體的手術死亡率為百分之三點二。儘管資源匱乏，許多傷患即使傷勢嚴重複雜也能存活，因為他們很快就被送到醫院，接受足量的新鮮輸血，醫護人員也謹守紮實的外科手術原則。

寶琳・坎廷醫師（Dr Pauline Cutting）的學術報告〈一座巴勒斯坦難民營中的手術情形〉（Surgery in a Palestinian Refugee Camp）提供了一九八五年起的兩年中，她和同事在貝魯特的巴勒斯坦人社群中，執行英勇駭人的工作時，所獲得不加渲染的事實和數據。一九八七年初的幾個月間，這份報導吸引了英國民眾的目光。自從一九四八年以色列建國以來，這些難民就生活在貝魯特南部一平方公里的範圍內，名為布爾吉巴拉吉納（Bourj al-Barajneh）。「營區」一字用詞並不恰當。巴勒斯坦人和他們的黎巴嫩東道主用這個字來指涉：這只是暫時的居所，總有一天——若真主應允——難民會回到以色列人將他們逐出的家園。在一九六〇年代，最後一批帳棚遭到移除，取而代之的是兩層或三層樓的煤渣磚房，蜿蜒的巷弄穿梭其中，四周圍繞著開放式的排水道，裡頭流著髒水和污水。阿拉法特巴解組織的戰士與民眾同住。那是個過度擁擠的簡陋棚屋區，過去人民生活貧苦，如今生活在恐懼之中。

自一九八六年十月起，布爾吉巴拉吉納和其他難民營被什葉民兵組織希望黨包圍，也就是瑪麗第一次造訪黎巴嫩時曾偶遇的組織。「難民營戰爭」是黎巴嫩更大的戰爭底下的一場衝突。希望黨掌控了貝魯特南部和西部的幾處市郊。身為一支反以色列勢力，希望黨大體上支持巴勒斯坦。然而，他們的主要支持者，敘利亞總統哈菲茲．阿薩德（Hafez al-Assad），卻想要控制巴勒斯坦人。難民營中的武裝男性依然對巴解組織領袖保持忠誠，即便他已經在幾年前被迫離開黎巴嫩。阿薩德想要將難民營的領導階層替換為效忠於他的巴勒斯坦人，而希望黨就是他的工具。

多數的英國報紙讀者早已放棄了解黎巴嫩內戰自相殘殺的複雜情勢，但他們很容易就能理解，有位英格蘭外科醫師寶琳．坎廷和一位蘇格蘭護理師蘇西．懷頓（Suzy Wighton）自願生活在這人間煉獄，定期透過無線電話發送快報和求助的呼籲。她們描述，當地共有一萬五千人處於飢餓邊緣，孩童被迫食用貓狗，婦女遭狙擊手射擊，以及她們自己孤注一擲拯救生命的企圖。有支獨立電視網（ITV）《十點鐘新聞》（*News At Ten*）的團隊成功溜進營區，拍攝到孩童在狙擊手的砲火下，橫跨無人地帶，運送醫療用品進入難民營。那是戲劇性又令人心碎的畫面，但沒有其他特派記者成功突破圍困。那兩位英國醫師和護理師成為外界唯一的資訊來源。

三月時，瑪麗和攝影師湯姆．斯托達特（Tom Stoddart）回到貝魯特。起初他們試圖靠著遊說打通關，進入布爾吉巴拉吉納，但無功而返。最終，他們找到一位希望黨指揮官，很容易能用賄賂買通。如果他們付給他幾百塊美金，他會命令他的部屬停火一分鐘，湯姆和瑪麗得奔跑越過無人地帶，進入難民營。他會在二十四小時後再次下令，他們就能沿著相同路徑跑回來。

湯姆只比瑪麗年長三歲，但戰地經驗更加豐富。他們討論這麼做的危險性。一方面，他們確保了進去的途徑。另一方面，他們無法通知巴勒斯坦人他們會來訪，因此即便希望黨沒有開火射擊他們，巴解組織也可能這麼做。他們知道是有可能進入營區的——同樣重要的是也可以出得來——畢竟那支電視臺團隊已經成功辦到。可是他們決定不要和《週日泰晤士報》的國際版編輯部商量他們的計畫，因為他們預期編輯部會認為太過危險。他們猶豫不決，試圖評估風險。湯姆知道，走這麼一遭，他可能可以產出非凡的照片。瑪麗焦急渴望能夠講述難民營遭到圍困的故事，藉此——向她的編輯、她的同儕和她自己——證明自己的能力。於是他們決定放手一搏。

瑪麗第一次到黎巴嫩時合作的司機阿貝德，載著他們到營區的邊緣，位於機場的東北方。剛過中午，他們準時在和希望黨指揮官協議的時刻，猛力向前奔跑。跨越那荒涼地景的一分鐘內，時間宛如暫時停止。荒廢的高樓建築圍繞著營區，希望黨的狙擊手如惡毒的老鷹般高踞窗邊。

「當時非常嚇人。」湯姆回憶，「我們必須猛衝約五十公尺，跨越毫無遮蔽的開放地帶。我們手抓著手，以防若有一人中槍，另一人可以拖行他到安全的地方。」很容易就會絆倒跌跤在潮濕的紅土上，四周草叢密布。「不遠了。繼續跑……快到了。」他們邊跑邊喘氣，自己呼哧的喘息聲在耳邊大聲迴響。

巴勒斯坦人建造土壘來保護難民營。上氣不接下氣的瑪麗和湯姆爬上土堤，迎面遇上一支巴解組織的戰士部隊。幸運的是，他們並未處在戒備狀態，而是坐在四周喝茶。他們很驚訝居然有兩名記者冒著這麼大的風險前來，便指引瑪麗和湯姆到巴解組織阿拉法特派系法塔赫（Fatah）的辦公室。接著辦公室傳訊通知寶琳，她和蘇西從醫院匆忙趕來會面。

寶琳骨瘦如柴，幾個月的圍困讓她疲憊不堪、憂心忡忡。她的深色雙眼周遭因為夜裡失眠而長出黑眼圈，頭髮黏膩，直直垂落在她的臉頰兩旁。她的世界已經縮小到難民營的範圍之內，因而震驚地發現，比起她和周遭的所有人，這些來自外界的使節看起來多麼光鮮亮麗。「瑪麗精力充沛又活潑，散發著一股異於常人的風采。」她記得，「她很討人喜歡，個性幽默，對所有她見到的人都很感興趣。」

紅髮的蘇西因為不明的病因時常咳嗽，認為兩位記者看起來「腎上腺素和焦慮感飆升」。瑪麗和湯姆被帶領走過破碎不堪的水泥迷宮，經過戰爭摧毀的房屋，建築的立面粉碎，窗戶破裂，牆面因子彈、飛彈和手榴彈而傷痕累累。過程中，身為一位年輕的西方女性，從圍困外的世界突來乍到，瑪麗成為眾人注目的焦點。他們小心沿著炸彈坑的邊緣穿梭，繞過開放式的下水道和破裂的水管，行經在瓦礫堆中玩耍的孩童、頭上披著格紋阿拉伯頭巾的老翁，以及販售一些劣質蔬菜的攤位。

海法醫院（Haifa Hospital）上方的兩層樓因希望黨的砲擊而倒塌，於是醫護人員在地下室中工作和睡覺，包括寶琳在內。白天時，他們把床墊堆疊起來，好挪出空間給病人。雨水會從屋頂滲入屋內，從樓梯流下；窗戶全都破了，改堆沙袋遮擋。堆積如山的垃圾和醫院的廢棄物在外頭日積月累，引來了老鼠。寶琳是唯一合格的外科醫生，領導六名巴勒斯坦醫師組成的團隊。無論是外籍或巴勒斯坦人，他們都和護理師艱辛對抗貧窮和飢餓帶來的疾病，再加上每天都會出現的槍擊和砲彈碎片傷口。他們自己的處境也非常危險。寶琳曾收過死亡威脅。希望黨的民兵會從前線那頭叫囂，表示要讓難民營斷糧挨餓，再攻入屠殺所有人。外國人也無法倖免。

有人找到一些魚罐頭、番茄和起司，但湯姆和瑪麗不願意吃掉稀缺的糧食，故表示他們不餓，只吃了幾口。就在他們上床睡覺前，一次巨大的爆炸令營區地動天搖，伴隨著一道紅色的閃光——圍攻的民兵投入了一記粗製的黃色炸藥炸彈。蘇西緊緊抓住瑪麗的夾克；她已經身經百戰，但這次的轟炸令所有人都嚇了一跳。湯姆睡在醫院內一間有老鼠出沒的房間。瑪麗則和蘇西一起借住在附近一個家庭的屋子，那家人不斷倒甜茶招待他們。蘇西向瑪麗訴說難民營中的生活：穆斯塔法（Mustafa）——她們寄宿家庭中的青年——的妻子如何中槍；迫擊砲墜落在他們家門外時，他的兩個兄弟如何被砲彈碎片打中；懷孕的婦女如何奔逃躲避子彈。兩名女子到深夜才入睡。

她們在早上七點醒來，天已經全亮。瑪麗非常懊惱，因為她原先計畫在六點外出，去看巴勒斯坦婦女動身走過逐漸被人稱為「死亡之路」的道路。每天早晨，在黎明過後，婦女會衝過那條小路，遭受位在高處的希望黨狙擊手的夾道攻擊，只為去難民營外購買食物。這是賭上性命的賭注。有時，狙擊手會在婦女試圖離開時射擊她們。其他時候，他們會讓婦女外出，但在她們試圖回到營區時，偷走她們的食物。而當狙擊手心血來潮，他們會讓婦女去採買食物，接著在她們回來時瞄準射擊她們。

瑪麗匆忙婉拒了早餐。蘇西在她的日記中寫道：「瑪麗急著要去找湯姆。穆斯塔法前去查看有多少人在出口受傷時，她已經踩著重步上路了。她一邊和他相互問候，一邊繼續邁步走到路上。穆斯塔法和我彼此示意，表示她可能會因此中槍。」最後，他們找到湯姆，並且抵達一個地點，他們可以在那裡觀看驚恐的婦女衝過那條小徑。他們看見在一百碼外，通往機場的道路擠得水泄不通。那就是貝魯特的戰爭——十足的恐怖與日常生活的平庸同時並存。

一陣騷動忽然爆發：有名女性中槍了。哈嘉・阿赫瑪德・阿里（Haji Achmed Ali）倒在塵土中，血流不止，距離相對安全的營區約有二十公尺。儘管頭部和腹部中彈，她仍然活著，虛弱揮動她的手臂。男性丟出一條橡皮管，讓她抓住，以便將她拖進營區，但她搆不著。其他人談到要偽裝一場砲戰，來分散注意力。可是他們知道希望黨能夠明辨這種把戲，可能會再次開火。在令人遲滯的酷熱高溫下，那名年輕女子就這麼躺在原地半個小時。突然之間，另外三名婦女帶著麻袋裝的糧食，出現在「死亡之路」遙遠的另一端——無視群眾大聲叫喊，要她們尋求掩護——她們邊尖叫邊衝向營區。

《週日泰晤士報》，貝魯特，一九八七年四月五日

她們令人驚駭的行動突破僵局。瀕臨死亡的是女性，而受不了男性無所作為的也是女性。兩名女子從掩護區衝出，從泥地上一把拉起阿赫瑪德・阿里，拖她到安全的區域。她被匆忙扔上擔架，扛著穿越街道，抵達營區的醫院……一名男性跟著擔架奔跑，一手按著她的臉，替她鼻子附近的彈孔止血。

「我靠近她時，她看起來已經過世了：瞳孔散大凝滯，滿身是血，臉和大腿上都是血漬。」蘇西在她的日記中寫道。在醫院時，寶琳和其他人員已經準備就緒，但他們能做的不多。瑪麗在旁觀望，一手掩住嘴巴。他們正擦去鮮血和泥土，試圖用手控呼吸器讓那名年輕女子甦醒。她從未見過這樣的景象。她觀察當時的情景，並做筆記。「你可以看見她臉上的震驚，但她非常冷靜。」湯姆回憶，「我沒有感受到她任何一絲的恐懼。」

《週日泰晤士報》，貝魯特，一九八七年四月五日

雖然她的頭髮上凝結著血塊，但在醫護人員清潔過後，哈嘉・阿赫瑪德・阿里如今顯得更加年輕。她的身體柔軟勻稱，戴著兩只小巧的金色耳環。有人打開她的拳頭，清理她一手沾滿血液的泥土，那是她在疼痛之中緊握的塵土。

醫院沒有足夠的燃料能夠動手術，於是一群婦女用擔架扛著這名無意識的年輕女子，到營區的邊界試圖在機場道路上攔車，好讓她能夠到城裡設備更好的醫院接受治療。然而，寶琳知道那個病人已經沒有救活的希望。「她的腦部陷入昏迷。她活不久的。」她說。已經有十五名女性如此喪失性命；二十二歲的哈嘉．阿赫瑪德．阿里將會是第十六位。她向瑪麗解釋，那些彈道的角度可以證明她是從上方遭到射擊，也就是希望黨占據的位置，而不是從營區內部——反巴勒斯坦的政治宣傳總是表示，巴解組織會射殺自己的人民。

寶琳試圖挽救那名年輕女子的性命時，蘇西正在寫封信給英國女王。「我們每天都希望今天無人傷亡，但還沒到早上七點半，已經有一名女性雙腿中彈。我在寫這封信時，距離我一百碼外發生爆炸——我想可能是某種飛彈和多枚口徑一百二十公釐的迫擊砲。」她寫，「我請求您，如果您能運用任何影響力讓這一切停止，甚至只是讓國際紅十字會進入難民營，帶來藥品並撤離傷患，我們都會感激不已。」

瑪麗訪問了更多在醫院的患者，包括另一名大腿骨骨折的女性，她激動地說話，雙臂不停比畫。「她怎麼了？」瑪麗問寶琳，她正為瑪麗從阿拉伯語翻譯。「她要妳把她的故事告訴世人。」寶琳說。

離開的時刻到了。瑪麗將那封給女王的信和湯姆的底片藏在她的內衣裡，接著他們再次狂奔。希望黨指揮官和阿貝德在另一頭等候他們。讓瑪麗和湯姆鬆了口氣的是，指揮官沒有搜他們的身，也沒有詢問他們做了些什麼。他拿到錢後，只要他們趕緊離開。不過，他確實向他們灌輸他的意見，告訴瑪麗他的部下完全無辜，那些婦女中槍的傳聞只是巴勒斯坦人的政治宣傳。

阿貝德開車載他們跨越綠線，抵達基督教徒控制的東貝魯特。他們當晚就離開前往賽普勒斯。瑪麗在渡輪上怒氣沖沖地撰寫新聞。她知道這是截至目前為止，她一生中最重要的報導。她對那名年輕女子遭殺害經過的描述，再加上湯姆的照片，將極具影響力。

當週的星期日，報紙在頭版大幅刊登她的報導，標題寫著〈對女性開戰〉。內文如下：

《週日泰晤士報》，貝魯特，一九八七年四月五日

她躺在她倒下之處，面朝下貼著通往布爾吉巴拉吉納的泥土路。狙擊手的子彈擊中她的臉部和腹部時，二十二歲的哈嘉・阿赫瑪德・阿里倒地不起。她正試圖跨越巴勒斯坦難民營和圍攻的希望黨民兵部隊之間的無人地帶，去為她的家庭購買糧食。

事實清晰且殘忍——毫無模稜兩可或引述他人，因為瑪麗親眼見證一切。她不僅講述這名身亡女子的故事，也描寫其他傷患的經歷，並補充：「對女性的戰爭也將坎廷醫師捲入其中。希望黨曾對她發送死亡威脅。」

「她知道那篇故事不是關於鬥爭，也無關乎政治和巴勒斯坦問題，而是關於女性遭到謀殺的議題。」

湯姆說，「那名喪生的女孩——她的姓名被公諸於世。那是篇高度涉及私人的報導。」三天後，敘利亞軍隊接手布爾吉巴拉吉納周遭的據點，並命令他們的代理人希望黨停止狙擊行為。隔天，國際紅十字委員會獲准進入營區，而且多帶了幾位記者隨行。民兵接到撤離指令。幾天內，「難民營戰爭」劃下句點。

雖然無法斷言《週日泰晤士報》的報導是否讓布爾吉巴拉吉納的圍攻落幕，但那篇報導無疑增添了阿薩德總統日益加重的壓力。他計畫讓希望黨攻破巴解組織，先是圍攻難民營，再占領營區，卻遭逢挫敗。黎巴嫩戰爭殘酷的運籌算計是在別處進行，遠離因戰鬥而傷痕累累、骯髒昏暗的貝魯特巷弄。阿薩德後來接受蘇聯政府的資助，而戈巴契夫——當時的蘇維埃領袖——很容易受西方壓力影響。《週日泰晤士報》是深具影響力的報紙。「我認為那是我做過最重要的報導。」湯姆說，他的職業生涯如今已近五十年，後來曾在波士尼亞（Bosnia）和許多其他戰地拍攝照片。「那六張女孩躺在路上的相片帶來深遠的改變。那是少數幾次，我在對的時間，身處對的地點，還有個令人信服的優秀記者同行。那是確鑿的證據。它阻止圍攻，也拯救生命。」

幾個星期後，瑪麗和湯姆前去拜訪寶琳，她現在安全無虞，和父母住在梅登黑德（Maidenhead）的家中。「我們欠他們一份天大的恩情。我認為他們救了我們一命。」寶琳說，「我想如果那篇報導沒有浮上檯面，民兵將會橫行營區，所有人都難逃一死。」

待在布爾吉巴拉吉納的二十四個小時深深影響了瑪麗。那名年輕女子躺在路上、鮮血滲入泥土的景象，未曾從她腦海中抹去。哈嘉．阿赫瑪德．阿里讓她想起凱特——瑪麗注意到她的耳環和她曾送給妹妹的一對耳環十分相似。多年後，她會談起在難民營的那天，談起她在那裡看見巴勒斯坦人之間瀰漫的驚駭與恐懼。她對自己的報導引以為傲，相信它帶來了改變。

身為一位週日報紙的記者，她有時間真正深入她報導的情勢核心。這和著名的戰地攝影師羅伯特・卡帕（Robert Capa）的座右銘，有著異曲同工之妙：「如果你的照片不夠好，代表你不夠靠近。」其他記者可能會待在邊緣，在相對安全的距離之外發稿，但瑪麗不這麼做——她會走上前去。她不會在文中提到她自己，但她的報導因為強烈的個人經驗而與眾不同。

*

瑪麗現在成為報導中東新聞的流浪記者群的固定班底：兩伊戰爭、格達費上校古怪的功績、黎巴嫩的綁架事件，以及以色列和巴勒斯坦間日益升高的衝突。在貝魯特情勢變得太過危險後，許多記者撤退到賽普勒斯。來自倫敦和巴黎的同事會和他們在那裡會合，一起喝酒聊天，通常還會一邊等待人質獲釋。不過，他們最愛的地點是耶路撒冷的美國僑民院（American Colony），那是一棟格局雜亂無章的奧斯曼時代宮殿，有著淺桃色的厚石牆。十九世紀時，一個懷抱理想的基督教徒社群買下那棟建築，後來改建成一間飯店。一名英格蘭女子娃爾・維斯特（Val Vester）嫁給美僑飯店所有人的家族。一九六三年，她和丈夫搬進院內居住。她的阿姨是第一次世界大戰時代的英國外交官兼考古學家戈楚・貝爾（Gertrude Bell），因此她和中東地區也有自己的淵源。而她在丈夫死後，仍繼續經營飯店。飯店位於耶路撒冷的巴勒斯坦東部和猶太人西部之間的綠線上，因此擁有中立之地的名聲，令娃爾備感驕傲。

瑪麗喜歡坐在美僑飯店多蔭的庭院裡閱讀，柳丁樹和天竺葵盆栽點綴庭園。湯瑪斯・愛德華・勞倫斯（T. E. Lawrence）和格雷安・葛林也愛好在這裡躲避外頭的炎熱和喧鬧。瑪麗和當時七十餘歲的娃爾成為好友。記者們和巴勒斯坦員工們非常熟絡，而所有人都認識酒保易卜拉欣・濟加里（Ibrahim

Zeghari)。美僑飯店的昏暗酒吧位在地下室——介於庭院和泳池之間，冬季有火爐取暖，而夏季總是十分涼爽——瑪麗非常喜歡那裡的同志情誼，就像紐約格林威治村獅頭酒館的異國版本。

只要瑪麗人在倫敦，派翠克·畢肖普就會殷勤追求她。他欣賞她的野心和敏銳心思，還有她從不拒絕挑戰的個性。而她則欣賞他的文筆，能像魔術般變出往往難倒她的優雅詞句。他一本正經又聰明的英式幽默總能逗她發笑，還散發著鮮明的紳士魅力。他愛她美式作風的「滿滿活力」——他如此形容她。她會完全投入報導或一場宴會，或任何她覺得有趣的事物。如果他想到假日活動的主意，或某篇報導的構想，她就會激勵他去做，付諸實行。她喜歡的一些生活樂趣也感染了他。他熟知歷史、繪畫和所有她重視的文化事物，和他們身為記者夥伴時那種合拍的感覺大不相同。他們經常花上整晚爭論書和政治，有時只有他們兩人，有時和幾位朋友一起。和一個與她共享冒險精神的對象交往，而不是給她安全感的人，讓瑪麗感到無拘無束。部分可能是因為他們的家庭背景相似。他的爸爸也曾當過軍人。兩人都有四個兄弟姐妹，出身非常重視教育和抱負的中產階級家庭。她來自紐約市郊，他則來自倫敦市郊。兩人都是靠著自身的聰穎、努力和所處時代的社會流動性，接受菁英教育。

瑪麗回想起她過去的愛人：她已不再迷戀的年長男性、從未真正愛過她的杰拉德·威弗，還有個性契合，卻未能讓她燃起愛火的約翰·羅德斯。派翠克和她是對等的。她知道，他們相似的深色鬈髮和綠色眼睛，讓他們走在一起時看起來很拉風——就是那種手勾著手走在街上或坐在酒吧裡，會引人注目的年輕情侶。他在她心中是個浪漫情人——一個英俊男子、作家、知識分子，可是又有種難以捉摸的氣質。他說他愛她，但在某種程度上卻無法為她付出。經過一段時間，她決定要讓他們的關係轉變成一對一的交往。「我無法和你上床，我愛上別人了。」她匆匆回到倫敦前，給了她一個在耶路撒冷的男友最後一吻，並這麼告訴他。身為英國人，派翠克似乎對她美式的思考方式有所保留。不過，他也帶有熟悉的愛爾蘭作風，而且幾杯黃湯下肚後，就會放鬆下來。「我們都有那種熱愛交際的歡快個性，還有一般人老掉牙認定愛爾蘭天主教徒特有的一些性格，幾乎都與事實相符。」派翠克記得。

在格魯喬俱樂部（Groucho Club），時常能看見這對情侶的身影。這間俱樂部幾年前在蘇活區開業，成為作家、演員和其他創意工作者經常出沒之地，這些人避開倫敦古板的紳士俱樂部，但想要一個能夠喝酒談天，並讓世界回歸正軌的地方。另一個他們經常光顧的地點是一九二，那是間諾丁丘的餐廳，愈來愈受電影明星和媒體界人士的歡迎。這兩個地方的創辦人都是建築師柴克．查賽（Tchaik Chassay），以及他的妻子室內設計師梅莉莎．諾斯（Melissa North），他們很快就讓瑪麗加入他們的社交圈。

瑪麗擅於交友的天分和無限的社交慾望，讓她一週內每天晚上都有派對和晚宴可去。「整個倫敦都為她風靡。」另一位記者艾瑪．鄧肯（Emma Duncan）說，「她擁有那種活力，那種人人都能感受到的生命能量。」電影人奧麗維亞．史都華（Olivia Stewart）記得瑪麗，「她是個樂趣無窮的人——你會被她拉去做任何事。她會讓你重溫那種在大學和一群死黨廝混、派對、狂歡作樂的感覺」。她記得，某次瑪麗甚至說服她《週日泰晤士報》的一位編輯在沙發上後空翻。

卡崔娜來倫敦拜訪瑪麗時，認為派翠克十分迷人。「他似乎對瑪麗深深著迷，」她回想，「不是美國人的他有種魅力在，而且他們看起來相處得非常愉快。」不過，倫敦的朋友們知道，派翠克的魅力背後有些軟弱窩囊。他至少曾一度幾乎要結婚，卻無法鼓起勇氣許下承諾。話雖如此，如果有任何人能讓他定下來，那一定非瑪麗莫屬。而且這對情侶顯然十分迷戀彼此。

瑪麗時常在倫敦和中東之間來來去去，在兩地都如魚得水，於是開始懷抱夢想——或許派翠克就是她和卡崔娜在耶魯時，渴望遇見的那種男性，既能理解她獨立自主的需求，但也能和他安頓下來，共組家庭。

*

一九八七年十二月八日，一輛以色列卡車在加薩走廊撞上一排轎車，隔天，示威遊行爆發——巴勒斯坦人認為，那不是一場意外，而是集體的懲罰，目的是要報復幾天前一名以色列人遇刺。以色列的傘兵部隊受派前往加薩，但當地難民營的青年自覺已經沒有什麼可以失去，於是拒絕投降。緊張狀態已經累積數年，因為以色列奪取了更多巴勒斯坦土地，建立猶太屯墾區，而流亡突尼斯（Tunis）的巴勒斯坦領袖階層搭乘噴射機環遊全球，公開指責以色列，卻不處理出生在占領區難民營的青年的需求。青年用石頭對付以色列的子彈，暴動擴散到約旦河西岸的占領區。第一次巴勒斯坦起義就此展開。

瑪麗和派翠克此時雖然沒有同居，但已經是明確公開的情侶。他們當年的耶誕節待在倫敦，並到千里達的海灘度過新年假期。他們回到倫敦之際，情勢已經變得明朗，中東的危機將成為新的一年的頭條新聞。瑪麗搬到耶路撒冷暫住，《週日泰晤士報》為她感到高興，因為派翠克也剛受派為《每日電訊報》（*Daily Telegraph*）的中東通訊記者。

瑪麗興奮不已：不只是因為她能身處新聞事件核心，也因為她如今已確信自己深愛這個男人，而她將和他一起生活。在耶路撒冷，她找到一間十九世紀的小石頭屋，由英國銀行家摩西．蒙蒂菲奧里（Moses Montefiore）建成。石頭屋位於亞敏摩西（Yemin Moshe），那是個綠線上的社區，街道鋪有鵝卵石，橄欖樹點綴其中，能俯瞰舊城區。那是個浪漫的住處，距離蒙蒂菲奧里建造的另一座風車不遠。到了一九八八年四月，他們已經在新家安頓下來。與此同時，第一次巴勒斯坦起義愈演愈烈。

瑪麗的報導嚴謹公正，而且總是第一手消息。她從小就認為巴勒斯坦人是恐怖分子。在她孩提時期，劫機和其他恐怖攻擊事件常常登上新聞。而她的祖母曾在一九七四年，西岸猶太屯墾區發生兩場屠殺後，對於是否參加——她口中的——聖地之旅猶豫不決。一九七九年的日記中，瑪麗提到一場記者會，阿拉法特在會上宣告支持伊朗革命。她認為「現代、文明的六點新聞居然在恐怖分子的總部拍攝」，感覺「很詭異」。不過現在，與拉米絲這樣一位巴勒斯坦理想的狂熱倡議者相處過一段時間，又親眼見證在貝魯特難民營和以色列占領下的西岸和加薩，巴勒斯坦人所承受的苦難過後，她的認知已經有些轉變。她沒有固定的意識形態，也沒有絕對的政治立場，因此很快就克服她過去可能懷抱的先入之見。

幾乎每星期，瑪麗都會待在西岸地區幾天，通常會有一位攝影師或幾位其他記者同行，去親眼見證巴勒斯坦青年和以色列國防軍之間的戰鬥。起初令人驚慌的景象很快就變成例行公事：巴勒斯坦青年手拿石頭和彈珠，通常是用彈弓發射，去挑釁年輕的以色列士兵，而對方則回以催淚瓦斯和實彈。巴勒斯坦人總是處於下風。葬禮會轉變成抗議，因而繼續延燒，暴力事件起起落落。一個看不見未來的巴勒斯坦世代走投無路，而以色列當局採取前所未有的嚴厲手段，來維持支配，在在令世界束手無策。

烏濟．馬奈密（Uzi Mahnaimi）是位以色列記者，為一份希伯來文報紙常駐倫敦。透過他，瑪麗和政府的聯繫暢通良好。她最精彩的幾篇報導都是來自走漏的消息。某個星期，有則傳聞聲稱，以色列士兵毆打四名巴勒斯坦青年，直到他們失去知覺，又將他們活埋。瑪麗正在調查是否屬實，盡力訪問各方人士，直到她取得多重的目擊證言。隔週，她掌握到一則祕密的以色列軍方報告，顯示那些士兵曾接獲命令，要求他們毆打巴勒斯坦人，讓他們骨折。

報導這場衝突的記者已經漸漸習慣催淚瓦斯，躲在牆後觀看每日的戰鬥。就某些方面而言，這是一場遊戲，雙方都很清楚遊戲規則。如果你大喊「記者！記者！」巴勒斯坦人就會盡力提供保護。在網路尚未普及的時代，巴勒斯坦人無法直接與外界溝通，因此希望西方記者能夠告訴世人他們的處境。至於以色列國防軍，則會試圖嚇阻記者前往西岸，但明白無法真正阻止他們：這個國家有自由言論的傳統，允許以色列媒體和人權組織批評政府政策和軍方作為。

如陳腔濫調所言，戰爭或許就像煉獄，但生活充滿樂趣——至少對瑪麗和她的隨行人員來說是如此。多數派駐在耶路撒冷的記者在白天彼此競爭，到了晚上就變成戰友。他們大多三十餘歲，正在努力打響自己的名聲，有時會互相吹噓僥倖躲過轟炸的誇大經歷，在美僑飯店的酒吧大膽豪飲葡萄酒和威士忌，談笑至深夜，一起累倒在床上，隔天醒來又準備好展開另一場冒險。瑪麗菸開始愈抽愈凶，部分是因為抽菸容易與人交際，也因為她想阻止自己進食，以免變胖。她酒也喝得很多，但誰不是如此呢？如今大衛．布朗迪人在中美洲報導戰爭，她在「寫手幫」之中交到新的好友。她通常是群體中唯一的女性，但這點更能增添樂趣。她比過去都更自在做自己——這裡將一直是世界上最能讓她精力充沛，又最令她著迷的地方。她在那裡遇見的人們將成為她畢生的好友。

某個星期四，瑪麗和長島報紙《新聞日報》的提姆．菲爾普斯（Tim Phelps）開車進入西岸地區。他們的車掛著黃色的以色列車牌，但他們仍試圖入境隨俗，以避免引來麻煩。接近以色列檢查哨時，他們和屯墾區居民一樣，在儀表板上放著一頂猶太圓頂小帽（kippa）。到了巴勒斯坦區時，則替換成阿拉伯頭巾。他們成功進入希布倫鎮（Hebron），以色列士兵試圖在當地全天禁止居民外出，但未能如願實行。瑪麗坐在副駕駛座，看見一名青少年從拒馬後方奔跑而出時，燃燒的輪胎黑煙正滾滾竄天。一顆石頭砸碎擋風玻璃，擊中副駕駛座的瑪麗的臉，打斷了她的鼻梁。「那只是當天十幾起這類事件中的一起。」她在當週星期天的報導若無其事地寫著，「那起意外證明，以色列抗議記者製造事件的控訴並非事實。那名丟擲石頭的少年可能認為，他是在攻擊一名猶太屯墾區居民。」

提姆很為她操心，但派翠克當晚帶瑪麗去醫院時，臉色不大好看，大聲斥責她如此冒險十分愚蠢。他不懂為什麼她總是要去最危險的地方——自從他們在伊拉克相遇，他就對她評估危險的能力心存懷疑。勇敢是一回事，而魯莽是另一回事。他們的關係開始動搖。派翠克原先令她著迷的難以捉摸的性格，如今令她生氣。「你活得像個雙面人，和朋友廝混，在他們面前扮演歡樂喝酒的單身漢。」她在一篇日記中告訴他，但可能從未真正送到他手中，「你想要女朋友，是想要回到家時有個人陪，而不是一個分享生活的對象。」派翠克告訴她，他對他「凱爾特人不可靠的天性」感到抱歉，但瑪麗自己也不可靠，經常爽約不見人影，或是遲到好幾個小時。她外出或看似和其他男性太過友好時，總令他醋勁大發。兩人都曾在不同的時間點不忠。儘管彼此間的吸引力難以抗拒，但就像兩塊磁鐵，一旦翻轉，就會以同樣的力量互相排斥。他們的專業競爭愈來愈激烈。有時他會公開奚落她，彷彿他自視在智識上高她一等，在他們的朋友面前羞辱她。兩人會發生激烈的口角，丟擲煙灰缸。瑪麗怪罪他拒絕談論他們的關係，太過理智地看待一切，又不夠愛她。「我媽不是養我來當受害者的。」她心想。可是，衝突過去後，他們又會和好如初。熱情復合後的爭吵，滿足了瑪麗追求戲劇性和刺激的慾望，彷彿誇張的戲劇效果會讓生活不那麼平凡無趣。對派翠克而言，這就像是天主教的儀式：罪惡、懊悔、告解、悔改與贖罪。

兩人分分合合的戲碼就這麼不斷上演。

過了一段時間，派翠克在那年剛好有機會到紐約一趟，瑪麗安排凱特在一間酒吧和他見面。「在場所有男性都身穿燙得筆挺的西裝，只有一人穿著皺巴巴的亞麻夾克，所以我知道那一定就是派翠克。」凱特回想，「我真的很喜歡他。」瑪麗的母親也在拜訪耶路撒冷時見過他。起初，蘿絲瑪麗非常緊張，擔心遇上恐怖攻擊。可是，和一群拉丁美洲的觀光客，參加完一趟伯利恆（Bethlehem）的巴士遊覽行程後，她因為見到巴勒斯坦的基督徒而變得非常興奮。她看得出來她的女兒深愛派翠克，而且在當地如魚得水。

派翠克開始喜歡上蘿絲瑪麗，認為她智慧又堅強，在比爾死後一肩扛起家庭的重擔。然而，他和瑪麗之間的紛擾從未止息——因為他，瑪麗又航行到另一場暴風雨之中。在耶路撒冷一次極度劇烈的爭吵後，她搭機返回倫敦，表示她受夠了。懊悔不已的他也追隨她回到倫敦。他們在一九二共進晚餐。隨著夜愈來愈深，他們喝下更多葡萄酒，最後盡釋前嫌。他們已經交往兩年左右。儘管曾發生爭吵，他們仍無法停止對彼此的迷戀，熱烈地相互吸引。他們會嘗試繼續走下去，而且這次會好好經營這段感情。

*

一九八九年八月十九日，瑪麗．柯爾文和派翠克．畢肖普在牡蠣灣的聖道明教堂結婚。那年她三十三歲，他三十六歲。瑪麗幾乎在結婚當天之前都還在出差，於是婚禮的一切籌劃都交由凱特和蘿絲瑪麗負責，根據她的指示執行，卡崔娜也加入幫忙的行列。她想要將接待處設在戶外的海灣邊，並加裝大帳篷。她還想要一座牡蠣吧和一個鄉村樂隊。凱特替她買了一件婚紗，但瑪麗堅持要穿媽媽和她爸爸結婚時身穿的那件絲綢禮服。她在典禮前幾天才試穿那件禮服，但完美合身。荷葉邊的領口，貼身的腰線和全長的傘裙，襯托出她修長苗條的身材。那件禮服在她母親的年代是純白色，如今已經褪成淡蜂蜜色。她將一頭深色鬈髮往後紮起，頸上掛著一條白色珍珠項鏈，手裡捧著象牙色和粉紅色玫瑰花束。卡崔娜——她自己的婚姻在不久前告吹——擔任首席女儐相，凱特、小布、瑪麗在倫敦的好友艾瑪和奧麗維亞、派翠克的姊妹則是伴娘。她們穿著長度及小腿、洛拉牌（Laura Ashley）的藍綠色洋裝，上頭點綴著粉色花朵圖案，是不迎合當時流行時尚的款式。派翠克穿著一套晨禮服，鈕孔插著一朵白色玫瑰。他的家人從愛爾蘭和英國搭機前來參加婚禮。幾十個瑪麗的朋友和親戚從美國各地和更遠的地方抵達現場。就連大衛．布朗迪也出席了，耶路撒冷美僑飯店的那幫好友幾乎人人到場。宴會在一位家族朋友的住家草坪上舉辦，位在通往海邊的下坡上。服務生端著銀盤盛裝的牡蠣，那些菜餚就像《大亨小傳》裡會出現的東西。那天就像任何中產階級、住在市郊的美國夫妻會舉辦的婚禮，他們盡情揮霍，使人生中的大日子完美無缺。

為什麼瑪麗選擇在牡蠣灣，在這代表著她說她所鄙視的價值的地方，舉辦一場如此傳統的婚禮？「她和派翠克結婚真的是出於信仰的作為。」卡崔娜相信，「她全心投入，彷彿這是只有她才辦得到的事。」在她瘋狂的中東生活中，充滿刺激與危險，這段關係本身又反覆無常。或許，瑪麗正試圖在其中重現她過去的一些事物，可能可以給予她所渴望的安全感。「在某種程度上，瑪麗只是個懷抱著那些夢想的美國女孩。」茱蒂絲．米勒說，「她內心有一部分總是渴望著那些東西。」

婚禮前一晚，派翠克酒後傷感掉淚，向他的朋友們吐露，他對自己是否做出正確的決定毫無把握。

在他心底，他知道自己尚未準備好走入婚姻，注定要讓他的新娘失望。「瑪麗從她童年獲得的事物之一，是一段完美婚姻的回憶。」他在近三十年後，回頭看兩人的共同生活時這麼說道，「她的父母瘋狂深愛彼此，直到她父親逝世的那天。在那之後，她的母親從未考慮過別的男人。她從她的家庭教養得到這種非常崇高的愛情與婚姻理想。」

瑪麗以前在卡車司機工會的主管喬．麥德莫，很開心能夠受邀參加婚禮，但不太享受過程。「那是場美麗的婚禮，但我不認為這段婚姻能夠長久。他沒有讓人留下深刻印象。這兩人沒道理結婚。」瑪麗的媽媽喜歡派翠克，和他的家人也相處融洽，但就連她也對瑪麗的決定抱有疑慮。「我很驚訝她會和任何人結婚。」她說。在英國傳統中，首席男儐相——派翠克的好友尼克．格拉斯（Nick Glass）——會出於深厚的交情，無禮地嘲諷新郎，說他「流浪環遊世界各地的酒吧」，又想像這對幸福的夫妻養育孩子——就像「一個小小主教團」。他妙語說道：「至少總算平定了一場中東紛爭。」接著，他引用這對夫妻最喜歡的詩人葉慈的詩句：

> 我將我的夢鋪在你的腳下，
> 請你輕輕踩踏，因為你踩的是我的夢。

當夕陽在海灣落下，賓客邊喝香檳，邊跳著舞。酒精和夕陽令人忘情，他們脫去衣服游泳，美國人一絲不掛跳進海中，拘謹的英國人還留著內褲。瑪麗和派翠克正在計畫要去長島另一側的阿馬干塞特（Amagansett）度蜜月。他們第一天會和瑪麗的舊情人帕迪．蘇利文一起航行，他已經將他的船停泊在薩格港（Sag Harbor）。

所有人都加入穴居人樂隊（The Troggs）〈野東西〉（Wild Thing）一曲的熱烈大合唱。在瑪麗的堅持下，樂隊重複演奏〈為愛發狂〉（Crazy）三次，這是威利・尼爾森（Willie Nelson）的歌曲，由珮西・克萊恩唱紅。

發狂，我因為如此寂寞而發狂
我發狂，我因為如此憂鬱而發狂
我知道你會愛我，只要你想
然後有天，你會為新歡離我而去

第五章 身處男性世界

在結婚前的一年半期間，瑪麗已經更頻繁思考，自己想要做什麼類型的新聞報導。派翠克將自己定位為軍事事務的作家，而瑪麗想要追隨的，不僅是約翰・赫希和瑪莎・蓋爾霍恩，也是奧里亞娜・法拉奇的傳統；前面兩位都汲取戰爭受害者的經歷故事，後者則是專精於世界領袖的深度訪談。英迪拉・甘地（Indira Gandhi）、伊朗國王[1]、何梅尼、季辛吉——法拉奇全都訪問過。她深入研究訪問對象的生平和思想，藉此討好和吸引他們，接著再不屈不撓地刺探他們的弱點。瑪麗著迷於在西方遭受誹謗的阿拉伯獨裁者，不僅對他們的權力本質感到好奇，也想了解是什麼激勵了他們的人生。她已經訪問過格達費，於是將她的注意力轉移到巴解組織主席阿拉法特。

拉米絲在她們結束到巴斯拉的冒險旅程後，在巴格達將她介紹給阿拉法特，於是瑪麗下定決心要開始認識他。在美國和英國，普遍的輿論都視他為恐怖分子。當戈巴契夫採行加速共產主義垮臺的政策，冷戰開始步入尾聲的消息占據了當時的新聞版面。中東的新聞只是餘興節目。不過，瑪麗視之為優勢，

1 譯注：應指伊朗巴勒維王朝的最後一任國王巴勒維二世（Mohammad Reza Pahlavi, 1919-1980）。

因為這代表這個領域還沒有太多人競爭。這是個有先見之明的決定，讓她能夠建立起她的人脈聯繫，並在以色列和巴勒斯坦人的命運再次成為頭條議題之前嶄露頭角。

阿拉法特流亡突尼西亞，輪流住在幾個外頭覆滿九重葛的安全藏身處，總是預期以色列會試圖暗殺他——一九八五年，以色列曾轟炸位在突尼斯外圍的巴解組織總部，擊中他生活起居的區塊，不過當時他睡在其他地方。瑪麗通常是突尼斯希爾頓飯店裡唯一和巴解組織高層人士來往的女性，因為他們的妻兒已經被遣送到安全的科威特或賽普勒斯，而組織內又鮮少有女性擔任幹部。所有人都在白天睡覺，因為阿布·阿瑪爾（Abu Amar）——他們都這麼稱呼阿拉法特——在晚上工作，經常在凌晨兩點或更晚的時間召集他的助手。瑪麗會加入巴解組織的幹部和隨扈，整夜不睡，喝咖啡，無止盡地抽菸，聆聽他們過去在巴勒斯坦和貝魯特的生活經歷，和他們對阿拉法特的抱怨。阿拉法特經常閃爍其詞，又設法確保沒有人能完全了解他的想法，快把部屬給逼瘋了。這部分是基於安全考量，部分則是想讓他們摸不透，他幾乎從不事先安排會議或旅行。

瑪麗第一次去突尼斯時，耗費了幾個星期在等待，見過一個又一個助手，不確定——如果有人可以幫助她的話——是誰有權力決定她能否和主席會面。她最有力的門路是巴薩姆·阿布·夏里夫（Bassam Abu-Sharif），他過去是極端主義派系的成員時，曾參與過幾次恐怖攻擊，後來以色列情報機構摩薩德（Mossad）寄出的郵件炸彈導致他嚴重毀容。他們兩人共度許多夜晚，邊喝威士忌，邊暢聊到凌晨。巴薩姆承諾，最終必定能成功安排訪問。在等待期間，瑪麗興趣缺缺地試著學習阿拉伯語，也閱讀許多一九六七年六日戰爭的資料。那場戰爭讓以色列攻占了巴勒斯坦的土地。終於在某個晚上，她收到一則訊息：「阿布·阿瑪爾想要見妳。」一輛車在外頭等待，載著她飛快穿越黑夜的街道，前往他工作的別墅。她走進煙霧瀰漫的悶熱室內，經過一群身穿制服的男性，臀部佩帶著機關槍和左輪手槍。接著，她進入一間燈火明亮的房間，看見「一個矮小偏執的身影」，「過大的黑框眼鏡後方，雙眼凸出」。阿拉法特豐厚的下唇之下，蓄著五天未理的鬍子。很難從外貌看出他掌握如此大權的原因，因為他並未散發顯而易見的個人魅力。「他坐在一張辦公桌後方，房間破舊雜亂，滿是象徵符號，宛如一幅中世紀的繪畫。」她在事後寫道，「他背後是一幅耶路撒冷崇高聖所（Haram al-Sharif）的金色圓頂清真寺壁畫，那裡是穆斯林的第三大聖地，位於他主張是巴勒斯坦首都的城市。」他的辦公桌上張揚地立著巴勒斯坦國旗，和一疊兩英尺高的紙張。角落的電視播放著《湯姆貓與傑利鼠》的卡通影片。

那是他們二十幾次會面的第一次。巴勒斯坦人總是緊張不安。畢竟，他們的許多同伴已經遭到摩薩德暗殺。記者始終都是嫌疑人。不過，瑪麗投注許多時間，讓幹部認為他們是朋友，而不只是聯繫用的門路。她有方法讓阿拉法特感覺自在，他也喜歡女性的陪伴，但這不意謂著她的訪談手段軟弱溫和。有時，她的問題會激怒他，但他十分尊重她為了解巴勒斯坦理想所付出的心力。她知道許多巴勒斯坦人與愛爾蘭共和主義者深感共鳴，於是誇大了她愛爾蘭天主教的家族根源和情感支持。他愈來愈信任瑪麗，甚至將他在埃及的童年生活告訴她——儘管他說的阿拉伯語帶有埃及腔調，他通常會表明自己是在耶路撒冷長大，藉此強調他的資格。一如其他記者，她分析他的外交策略，並剖析他關於恐怖主義的模糊陳述。不過，她是少數獲選能夠共乘他飛機的記者，因此能夠近距離觀察他。

一名助手總是提著一壺蜂蜜，因為主席喜歡在熱牛奶裡加上五匙，也喜歡在玉米片淋上蜂蜜，再泡入茶中，這是他每天早餐的固定菜單。儘管他的助手全都喝酒抽菸，但阿拉法特不菸不酒。他的制服在當時頗受各界臆測。他胸口上的金色別針是鳳凰的形狀，他說那象徵著巴勒斯坦人將會浴火重生。

他黑白格紋的阿拉伯頭巾總是整齊紮緊，小心翼翼披落在他的右肩，形成巴勒斯坦未來國土的形狀。瑪麗解開他的制服本身為何時常改變的謎題。無論他的助手在何時出差旅行，他們總會接獲指示，要快快走進一間軍用品店，挑選一套符合他尺寸的制服。如此一來，他就有用之不盡，但有些微變化的制服來源。她注意到，他總是帶著四只廉價的皮革手提箱旅行：第一箱裝著洗燙得乾淨俐落的制服，第二箱是他的傳真機，第三箱放文件，第四箱則是一條毯子，好讓他在需要時能隨時蜷起身子小睡。這些是阿拉法特的支持者或詆毀者，先前從未留意過的個人細節。

《紐約時報》注意到瑪麗擁有可以接觸阿拉法特的管道，於是委託她撰寫一篇五千字的雜誌封面報導。阿拉法特正準備要宣告獨立宣言，這份歷史文件首次暗示，巴解組織承認以色列，並已經準備好與以國談判協商。他們計畫讓瑪麗和一位攝影師跟著他到周邊區域巡迴參訪，向其他阿拉伯領袖解釋這份宣言。有天下午，在美僑飯店的泳池池畔，瑪麗詢問亞歷珊卓．亞瓦基恩（Alexandra Avakian）是否有意願負責拍照。她是一位年輕的自由攝影師，最近剛抵達以色列。亞歷珊卓受寵若驚又興奮不已，打電話給一位她認識的報社編輯，短短十分鐘內便獲得委派。瑪麗表示，那是個祕密任務——就連派翠克也不知情。然而，他確實察覺到有事情正暗中進行，於是在亞歷珊卓離開飯店時，他和一位玻利維亞的記者胡安．卡洛斯．古米奇歐（Juan Carlos Gumucio）逼問她，表示他們知道瑪麗正在密謀某事。

「我不能告訴你們。」亞歷珊卓說。她剛好拿著一本有關格達費的書。

「啊哈！」他們說，從她手裡搶走那本書。「妳們要去利比亞！」

「不對。」她回答。

事實上她們確實要去利比亞，但是亞歷珊卓並不知情。她和瑪麗搭機到羅馬，再飛往突尼斯，在那裡和阿拉法特的助手群廝混了十天。瑪麗告訴亞歷珊卓，她必須學著喝蘇格蘭威士忌。「我討厭蘇格蘭威士忌。」亞歷珊卓說。「但妳必須練習，就像俄國人喜歡伏特加，如果妳想和他們打成一片，就必須喝。」瑪麗回答。某天深夜，她們接到通知，帶著她們的護照到飯店櫃臺，接著被帶到阿拉法特落腳的別墅。武裝人員部署在周遭的樹林裡，保護他的安全。當時，瑪麗已經習慣流亡游擊軍隊的行事作風，但亞歷珊卓的心噗通噗通跳著。阿拉法特分別審問她們計畫的內容。心滿意足後，他指示她們暫住在別墅裡。她們在那裡待了幾天，有時和阿拉法特一起用餐。直到一位助手毫無預警要求她們交出護照，給她們極少的時間整理底片和衣物，就催促她們坐上一臺紅色賓士車，載往另一間屋子。彼時午夜將至。棕櫚樹在黑暗中沙沙作響。她們換過幾臺車，趕上阿拉法特前往機場的車隊。他向海珊商借了一臺飛機和飛行員，但沒有人告訴她們將要飛往何處。

飛機起飛時，阿拉法特的祕書莎米拉（Samira）交給他一些文件，他用紅色墨水在紙上做記號。瑪麗注意到他的手不大，指甲修剪整齊。機上相當炎熱，所有人都熱得流汗。瑪麗和亞歷珊卓開始猜測他們的目的地。「我不認為是巴格達，因為我們的飛行高度很低。」瑪麗沉思，「也許是北非的其他地方？搞不好是埃及？」一小時過後，飛機開始下降。他們降落時，阿拉法特轉向瑪麗。「妳去過的黎波里嗎？」他問。

格達費上校沒有來會見他的客人。巴解組織代表團被帶到一棟海濱別墅。早上，主席邊吃著他慣例的玉米片早餐，邊處理文件時，亞歷珊卓獲准在一旁拍照，但他愈來愈不悅。緊張氣氛就像一股電流，流竄整個代表團。過了一陣子，阿拉法特辭退亞歷珊卓，他的助手簡短要求沒收她的底片。那天的時間慢慢流逝。氣溫逐漸升高。阿拉法特下午午睡時，他的隨扈懶散地圍在電視旁，身上掛著武器，看著阿拉伯語版的《布偶歷險記》（*The Muppets*）。傳聞格達費人不在的黎波里，而是在利比亞遙遠的南部沙漠區塞布哈（Sebha）。讓阿拉法特這樣枯等是種侮辱，讓記者和攝影師的在場更加尷尬。到了隔天，巴勒斯坦人受夠了。傍晚時分，瑪麗和亞歷珊卓接到通知，要她們收拾行囊。主席決定走人。她們兩人和莎米拉坐上同一臺車，出發前往機場。莎米拉戴著一副聖羅蘭墨鏡，蓋住她的臉。半路上，另一輛車猛衝到她們的車旁，瘋狂按喇叭，比劃要她們靠邊停。「快，上我的車！上校要找妳！」車內的巴勒斯坦戰士說，直直看向瑪麗。亞歷珊卓看見瑪麗的臉上閃過害怕的神色，她緊抓著亞歷珊卓的大腿。「無論發生什麼事，都不要讓我和他獨處。」她說。瑪麗知道格達費會強迫她和他性交——亞歷珊卓在場是唯一能避免危機的方法。

在格達費市區的阿齊齊亞軍營，她們被帶領經過一群女性隨扈，進入一間洞穴般的接待室。阿拉法特坐在裡頭，心情愉快許多，身穿他的制服，臀部佩帶一把手槍。過了一會，格達費走進房裡，穿著鮮豔奪目的長袍。他向阿拉法特打招呼，接著轉過身來。

「梅麗，」他說——無論是格達費和阿拉法特，都從未學會瑪麗名字的正確發音——「妳怎麼在這？」

「她是跟著我來的。」阿拉法特說。瑪麗覺得這句話聽起來，彷彿他是在吹噓她勾著他的手臂，參加一場倫敦的電影首映會。

「妳的鼻子怎麼了？」格達費問。

她遭受巴勒斯坦人投石擊中的疤痕依然相當明顯，但阿拉法特開始滔滔不絕講述一個完全虛構的故事版本，其中的肇事者不是巴勒斯坦人，而是以色列屯墾區居民。又經過幾分鐘離奇的閒聊後，兩位領袖離場會談。稍後當晚，瑪麗和亞歷珊卓發現，她們成為一次虛張聲勢行動不知情的參與者。阿拉法特對他們會面的延遲感到憤怒，決定讓格達費誤以為他要一走了之，於是大肆張揚地送她們到機場。這個計策奏效了。格達費擔心阿拉法特即將離去，立即撥電話表示要和他會面。瑪麗不僅成為這一切經過的目擊者，也略為參與了這阿拉伯政治舞臺的演出。

她們搭機前往阿爾及爾（Algiers），阿拉法特將在那裡，向流亡國會巴勒斯坦國家議會發布獨立宣言。有天晚上，她們和其他記者待在巴薩姆．阿布．夏里夫下榻的別墅，突然所有的燈都熄滅了。「全部趴下！」巴薩姆大吼，「快！」巴解組織成員緊張兮兮，無時無刻都預期會遭受以色列攻擊，而這可能正是一次襲擊。他們躺在地上一動也不動，長達四十五分鐘，燈才閃爍亮起——原來只是停電，虛驚一場。

*

幾個月後，攻擊真的發生了。瑪麗同意和年輕的紀錄片製片安東尼．葛芬（Anthony Geffen）合作，為BBC和美國聯播網HBO製作以阿拉法特為主題的電影——《多面阿拉法特》（*The Faces of Arafat*）。安東尼知道瑪麗是取得聯繫的關鍵，於是他忍受著她不牢靠的行徑：她似乎從來沒有理解，攝影師、聲音燈光技師和製片需要她在她承諾會出現的時間出現。有次，她和安東尼在突尼斯的一個安全藏身處，在鏡頭外和阿拉法特交談，突然發生小型的爆炸，導致窗戶粉碎。所有人都趕緊趴向地面，同時阿拉法特被人迅速帶走——不到半小時，他人已經坐上飛離突尼斯的飛機。幾個月後，一位資深的以色列情報官員向安東尼提及那起爆炸事件。「我們當時沒有要殺害阿拉法特，」他說，「我們只是想嚇嚇他。」

他們在倫敦等待主要的訪問。結果傳來消息，要求他們飛回突尼斯，於是安東尼在早上搭計程車去找瑪麗。她結束一夜的派對玩樂，頂著有些蓬亂的頭髮，走過街角時，計程車正好在她身邊停下。他們和一名攝影師匆忙趕去希斯洛機場（Heathrow），錯過了一班飛機，但在隔天抵達突尼斯。有人祕密告知他們，主席正準備「要去一個沒有可口可樂的國家」。多得到幾個提示，刪去一些可能選項之後，他們發現他將前往中國。要和他同行所費不貲，但安東尼判斷，這是確保能訪問到他的唯一方法。巴薩姆為他們處理文件，將他們列為巴勒斯坦先遣團隊的成員，而他們就這麼上路了。接下來的幾天是個絕佳的案例，說明在例行的金屬偵測器、電腦化的護照檢驗，和嚴格的跑道安全檢查普及的年代以前，記者是如何發揮影響力。在法蘭克福時，他們以為這趟旅程在尚未開始前，就可能泡湯，因為巴薩姆決定幫他的妻子購買一組廚房刀具。這個行動看似相當不明智，他可能會讓他們被迫接受安檢，而且他的照片——儘管是用不同的名字——刊登在機場一張「通緝恐怖分子」的海報上。可是沒有人指正他，或擔心那組刀具可能帶來的危險，於是他們順利登上飛機。

一九八九年六月一日的凌晨時分，他們從機場搭車進入北京。瑪麗發現街頭的氣氛比她預期的更加緊張。學生已經占領天安門廣場長達幾個月，但一直以來，抗議活動都十分和平，政府也沒有採取行動對付他們。此時，警察和士兵卻在幾乎空無一人的街道上徘徊。巴薩姆正在用雙向無線電通話，用阿拉伯語和巴勒斯坦大使交談，他的語調比以往都更加激動。巴勒斯坦大使館準備了豐盛的一餐，眾人配著葡萄酒、啤酒和烈酒飽餐一頓。接著卻傳來壞消息：因為北京情勢不穩，中國外交部要求阿拉法特延後訪中行程。如果瑪麗和安東尼想要訪問主席，他們就得飛回突尼斯，陪同他去卡薩布蘭加（Casablanca）參加阿拉伯高峰會。經過兩晚徹夜未眠、三趟飛行和大量飲酒的晚餐，他們只能大笑以對。

隔著巴勒斯坦外交用車的車窗，攝影師拍攝著抗議人士朝公安勢力丟擲石頭。顯然中國當局不會再容忍示威學生太久。武裝警衛在檢查哨攔下他們的車，他們摒住呼吸，等待有人詢問他們，為何使用巴勒斯坦文件旅行，而非他們自己的護照。世界上最重大的新聞正在他們周遭發生，但瑪麗和安東尼身負另一項任務。因為筋疲力竭而精神混亂的他們趕往機場——卻發現武裝警衛已經包圍機場，所有人都不得進入，唯有外交人員除外。當下只有一個解方：瑪麗、安東尼、工作人員和隨扈爬過一道圍籬下方，偷偷溜進航廈，再用現金購買機票。在登機門前，他們看見一組BBC的野生動物製片團隊，先前在拍攝熊貓，如今遭到驅逐出境。安東尼馬上將他的團隊拍攝到的底片交給他們，讓BBC新聞能夠播送那些畫面。接著，他、瑪麗和他們的團隊再次起飛，在北京上空翱翔。短短四十八小時後，坦克便駛入天安門廣場，鎮壓學生的抗議行動。

在法蘭克福，巴薩姆再次堅持攜帶他為妻子購入的那套廚房刀具，而令瑪麗和安東尼驚訝的是，他再次順利通過安檢。在從法蘭克福飛往突尼斯的小飛機上，駕駛員座艙的門沒有關上，因而他們在著陸時，聽見飛行員說：「噢，快看！跑道上有阿拉法特的飛機呢！」因為害怕又錯過他們的訪談對象，他們說服飛行員滑行過去，阻擋阿拉法特的飛機起飛。巴薩姆、瑪麗、安東尼和工作人員下機，又費力攀爬到阿拉法特的機上。

他們搭機往返中國一趟，證明了他們意圖認真——於是阿拉法特答應他們的訪談，拒絕其他人的邀約。他脫下他的軍服，穿上運動服，甚至讓他們拍攝他拿掉阿拉伯頭巾頭巾的樣子——露出光禿禿的頭——坐定披上他粉紅色的慰藉羊毛毯，在機上小睡。他醒來後，在他的鬍渣上拍打古龍水，為義務性的雙頰親吻做好準備，他總是和其他阿拉伯領袖這麼打招呼。

卡薩布蘭加的聚會匯集了一群妖魔鬼怪：伊拉克的薩達姆・海珊、敘利亞的哈菲茲・阿薩德、利比亞的穆安瑪爾・格達費。阿拉法特問瑪麗和安東尼是否相當滿意——他明白他們和他的關係，讓他們能夠接近通常迴避西方記者的領袖。最後，他們的影片並沒有揭露阿拉法特的許多私密生活——瑪麗有時會納悶他是否真有私人生活——但他們比其他西方記者更貼近他。為了最後一次訪問，他們先被蒙住雙眼，才被載到另一個突尼斯的安全藏身處。瑪麗忐忑不安，因為她知道阿拉法特不會喜歡她的訪綱，但她仍必須問：雖然他讓自己遠離更極端的巴勒斯坦派系，但對於一九七二年慕尼黑奧運攻擊以色列運動員等恐怖主義活動，他所抱持的立場為何？

「你對那些活動是否知情？」她問。阿拉法特動怒了。

「這是在審問我嗎？」他厲聲說道，「那麼我說的話已經很清楚了。在妳面前的是巴解組織主席、巴勒斯坦國的總統。妳想偵查最好小心點。」安東尼戳了瑪麗的背，要她繼續追問。他用眼角餘光可以看見一名年輕的警衛扳起來福槍的扳機。

「你是否曾下令停止這些行動？」她逼問。

「我說過的話已經一清二楚。」阿拉法特說，他的怒氣正在上升，「好了，好了，問得夠多了。」這句話就此終結這場訪談。

他經過幾個月才原諒她，但這次的遭遇並沒有打壞他們的關係。他甚至還送給她一條雙層的淺粉珍珠飾鍊，用一枚扣環繫緊。她的「阿拉法特珍珠」是她最愛的首飾之一，時常佩戴。

＊

瑪麗是正在崛起的媒體明星。儘管支持以色列的政客和讀者不喜歡她將阿拉法特人性化，但她的編輯非常喜歡她採訪手法的獨創性。「她會視領袖為凡人，擁有情緒和怪癖的凡夫俗子。」鮑伯・泰爾（Bob Tyrer）說，他多年來曾擔任《週日泰晤士報》的多個編輯職位。「那是她採訪報導的優點。她會挖掘他們，告訴讀者，他們不是面貌拼拼湊湊的嫌疑怪物，而是有血有肉的人。」儘管她經過新聞通訊社的訓練，她的文字起初有些凌亂，有時幾乎難以理解。「瑪麗總是忍不住要記下另一段引述，於是她寫筆記時就會非常匆忙，完全沒有條理可言。」鮑伯回憶。新聞編輯室常開玩笑說：「瑪麗的稿傳來了——誰快打電話給布萊切利莊園（Bletchley Park）[2]啊！」約翰・維瑟羅（John Witherow）和瑪麗成為好友，他是一九九〇年代初的國際版編輯。瑪麗在倫敦時，他們會共進午餐，或在下班後一起喝酒。他欣賞她的迷人魅力，但要控制她絕非易事。「瑪麗有自己的工作節奏，」他說，「設定截稿時間等同於在暗示她該搞消失了。」她遲交新聞稿的藉口五花八門，有時甚至連藉口也沒有。例如「阿拉法特派人請我過去一趟」，或是「我睡著了」。

不過，瑪麗的獨家新聞為她在報社贏得盛讚，包括搶先確證阿拉法特準備要承認以色列國，以及美國人同意與巴解組織對談。她的編輯發現，她擁有一種非凡的能力，能夠說服人和她對話。他們從未視她為文風獨具的作家——她出色的是報導本身。她獲提名入圍一項英國媒體大獎，而她在《紐約時報》的文章，以及與安東尼・葛芬合作的電視紀錄片都為她帶來國際性的曝光。

然而，專業的成就無法抵銷個人生活的痛苦。瑪麗在婚禮上見過大衛・布朗迪後三個月，從中美

2　譯注：布萊切利莊園是英國政府在第二次世界大戰期間，專門破解敵軍密碼的情報基地。

洲傳來了壞消息：他在薩爾瓦多報導戰爭時不幸喪生。他和其他記者的所在地點，是前一晚幾支暗殺隊謀殺六名耶穌會牧師之處，有位狙擊手的一顆子彈擊中了他。「有一刻他還站在原地，下一秒就應聲倒地。」一位當時在布朗迪身旁的攝影師說。沒有其他人受傷。他享年四十四歲。近幾年來，瑪麗比較少見到大衛，但他仍是她的良師益友、她的分身、她在摩洛哥和利比亞共患難的夥伴。他的一位訃聞作者寫道，他「長期都不願意撰寫任何他自己沒有親眼見證的事」。瑪麗也是如此。可是他再次讓自己太頻繁走在危險之道上，而他的好運已經用光了。沒有人能夠想像大衛變老的樣子，但他的死亡看似如此隨機、如此沒有意義。他是瑪麗第一位遭到殺害的摯友。

這個打擊降臨之際，她已經缺乏安全感，而且焦慮不安。派翠克為了去貝魯特採訪報導，縮短他們在長島的蜜月。瑪麗雖然失望，但並不生氣：特派記者無時無刻都必須改變計畫，而她也同樣可能因為工作，錯過節日、生日和家庭聚會。她回到耶路撒冷，為兩人即將搬到綠線上巴爾福街（Balfour Street）的新家做準備，發誓要克制自己的狂野作風，多花點時間待在家裡。她知道派翠克渴望穩定的家庭生活，於是她開始經營。有幾週，她甚至在家煮飯，而非隨時都在美僑飯店喝酒和外食。可是，他們關係中的某些東西變質了。派翠克似乎不再那麼深情款款，不知為何有些疏遠和寡言。他們剛交往時，他曾談到要一起生個孩子。現在她興致勃勃想要嘗試受孕，但儘管他們已經結婚，他卻突然不情不願。她盡量往好處想。他們兩人都十分忙碌，經常旅行出差，還有很多時間可以讓情況好轉。

一九九〇年五月，派翠克受夠了耶路撒冷，成功說服他的編輯群，讓他在巴黎報導中東新聞。當時是離開的絕佳時機，他將能距離中歐更近，那裡在前年柏林圍牆倒塌後仍動盪不安。瑪麗很高興能夠回到她在一九八〇年代中期熱愛的城市，但他們搬家後不久，震撼彈引爆。事發經過相當老掉牙，這類事情通常都是這麼發生的——一次出差返家後，她在派翠克的答錄機上發現一則洩露祕密的訊息。他和瑪麗結婚之前幾個月，和一名法國記者開始的外遇並未在婚禮後結束。事實上反而還愈演愈烈。一如過去和未來數百位駐外記者，派翠克用報導工作來掩蓋不忠。縮短蜜月是為了讓他和女友在貝魯特見面，對方也在那裡出差。他在耶誕節前聲稱要去探視他生病的父親，實際上也是去見她。如今他和瑪麗在巴黎生活，而女友就住在同條路上。

瑪麗感到噁心。原來派翠克的逃避不是錯覺，而是事實。他不只踐踏，還粉碎了她的夢想。她向他攤牌，而他流下眼淚，也因為卸下保密的重擔而鬆了口氣。可是傷害已經造成。她怒不可遏，割破他的畫《麗達與天鵝》(*Leda and the Swan*)，那是他的最愛之一。她無法放下這次的背叛。她一再在腦中回憶，兩人結婚九個月來的種種。從羅馬尼亞回到耶路撒冷的那段旅程途中，他特地經過巴黎。他曾在日內瓦度過一個很長的週末，沒有解釋他做了什麼。某次錯過班機時，他大發雷霆，如今她恍然大悟，他是要搭機去見他的愛人。「一切都是虛情假意。」她寫，「你在我們婚禮上的照片看起來很快樂，結果全是假象。」她開始喝更多的酒，不停抽菸，一天可以抽上四十幾根。有時她什麼都沒吃，其他時候又像她二十歲出頭那樣暴飲暴食。她會和仍住在紐約的卡崔娜講上幾個小時的電話。她怎麼沒發現呢？這是她的錯嗎？她感覺自己醜陋無比，毫無吸引力——所有青春期的不安全感再次襲來。但她沒有離開派翠克。她知道，在他混亂、不忠、憔悴的天主教徒靈魂中，他依然愛她。更重要的是，她也仍愛著他。

有個意想不到的人提供了某種程度的救贖：薩達姆・海珊。一九九〇年八月，他引發一場國際危機，將會讓她全神貫注在報導上超過一年。經過長達十年與伊朗的戰爭，伊拉克積欠沙烏地阿拉伯和伊拉克的南邊鄰居——海灣小國科威特——數十億美元。這兩國政府都不會將債務一筆勾銷。此外，科威特正在壓低石油油價，手段不只有過度生產——根據海珊所述——還有在國界傾斜鑽油，偷取伊拉克的石油。隨著伊拉克人愈來愈窮困，騷動正在醞釀，而海珊殘忍地對付任何阻礙他的人。他下令處決法札德・巴佐夫特（Farzad Bazoft），那是一位《觀察家報》（*Observer*）的伊朗記者，因為遭受捏造的間諜指控而被捕。接著，他威脅對以色列發射化學武器，並派軍前往科威特，那裡在歷史上曾是伊拉克的領地。儘管如此，沒有人真的認為他會再擴大行動，尤其是駐巴格達的美國大使艾波・格拉斯佩（April Glaspie）。她和這位伊拉克領袖開了一場沒有結果的會議，並未在會上解釋，他的軍隊若入侵鄰國將會造成何種後果，之後便返鄉過暑假。她不是唯一誤判情勢的人。派翠克原先已經搭機前往科威特，但他和其他記者聽從一位英國外交官的建議離境，那位外交官將當時的情勢比擬為「地平線上很快就會散去的夏季雲朵」。當派翠克的班機在一九九〇年八月二日降落巴黎，伊拉克的坦克正隆隆作響，跨越邊界。

伊拉克入侵科威特時，瑪麗人在利比亞，於是她立刻搭機前往安曼（Amman），去申請巴格達的簽證。申請通常需要一些時間——每次造訪大使館總是要在警衛亭漫長等待，那裡會有位小公務員收取記者的護照。因為某種不明原因，伊拉克人說「你好」的意思是「再見」，導致情況更加令人困惑。「一兩個星期後再回來。」那名公務員會這麼說，「你好。」不過，瑪麗和伊拉克的外交部副部長尼札爾・哈姆敦（Nizar Hamdoun）關係很好。瑪麗維持一貫的做法，花上許多夜晚陪他喝酒聊天，而努力有了回報。她通常可以在其他人還在警衛亭，試圖搞清楚他們該來還該去時，就拿到簽證。

正是因為尼札爾，瑪麗開始認識巴格達，那裡成為她在中東最喜愛的城市。一九七〇年代的水泥建築不甚美觀地混雜聚集，交通壅塞，夏季酷熱，還經常發生沙塵暴，會讓人的頭髮沾滿砂礫，牙齒覆上一層細沙，巴格達的魅力對多數外國人而言並不明顯。然而，尼札爾介紹她去一間波希米亞風的餐廳「格里布」（Al Gharib）——意思是「異鄉人」——藝術家、音樂家和知識分子都在那裡雲集。這是在海珊禁酒之前的光景，裝著露飛諾捷安提（Ruffino Chianti）空酒瓶的柳條籃高掛在酒吧上方。這間餐廳比較像私人住宅，而非公共空間，由互相連通的包廂組成，客人以傳統「戚友會」（*diwaniyah*）[3]的方式，圍坐在錦緞的地墊上，一邊談天，一邊抽香菸或水菸和喝酒。詩人會慷慨激昂地朗誦關於愛情的詩句（要翻譯並不容易：「她的身體宛如一條蛇，她的身體宛如一棵棕櫚樹……」），總是有人演奏鋼琴、小提琴或傳統的阿拉伯魯特琴——烏德琴（oud）。（「我們所有的詩歌都是憂傷的。」尼札爾的一個朋友告訴她，「伊拉克人擁有憂傷傷感的漫長歷史。」）瑪麗通常是在場的唯一一位女性。

黃昏的天色轉黑成夜晚，再步入凌晨。所有人都醉茫茫的，當話題無可避免轉向政治，他們全打開了話匣子。尼札爾雖然替政府工作，但常客知道他和瑪麗這樣備受信任的朋友絕對不會背叛他們，轉述他們的對話。那時她已經學會基礎的阿拉伯語，但許多中產階級的伊拉克人都會說英語。外國記者往往被迫待在拉希德飯店（Al Rashid Hotel），並有隨扈人員監視他們的一舉一動，但格里布餐廳向瑪麗揭露了海珊統治下的伊拉克，外國記者鮮少見過的一面。

她在巴格達還有另一個熟絡的人脈：美國副大使喬·威爾森（Joe Wilson）。喬生於一個共和黨家庭，在一九六八年到加州就讀大學，曾經抗議反抗越戰，並在加入政府前當過木工。簡言之，他不是典型的外交官，但當格拉斯佩大使尚未收假回到崗位，就由他負起全責。伊拉克的外交官相當艱辛，因為政府會限制他們的行動。同時，記者經常遇到無法發送文稿的狀況，因為他們沒有通訊管道。喬很快

3 譯注：指中東地區男性的親戚朋友在家中接待廳的聚會，通常會席地而坐，聊天或用餐，目前在科威特最為盛行。

就發現，他和記者可以互相幫助。他讓美國記者——包括瑪麗在內，儘管她替英國報紙工作，但他仍視她為美國人——使用他的國際電話線發稿。而他往往侷限於官方會議，能夠聆聽記者描述市集或街頭的輿論氛圍，對他來說是十分實用的資訊。瑪麗和喬相處得非常融洽。每到星期五，她常常會到他家去。「截稿時間將近總讓她備感壓力。」他回憶，「她會到我家來寫稿，因為所有人都在拉希德飯店，太容易令她分心。她會花上整整一天焦急地扭絞雙手和抽菸，接著她會坐下來，寫出一篇經過縝密思考的精彩報導。」瑪麗介紹喬給拉米絲．安多尼和其他博學多聞的記者認識，包括《華盛頓郵報》的克里斯．迪奇（Chris Dickey；他是卡崔娜的老友），以及《獨立報》（*The Independent*）的派崔克．考克布恩（Patrick Cockburn）。他們成為他理解情勢發展不可或缺的消息來源。

一九九〇年十一月二十九日，聯合國安全理事會對海珊發出最後通牒：在一九九一年一月十五日前撤出科威特，否則後果自負。喬治．布希（George H. W. Bush）總統和他的顧問相信，若放任伊拉克占領科威特，會讓任何一位獨裁者認為可以覬覦鄰國的領土。此外，油價已經飆升，還會無限期居高不下。然而，海珊聲稱，唯有以色列終結在約旦河西岸和加薩地區的占領，他才會撤軍離開科威特，因此得到許多阿拉伯人的支持。許多阿拉伯人表示，美國沒有做出任何行動，去阻止以色列在巴勒斯坦土地鞏固猶太屯墾區，而儘管他們不喜歡海珊的獨裁作風，但至少他在捍衛巴勒斯坦人。在沙漠那端的沙烏地阿拉伯，瑪麗的丈夫深入駐守在美國海軍陸戰隊。陸戰隊及其盟友（包括英國人在內）正在聚集軍力，準備發動一場地面戰。他們將會等待將近七個月之久。

每隔幾週，瑪麗的簽證就會過期，於是被迫回到安曼，再次經歷那分不清是再見還你好的申請流程。某次，當她在機場等待回到巴格達的班機，她偶然碰到法國的巴勒斯坦裔記者多明妮可．羅赫

（Dominique Roch）。多明妮可注意到，瑪麗的行李箱不大，但重量很重，因為裡面裝滿關於伊拉克和更廣大的中東地區的書籍。多明妮可很快發現，雖然瑪麗全心投入新聞報導，並且享受著巴格達戰爭將近的末日氛圍，但她也非常不快樂。「所有外交官都在準備離開，所以我們在幫忙他們清空冰箱裡的香檳和美食。」她記得，「當時我們雞尾酒一杯接著一杯喝。」瑪麗會把自己灌醉，接著從美國大使館撥電話給派翠克，在電話上大吼哭叫。

瑪麗在《週日泰晤士報》的報導多采多姿，又極富洞見。她寫過一名狂熱藝術家的故事，堅持抽出自己的鮮血，用來畫一幅海珊的壁畫。她也寫過，伊拉克人發現和美國對戰只會為他們帶來災難時，表達的不平民怨。她為她遇見的人們感到憂心，從政府高官到司機和店主，無一例外，擔心如果戰爭開打，他們已經被徵召入伍、千千萬萬的子孫可能因此喪命。更別提巴格達的平民百姓，當時已有預期，美國在巴格達的空襲將會相當猛烈。所有人都害怕，海珊可能會運用化學武器，一如他在伊朗和對付庫德族人（Kurds）時的作為。

隨著聯合國安理會訂定的時限接近，電視廣播也不斷播送著美國政府發言人和退休將領的言論，威脅海珊不撤軍的後果。瑪麗前去拜訪喬．威爾森。「你知道海珊認為你們在虛張聲勢，因為你們戰鼓敲得太張揚了。」她說，「如果你們想要他認真看待這件事，就應該閉上嘴巴。」有些人會主張，她提供意見給美國政府的行為已經超線。不過，喬認為她只是想避免一場戰爭，她認為那將會為她的伊拉克朋友帶來慘重災難。他也認為，她可能比他在華府的上司更了解伊拉克政府的心理，於是他拍了封越洋電報，建議他們不要再嚷嚷放話。在一個週末內，他們就照做了。短時間看來，外交手段看似有可能奏效。一月九日，伊拉克外交部部長塔里克．阿齊茲（Tariq Aziz）搭機前往日內瓦，會見美國國務卿詹姆斯・貝克（James Baker）。然而，事態已無可挽回。七小時的談判協商破局：伊拉克人拒絕撤出科威特，美國人拒絕撤銷攻擊威脅。

許多新聞機構召回他們的通訊記者，有些人認為他們待在那裡太過危險，其他人則屈服於愛國主義遊說團的壓力，表示記者不應該從「敵方」的角度報導新聞。喬試圖說服瑪麗和他一起離開。當大使館工作人員正在操作碎紙機，確保沒有任何文件會落入敵人手中，他來回踱步，邊有節奏地擠壓一隻從他浴室拿來、會吱吱叫的黃色塑膠小鴨，邊警告她如果留下，會被剁成肉醬——「在地底被來回磨碎」。她不以為意。法國大使是最後一位離開的外交官，招待客人肉醬和起司，搭配香檳，接著在午夜前爬進他的轎車，前往邊界。他搭車離去後，瑪麗順道去巴勒斯坦飯店（Palestine Hotel）看看，政府在那裡圍起一些鬱悶的巴格達市民，參加一場「挑戰聯合國時限」的派對，規定所有人都要跳舞並揮舞伊拉克國旗。有群記者不顧一切警告，繼續留在拉希德飯店，大約有四十人。有些著名的電視廣播記者和他們的團隊留下來報導，這將成為第一場在電視上現場轉播的戰爭。三個瑪麗的摯友也選擇待在當地——派崔克・考克布恩、拉米絲・安多尼和哈里勒・阿貝德・拉波（Khalil Abed Rabbo），後者過去是巴勒斯坦戰士，現在為法國新聞通訊社法新社報導新聞。

沙漠風暴行動（Operation Desert Storm）於一九九一年一月十七日的凌晨展開，持續了四十二個日夜。美國和他們的盟友投下八萬八千五百噸的炸彈，轟炸伊拉克的軍事和民用基礎建設，成為世人有史以來見過最密集的空襲。總統府的防空火力預告，第一批炸彈將在凌晨兩點半落下時，瑪麗人在街上。

一九九一年一月十七日：曳光彈明亮的羽狀火光呈弧形劃過空中，昭示著猛烈的砲火。與此同時，飛快的槍彈火光在城市風景中此起彼落，偶爾會加入齊射的火箭，甚至還有徒勞的機關槍閃光。

當天早上稍晚，她回到拉希德飯店，和其他記者一起收聽海珊那場著名的廣播演說：「一切戰役之母已經開打！勝利已近！」附近的一棟建築冒出大量煙霧，刺鼻的氣味充斥著他們的鼻腔，而隨行人員試圖將他們限制在飯店裡，但瑪麗、拉米絲和哈里勒躲開他們外出。轟炸精確瞄準軍事、政府和通訊設施，因此他們在大部分未受破壞的市中心遊蕩。

一九九一年一月十七日：街上的民眾是一幅幅奇特的景象。一名男子穿著廉價的灰色西裝，頭戴紅白相間的阿拉伯頭巾，一手拿著卡拉希尼科夫步槍（Kalashnikov），另一手拿著公事包。我們開車經過國防部，中央部分陷入火海，火焰竄出古老的拱門。

在接下來的幾天內，巡弋飛彈的走向令瑪麗等人驚奇連連。

《週日泰晤士報》，巴格達，一九九一年一月二十七日

我以為飛彈會擊中飯店，於是大聲叫喊。結果它轉向右方，繞過建築邊緣，彷彿它遵循著街道地圖移動，擊中大約半英里外的舊國會大樓，一道白色煙幕隨之升起。另一枚巡弋飛彈甚至在更近的地點墜落，消失在飯店隔壁煤渣磚建成的員工宿舍區，發出震耳欲聾的爆炸聲。這些砲擊燃起熊熊烈火，飛彈碎片灑落在草坪和游泳池。

海珊以遠遠更不精準的飛毛腿飛彈（Scuds）回擊，隨機朝以色列拋射。《週日泰晤士報》一如多數的英國報紙，在瑪麗的報導下方印著一行字，表示文章是在伊拉克的新聞審查制度下寫成，但其實在巴格達的控管雜亂無章。理論上，記者透過辦公室的衛星電話發送文稿時，情報部審查員也會同步聆聽。可是這項工作無趣至極，因此審查員很少聽得非常仔細。在各方不斷重複的政治宣傳中，瑪麗想要解釋，為何這麼多阿拉伯人對這場戰爭的看法與歐洲人和美國人大不相同，於是她引述哈里勒的話：「如果是在一年前，我會告訴妳我討厭海珊和他的政權。但對我們來說，他已經成為一個象徵。海珊是一九六七年戰爭的屈辱，和一切我們承受來自西方的羞辱下誕生的人物……這是尊嚴問題。海珊帶著他的火箭，勇敢面對你們。」

空襲警報，夜間轟炸，斷電，就著燭光吃飯，喝著威士忌看炸彈墜落，因為沒有自來水而在游泳池裡洗澡——這一切都促進了記者間的同志情誼，拉近彼此的距離。儘管瑪麗仍然因為她失敗的婚姻痛苦不堪，但她找到能分散她注意力的方式：短暫和另一位記者調情過後，她和哈里勒成為情人。他令她著迷——他是當過游擊隊戰士的知識分子，還是會喝純伏特加的穆斯林，熱愛西方文學，同時又以巴勒斯坦人的身分為傲。然而，他們的戀情在戰爭開打幾天後中斷，當時伊拉克人強迫大部分的西方記者搭上一輛巴士離開，載著他們跨越平坦的岩漠，前往安曼。至少在那裡，瑪麗可以打電話給卡崔娜，好好泡個澡，吃頓美味的餐點，喝杯血腥瑪麗，更別提發稿時能夠不受伊拉克政府審查員的關注。可是，那趟旅程帶來她所不樂見的提醒，讓她想起一切她試圖遺忘的種種。她在座位上打瞌睡時，偶然聽到在她前排的一名法國女子正在和同事聊天，談到她的英國男朋友多麼「迷人」，可惜他已婚。瑪麗發現自己不自覺張大耳朵。一定不可能那麼巧吧？但就是這麼湊巧。瑪麗靠向前去，點點那名女子的肩膀，用法語說話。「妳說的是我丈夫。」她說。

她從安曼打給派翠克，兩人在電話上大吵一架。和《華盛頓郵報》的克里斯．迪奇一起吃晚餐時，她哭哭啼啼，吐露她人生遭遇的細節，甚至告訴他，她曾考慮自殺。

「因為妳爸爸嗎？」克里斯問。

「不是，因為派翠克。」她回答。

「真是糟蹋，」他說，「妳這段婚姻沒有未來。」

隔天她哭了整晚，到了早上把自己關在房間裡，拒絕應賽門．陶恩斯里（Simon Townsley）的門，他是一名從倫敦派來替她拍照的攝影師。等待新簽證核發時，她和派崔克．考克布恩去了趟喀拉克（Kerak）的十字軍堡壘。她在那裡發現一張戈楚．貝爾的照片，貝爾是曾在這個區域旅行的外交官，公然反抗英國和伊拉克對待女性的態度，她還曾「劃清界線」，確立了第一次世界大戰後現代伊拉克的國界。瑪麗下定決心，她也會成為女性冒險家，不依賴任何男性。

幾天後，她回到巴格達，如今轟炸已成家常便飯。還有一些其他記者拿到簽證，包括一位年輕的愛爾蘭自由撰稿人瑪姬．歐肯（Maggie O' Kane）。「瑪麗的房間是所有活動的中心。就像直接進入學校的『風雲人物小圈圈』。」瑪姬回憶，「她非常慷慨大方地歡迎我加入。」瑪麗因為曾在砲火之中生活過，突然變成老鳥，可以幫助更年輕的記者，而她也樂於擔任這個角色。

瑪麗要長期在當地安頓下來，於是去加薩勒動物市集（*souk al ghazal*）買下一只裝著兩隻金絲雀的鳥籠——雄鳥綠色，翅膀布滿斑點，雌鳥亮黃色，愉快地啁啾鳴叫。她帶著鳥籠回家時，哈里勒微笑著親了她一下。「妳真是瘋了。」他說。她把兩隻鳥放在窗邊，餵食麵包和起司。她覺得牠們看起來比在市集時快樂，而她亦開始認為，沒有派翠克，她也能快樂起來。

一九九一年二月八日：擁有孩子和一間在法國採光明亮的房子是我已經放棄的夢想，這個夢想不再與我有關。我已經向前邁進……讓自己變回那個獨自在世界闖蕩、獨立勇敢的女性……（和派翠克在一起時）全都是知識上的交流，沒有感情，沒有魄力。我擁有那些東西，情感、熱情……或許到了四十歲，我會成為那種沒有兒女的刻薄女人，但現在我很喜歡自己，穿著哈里勒的毛衣，坐在我的打字機前，雙眼翠綠，打字機的右方放著燭臺，兩道火焰照亮四周。

哈里勒在他們的飯店套房為她煮飯。他們閱讀彼此撰寫的報導，分享彼此的人生，在砲彈落下時做愛。兩人時光浪漫得令人難以抗拒。瑪麗擔心她可能會愛上哈里勒，她知道他不可能定下來，只會為巴勒斯坦理想奉獻。又或許問題出在她自己身上？「我夢想談一場轟轟烈烈的愛情，能讓我粉身碎骨，但我找到對象時卻又想逃開。」她想。她認清自己脆弱，而且容易受傷，但她希望能再次找回快樂。看著天空又被一次轟炸點亮，她發現一段文字從童年回憶中湧現，就她記憶所及，她從未說過那段經文，或至少不是出自真心：「我的天主，我全心痛悔所犯的一切罪過，因為祢公正的懲罰，更因為我如此得罪了祢，極仁慈、極崇高的天主。」

＊

巴格達多數地區都有防空洞，是在和伊朗打仗時建造的，到了夜晚，家庭會到裡頭避難，以免遭受空襲。反之，記者則是睡在拉希德飯店的床上——到了二月中，瑪麗往往因為太過疲憊，在轟炸期間也能沉沉睡去，如果任何原因導致她感到焦慮，她就會服用煩寧（Valium）。二月十三日黎明前，美國的戰鬥轟炸機丟下兩枚一噸重的雷射導引炸彈，擊中中產階級社區阿米里亞（Amiriyah）的一座掩體。一直到上午十點左右，記者都對事發經過一無所知，而後面色鐵青又憤怒的隨行人員才抵達，帶他們到爆炸現場。他們見到的景象十分駭人：阿米里亞的防空洞擠滿了婦女和孩童。根據目擊者所述，第一枚炸彈堵住厚重的鋼門，導致民眾無法逃脫。第二枚擊穿加固過的屋頂，在沒有窗戶的空間裡爆炸。

掩體附近躺著大量的屍體；其他人則在內部被燒成灰燼。防空洞仍在悶燒。瑪麗看到一具女屍，焦黑的胸部蜷曲，彷彿還在睡夢之中。她還看見襁褓巾包裹著一個死去的嬰孩，和許多遭到嚴重燒毀的屍體，無法辨識是男是女。當下沒有人知道有多少人喪生——幾週後才完成最終的死亡人數統計，總共是四百零八人。因為那天是星期三，瑪麗發稿給隔天的《泰晤士報》。

《泰晤士報》，巴格達，一九九一年二月十四日

一名年約三十歲的男子身穿軍服，直接靠在一道牆上啜泣。另一名較年長的男性俯身在地，因為無法自拔的悲痛，用頭撞著水泥鋪面……一道陰暗傾斜的長走廊通往無窗的水泥防空洞內，積水深及腳踝，火炬和煤油燈照亮內部，那場景宛如煉獄。兩名搜救人員不顧一切衝進一間黑暗冒煙的房間。熔爐般的熱氣一次又一次迫使他們退回原地，不停被焦黑積水的瓦礫堆絆倒。終於，他們拖出一具焦黑但仍完整的女屍，放下她後立即逃開喘息。

瑪麗訪問了人民軍（Popular Army）的一位成員，他們是一支為保衛海珊的復興黨（Ba'ath Party）而組成的民兵隊。「我所有家人都喪生了。」他告訴她，「這附近的家庭都在這座防空洞裡過夜。我們以為它堅固到能夠抵擋核彈。」

當全世界的電視螢幕都充斥著這些死者和瀕死之人的影像，五角大廈暗示，那座掩體曾是一處「指揮調度中心」，平民的傷亡可能是「自導自演」。審查員甚至沒有費心聆聽記者當天發出的文稿，知道他們只會報導他們目擊的恐怖景象。這起事件讓英國再次掀起爭論，關於在巴格達的記者是否成為海珊政治宣傳機器的一部分：國會右翼成員的憤怒和小報媒體主攻BBC，因為他們播送了屠殺的畫面。不過，瑪麗碰巧是當時唯一在現場的英國報社記者，因此也成為攻擊目標。有些報社員工無法拿到簽證，失望的編輯氣呼呼地指責，在伊拉克審查下報導是「不愛國的行為」。幾天後，五角大廈提供消息的人士私下坦承，那次攻擊目標是根據過時的情報選定：在兩伊戰爭期間，那座掩體確實曾是後備的指揮中心和伊拉克領導階層的避難所，但沒有人去檢查其用途是否已經改變。《週日泰晤士報》的一篇評論為瑪麗辯護，稱她是在伊拉克首都一小群「經驗豐富、勇氣無可否認的記者」之一。

比起遠在家鄉的攻擊，瑪麗更擔心巴格達愈來愈沉重的氛圍。最初，伊拉克人對外國記者敞開雙臂，一如他們所見，這些記者自願分擔他們的苦難。許多伊拉克人並不支持海珊入侵科威特，而且在這起事件之前，平民的傷亡人數相對較低。可是，那個早晨情況改變了。一名男子大吼：「我希望美國和英國人也失去他們的孩子，這樣他們就能和我們一樣痛苦。」瑪麗在民眾的眼中看見仇恨。一個男孩對記者吐口水。

海珊消失在鎂光燈前幾天之久，人們開始暗中議論政變可能即將發生。瑪麗原先將情報部副部長納吉・哈迪希（Naji al-Hadithi）視為盟友，結果他大聲斥責她「散布消息」，讓伊拉克領袖缺席一事人盡皆知。她指出她只是在報導她所觀察到的事物，但她也明白，如果任何海珊的親信指控外國記者正在從事間諜活動，哈迪希可能會賠上他的性命。拉希德飯店的記者愈來愈草草了事——腎上腺素再也無法戰勝疲憊，心胸狹隘的嫉妒情緒高漲，讓彼此煩心不已，所有人都過量飲酒和抽菸。他們的世界大幅限縮；有記者從英國帶來剪報，彷彿是來自另一個銀河系的訪客。「就像一再遠離海岸，在邊陲航行……」瑪麗在她的日記中寫道。

瑪麗意識到戰爭不久就會結束，而她和哈里勒在巴格達的生活也將隨之終結，已經提前傷感不捨。戰爭讓異國生活變得平凡尋常。

> 一九九一年二月二十一日：我認識卡拉達街（Karadeh St.）的商販。我知道他們在哪裡下雙陸棋，也知道我們要在哪裡買威士忌、俄羅斯伏特加和巧克力。小巷裡的攤販在戶外桌上堆滿美麗色彩

的蔬果：綠色的萵苣、紅色的小番茄、亮紅白色的小蘿蔔、深橘色的橘子。

二月二十四日，聯合地面部隊進入科威特和伊拉克，沒有遭遇太多反抗。兩天後，海珊宣布伊拉克從科威特撤軍，在一場辭藻華麗的演說中，將戰敗粉飾成勝利。濃煙和大雨籠罩巴格達，到了下午三點左右，天色幾乎已經黑如夜晚。伊拉克人瘋狂對空鳴槍慶祝；事實上，他們只希望戰爭早日結束。瑪麗想起她正跟著聯合部隊報導新聞的丈夫——悍馬車飛馳橫越沙漠，坦克擺出陣式，一場傳統戰爭的動態取代巴格達遭受轟炸的混亂情勢，搶走頭版版面。「他肯定寫得十分精彩，」她心想，「想像他的模樣，手拿筆記本，穿著寬鬆的卡其褲，閱讀我買給他的書。」

美國軍力驅趕往北撤退的伊拉克士兵離開科威特，在漸漸被稱作「死亡公路」（Highway of Death）的高速公路上殺害數百人，此時，焦點轉離巴格達。在南方的什葉穆斯林和北方的庫德族人中，爆發了反對伊拉克領袖的叛亂。對記者來說，這是個危險與機會並存的時刻——伊拉克政府的權威搖搖欲墜，不再能控制他們，於是瑪麗和派崔克．考克布恩跳上一輛計程車往南方去。司機名叫阿比德（Abed），是他們這幾個月在拉希德飯店認識的。沒有任何辦法能夠預測前方的情況——沒有手機，沒有其他記者的描述，沒有對向駛來的車能夠攔下來詢問。接近巴斯拉時，他們可以聽到砲聲隆隆，也看見房屋在暴動中遭到摧毀。派崔克認為回頭是明智的選擇，但瑪麗沒有顯現出絲毫的恐懼。「快點，我們繼續前進！繼續往前！」她說，對可憐發抖的阿比德感到不耐，他驚恐得不得不停下車來嘔吐。他們抵達巴斯拉，那裡醫院的一位醫師描述道，反叛分子從城市北邊的沼澤中現身，射殺幾名軍官。某人已經搗毀喜來登飯店的酒吧——破碎的酒瓶四散，飯店有部分也遭到焚燬。他們取得報導素材後，平安回到巴格達。比起明智的判斷，他們更仰賴運氣。

到了此時，多數的外國記者都焦急渴望離開，但瑪麗堅持盡她所能待在當地。轉移作用比危險更令她上癮——她想要盡可能延後決定該如何處置她的婚姻和要在何處落腳，也想要忽略枯燥乏味、但不得不處理的報帳和繳稅事務。不過，報導工作也變得愈來愈有趣。審查員已經放棄審查，因為人生浪費在徒勞無功的戰爭上而暴怒，於是伊拉克人第一次不加掩飾地發表言論。「我以前非常敬愛海珊總統，」一名年輕女子告訴瑪麗，「但現在我心中對他懷有恨意。我怎能不恨他呢？我們家族有六個男人。我的姊夫在科威特喪生。我的兩個哥哥失蹤。我的三哥是在伊朗的戰俘。我們的國家已經毀了。為的是什麼呢？」

美國人知道，如果海珊遭到推翻，內戰就會接踵而至，權力最有可能會落入伊朗支持的派系手中，因此他們決定撤退，讓政府重申權威。伊拉克政府迅速將所有記者驅逐出境。瑪麗是最後一批離去的記者之一，她穿著哈里勒買給她的長袍（abaya），睡了十小時的車程，穿越沙漠至約旦。他們寫完報導後，兩人有幾天懷抱著她會搬到約旦住的幻想，甚至考慮租下一間在安曼同居的公寓。可是，她在內心深處明白，兩人之間的魔力已經幻滅。她必須回去面對派翠克。

*

戰爭後，瑪麗和派翠克搬回倫敦，但不再同居。她去諾丁丘，和她的伴娘之一奧麗維亞·史都華同住。有天晚上，瑪麗坐在壁爐旁的扶手椅上抽著菸，奧麗維亞問她，為何她想像和派翠克結婚後的狀況，會和同居時有所不同？「我不知道——大概是電影、文學的影響……」瑪麗回答。她埋首工作，每天早上六點起床，撰寫一部阿拉法特的傳記。她瘋狂閱讀，沉思她過去景仰的男性名人所展現對女性的態度，是否可能解釋她的遭遇：

一九九一年十月十四日：讀著諾曼．梅勒寫華倫．比提（Warren Beatty）[4]，寫他自己，寫男人。我以前從沒有對他們那些不可思議的觀念感到憤怒，他們總認為女人想要設圈套困住男人，而所有男人都想要保有自由之身，過好他們自己的生活。事實上，男人會不顧一切踏入一段關係，接著又說都是妳的錯，讓我困在這裡。

雖然她通常一年會至少回家一次，過感恩節或耶誕節，但她現在無法承受去見她的家人。牡蠣灣不像是個避難所，反而襯托出她的恥辱，因為她婚禮的場景在她腦海中重複播放，她想著那一切全都虛偽不堪，讓自己痛苦萬分。她不想和母親談論她的婚姻。她父親徘徊的鬼魂糾纏著她。

一九九一年十一月十八日：我背叛了爸爸——穿著他和媽媽結婚時的禮服嫁給派。我又讓他失望了。我還記得，我結婚時非常難過，因為他永遠無法見派一面，如今我第一次感到慶幸；至少他不用看到我選了個這樣的無賴，妄想和他共度一生。

然而，她的弟弟麥可玩滑雪橇發生意外，摔斷脊椎，醫生擔心他可能半身癱瘓，因此她必須短暫回家一趟。他緩慢恢復行動，但變得暴躁易怒，姊弟兩人的關係愈來愈對立疏遠。她的家人不再是她日常生活的一部分。她和卡崔娜仍舊會講好幾個小時的電話，她們都在試圖從破碎婚姻中復原，也同時努力讓事業飛黃騰達。可是，當瑪麗在倫敦美國大使的住處舉辦的耶魯大學校友酒會上環顧四周，依然感到格格不入。「這些營養充足的美國人。」她寫道，「我覺得我再也無法回家了；他們令我氣惱。他們太過開放，太過吵鬧，太過單純。」卡崔娜的表妹克萊爾．恩德斯是她少數固定見面的美國朋友之一，她們是在耶大認識的。克萊爾比她早幾年搬到倫敦。在某些方面，克萊爾就像家人，借錢給瑪麗，斥責她酒喝得太凶。她們的性格截然不同，但友情十分長久。

一九九二年初的某天晚上，瑪麗接到一通舊識的電話：是約翰．雪利打來的，她住在紐約時，他曾無可救藥地愛上她。他讀到她在巴格達的報導，對她滿懷敬畏。「在我眼中，妳就像個神祕人物。」他說。聽著他回憶有次曾在特倫頓看見她，覺得她很像奧黛麗．赫本（「這可能嗎？」她心想），還談著她幾次造訪他在紐澤西州的農場，她感覺十分奇怪。她納悶，他怎麼能說得好像經過這麼多年，他還如此了解她。

瑪麗和派翠克經常見面——愛火搖曳不定，但從未熄滅。不過，她仍必須在倫敦過自己的生活，於是她買下一間公寓。彭布里奇別墅（Pembridge Villas）三十四號位在波多貝羅路（Portobello Road）附近的一條維多利亞時代的優雅街道上，光線充足，設有開放式廚房和起居室。「心裡很慌，這花費我太多錢，但它就像我極度渴望的一間房子。我可以漫步走上我樓上的房間。坐在樓梯上，感覺像個大人。」她寫。下一步是建立沒有她丈夫的新生活。問題是，就算他們不在一起，她也無法逃脫他。他擾亂她

4　譯注：華倫．比提（1937-）為美國演員、導演，以風流花心的形象為人所知。

的睡眠。她的噩夢大多會出現派翠克和他的法國女友。在某個夢裡，她看見那名女子坐在一張桌子旁，四周都是他們的朋友。震怒的她上前去打她，結果晴天霹靂地發現那場景是她自己的婚禮。在另一個夢中，她和派翠克生了個孩子，瑪麗發現那個女人站在搖籃邊：「扯著寶寶的頭髮把她拖出來，躲開派翠克，要把她丟到海裡。」而另一個夢，她將她婚姻的終結怪罪到她母親身上，回憶起她虛構的童年場景，包括在泳池找到一個朋友的斷頭。偶爾她會夢見轟炸，但遭受攻擊的是牡蠣灣，而不是巴格達。「砲彈開始擊穿屋頂，顯然他們是瞄準派翠克的家。我看見石頭砸入屋內。所有人都開始逃竄。我沒看見派，他已經拋下了我，我的感覺是他不想要我在他身旁。我們在逃命，我們全都是難民。」她在夢中往往會做出暴力行動——彷彿她的憤怒只能在潛意識中爆發。

她當年已多次回到伊拉克，這次回去，她往往會焦慮痛苦地醒來，伸手找香菸抽。她需要兩個多小時，才能逼迫自己下床。

> 一九九二年八月十七日：做了可怕不安的焦慮噩夢，已經記不得夢的內容。今日發現：起初我暴飲暴食，接著找到香菸。所有人都對我菸不離手有所表示，就連伊拉克人也不例外。每天抽兩包半，從我一醒來就開始抽菸，之後才喝咖啡。不想戒菸。

一九九二年九月，她和一群記者搭直昇機到巴斯拉北部的沼地，海珊已經排掉部分地區的積水，據稱是為了讓那裡更適合人居，但其實是想掌控沼地阿拉伯人。她想起她第一次和大衛·布朗迪在摩洛哥搭直昇機，耳機裡的音樂震天作響。那已經是好久以前的事了……現在，從空中俯瞰，四散的羊群和泥屋聚落，穿插在新月狀的坦克車掩體土坡之中，貌似「寫給神看的古代文字」。政府號召大群民眾迎接記者，大喊著：「布希下臺！我們愛海珊！」當他們在部族長老的引領下，開車跨越乾透的平原，瑪麗再次想起戈楚．貝爾。她在七十五年前曾經待在沼地阿拉伯人的聚落中，而感情生活並不順遂，終其一生都在旅行。伊拉克人總是會提起貝爾，視她為外國女性勇敢的典範。最後，記者來到一連串的沙丘地區；沼地的綠色植被僅僅向外延伸幾英里，縮減成宛如環境博物館的大小。天氣炎熱得像火爐一樣，四周鴉雀無聲；就連花錢雇來的烏合之眾也放棄吶喊口號。

另一次，她瞞著隨行人員偷溜出來，和一個伊拉克朋友往北開車到摩蘇爾（Mosul）。他們造訪亞述的歷史古城尼尼微（Nineveh），再驅車前往辛賈爾（Sinjar），那裡是信奉孔雀天使（Peacock Angel）的亞茲迪教徒（Yazidis）的家鄉。迦勒底（Chaldean）教堂飄出陣陣焚香的煙霧，有些教堂的歷史幾乎可以追溯至西元年之初，令瑪麗憶起她天主教的童年。有天晚上，她坐在一座古老修道院的屋頂上，看著城市的燈火在二十英里外閃爍。滿月高掛空中。北方山脈的另一頭是庫德族人的領地，名義上仍是伊拉克國土的一部分，但已經不再受政權控制。一些孩子為瑪麗和她的朋友搬來床鋪，讓他們睡在星空之下。回到巴格達後，她晚上都在格里布度過。有家庭邀請她到家中作客，好讓他們能更無拘無束地交談——她愛伊拉克人的熱情好客，和他們對可信賴的外國人的直言坦率，這點在國際制裁實施、讓許多人轉而反對西方後更顯珍貴。她待得愈久，就愈了解且深愛伊拉克，使命感也愈來愈清晰。

一九九二年八月二十六日：我們身為在伊拉克的西方記者，一如在任何其他地方，應該做的是試圖讓民眾了解當地。對多數美國人而言，這裡現在是神祕與暴力之地。每當我說我人在伊拉克，我的家人總是十分擔心，不相信我說巴格達是我在世界上最喜愛的城市之一。可是你們是個難以向外人解釋的民族，是個極端的民族，極度強悍又極度多愁善感。

她草擬出一本著作的提案，不只是關於這場戰爭，更描寫她更廣泛的經歷，以及與海珊政權資深成員的接觸，可是她在《週日泰晤士報》的編輯群想要新的報導。與伊拉克藝術家和知識分子有所互動很好，可是她的報導在哪裡呢？她無法準時交稿，人在倫敦卻仍拒絕現身新聞編輯室，向報社報帳時也毫無章法，這些都愈來愈讓編輯感到灰心。有時，她會躺在巴格達飯店床上，想著她該如何是好。

一九九二年九月某日：在床上抽菸，暖意讓思緒模糊。我待得愈久，就愈想要繼續住下來。對於難以書寫這裡的任何事物愈感到沮喪，我愈想要在這裡生活。有狗在吠叫，是在白天從未見過的狗群。隔壁房間傳來阿拉伯音樂。貌似愈不可能用文字捕捉任何有意義的事物，我就愈想直接辭職，過著任何吸引我、令我著迷的生活，能讓一切我拋諸腦後、看似非常重要的事物逐漸消失。甚至不是想要逃離我拋下的種種，我純粹想要擺脫它們。

對《週日泰晤士報》來說，瑪麗與格達費上校的連結是一大利益。這位最高領袖從未忘記他們的第一次訪談，瑪麗通常也能靠他吸引到一群讀者。甚至在雷根卸任之後，西方仍普遍視格達費為恐怖分子，因為他資助異議的巴勒斯坦團體，還習慣派遣暗殺隊到海外謀殺「流浪狗」——這是他對他流亡的反對者的稱呼。他當時在英國成為重大新聞的主角，因為他聲稱參與了一九八八年，在洛克比（Lockerbie）上空擊落泛美航空（Pan Am）一〇三號班機的行動，導致兩百四十三名乘客和十六名機員喪生，並且協助愛爾蘭共和軍配備武器。他古怪的服裝和瘋癲的發言，讓他成為精彩的報導素材。

儘管如此，瑪麗和格達費的關係並沒有讓她更容易要求利比亞的官僚體系發給她簽證。因此，在一九九二年，聯合國基於格達費無法將洛克比案的嫌疑人歸案受審，而對利比亞實施國際制裁後不久，她偽造一封電報，寫著「你已受邀至大利比亞阿拉伯人民社會主義群眾國」，並買了一張飛往的黎波里的機票。她穿著整潔講究的妮可法西牌（Nicole Farhi）套裝，看起來就像是出差的商人。她是從羅馬起飛的班機上唯一的女性乘客。他們試圖在機場遣返她回馬爾他（Malta），經過短暫爭吵後，她成功說動對方，順利入境。她說，領袖弟兄（Brother Leader）正在等待她的來訪。當時正逢節慶假日，所以他們打電話到格達費辦公室時，無人接聽來否認瑪麗的說詞。她在一間飯店辦理住宿手續。幾天過去。接著又拉長到幾週。愈來愈多記者出現。有人告訴他們，格達費染上扁桃腺炎，無法說話。瑪麗在等待期間拜訪外交官員。「斯特連費洛（Stringfellow's）最近如何？那喬治・貝斯特（George Best）[1]呢？」一個利比亞門路問她，亟欲炫耀他對倫敦夜總會和英國足球的了解。瑪麗很習慣打發她不願接受的搭訕追求，但在這趟旅程，她讓自己陷入危險的情況。有個男人表示，只要是私下在他家中，他會開誠布公地談論利比亞政權。「這次我人生最接近被強暴的一次——打架時，他的力氣變得非常大。」她在日記裡寫道。幸好她的力氣也不小。

愈來愈多記者出現在利比亞，最高領袖卻沒有指示情報部官員該如何是好，於是他們試圖分散注意力，將記者送上巴士。「只有在利比亞，巴士會停下來向警察問路，詢問如何前往自發性的示威遊行現場。」瑪麗筆記。他們在五一勞動節造訪全國人民社會工作委員會（General People's Committee for Social Work），這場集會是為了強調格達費稱之為「國際欺騙勞工日」的節日。官員只希望這些問題人物遠離，於是他們把記者載出鎮外，強制他們在薩伯拉達（Sabratha）的廢墟野餐，接著籌畫一場「道別晚餐」，在晚宴上冗長地朗誦阿拉伯詩歌，希望這些不請自來的客人能夠因為太過無聊而屈服。官員表示，如今所有的許可都已經取消，任何離開飯店的記者都會遭到逮捕。可是，這些威脅並沒有強制執行，因此人數愈來愈多的記者群繼續在鎮上閒晃。他們確實得知一則消息：一架從喀土穆（Khartoum）起飛、載著阿拉法特的飛機，在一場沙塵暴中，墜機在利比亞沙漠。短時間內，巴勒斯坦領袖似乎有可能已經喪命。但他存活了下來，貌似只有些皮肉傷和瘀青。瑪麗因為有巴勒斯坦的人脈，比多數記者都取得更多細節。

《週日泰晤士報》的國際版編輯約翰·維瑟羅相當失望。他在的黎波里的通訊記者沒有太多產出。瑪麗在電話中和他聊天時說道，那裡的記者頻頻被官員搪塞打發，碰巧提及指派給BBC通訊記者凱特·亞迪（Kate Adie）——當時最著名的英國電視記者——的政府隨行人員所遭遇的挫折。維瑟羅要求瑪麗寫一篇有趣的稿子，描寫凱特因為拚命想取得報導，如何逼得她的隨扈緊張得幾乎崩潰。瑪麗不願意——她認為這個主意違反姊妹情誼又不專業。此外，凱特已經收到死亡威脅。約翰告訴瑪麗，她在利比亞是替《週日泰晤士報》工作，她別無選擇，必須寫他委託的稿子。「覺得自己很卑鄙。」她在日記裡寫著，「但約翰堅持。」報導刊出那天，凱特淚眼汪汪到瑪麗的飯店房間找她。「妳是我的夥伴，」她說，「卻被人利用了。」遵從《週日泰晤士報》所有人魯柏·梅鐸的命令（他是出了名的討厭合作），編輯群否認他們刊登反BBC的報導，但未能消解外界的猜疑。瑪麗感覺糟糕透頂。她考慮離開報社。這樣的報導無法讓她自豪。她下定決心，這會是她最後一次默許這樣的事情發生，但一段友誼已經因此決裂。凱特·亞迪再也沒有和她說過一句話。

在她抵達當地將近一個月後，經過在格達費出生地蘇爾特（Sirte）的一座帳篷裡的戲劇性記者會，以及無數次懇求官員、和他們共進晚餐，瑪麗總算被傳喚到的黎波里的阿齊齊亞軍營。她被引領到一間巨大的接待室，房內塞滿路易十六風格的家具，掛著厚重的窗簾。她注意到，除了一位僕人端來柳橙汁，那裡空無一人。格達費現身時，穿著一件變形蟲花紋襯衫，外頭罩著一件稱作「傑爾德袍」（*jerd*）的傳統利比亞長袍和一條羊毛毯。很難讓他說出任何有新聞價值的話，因為他一心只想談論《綠皮書》

1 譯注：喬治·貝斯特（1946-2005）為北愛爾蘭職業足球員。

（*The Green Book*），那是他的一本語錄，概述他治理國家的第三普世理論。（一名助手告訴瑪麗，格達費是在躺在一間黑暗的房間中、用毯子蓋住頭，長達幾個星期的過程中，想出這個理論。）他不斷把話題轉回她身上。「妳的血還好嗎？」他問瑪麗這個古怪的問題。「妳還記得我曾經要妳穿上一件利比亞洋裝嗎？」最後她成功逼他表態，說他不會提供英國政府任何關於他協助愛爾蘭共和軍的資訊。他也不會交出有擊落泛美航空一〇三號班機嫌疑的利比亞人。

訪談後的隔天早上，一名男子帶著一份小包裹到瑪麗下榻的飯店。那是一本《綠皮書》，題字寫道：「給瑪麗．柯瓦，致上最好的祝福，穆安瑪爾．格達費贈。」

二十年來，格達費不僅是《週日泰晤士報》的新聞來源，更是軼聞趣事的泉源，有幾則可能愈講愈鮮活生動。瑪麗非常擅長說故事。一九九二年那趟出差，一次訪談後，她在日記中做筆記：「瑪格麗特——如果她愛我，請她穿綠色的衣服表示。」又補充：「我愛她。妳有她私人的傳真機號碼嗎？」格達費指的似乎是國務院發言人瑪格麗特．塔特懷勒（Margaret Tutwiler）。瑪麗在事後描述這件事時，她說格達費向她要塔特懷勒的私人號碼，告訴瑪麗要轉告塔特懷勒，在電視上穿綠色的衣服，來傳送暗號給他，回應他的愛意。之後幾年，他用類似的說辭，向瑪麗提起馬德琳．歐布萊特（Madeleine Albright）。歐布萊特在一九九七年成為美國國務卿。他顯然迷戀強勢的女性，瑪麗本人也包括在內。

提起另一則她最喜愛的軼聞時，她會講述某次訪談過後，她在半夜被她飯店房門的敲門聲吵醒。她打開門，看見一名高䠷的歐洲女子，身穿完整的護理師制服和護士帽，還有一名矮小的利比亞男子，身高只到他同伴的臀部左右。有人告知瑪麗，這是格達費的私人護士，因為最高領袖認為瑪麗在訪談時看上去十分疲勞。「我保加利亞人。能抽血嗎？」護理師說，抽出一根巨大的皮下注射筒。瑪麗知道她無法拒絕格達費，於是支支吾吾地說服護理師，等到隔天下午她沒那麼累時，她再回來替她抽血會比較妥當。隔天早上，她到櫃臺辦理退房手續，打算就此離境，但飯店員工已經接獲嚴格指示，不得歸還她的護照。「幸好，」多年後，她在一篇關於她和領袖弟兄的關係的文章中寫道，「阿拉法特又來城裡見格達費。阿拉法特的菁英保鏢一七部隊（Force 17）的成員決定在等他到場時，到飯店喝杯咖啡。他們走進大廳時，看見我鬱鬱寡歡。」他們知道「梅莉」備受他們主管喜愛，於是從接待員手中奪回她的護照，載她到機場，還目送她平安登機。「再下次去利比亞時，我非常緊張。」瑪麗寫，「但格達費在訪談一開始，真的邊拍打他的大腿，邊大笑說：『記得上次我想要替妳抽血嗎？』」

瑪麗當時的報導鮮少透露這些細節。那時的記者還不流行充當自己報導故事中的主角（在酒吧時除外），她可能也害怕破壞未來的聯繫。她也沒有成功深入報導格達費統治下違反人權的行徑，主要是因為利比亞人太害怕發聲。她知道他靠著古怪的穿著和外貌來吸引外國人的目光，也很快看穿他是住在帳篷的沙漠貝都因人的神話，可是她從未調查他的反對者所遭受的政治謀殺和失蹤事件。《週日泰晤士報》就像其他報紙，比起格達費在國內施加的專制殘酷行徑，他們對格達費對外呈現的古怪可笑形象更感興趣。

*

「不想念倫敦。在國外工作，生活似乎更緊鑼密鼓。倫敦的景象正在記憶中消失。」瑪麗在的黎波里如此寫道。不過，當年的春夏，她在出差間的空檔待在諾丁丘時，全心投入沒有派翠克的生活，加入新的朋友圈。她和電視製作人珍・邦漢・卡特（Jane Bonham Carter）一起去義大利，人們通常都叫她ＪＢＣ。這是她們多次在拿坡里南邊的布森托（Bussento）度假的第一次，借住在ＪＢＣ的祖母建造的一間屋子裡。這棟房子有壁畫、附噴水池的庭園，和一座可以俯瞰綿延至下坡河邊草坪的陽臺。ＪＢＣ出身歷史悠久的自由黨（Liberal Party）政治世家，家族成員包括赫伯特・亨利・阿斯奎斯（Herbert Henry Asquith）——第一次世界大戰開打時的英國首相。在布森托，她們會陪伴ＪＢＣ的父親馬克，他是一位自由黨的上議院議員，也是出版人和藝術作品資助人。瑪麗備感緊張，彷彿登上審問臺。在大學時，她總是受耶大的菁英階層吸引，但這是貨真價實的貴族菁英。她喜愛和馬克聊天，但擔心自己跟不上。「你會覺得自己需要在午餐前多讀點書。」她在日記中寫道，「他可能會測驗你，要你提出深入了解的獨立意見，主題從南斯拉夫到英國新聞法規，應有盡有。」但瑪麗其實不需要擔心——馬克認為她的談話十分有趣。他曾在二戰時上過戰場，並在墨索里尼垮臺後逃出義大利的一座戰俘營，因此他喜愛討論兩人不一樣的衝突經歷。

她也認識了蘿希・波伊考特（Rosie Boycott），她是女性主義雜誌《多餘的肋骨》（*Spare Rib*）創辦人，現在擔任雜誌《紳士》（*Esquire*）的編輯。此外，她還認識了作家詹姆斯・福克斯（James Fox）、時尚設計師貝拉・佛洛依德（Bella Freud）和記者海倫・費爾汀（Helen Fielding），後者不久後就會因為寫出《ＢＪ單身日記》系列小說而聲名大噪。她在格魯喬俱樂部和一九二餐廳認識的朋友柴克・查賽和梅莉莎・諾斯，邀請她到諾丁丘非常寬敞的公寓作客，那座公寓是他們向畫家大衛・霍克尼（David Hockney）購買的。貴族菁英、藝術家、電影工作者、政治家和詩人——她在這時期認識的朋友是那種報紙上會提及的人物，而不是記者。她在倫敦最要好的朋友是珍・韋爾斯萊（Jane Wellesley），她經營一間製片公司，為英國和美國電視臺製作戲劇和紀錄片。珍是第八代威靈頓公爵（Duke of Wellington）亞瑟・瓦勒里恩・

韋爾斯萊（Arthur Valerian Wellesley）的女兒，因此她在官方上是珍女勳爵，但很少使用她的頭銜。這兩位女性在許多方面天差地別——瑪麗個性熱情，公開分享她的情緒，而珍則不喜歡談論私事——但是她們卻發展出長久的親密友誼。珍並沒有取代卡崔娜的位置，但將會變得同等重要：她是一個擁有不同感覺，但志同道合的靈魂，也是個可靠忠誠的摯友。

派翠克大多數的時間都在報導波士尼亞剛剛開打的戰爭。聽到她說她總算想要離婚時，他掉下眼淚，但兩人都知道這天終究會到來。她見了幾個老朋友，包括美僑飯店幫的查理斯．理查茲（Charles Richards），他在羅馬待了兩年之後，即將要回到倫敦擔任《獨立報》的中東新聞編輯。如今他已經結婚，妻子蒂娜（Tina）懷有身孕。她很羨慕他實現的安穩生活。「看到他如此快樂驕傲，我深深感到難過。」她在日記中寫道。看見婚禮，提醒的不是她的失去，而是她憤恨地認為她從未擁有過的東西。某晚，她和馬克．邦漢．卡特談到成功的意義。他說自己失敗無成，因為他一直渴望取得政治權力，但從未成功。「不過，他擁有家庭，擁有完滿的生活。」瑪麗心想。

瑪麗別無他法，只能沉溺在晚宴、派對、飲酒和偶爾吸食古柯鹼的單身生活中，並尋找新的對象。那年夏天，瑪麗和朋友會在全球酒館聚會好幾個小時，那是一間空間狹小、炎熱黏膩的西印度群島低級酒館。酒館位在地下室，播放雷鬼音樂，有個郵票般窄小的舞池，瑪麗覺得那裡瀰漫著「紐約下東城的破舊氛圍」。有天晚上，她帶約翰．維瑟羅去那裡。他們走進酒館時，一名身材魁梧的男子在樓梯間，拿著一把刀逼近他們。約翰憑直覺把瑪麗推到他身後，在那名男子奔跑經過時保護她。在那之後，他不斷聽到瑪麗提起這件事。「嘿，約翰，」瑪麗會用她的紐約口音叫他的名字，說道，「還記得那天晚上你救了我一命嗎？你好英勇！」全球酒館徹夜營業，因此客人會在晚餐後陸續抵達。「酒館散發著濃烈的毒品氣味——你只是走進大門，就會感到神志恍惚。」詩人亞倫·詹金斯（Alan Jenkins）回憶當時情景，「客人彼此擠坐在這些長椅凳上，靠在木桌旁，座位不舒服到令人難以置信，就像教堂的長木椅。音樂震耳欲聾，我們得大吼才能交談。」多數的夜晚，亞倫都會和另一位詩人米克·伊姆拉（Mick Imlah）一起出現。他們常常在那裡見到JBC，有時還有她的父親馬克，以及珍·韋爾斯萊、艾莉克斯·舒勒曼（Alex Shulman）——她剛獲派擔任《時尚》（*Vogue*）雜誌的編輯。另外，也時常看見貝拉·佛洛依德的父親——畫家盧西安·佛洛依德（Lucian Freud）——帶著他的年輕男友和寵物狗。幾年前，亞倫曾在格魯喬見過瑪麗，但他們從未認真交談。他們在全球酒館遇見的那晚，兩人一拍即合。

瑪麗又擔心了起來。亞倫聰明絕頂，但生性低調——這位詩人寫的不是國際事件，而是愛與失去，以及日常生活。她感覺他彷彿來自另一個世界。

> 一九九二年六月十五日：和亞倫·詹金斯共進晚餐。很緊張。他遠比我更加聰明，熟知我希望我也能懂的詩歌和文學。有天深夜陪我從全球酒館散步回家時，他引用了奧登（Auden）的詩，抑揚頓挫十分優美，我對葉慈不足為道的認識無法比擬。

他們會坐在她的公寓裡直到凌晨，喝著傑克丹尼威士忌，聽音樂，分析歌詞，就像青少年一樣。他們爭論以色列議題。他曾參加過那裡的一場詩歌節，印象相當深刻；但從她口中得知的巴勒斯坦起義和法定權利說服了他，相信自己在當地受到誤導。他甚至熱愛航行，也了解船。他們常在附近的一間義大利餐廳吃飯，瑪麗會點墨魚燉飯。「妳看起來就像印刷工的助手。」看她擦掉手指上的黑色墨魚汁漬時，亞倫如此說著。

長達幾個月，他們根據瑪麗在伊拉克的經歷，合作撰寫一部電影劇本。兩人幻想著茱蒂・佛斯特（Jodie Foster）會扮演年輕女記者的主角角色，她深入了解伊拉克文化（頗像瑪麗），和一名武斷的男性記者有著一段爭吵不休的感情關係，對方大多數時間都耗費在聽取大使館的簡報，而沒有體驗真正的伊拉克（有點類似她對派翠克的看法）。核子戰爭即將到來，結果茱蒂身為越戰知名戰場英雄的父親（或許是改編自瑪麗自己的爸爸？）將被徵召進入美國軍隊，而她和父親的關係疏遠。當他搭著直升機出現，在戰爭開始前逼迫她離開當地，情節就變得愈來愈離奇。她說服他將轟炸機掉頭，但仍有一臺已經出發，擊中拉希德飯店，一名接待人員因此喪生。（現實生活中，有臺美國轟炸機確實攻擊過拉希德，也殺害了一名瑪麗認識的接待員。）有些戲劇化的是，中間出現漢默恐怖片（Hammer Horror）式[2]的古怪劇情轉折，將亞茲迪教徒營造成邪惡信徒的形象。儘管如此，這部劇本十分發人深省。伊拉克是刻劃心理的劇情背景，其中的女主角——唯一能看見真相的角色——試圖抵抗男性權威，來阻止戰爭發生，先是以她記者愛人的身分作為象徵，接著是她的父親。這個故事是關於一位受到信任和認真看待的女性。不過，更重要的是，男性必須接受他們錯了，而她才是對的。除卻心理學的部分，多杯威士忌下肚後，瑪麗和亞倫開始幻想這部劇本會讓他們致富。她將劇本寄給某位她先前認識、在好萊塢工作的人士，附註寫著「請寄支票」，而那是他們最後一次聽到那部劇本的消息。

2 譯注：漢默製片（Hammer Film Production）是活躍於一九五〇年代的英國電影公司，以彩色電影重製德古拉吸血鬼等許多歌德式恐怖電影，風格血腥情色。

她和亞倫有時會做愛。先前和哈里勒是段稍縱即逝的戰時戀情，但瑪麗並不害怕去想，這段感情是否能有更多發展。她愛亞倫的英倫氣息，愛他的「過大寬鬆雨衣、襯托他雙眼的綠色襯衫」，但她還沒有做好準備。

一九九二年六月十七日：簡直不可能調整好我的感受。關於亞，這是自從遇見派以來，我第一次如此興奮，可以感受到對某人的慾望，想要見他、待在他身旁，就是那種他不在妳身邊就無法滿足的感覺。與此同時，當我見到派，我又會陷入舊時的愛戀之中。

至於亞倫，他仍然在和另一名女性交往，無法回應瑪麗渴望的明確熱情。然而，他會成為她的摯友之一，她餘生都會信任他。

就像她和卡崔娜以在耶大舉辦最狂野的派對為傲，瑪麗發誓在諾丁丘也要這麼做。「瑪麗總是會舉辦非常好玩的派對。」艾莉克斯．舒勒曼回憶。「你永遠猜不到誰會出席——現場會有不請自來者，人們偶然認識彼此，一起喝醉用藥。一直到凌晨一點半，門鈴都仍然會響起，客人也還會增加。派對會持續到天亮。」偶爾會有人打架，或至少出現打架的前兆。一群派對的中堅人物（瑪麗總是其中之一）會不斷喝酒、跳舞、聊天，直到所有其他人都已經離去多時。「她往往是派對的核心。」一名朋友說。她自然散發著一股危險氣息，一種玩得「太過火」的潛在可能，總是讓受她吸引的人興奮不已。有時，她的聚會上會出現像巴薩姆．阿布．夏里夫這樣的朋友，讓倫敦名流感到十分刺激，畢竟他們不習慣和曾是以色列信件炸彈受害者的人一起啜飲威士忌。

瑪麗在她的日記中寫道：「我想好好整頓我的生活，一片片重新拼湊，彷彿我能靠著某種方式讓生活的碎片再次完整。」倫敦的友誼讓她成功辦到這件事，尤其是和女性的友情。她和珍・韋爾斯萊總是陪伴在彼此身邊。瑪麗經常從國外打電話給她，而瑪麗在倫敦時，兩人每天都會談天。有時她們會去劇院或是參觀展覽，但通常她們只是一起消磨時間和聊天。珍是一大群朋友中的核心人物，給予瑪麗一般人可能是從家庭獲得的安全堡壘，成為她的避風港。兩人時常一起大笑，逛街買衣服，上一分鐘還在聊誰在和誰約會，下一分鐘又聊政治或書籍。瑪麗從未認為，她富有冒險精神的職業，比支持她朋友的生活和工作更加重要。

「她允許你做自己。」亞倫・詹金斯說，「我立刻完全愛上的是這種她無條件喜歡你的感受——你會感覺她永遠不會收回她的感情。她會以某種方式陪伴你、支持你。她有種敏銳的感知，會立即確認兩人是否在相同的頻率上。她讓你感覺你有東西能夠給予，而她總是很感興趣。」

*

瑪麗待在以色列和占領區的時間已經減少，但在一九九三年九月，當地的新聞重回熱門議題之列。經過長達數個月在挪威的祕密對談，以色列和巴解組織已經簽署奧斯陸協議，標誌著後來被稱作中東和平進程的開端。巴解組織承認以色列，並且宣布放棄恐怖主義；而今以色列將承認巴解組織，開始從加薩和部分的約旦河西岸地區撤軍，讓位給巴勒斯坦自治政府（Palestinian Authority）。其他的複雜細節將會留待協商尾聲時討論，諸如關於猶太屯墾區、耶路撒冷的地位界定，以及一九四八和一九六七年被迫逃離他們家鄉的巴勒斯坦人，未來該何去何從。「那時，」瑪麗寫，「等同於中東的柏林圍牆倒塌。」

瑪麗在其中扮演了小小的角色，介紹她的以色列朋友——從軍事情治人員轉任記者的烏濟·馬奈密——給巴薩姆·阿布·夏里夫認識。經歷過戰爭下的生活，兩人都深信，雙方的和解是唯一能夠向前邁進的方法。烏濟的文章是在希伯來文媒體上的首批報導之一，去呈現巴勒斯坦人不全都是恐怖分子，他們的理想也應該列入考慮之內。這兩人相處得非常融洽，甚至合寫了一本回憶錄《最好的敵人》（*The Best of Enemies*）。

瑪麗在一九九二年十二月時，已經察覺到事態正在轉變的跡象。當時她訪問以色列總理伊扎克·拉賓（Yitzhak Rabin）——一位嗓音沙啞的前任士兵——他指出，他認為以色列應該停止妖魔化巴解組織，並和他們交涉協商。拉賓生硬的軍人舉止，是他取得以色列人信任的關鍵，因為他們對軍人敬畏有加。「我見到他時，他甚至沒有向我打招呼。他只是點了點頭，坐在他的辦公桌後方。」瑪麗在一篇報導中寫道。他們在抽菸時建立起交情。「在電視上出現時，他看起來非常想要離開鏡頭去抽根菸。」

然而，拉賓要說服以色列人，他們這麼做並不是向恐怖主義低頭，仍經歷艱辛的努力。「我不會試圖為巴解組織塗脂抹粉，」奧斯陸協議公開後，他對他的工黨說，「但你不會和朋友講和，而是要和你不喜歡的敵人談和。」五萬名右翼的以色列人在他的辦公室外，大喊「懦夫！懦夫！」來回應他的決策。巴勒斯坦方的輿論持反對意見，瑪麗的朋友拉米絲·安多尼也在其列，認為這份協議是向以色列投降。不過，阿拉法特知道，他必須有所作為，來滿足發起巴勒斯坦起義的青年。他們受到激進的伊斯蘭主義運動哈瑪斯（Hamas）吸引——哈瑪斯是以色列人種下的遠因，讓他們成為巴解組織的對手。阿拉法特在利比亞沙漠墜機後愈來愈虛弱，雙手和下唇時常顫抖——阿拉法特相信這是他唯一的機會，收復至少部分巴勒斯坦人失去的土地。

瑪麗搭機前往華府，親臨後來被稱作「白宮草坪上的握手言和」現場。在比爾．柯林頓（Bill Clinton）總統和全球各地的電視攝影機面前，拉賓和阿拉法特簽署協議。所有人都深切意識到，他們正在寫下歷史。瑪麗的巴黎朋友茱蒂．米勒也在報導這場典禮。她雀躍走向瑪麗，告訴她一個好消息，她和她的伴侶已經決定要利用這麼多朋友人在華府的機會，在下週日結婚。這是個工作戰勝友情的時機。阿拉法特邀請瑪麗，和他一起搭機回突尼斯。「我說，這很重要，瑪麗。我等待這一刻好久了。」茱蒂回憶，「但我早就知道她無法拒絕阿拉法特。我一半想頑皮地鬧她，一半又感到受傷，但完全不意外。」

瑪麗報導，在返回突尼斯的波音七〇七班機上，滴酒不沾的阿拉法特並沒有喝供應的香檳。「這或許是我一生中最重要的事件。」他一邊若有所思地說，一邊拉下他黑色及踝靴的拉鍊，往後靠向紅色皮革扶手椅，戴上遮光眼罩。他的保鑣蜷曲躺在他旁邊的地上。他們告訴瑪麗，在飛往華府途中，他們很擔心這是個陷阱，美國特勤局會逮捕他們。「我們非常驚喜，」其中一人說，「他們對我們非常友善。」

回到突尼斯，所有人都排隊想會見巴勒斯坦領袖，比如先前會對訪問一位「恐怖分子」猶豫不決的美國電視網、想要和新的巴勒斯坦自治政府談生意的歐洲商人，以及想在家鄉謀取閒職的流亡巴勒斯坦人。阿拉法特主要的擔憂之一，純粹是生命安危問題——以色列人可能不再會籌畫暗殺他，但反對奧斯陸協議的激進阿拉伯領袖會如此打算。一位著名的倫敦作家經紀人吉倫．艾特肯（Gillon Aitken）已經接受瑪麗的提案，撰寫一部獲得授權的阿拉法特傳記。因此，她想要盡可能待在巴勒斯坦領袖身邊，但阿拉法特突然決意，他對她最近撰寫的一些內容不滿，於是拒絕和她見面。她不敵焦慮，一天抽三包菸。阿拉法特的助手很同情她——其中一人甚至帶瑪麗去騎馬，分散她的注意力——但「老頭」

（他們都這麼稱呼他）非常固執。瑪麗花了幾週，才贏回他的好感。

大約在此時，她有機會認識巴勒斯坦領袖的妻子。阿拉法特很喜歡說「我已經和巴勒斯坦結婚」，但在一九九〇年，他祕密娶蘇哈・塔維勒（Suha Tawil）為妻。她是一個身材豐腴、一頭金髮的巴勒斯坦基督徒，年紀只有他的一半，通常會被稱為他的祕書和口譯員。他們的婚姻公開時，瑪麗並不驚訝——幾個月前，在某趟航程，她注意到他們兩人脫下鞋子，在保鑣睡著時勾腳調情。瑪麗和巴薩姆・阿布・夏里夫的友情讓她得知許多祕密。「她經常待在巴薩姆家。」蘇哈回憶，「那時我正在和亞西爾交往，巴薩姆也知情，但這個祕密尚未公開。有天晚上，我到場時，他和瑪麗播放一首歌，唱著：『那女孩一頭金髮，我墜入情網，我不知所措！』接著所有人都開始跳舞！」

阿拉法特結婚時，瑪麗觀察到，他身旁的人表現出「情人般的醋意」。「他們的男性世界遭到擾亂，因為阿拉法特實際公開認可了一位女性。」於是他們用不信任來回報。阿拉法特過著嚴格自律的生活，但蘇哈是在中產階級的巴黎市郊長大，期望某種程度的物質享受，匹配她在公認的巴勒斯坦國的第一夫人身分。「她已經嫁給一位總統，也喜歡走紅毯。」瑪麗寫道，「她想要一間氣派的房子，而不是一個當作他大量隨行人員的留宿客棧的家。」瑪麗報導，助手建議阿拉法特，蘇哈不應該同行到華府參加奧斯陸協議的典禮時，他默默首肯。他們的藉口是，看見她穿著巴黎時裝，與柯林頓和拉賓夫婦親切交談，在加薩瀕臨死亡的巴勒斯坦人會感到冒犯。蘇哈披上「一件高雅的猩紅色衣服，點綴著鑲嵌寶石的鈕扣」，並邀請一位CNN通訊記者到**她的宅邸**觀看這場典禮，藉此報仇雪恨。她的評論從她在突尼斯的房子現場公開轉播。

丈夫時常旅行，而他的助手又密謀對抗她，蘇哈時常感到寂寞，於是十分歡迎瑪麗的陪伴，兩人也因此成為朋友。在阿拉伯世界，瑪麗總是小心翼翼穿著端莊，但就連她長版的薄亞麻襯衫，也讓蘇哈渴望地評論，表示她的丈夫不會讓她穿這樣的衣服──如果她穿著及膝裙去辦公室，幹部的眼睛會離不開她的膝蓋，彷彿她穿著下流的衣服。阿拉法特或許對巴勒斯坦人來說是個英雄，對國外的世界則是個神祕的謎。可是，在蘇哈眼中，他就像任何一位丈夫；他叫她伊美黛・馬可仕（Imelda Marcos），因為她擁有太多雙鞋子（「但我只有八或十雙！」），他也抱怨她準備出門的時間太長。「他就像一名脾氣不好的老單身漢，和一位明亮年輕的少婦一起生活。」瑪麗心想。身為他妻子的壓力有時會讓蘇哈沮喪，但是，「幸好我們彼此相愛。如果我不愛他，這世界上沒有任何事情會讓我過著這樣的生活。」

蘇哈也可以幫助瑪麗。某天深夜，瑪麗從她在突尼斯希爾頓飯店的房間撥電話。一位巴解組織中央委員會的成員喝醉，猛敲她的房門，要她開門。蘇哈記得聽見他大吼「梅莉！梅莉！讓我進去！」蘇哈叫她等一等。「我說，我會派我的保鏢過去──我的軍隊！」起初，她的總保鏢說他不敢去，因為在瑪麗門口的男性職務位階比他更高，可是蘇哈堅持。「我說，『無論他名氣多大，你都得揍他！』他們去到現場，把那名男子帶回家。亞西爾回國後，我告訴他事情的經過。他把這名男子叫到身邊，說：『梅莉是由我本人保護──如果你膽敢碰她一根寒毛，你就準備吃牢飯吧！』」

據蘇哈所述，阿拉法特從沒有像信任瑪麗那樣，信任過其他記者。「她贏得他的信賴。」她說，「如果他想說些什麼，他只會告訴她。我們覺得她就像我們的一分子，而不是個闖入的外人。」這樣的關係對她的書來說非常寶貴。她為了寫書，勤奮地做大量筆記，但有些在《週日泰晤士報》的同事擔心，她走得離巴勒斯坦人太近。她會逼迫阿拉法特對關鍵議題發表意見，再三追問為什麼巴解組織章程尚未修改承認以色列國，諸如此類的問題，但她尺度拿捏得很好。

瑪麗一九九四年的元旦在突尼斯度過，待在阿拉法特的某個安全藏身屋。珍．韋爾斯萊和米克．伊姆拉也加入她。巴薩姆等人會照例順道來訪，聊天喝酒。他們和阿拉法特的隨行人員一起慶祝除夕，在波美多爾（Pomme d' Or）餐廳享用晚餐，接著在特羅皮卡納（Tropicana）舞廳唱歌跳舞，直到深夜。米克演唱民謠〈俊美的莫瑞伯爵〉（The Bonnie Earl o' Moray），獲得滿堂彩。瑪麗和她的小圈圈一起，和巴解組織強悍的男性們喝酒聊天，迎向中東可能——只是可能——終獲和平的一年。

＊

雙方陣營都有些人試圖讓和平進程脫序出軌。一名猶太極端分子巴魯克．戈得斯坦（Baruch Goldstein）進入希布倫列祖之洞（Cave of the Patriarchs）的易卜拉欣清真寺（Ibrahimi Mosque），射擊在寺中做禮拜的穆斯林，共二十九人身亡，一百二十五人受傷。當時瑪麗人在開羅。她和克里斯．迪奇跳上一臺計程車，搭車十小時跨越西奈，先到以色列度假勝地埃拉特（Eilat），再往北通過約旦河西岸地區，抵達耶路撒冷。隔天，他們和多明妮可．羅赫會合，前往希布倫。當地有數千名巴勒斯坦人上街抗議，不只是因為這場屠殺，也反對和平協議。這又是另一個女性身分帶來優勢的場合。多明妮可和瑪麗說服一名在以色列軍隊工作的巴勒斯坦人，讓她們進入現場。「他說：『戴上頭巾，我會說妳們是我的表姊妹，從澳洲來訪，所以想要進去聖地看看。』」多明妮可記得。兩位記者進入清真寺，和悲痛不已的警衛交談時，工作人員還在用水管清洗牆上的血漬。

拉賓譴責戈得斯坦是個「邪惡的猶太人」和「墮落的殺人兇手」，但巴勒斯坦人要求更果斷對抗屯墾居民的作為，而這位以色列領導人尚未準備好這麼做。有一刻看來，和平進程將毀於一旦，但最終雙方都仍不想放棄。儘管存在種種紛擾，那是個充滿希望的時期。初期協商奧斯陸協議的祕密會議是在美僑飯店舉行，那是猶太人和阿拉伯人少數混雜來往的地點，如今擠滿外交人員、聯合國代表和記者。瑪麗因為經常待在耶路撒冷，美僑飯店的所有人娃爾・維斯特（現已八十餘歲）分配了一間能俯瞰庭院的房間給她。美僑飯店的另一位常客是教士傑洛姆・默菲－奧康納博士（Dr Jerome Murphy-O'Connor），他是一名聖經學者，留著像舊約的先知一樣的白鬍子，偏好娃爾調製的完美琴湯尼，所有人都稱他為傑瑞神父。每個星期天早晨，他都會陪同一群人在耶路撒冷散步，揭穿其他聖經學者和導遊所傳播的神話。（他很喜歡指出，他們走苦路〔Via Dolorosa〕時的方向全都錯了。）娃爾和傑瑞神父是世世代代記者的導師和顧問，聆聽他們的問題，調解他們的糾紛，或只是在他們喝醉時去接送他們回飯店。

美僑飯店的人群中，有一人是胡安・卡洛斯・古米奇歐，許多人都叫他ＪＣ，他是西班牙報紙《國家報》（*El País*）的通訊記者。瑪麗和他是朋友，他也算是個傳奇人物，因為其他人在戰爭期間離開貝魯特時，他仍留在當地，倖存的部分原因是他的啤酒肚、狂野的黑髮和濃密的鬍子，讓他看起來就像一名真主黨成員。他嗓音深沉，笑口常開，會讓人誤以為他是歌劇演員。《每日電訊報》的通訊記者康・考夫林（Con Coughlin）記得，他曾在黎巴嫩戰爭邁向尾聲時，去ＪＣ在貝魯特的公寓看他。「公寓有多扇鐵門，用來保護不被炸彈炸毀。」他回憶，「ＪＣ讓窗戶敞開，一道強風吹入室內。他用最大的音量播放著華格納的音樂，喝得爛醉如泥。」威廉・達令普在他的著作《始於聖山》（*From the Holy Mountain*）中，描述曾詢問胡安・卡洛斯，他不害怕被綁架，或被鏈條鎖在暖氣上嗎？「我結過三次婚了。」他回答，「婚姻和綁架相去不遠。」人們經常用「不同凡響」幾個字來形容他——胡安・卡洛斯對毒品、酒類和性愛的慾望無窮無盡——但他的溫暖和幽默，甚至讓可能不贊同他生活方式的人也喜歡他。在派崔克·考克布恩眼中，他是個福斯泰夫[3]般的人物：「他擁有無限的魅力、精力和創意。」美國記者查理·葛拉斯（Charlie Glass）曾寫：「每次胡安·卡洛斯抵達大新聞——或一場晚宴——現場，就會變成盛大的活動，彷彿果陀終於出現。」他對戰爭和女人神氣勇猛的態度，再加上看似不費吹灰之力就能用三種語言書寫，讓人經常將他和海明威比較。在倫敦的某個週末，康邀請胡安·卡洛斯共進午餐，並詢問他還想見見誰。「瑪麗·柯爾文。」他毫不猶豫地回答。後來，胡安·卡洛斯和瑪麗安排要一起去加薩。那是兩人戀情的開端。

「我以前從沒看過她如此快樂。」亞歷珊卓·亞瓦基恩說，她是早期瑪麗和阿拉法特一起旅行時同行的攝影師。「她完全、瘋狂、深深愛上了他。我想ＪＣ點燃了她的愛火，兩人的親密關係非常美好。他解放了她內心的某種東西。」多明妮可大感意外。「我們以前常說，ＪＣ在美僑飯店的酒吧應該要戴安全帽，因為他常常從椅凳上摔落。他總是醉醺醺的。」當多明妮可問瑪麗她在他身上看見什麼迷人之處，她回答：「他充滿愛又溫暖——我從沒見過這麼深情的人。」派崔克·考克布恩很高興，他世界上最喜歡的兩個人成為伴侶。他們的關係熱情如火，充滿笑聲和共享的美好時光。克里斯·迪奇在貝魯特認識胡安·卡洛斯，也很喜歡他。看見瑪麗再次快樂起來，他感到欣慰。「唯一的疑慮是，我看得出來，這是一段因為酒精而互相依賴的關係。」他說。

幾個月前，瑪麗人在康乃狄克，參加卡崔娜第二次的婚禮。在劇院工作的溫特·米德（Winter Mead）看起來是能讓她朋友快樂的男人。或許她和卡崔娜的生活將再次如鏡射般同步。她打電話給卡崔娜，告訴她她也找到對象了。卡崔娜在某次去倫敦時和胡安·卡洛斯見面。「他是個熱情奔放的人。」

她記得，「他的舉止有些誇張——他會從他的椅子上跳起來，替你在餐桌的另一側拉開椅子，但沒有奉承的意味。他有種慷慨大方的強烈個人特質。」瑪麗把在胡安．卡洛斯公寓晚餐派對，和晚上到鎮上外出玩樂的照片寄給卡崔娜。「他們生活在這不尋常的夢幻泡泡之中——相片中的場景有種奇特的家庭感。」她回憶。瑪麗很少在日記中提到這段關係——她太忙著談戀愛了。

娃爾和傑瑞神父旁觀兩人的互動，心情既感到有趣，又有些擔心。他們認識瑪麗和胡安．卡洛斯已久。所有人都看得出他們享受著多大的樂趣，而瑪麗正在擺脫她和派翠克婚姻的悲傷陰霾。可是，這兩人的結合多變無常，娃爾擔心這段感情最輕微的結局，也免不了一場哭哭啼啼的分手。

＊

阿拉法特延後歸返加薩的時間，據說是因為他正在說服阿拉伯領袖參與和平進程；抑或是，根據瑪麗的說法，因為他對於哈瑪斯的勢力和支持度感到焦慮不安。這個伊斯蘭主義團體已經增加在以色列境內的恐怖攻擊次數，希望能夠摧毀協議。阿拉法特知道，在他流亡的這些年，瑪麗都頻繁造訪約旦河西岸地區和加薩，因此他經常徵詢瑪麗的意見。她告訴他，如果他想要取得巴勒斯坦人的信任，就必須立刻回鄉，但一直到一九九四年七月，他才離開突尼斯，在加薩安頓下來。巴士載著他的代表團從埃及跨越國界時，瑪麗也在車上。他們遇到一群穿平民衣服、戴雷朋牌墨鏡的男子，顯然是摩薩德的情報人員和以色列士兵，他們臉上沒有一絲笑容，登上巴士公然展示權力。他們大吼詢問問題，

3 譯注：約翰．福斯泰夫（John Falstaff）是出現在莎士比亞三部劇作的角色，身材圓胖、喜好享樂。

粗魯地將巴勒斯坦幹部推向一旁。巴解組織的戰士猛然起身，有一瞬間，爭執看似將一觸即發。「從這裡我們就能看出，和平之日仍遙遙無期。」瑪麗表示。

當天街上的氛圍有些壓抑。在阿拉法特飛快的車隊呼嘯駛過加薩坑坑疤疤的道路時，只有一些人聚集在路旁歡呼喝采。他們正前往巴勒斯坦飯店，阿拉法特將在那裡設立他的總部。埃雷茲邊境過境點（Erez Crossing）發生幾次衝突後，以色列人已經禁止加薩勞工進入。失去收入的工人愈來愈沮喪憤怒。哈瑪斯已經將他們的戰士撤離街頭，但這是他們的戰術，而非撤退——他們正在等待時機發動挑戰。阿拉法特知道，如果他無法提供工作機會並讓經濟繁榮起來，巴勒斯坦人會認為推動和平進程是屈服的行為，也會將巴解組織視為賣國賊。而與此同時，哈瑪斯會傳播強而有力的違抗和宗教主張。

加薩讓蘇哈．阿拉法特驚恐萬分。起初，她的丈夫想要住在一間小屋子裡，她認為配不上他的總統身分——兩人妥協後，選擇了一間附有三間臥室的別墅。接著是沒有像樣的美髮師。幾週後，她請人來家裡替她染髮，她的頭髮迅速變成橘色，還摻雜著綠色挑染。瑪麗看到後大笑不止，讓蘇哈也忍不住笑了出來。阿拉法特一直說，她應該戴上面紗，因為加薩是十分保守的地區；現在，她想自己可能會聽話照做，因為她的頭髮實在太難看了。「結果糟糕透頂！梅莉要我在頭髮上敷番茄，那個方法確實有效，我的頭髮變得略帶黑色。」蘇哈回憶。十一月時，瑪麗加入巴勒斯坦團，搭機前往奧斯陸，阿拉法特、拉賓和以色列外交部部長希蒙．佩雷斯（Shimon Peres）將在那裡領取諾貝爾和平獎。蘇哈這次獲准同行。阿拉法特心情快活。瑪麗描述，在瑞典派來的飛機上，飛行員是如何拿起機艙對講機說：「女士先生們，我非常榮幸能夠載到巴勒斯坦總統……」阿拉法特打斷他，「像在巴士後排的男學生，從他的座位大喊：『這裡才沒有什麼女士！』接著，伴隨著飛機上此起彼落的張狂笑聲，咯咯發笑。」阿拉法特坐在瑪麗座位的扶手上，告訴她，要打擊那些反對協議的群眾相當困難，因為捐款人許諾的資金只有非常少數會實際送到他們手上。「我們從零開始，」他說，「我們所有的基礎建設都已經遭到徹底摧毀。」

他們一抵達奧斯陸，就發生許多意外。佩雷斯離開禮拜現場時，面朝下摔倒在地，他的保鏢誤以為他中槍——事實上他只是不慎絆倒，但額頭的傷口必須縫個幾針。阿拉法特意外將自己反鎖在房間內，只好等待兩位挪威保全人員的救援。他在頒獎典禮上看起來相當緊張，瑪麗心想，他身後高大的大理石牆讓他顯得矮小。在典禮結束後的晚宴上，拉賓說，以色列和巴勒斯坦人沒有資格拿這個獎，因為他們尚未言歸於好。「如果我們無法成功確保安全，我們就會繼續協商，直到目標達成為止。」他說。在蘇哈的記憶中，那是個歡樂的場合，一個思索如何戰勝敵意的時刻。「我們和以色列人相處的氣氛融洽，所有人都在分享經歷。」可是在他們的家鄉，猶太屯墾區居民繼續在巴勒斯坦的土地上大興土木，而巴勒斯坦的極端分子仍然在攻擊以色列人。瑪麗相信和平進程能夠發揮效用，但她也能預見未來的困難。

胡安．卡洛斯也在諾貝爾和平獎慶祝活動現場。他和瑪麗決定，要在此時告訴他們的前任伴侶他們的計畫。她已經決定搬家到耶路撒冷，待在他身旁，並且向《週日泰晤士報》請假，來完成她的阿拉法特傳記。胡安．卡洛斯最近的一任前妻阿涅塔．蘭伯格（Agneta Ramberg）是他在貝魯特認識的一位瑞典記者，她冷靜接受這則消息，但派翠克震驚不已。他說，胡安．卡洛斯是個病態不忠的酗酒者，既會嫖妓，又會在瑪麗不在身邊時，立刻追求其他女性。她不需要前夫的祝福，但她以為他會試著更努力來為她感到高興。

瑪麗已經筋疲力盡。一九九四年整年，她幾乎馬不停蹄地工作和旅行，在倫敦、耶路撒冷和她的任何報導地之間來來去去。在她日誌中的某幾頁，寫滿了她在諾丁丘生活的待辦事項（「聯絡窗戶清潔工；星期三和蘿希吃晚餐」）。其他則覆滿密密麻麻的小字筆記，記錄戰爭和遭遇軍閥的細節。她在葉門的前線度過危險的三週，當時有一支南部的民兵部隊，和北方勢力展開一場徒勞無益的戰役。接著，她又飛往紐約，去追蹤一名沙烏地阿拉伯的異議人士，揭發一項取得核子武器的祕密計畫。她分析了哈菲茲·阿薩德關於和平進程的政策，還和軍火商亞德南·哈少基（Adnan Khashoggi）在巴黎共進午餐。九月在布森托與邦漢·卡特一家的度假突然悲痛地停滯不前，因為馬克心臟病發，在她和ＪＢＣ面前當場死亡。他享年七十二歲。瑪麗十分敬愛馬克。他經常帶她到上議院午餐，他們會在那裡爭論當天的重大事件。親眼看見他斷氣令她震驚不已，也無可避免讓她想起自己的父親英年早逝。倫敦的家族聚會，安慰馬克的家人，同時紀念在他們所有人的生命中都是個大人物的馬克。瑪麗陷入兩難——她想要陪在她的朋友身旁，尤其是在這樣的時刻，但她也想要和胡安·卡洛斯待在耶路撒冷。

一九九四年八月二十三日：經歷過漫長的絕望、漫長的黑暗之後，我現在總算能與角落的黑暗共存，而不再占據我生活的全部。

或許，她曾和派翠克共同懷抱的共組家庭夢想，會在這次的新戀情中實現。他年長她七歲，有個第一段婚姻生下的女兒，父女久未聯繫，還有另一個和阿涅塔所生的孩子。六歲的安娜是她媽媽在斯德哥爾摩帶大的。阿涅塔因為擔心胡安·卡洛斯的酗酒問題，自從他們分開後，從未讓小女兒單獨在他家暫住。不過，現在瑪麗在場，讓他更加穩定，她希望安娜可以在學校放假時，和她的父親相處。興奮難耐的安娜前往耶路撒冷，度過耶誕假期。胡安．卡洛斯已經在電話上告訴女兒，瑪麗會「像個媽媽」一樣愛她。儘管安娜年紀小，她仍知道這句話不太正確，因為她已經有一個媽媽了。不過，她很快就確信，瑪麗也同樣愛她。就像她在好些年前和她小妹凱特的相處，瑪麗沒有做出任何改變，就讓安娜融入她的生活。「她很酷。她想了解我，把我當成一個大人來看待。」安娜記得。「我會躺在耶路撒冷的沙發上，我爸爸和瑪麗看著《X檔案》和《淘氣男人》（*Men Behaving Badly*）——我媽絕對不會讓我看這些影集。」他們會玩角色扮演遊戲，安娜在臉上塗抹瑪麗的化妝品，穿著她的鞋子四處走動，發出沉重的聲響。胡安．卡洛斯和瑪麗都不太過問瑪麗的學校作業，但如果她寫了首詩或拍了張照片，他們就會稱讚她的天賦和創意。他們去一座俯瞰加利利海（Sea of Galilee）的牧場騎馬，甚至帶著「小呆」同行，那是一隻他們領養的流浪貓，安娜非常喜歡牠。

「得到我爸爸的關注時，會宛如有陽光照在你身上。」安娜說，「你會感覺，再也沒有人能像那樣愛你。」瑪麗也有同樣的感受。她對胡安．卡洛斯浪漫的拉丁美洲背景深深著迷。他的家族事蹟，讀起來就像出自加布列．賈西亞．馬奎斯（Gabriel García Márquez）的小說。在玻利維亞的家鄉科洽班巴（Cochabamba），他們的親戚網絡錯綜複雜，獲得錫礦而後又失去，還有他說在他年幼時拋棄他的父親。十五歲時，胡安．卡洛斯逃到亞馬遜，接著從玻利維亞流浪到阿根廷，後來因為他的左翼行動主張再到巴西。他的房間裡仍掛著一張切．格瓦拉的照片，桌上放著列寧的半身像。在耶路撒冷，他和他的朋友們，《金融時報》的通訊記者朱立安．歐珊（Julian Ozanne）和《紐約時報》的尤瑟夫．易卜拉欣（Youssef Ibrahim），經常會去飲酒作樂，醉醺醺又興高采烈地回家。在狀態好的日子，他是想像所及最慷慨大方的男子。但如果狀態不好，他便喜怒無常，也攻擊性強。有時，他會帶朋友去一座以色列的靶場，在那裡宣洩情緒，發射數百回的子彈，射擊出奇逼真的人形目標。感受到壓力時，瑪麗都會說，胡安．卡洛斯在「與他內心的惡魔纏鬥」。

有些朋友為她擔心。多明妮可記得，瑪麗曾啜泣著說，前一晚，胡安．卡洛斯在他們去美僑飯店的路途中，用力把她推到牆上。「答應我妳不會嫁給他。」多明妮可說。有次造訪耶路撒冷時，JBC看見他在一間餐廳突然情緒低落，長達兩天拒絕和瑪麗交談。娃爾和傑瑞神父告訴瑪麗，她和胡安．卡洛斯太過相似，難以維持長期的穩定關係。瑪麗歪著頭，瞇著眼，抽著煙，聆聽他們的意見，當成耳邊風。她和胡安．卡洛斯深陷他們自己的幻想之中：他是海明威，她則是瑪莎．蓋爾霍恩。如果她曾考慮過那段關係帶來多少不好的後果，她可能會有所猶豫。但反之，他們決定是時候一起生個孩子了。一九九五年，瑪麗懷孕，但不幸流產。有些人認為，如果她想生寶寶，就應該改變生活方式，但她無暇理會他們；她說，畢竟，她自己的母親在整個孕程都照常飲酒。然而，蘿絲瑪麗第一次懷孕時才二十二歲，而瑪麗如今已年近四十。此外，幾年前，她被確診子宮內膜異位，這個症狀無法徹底根治，也經常導致不孕。在局外人眼中，胡安．卡洛斯和瑪麗要一起養育孩子，似乎是個非常瘋狂的想法。「如果你們在工作，隨時都在旅行，你們要怎麼照顧小孩？」蘇哈問，她也在計畫生兒育女。「壓力這麼大，你們不能生小孩。」

雖然瑪麗渴望也以為，成為母親將會帶給她成就感和安全感，但她不太了解養育子女需要做些什麼。有次安娜和他們待在耶路撒冷時，胡安．卡洛斯在一場派對上爛醉如泥，而瑪麗——自己也不完全清醒——一氣之下，拋下他逕自返家。派對上沒有人負起責任，於是當時七歲的安娜得幫忙她的父親，搖搖晃地搭上計程車回家。瑪麗怒氣未消，似乎沒有察覺到安娜的需求，好幾天都拒絕和胡安·卡洛斯交談。「我必須試著修補他們的關係。」安娜回憶，她沒有告訴她母親發生了什麼事。「我告訴我爸，我們應該去買些好東西給瑪麗。先是買花，後來又買了只戒指。我想他們完全忘記，我還只是個孩子。」她聽到他們為所有事情爭吵，但主要是因為胡安·卡洛斯的酗酒問題，兩人對吼著「去你的！」直到憤怒平息，那時就會改說「我愛你」。兩人都互相怪罪，從未探究他們吵架的根源，也沒有試圖改變這樣的互動模式。

*

和平進程蹣跚前行，每向前一步，就有相對應的挫敗出現：一起恐怖攻擊、二十五萬名猶太屯墾居民示威抗議，或是人人都以為某個協商的細節已經解決，後來卻被某一方推翻。瑪麗站在耶律哥（Jericho）等待阿拉法特現身的人群中，所有人都在拍手、吹口哨，並且不斷高喊「阿布·阿瑪爾！阿布·阿瑪爾！」。此時，他的護衛隊大聲叫喊，士兵將他舉起，好讓民眾可以看見他們的英雄。有人對空鳴槍，他的保鏢陷入恐慌，趕緊催促他進入附近的一棟建築物裡。阿拉法特時時刻刻都處在危險之中，甚至如今他身旁都是自己的同胞，也無法倖免——或說現在可能尤其危險。「我們會繼續守護勇敢人民的和平安全。」他說，一如他一直以來的作為。

拉賓並沒有意識到，自己的同胞也可能帶給他危險。他的政治對手班傑明·納坦雅胡（Benjamin Netanyahu）號召尖刻的右翼以色列人上街遊行，他們不僅反對和平進程，更說拉賓是個納粹黨人，不斷高聲詛咒他死，但沒有人當真——畢竟，猶太人永遠不會殺害另一個猶太人。一九九五年十一月六日，拉賓在特拉維夫一場大規模的和平遊行上發表演說。「我曾從軍二十七年。只要沒有機會談和，我必定會發動戰爭。」他對多達十萬人的群眾說，「我相信此刻有促成和平的機會，這是個絕佳的機會，我們必須好好把握。」當他走下市政廳的階梯，準備上車時，一位名叫伊加勒・阿米爾（Yigal Amir）的年輕宗教學者向他發射致命的三槍。拉賓沒有穿著防彈背心，毫無倖存的可能。

瑪麗聽聞這則消息時，正在美僑飯店吃晚餐。在她撰寫阿拉法特傳記期間，《週日泰晤士報》指派她的朋友烏濟・馬奈密擔任中東通訊記者，但此時她也被調回新聞報導工作的崗位上。她和同事喬恩・斯偉因（Jon Swain）共同撰寫了一篇長文，有部分內容是根據和伊加勒・阿米爾的同學的對話。他們告訴兩人，他不僅是極右派團體的成員，以前就曾在被他的女友拒絕後不久，試圖謀殺拉賓。

《週日泰晤士報》，特拉維夫，一九九五年十一月十二日

如今他變得無法無天、有話直說，又具有危險性。這名極端分子被激怒和拋棄，漸漸演變成一場潛在的暗殺行動。「我想導致這場謀殺的因素不只有政治觀點，更有他個人生活中的失落感受。」他的友人表示，「突然之間，我們開始聽見他談論著殺掉拉賓的義務。」

遵循以色列保安部門的建議，阿拉法特並未加入世界各國領袖的行列，出席以色列領導人的喪禮，但他私下拜訪拉賓的寡婦莉亞（Leah），向她表示敬意。蘇哈告訴瑪麗，他無法公開向這位與他合力促進和平的男性致哀，讓他悲痛萬分。

瑪麗知道，這是個改變的時刻。以色列外交部長希蒙・佩雷斯承諾繼續和平進程，但經過幾個月，納坦雅胡選上總理後，便注定失敗收場。拉賓的謀殺事件讓歷史偏離原訂的軌道。瑪麗受夠了中東——那三顆子彈讓多少希望破滅，而今她眼見極端分子開始在雙方陣營取得勢力。此外，她沒能寫完那本傳記。待在阿拉法特身邊無數個小時，又經過無數次訪問他的助手和蘇哈後，她寫滿了數十本筆記本，卻無法將她的報導整合成散文。有次，她好幾個星期都沒有見到阿拉法特，她開玩笑建議，要把書名取作《等待主席》；如今，她的經紀人可能已稱之為《等待傳記》。總是有其他工作需要跑來跑去，使她不必長時間坐在書桌前逼迫自己寫作。當《週日泰晤士報》提供她一個駐倫敦的特派記者職缺，負責報導世界各地的危機和衝突，她簡直求之不得。她告訴自己，反正，她還是可能在報導任務間的空檔完成這本書。

要在倫敦生活，胡安・卡洛斯心情矛盾。瑪麗有她的公寓和諾丁丘的朋友群，但對他來說，那是個陌生的區域。她試著說服他試看看在那裡生活，而當《國家報》提供他倫敦通訊記者的職位時，他接下了那份工作。報導中東新聞的光輝歲月——黎巴嫩戰爭、巴勒斯坦起義、以巴和平進程——已經畫下句點。是時候邁向一個嶄新的時代。他們將會再次嘗試建立家庭。在這期間，瑪麗完成書面手續，並買下一只籠子給「比利斯密」，好讓牠也可以搬家到倫敦。牠是她最近領養的一隻流浪貓——身形魁梧、毛茸茸、有時好鬥的虎斑貓。而彷彿曾事前規劃，她恰好在此時收到派翠克寄發的離婚暫准判決書。一九九六年，她恢復自由之身，得以再婚。

瑪麗在一封寄給她耶魯大學友人巴比·史萊弗的邀請函中，羅列出她和胡安·卡洛斯婚禮的計畫。

週四晚上：和好玩的朋友（我們）在我倫敦家附近的餐廳一九二小聚晚餐。

週五晚上：在珍·韋爾斯萊家的晚餐。非常隨性，大約會有四十個家人、倫敦好友和市外友人參加。

週六：早上九點半（可真早！）在國王路（Kings Road）上的切爾西市政廳（Chelsea Town Hall）舉行婚禮。簡短溫馨，如果你遲到就會錯過了。

緊接婚禮後：在克萊爾·恩德斯家的香檳早餐。有個朋友會從莫斯科帶來一公斤的魚子醬，我們可以大快朵頤。

晚上八點：派對……

*

就像凱特和蘿絲瑪麗最後一手包辦、籌劃了瑪麗和派翠克的婚禮，這次實際的安排工作落到珍肩上。七年前，瑪麗選擇走市郊傳統路線，全是白色蕾絲和洛拉牌洋裝，但這次會是場時髦另類的倫敦婚禮。瑪麗身穿一件低胸的蘋果綠色短洋裝，那是貝拉·佛洛依德專為她設計的。派對在一間製片場舉行，有位設計師客製化搭建一片布景，重點特色是紫色的天鵝絨沙發，和帶有異國風情的螺旋狀鮮花。蘿絲瑪麗、凱特和小布為此飛來倫敦。「我當時五味雜陳。」蘿絲瑪麗回憶，「老實說，我不覺得他們兩人有任何一點能夠走得長久。我不確定這對她而言是不是最好的決定。」不過，那仍然是個熱情洋溢又愉快的日子，許多香檳下肚，所有人都跳著美倫格舞，直到深夜。查理．葛拉斯記得，瑪麗和她的母親一起跳舞，兩人的隊形堪稱完美，彷彿她們是火箭女郎（Rockettes）的成員。小安娜愛死了那場婚禮。她穿著一件小花印花的藍色洋裝，是瑪麗在芬伊克百貨公司（Fenwicks）為她選購的。就這麼一天，瑪麗的人生拼圖短暫組成一幅多采多姿的完整圖畫。她的諾丁丘朋友圈，混雜著胡安．卡洛斯的玻利維亞親戚，和兩人來自耶路撒冷的共同好友。作家巴爾加斯．尤薩（Mario Vargas Llosa）也到場，他和胡安．卡洛斯有點親戚關係；大衛的女兒安娜．布朗迪（Anna Blundy）也來了。卡崔娜和她的丈夫溫特一起出席婚禮。瑪麗第一天到耶魯大學就認識的傑拉德．維塔格里亞諾，從倫敦搭機前來參加。他不曉得該如何看待這全新的瑪麗。「這場婚禮派對有種瘋狂的氛圍，在我看來不太真實。」他說，「但瑪麗很擅長在派對上玩樂，而且有許多事物可以掩飾偽裝。」

胡安．卡洛斯請他的三個朋友——查理．葛拉斯、尤瑟夫．易卜拉欣和朱立安．歐珊——全都擔任首席男儐相，因此在登記處有些手忙腳亂。最後，他們坐在後方，由安娜遞上戒指。戒指不小心掉落在地上，但沒有人在意，因為她才八歲，且這個小插曲為婚禮增添了幾分溫馨。朱立安在派對上致詞。他開玩笑說，這段婚姻有個優點，那就是新娘或新郎都不必擔心會破壞對方的名聲。他談到他們在耶路撒冷共同經歷的瘋狂時光，以及所有人都很驚訝，胡安．卡洛斯選擇四度走入婚姻，並轉述瑪麗對此的回應：她曾說，對他們兩人而言，都是樂觀戰勝了承諾，才會做出這樣的決定。

這對新婚夫婦飛往拿坡里，與ＪＢＣ、艾莉克斯．舒勒曼和幾個其他朋友會合，在布森托度過一個長週末。這或許是瑪麗心中快樂無比的規劃，但胡安．卡洛斯怒不可遏，表明瑪麗的朋友不是他想要的蜜月伴遊人選。晚餐時，他不發一語，怒目而視。「他顯然不想待在那裡。」艾莉克斯說，「瑪麗不該強迫他的。」他們沒等到早餐時間，便已不見人影。這件事為接下來的幾個月定下基調：胡安・卡洛斯開始叫她的朋友「脫線家族」（The Brady Bunch），這個綽號源自美國的一齣情境喜劇，內容是關於一對伴侶嘗試接受彼此在前幾次婚姻所生下的孩子。他吃她男性友人的醋，並且認為女性友人都在荼毒瑪麗，讓她對他反感。「她們覺得我是個野蠻人。」他總會這麼說。幾週後，這對夫妻去玻利維亞見他的家人。瑪麗已經在婚禮上見過部分的親戚，也很興奮能夠親眼看看她耳聞已久、魔幻寫實的家庭背景的真實面貌。可是那趟旅程並不順利。胡安・卡洛斯的母親和姊妹原先預期，他們會花時間和家人吃午餐和晚餐。反之，胡安・卡洛斯和瑪麗——眼中只有彼此的兩人——自己外出喝酒、參加派對。而他和他姐姐大吵一架，再也無法重修舊好。

令他們高興的是，瑪麗再次懷孕，但令他們失望的是，她也再次流產。兩人憂心如焚。瑪麗感覺，胡安・卡洛斯怪罪她無法懷孕生子。而他感覺，她怪罪他帶來不幸，即便他已經放棄他在中東的生活，跟隨她來到倫敦。他們的關係再怎麼吵鬧混亂，耶路撒冷至少是兩人共享的地方，但倫敦——尤其是諾丁丘——是瑪麗的地盤，而胡安・卡洛斯可不是那種會接受在妻子地盤中生活、遵照她主張的男人。養兒育女的夢想日漸消退：他們只能相依為命。

第三部

世界的彼端

第七章　我們要讓妳家喻戶曉

約翰．維瑟羅已經從國際版編輯升遷為《週日泰晤士報》的報社編輯，他寫信給瑪麗，和她確認她的新工作——國際版資深作家。「我們的目標是要讓妳成為報社的明星作家和跑獨家高手。妳唯一要做的事就是交稿！」

那可真是不小的壓力。瑪麗知道，她對自己的報社和對手的其他週日報來說，都很有競爭力。一九七五年，柬埔寨首都金邊落入赤柬手中時，喬恩．斯偉因是唯一一位待在當地的英國記者，因此打響名聲，朱利安．山德斯（Julian Sands）曾在電影《殺戮戰場》（*The Killing Fields*）中扮演過他。她的幾位同事也曾掌握重大的獨家新聞，或擁有淵博的區域知識，而約翰．維瑟羅若有需要，便會從對手報社挖角更多通訊記者。冷戰結束後的數年間，前蘇聯集團內的衝突紛紛浮現。同時，不穩定的情勢也橫掃中東和非洲。這是個干預的時代，英國皇家空軍的噴射機在伊拉克領空巡邏，以強制執行禁航區的規定，而英國還提供軍隊給波士尼亞的聯合國勢力。約翰認為，做出最好的國際新聞報導，對報社的成功至關重要。

《週日泰晤士報》每週賣出一百三十萬份報紙，銷量勝過其他的大報，因此有許多資金可以投入國際新聞報導。主要的競爭對手是較為保守的《週日電訊報》，他們雇用了許多傑出的外國記者。不過，魯柏．梅鐸也希望《週日泰晤士報》能夠吸收《週日郵報》（*Sunday Mail*）——一份傲慢無禮的小報——的讀者。激增的二十四小時的電視新聞是日益嚴重的威脅，因如今幾乎在新聞發生當下就能觀看報導——一份週日報紙必須有某些特點去吸引觀眾。頭條新聞的速度加快，圖片更大、色彩更豐富，照片的展示更加顯著。報紙必須跟上這樣的潮流。有時，這會促成名副其實的獨家新聞和原創報導，但瑪麗也寫了許多關於海珊和他的幾位兒子的聳動新聞，大多是根據流亡人士提供的資訊，通常還和烏濟共同署名作者，他擁有以色列情報單位的消息來源。部分的新聞是真實發生的事件——如報導所述，長子烏代．海珊（Uday Hussein）和他的弟弟謀殺了兩個妹妹的丈夫。不過，有些報導是存疑的伊拉克人脈所提供的謠言；好幾個月裡，在瑪麗報導烏代可能已經身亡之後，他卻逐漸恢復活力，接著癱瘓，最終體虛抑鬱。她也報導海珊本人身體虛弱失能。這不是瑪麗最出色的報導，而伊拉克人則拒絕核發簽證給她，作為回擊。

約翰指派了一位新的國際版編輯，肖恩．萊恩（Sean Ryan），他的國際經驗不多，但他曾主管過報紙的焦點要聞，那是他們刊登不分國內外的重大新聞的版面。他擁有天賦，能統整他們所謂「套組」——也就是文字、圖片、照片和邊欄的組合。他很快就發現，瑪麗交回的新聞稿通常不像她在電話上，或她出差回國後描述的經歷那樣引人入勝。「我希望她能把所有東西寫進稿子裡。」他說，「我感覺，因為她個性的感染力，她可以發展出一種獨特的風格，能讓我們從其他報紙中脫穎而出。」喬恩．斯偉因不願意在報導中帶入個人感情，但瑪麗已經在使用第一人稱寫作。如果她有些刺激的經歷，但沒有寫進文稿，肖恩會自行按照她在電話上向他描述的內容增補。《週日泰晤士報》如今會在記者署名處加上照片，所以讀者可以看到明星記者的長相，同時閱讀他們的文字。

肖恩是個苛刻的監督者。瑪麗經常會撥電話給國際版編輯部的助理，來確認他當時的臉色是「紅潤、漲紅或氣得發紫」。沒有人會想在他心情暴躁時招惹他。如果一篇報導沒有達到標準，他會口出穢言、大吼大叫，並知道約翰．維瑟羅可能也會這麼對他。嚴厲、競爭的氛圍從報社高層向下蔓延，人人都得自求多福。沒時間可以浪費在拘泥細節上。肖恩打電話給在現場的通訊記者時，劈頭第一個問題就是：「你替我跑到什麼新聞？」隨著競爭愈來愈激烈，肖恩和約翰將贏得新聞獎項視為宣傳報社品牌的方式，壓力隨之增加。報頭下方印著「年度優質報紙」的字樣，記者署名則加上「年度傑出記者」。衝突報導比同樣重要、但內容沒那麼刺激的新聞更具優勢。如果戰地記者將個人經驗加入報導之中——尤其是讓人心跳暫停的危險經歷——新聞獎評審和讀者一樣，也會間接感受到那種驚駭的情緒。重點不再只是取得其他人尚未掌握的消息，更要表現出你是如何賭上性命去獲得這篇新聞。有些記者對這樣的新潮流感到不安，但瑪麗並不介意。她喜歡被人讚揚為勇者中的勇者。

*

無論如何，能夠離開家是好事。瑪麗頻繁往返中東，並將她的視野拓展到非洲和阿富汗。與此同時，胡安．卡洛斯在倫敦遊蕩，吸食大量會引發幻覺的古柯鹼，把他的不幸怪罪於她。跟隨在瑪麗後面，讓他感覺男子氣概盡失。經過幾年的戰爭報導後，轉為報導皇室和英國政治，讓他感到無聊透頂。唯一能讓他提起勁來的是偶爾短期訪問伯發斯特（Belfast），至少那裡會有些零星的恐怖攻擊事件。

瑪麗錯估了將他們的關係遷移到其他地方的困難程度。他們的愛情在衝突時期蓬勃滋長，因為靠近死亡讓他們熱愛生命。在耶路撒冷，靠著報社經費在承租的住處生活，唯二重要的事就是取得報導和吃喝玩樂，他們可以延後處理日常生活的塵俗事務，但在倫敦就比較難遠離現實。不過，這無法阻止他們去嘗試。他們忽視電力公司和英國天然氣公司寄來的紅色催繳帳單，那已經從信箱掉落在地。瑪麗總是身無分文，因為她花錢時從不考慮她的收入。安娜在瑞典都是搭公車上學，而她去拜訪她爸爸和瑪麗時，發現他們無論去哪裡都搭黑色計程車。他們花錢讓她去海德公園（Hyde Park）上馬術課，那裡是全國最昂貴的馬場之一。他們所共度最快樂的時光中，有些娛樂沒那麼昂貴，例如在客廳用床單搭出一座堡壘，在披薩快遞（Pizza Express）吃晚餐，還有和耶路撒冷的街貓比利斯密玩耍，牠在檢疫結束獲釋後，重新回到家中。可是，她很討厭她的父親和瑪麗喝醉，或因為用藥而神智恍惚的時候。「他們會變得判若兩人——放大他們的自我。我感受得到他們真的非常疼愛我，直到他們變了個人，遺忘我的存在。」

胡安．卡洛斯總是在吃醋，但現在他著魔般地認為，瑪麗正在和亞倫．詹金斯外遇（事實上她沒有）。有天晚上，這對夫妻在一九二吃晚餐，瑪麗看見亞倫坐在另一桌，於是過去和他聊天。為了配合他的視線高度，瑪麗跪在他的座位旁邊，而沒有彎下腰來。這對胡安．卡洛斯來說無法忍受，他酒醉得發狂，衝了過來，用卡通劇情般的大男人姿態咆哮：「我老婆不准在另一個男人面前跪下！」幾天後，在珍．韋爾斯萊家的一場派對上，胡安．卡洛斯向亞倫單挑打架。亞倫通常不太喜歡放肆的舉止。儘管如此，他還是腳步沉重地跟著他到街上。幸虧，曾任外交官的詹姆斯．福克斯走了出來，用手臂攬住胡安．卡洛斯的肩膀，溫柔地帶他離場，海倫．費爾汀從旁巧妙協助。所有人都哈哈大笑——這實在太荒唐、太老派，又是太典型的拉丁作風，和諾丁丘格格不入。另一次，瑪麗在一場爭吵後去找珍。

亞倫剛好也在場，於是瑪麗用剛剛發生的荒唐事蹟逗得他們樂不可支，一如她慣常所為，把他們的爭吵變成一個好笑的故事。突然，她聽見胡安．卡洛斯在叫她的名字。他是來這裡強行帶走她的嗎？最後他們發現，他是在電話中對她大吼。她的手機放在口袋裡，意外撥了電話給他，而他已經聽到她談論他的每一字一句。該怎麼辦？他們哄堂大笑，再喝一杯葡萄酒。

過了一陣子，情況變得令人笑不出來。胡安．卡洛斯不斷失去控制。他會去波多貝羅路一間髒亂的酒館，把自己灌醉到大發脾氣，回家找瑪麗吵架。「妳就是希望妳的生活是一連串的晚餐派對，和瑪麗的朋友廝混。」他對她大吼，「我們的婚姻總是排在第二位。我不要當柯爾文先生。」（當他指控瑪麗把工作看得比他更重，他無意間重複了他的偶像海明威的作為。瑪莎．蓋爾霍恩在報導二戰時，海明威發電報給她：「妳到底是戰地記者，還是我待在床上的妻子？」）瑪麗感覺，他把對世界和自己的憤怒全發洩到她身上。他會在她沒有興致時，要求和她做愛，接著指控她拒絕他身為丈夫的權利。每當她害怕他的憤怒會突然演變成暴力行為，她就會求助於住在附近的查理．葛拉斯。「她會打電話給我，心煩地哭泣。」他說，「她會叫我把他帶離現場，於是我就會去那裡，帶他到我家待著。」她至少曾報警過一次，不過她自己偶爾也會出手攻擊。有位朋友想起，瑪麗曾請求在他家過夜，因為她砸爛了胡安．卡洛斯的一些裱框相片，飛濺出來的玻璃碎片割傷了他之後，她不想回家面對他。有次拜訪他們時，安娜注意到有張兩人比較快樂時的合照，被其中一人撕成了碎片。

一九九七年四月十六日：我告訴他，你就待在中東，當你的海明威吧。你在用獵槍射爆自己的腦袋瓜前，還有幾年可活……萌生的愛苗仍稚嫩新鮮，在前幾次吵架的灰燼中滋長，如今被摧毀殆盡。我才剛重新開始帶著難以壓抑的深愛、深情、慾望和心碎，在他入睡時看著他。現在一切都已經煙消雲散。

瑪麗和胡安．卡洛斯的前妻阿涅塔商量他的酗酒問題。這兩名女子相處得十分融洽，儘管阿涅塔擔心，瑪麗無法提供安娜她所期望的安定感。有次，瑪麗帶安娜去溜直排輪，好讓阿涅塔能和胡安．卡洛斯談談。那星期的假日，他們只喝可口可樂，讓安娜非常開心。瑪麗安排胡安．卡洛斯去修道院診所看診，那是間戒毒的康復醫院，因為治療過許多名人而聞名，但他卻自行提早辦理出院。到了一九九八年九月，他們舉辦婚禮後兩年，瑪麗在日記裡記錄下她第二次婚姻的終結。胡安．卡洛斯說，他要去夏威夷參加一場會議，但她並不相信他的說詞。通常他們幾乎每天都會講電話，但在他不在的兩週內，他只打來兩次，留下訊息，卻沒有給她可以聯絡到他的號碼。這更加深了她的疑心，認定他已經外遇，對象是她知道他近期認識的一個電影明星。他們終於通到電話時，對彼此大吼大叫。

「所以妳覺得我出軌了？」他尖聲大喊。

「回答我——告訴我你為什麼沒有留號碼給我！你是個騙子！」

「妳沒有權利叫我騙子！」

「我當然有！」

「如果妳再叫我一次騙子，我就再也不會和妳說話！」

「你是個騙子。」

瑪麗無法撰寫尚未完成的阿拉法特傳記，那個月也沒有出國，她晚上會和街貓比利斯密躺在沙發上，讀著偵探小說或收看沒營養的電視節目直到凌晨，再納悶她的丈夫人在哪裡，和誰在一起。

一九九八年九月九日：已經忘記上床睡覺是怎麼一回事。如果我在三點前躺在床上，就會好幾個小時都無法入睡，思緒停不下來。喝酒可以助眠，但要到中午才起得來。於是我就躺在床上讀書，直到終於看不清文字，但一樣會錯過早晨時光。

她和胡安．卡洛斯在互相折磨，她如此寫道。有時精神上的痛苦如此劇烈，幾乎就像生理上的痛楚。

一九九八年九月十日：一次又一次刺傷人，有時會旋轉刀刃，好在身上形成更大的傷口，前幾個傷口還縫得起來。愈來愈多傷口出現，鮮血不斷湧出，直到體內一滴不剩。雖然心臟還能繼續跳動，但如果體內已經沒有任何血液，就毫無用處。地上一灘灘的鮮血，已經離開身體，也沒了用處。

有時她可以從這戲劇化的經歷中，汲取一些幽默感——既然她已經在這可說是「實際上和威爾特郡沒兩樣」的家中，過著「隱士般的生活」，她也就不必在鄉下度過週末。她的朋友都告訴她，在鄉下過個週末會對她有所幫助。

一九九八年九月十一日：我突然靈感乍現——既然所有人都以為我人在鄉下，我就不必去了！要在鄉下待超過四十八個小時，會把我嚇壞的。綿羊、綠草、每天都見到同樣的人。老是在詢問天氣、那裡的衣著打扮……所以我要待在彭布里奇三十四號。度過另一個凌晨四點的夜晚。醒來時比利斯密蜷縮在羽絨被裡，靠在我的肚子上。

她沒有反省朋友們給她的警告，因為在婚姻中妥協的觀念令她反感。「想要一切都完美無缺，就會分手。妥協，就能留住妳的男人。真噁心。」她寫道。她不只想起和派翠克那段失敗的婚姻，也憶起第一個離開她的男人。她記得父親躺在醫院的病床上，當時還年輕的她，試圖想出在他面對死亡時，該對他說些什麼——「那是我人生中最糟糕的回憶」。

一九九八年九月十四日：我所有對胡安・卡洛斯的憤恨不平，都是對失去的憤怒，失去我們曾經可能擁有的幸福生活，逝去的快樂與愛……但無論我做或說什麼，都無法挽回我們失去的東西。

惡夢再度上演。其中一個她詳細記錄的夢境，一開始是個正常擔心工作的夢，多數的記者都曾做過這樣的夢：她忘記如期訪問格達費，當下還卡在錯誤的地點，拼命試圖安排火車、飛機和渡輪，好回到的黎波里。接著，她突然來到倫敦的一個公車站，一群青少年包圍著她，其中一人手裡有刀。「找點正經事做吧。」她告訴他，從他手中強行奪取刀子。她一邊爭吵，一邊擔心她永遠無法脫身時，一群男人抵達，開始用更多刀子襲擊她。有群女孩在一旁觀望。她抓住一輛公車的保險桿，才得以逃脫，接著警察出現了。所有人都在尖叫。她的母親現身，卻不同情她，而是生氣地說，瑪麗一個月前才剛遭受攻擊，暗示這是她自己的錯。突然之間，場景切換到一間法庭，瑪麗正在教訓那群女孩沒有來幫助她。

男人和少年都沒有接受任何懲罰，便輕鬆脫身。「我真的很想去醫院。」她寫著，「一位女警拉起我的褲腳說，他們用刀片割傷了妳，我可以清楚看見一條條的皮膚、膿汁、脂肪和一些鮮血正在滲出——而且他們切割得整整齊齊，皮膚一條貼平，一條掀起，但全都皮肉分離。我的雙腿嗎？它們再也無法恢復過去的樣子。『妳會有雙肥胖的腿。這也沒那麼糟，我這一生腿都是胖的。』那名女警說。」她痛苦大叫時，她的弟弟麥可出現，放火燒她的雙腳。「為什麼要這麼做？」她詢問其中一名在四周繞圈的少年。「要讓妳無法長大來控制我們。」他回答。接著，她從夢中驚醒，以為自己身在利比亞。她總結，那是「我這一生最可怕的惡夢」。

瑪麗寫下她的夢境時，沒有加上任何詮釋，所以無從得知她是否意識到，終其一生困擾著她的問題全都一起顯現在這個夢裡。身為記者，她經常看到男性的暴力，也總是清楚意識到，那有可能會轉而對付她自己。她感覺，在她冒險時，她的母親從來沒有同情或理解她。在她的私人生活中，她總是在挑戰男性，一開始是她的父親和弟弟，接著是愛人和丈夫。在那個夢中，對她雙腿的傷害不僅威脅到她逃離危險的能力，那「肥腿」的詛咒還質疑了她的女性特質。而她和胡安．卡洛斯若不是在爭論誰掌握了控制權，兩人又怎麼會吵架呢？難怪她會盡可能延後上床的時間，因為睡眠會翻攪出這些恐懼和焦慮。

秋末，胡安．卡洛斯搬出彭布里奇別墅，起初借住在柴克和梅莉莎家，後來搬家到他自己的公寓。當時，瑪麗非常肯定，他已經和一位共同朋友外遇，儘管他一概否認。她怒氣難消，於是要剛好來訪倫敦的卡崔娜陪同她，闖入他的新公寓，尋找出軌的證據。她沒有取走或破壞任何東西，只是四處走走看看，彷彿處在他如今和另一名女性共享的空間裡，就能平息她的憤怒。

他憎恨的倫敦友人是她的維生系統。她幾乎無所保留，什麼都告訴他們，多數人都毫無疑問選擇站在她這邊。「在電話上向珍哭訴，她的友情如此堅定忠誠，帶走了我的痛苦。」她某次和珍．韋爾斯萊談話後寫道。她和艾莉克斯．舒勒曼互相吐露心事，也得到一些安慰，因為她的婚姻也正在破裂。「如果你是她的朋友，在她眼裡，你永遠是有理的那方。」艾莉克斯回憶。「至於對另一方，反應永遠是——他們**怎能**這樣對你？」瑪麗和蘿希．波伊考特一起上健身房。蘿希在光鮮亮麗的時尚雜誌產業工作，會收到許多化妝品公司的免費公關品。「我們就像小女生一樣，會一一瀏覽那些袋子，一邊拿出香奈兒的眼妝和嬌蘭的薄煎餅，一邊聊八卦。」瑪麗寫道。海倫．費爾汀也是另一個能夠了解她，保證能逗她開心的朋友。

接著，還有亞倫．詹金斯。

「我以前是個很好玩的人。」她對他說。

「妳現在還是的，小麗。」他回答。

他剛和人合購了一臺遊艇，於是說服她一起去漢墨斯密的倫敦科林斯帆船俱樂部（London Corinthian Sailing Club）上航海課。瑪麗這位出色的旅行家，竟然不會看地圖，對諾丁丘以外的倫敦也一無所知，這一直是朋友間流傳的笑話。她發現泰晤士河流經西倫敦時，似乎很驚訝。她先前好像以為那條河始於東部的沃平，也就是《週日泰晤士報》大樓的所在區域。「我們從倫敦地鐵站走下來時，陽光照耀著河面。」亞倫記得。「她看著四周的景象，精神振作了起來。從那時起，她已經想在那裡生活。」一到俱樂部，她馬上感覺如回家般自在。那裡的桃花心木酒吧和船隻的照片，和牡蠣灣的希旺哈卡科林斯遊艇俱樂部如出一轍。她費了一番工夫，才讓她的心思專注在經緯度、度數和航海圖上，但她很高興能轉移注意力。在上課之前，他們會在飛鴿酒館（The Dove）喝一杯，那是間歷史可追溯到十七世紀的小酒館，位在距離河邊幾碼之遙的一條小巷。

一九九八年十月二十一日：航海課。我生活中最精彩的部分。上課前和亞坐在酒館裡，我們的航海圖攤開在桌上，喝酒抽菸，發瘋似地嘗試繪製航行路線，那是我們的作業……在課堂上被點到要回答問題時，害怕答錯。覺得自己的航海圖是藝術作品，得意洋洋。擔心英國水域：有「潛艇試驗場」或「彈藥堆置場」。

她決定賣掉彭布里奇別墅，那裡永遠無法擺脫婚姻的陰霾。珍正在將她在肯辛頓（Kensington）的閣樓改建成設備齊全的公寓，於是接近年底時，瑪麗和比利斯密搬進那間她口中的高樓小窩。這給了她更多時間去尋找另一間公寓，並想清楚她該如何度過她人生的新階段。

*

瑪麗從不認為自己擅長分析情勢，她知道自己的長處是擔任現場採訪的記者。然而，在一九九〇年代末，她發現自己很了解一個令其他人感到意外的現象：伊斯蘭主義的恐怖主義。當蓋達組織轟炸在奈洛比（Nairobi）和沙蘭港（Dar es Salaam）的美國大使館，她明白恐怖主義的本質已經改變。

《週日泰晤士報》，倫敦，一九九八年八月三十日

對於在當地從事新聞工作的我們來說，乍看之下並沒有太大不同。當這些組織開始帶著《古蘭經》，當作知識性的配件，而不是曾經在一九七〇年代風行一時的卡爾．馬克思合集阿拉伯譯本，此一嶄新的發展趨勢似乎有其道理——中東從未走向馬克思主義。這項改變被低估的程度，如今才逐漸顯現在我們面前。

她描寫哈瑪斯崛起的過程，用激進的伊斯蘭主義主張，讓巴解組織相形失色。在中東各地，她都曾見過對年老、腐敗、世俗的領導階層幻滅的年輕人轉而求助於伊斯蘭。這點讓訪問阿拉伯人變得有些吃力，她語帶諷刺地寫道。

《週日泰晤士報》，倫敦，一九九八年八月三十日

在伊斯蘭極端分子出現之前，一九四八年——也就是巴勒斯坦託管地分割的那年——以前的事件鮮少引發討論。可是，自從基本教義派崛起以來，人們提起這個話題時，開頭總是無可避免提及十四世紀期間，伊斯蘭統治的黃金年代。

因此，我發現訪談變得十分耗時。

在阿富汗時，她爭取訪問塔利班（Taliban）領袖歐瑪爾（Mullah Omar）的機會，他主掌蓋達組織，奧薩瑪．賓拉登（Osama bin Laden）也在他麾下。那是少數幾次，女性身分反而成為劣勢。他親自回覆她的請求，在一張粉色紙張上手寫著（翻譯過後）：「我非常忙碌，而且我只接受非常重要和肩負重責大任的人士來訪。因為在我們的社會，女性並沒有承擔非常重要的責任，到目前為止，我不覺得有必要接見任何女性。」她得知，在「普什圖瓦里」（Pashtunwali）的體制，也就是普什圖族裔（Pashtuns）生活遵循的行事準則之下，客人具有崇高的地位。因為塔利班成員是普什圖人，她意識到，賓拉登永遠不會被驅逐出阿富汗，而以後必定還會聽聞他的消息。

與此同時，一場新的衝突正在巴爾幹半島醞釀，而瑪麗——已經錯過許多波士尼亞的重大事件——決定要報導這起事件。南斯拉夫的新邊界依然沒有解決科索沃的問題，它仍是塞爾維亞（Serbia）的一個省份，但占人口多數的民族卻是躁動不安的阿爾巴尼亞人（Albanian）。塞爾維亞人殘暴地強加統治；結果，游擊隊科索沃解放軍（Kosovo Liberation Army）開始爭取獨立。科索沃解放軍攻擊塞爾維亞警察局和其他目標時，塞爾維亞軍隊殘忍報復，將阿爾巴尼亞村莊夷為平地。比爾．柯林頓總統因為太晚加入波士尼亞戰爭，導致許多性命犧牲而備受批評。此時，他並不想要重蹈覆轍，但斯洛波丹．米洛塞維奇（Slobodan Milošević）總統十分堅決表示，塞爾維亞絕不會放棄科索沃：到了一九九八年中，另一場讓西方勢力落入陷阱，去對抗塞爾維亞人的衝突已經蓄勢待發，而瑪麗親臨現場。

這場衝突在隔年一月出現轉捩點，塞爾維亞軍隊將四十五名科索沃的阿爾巴尼亞農民，強行帶到一座拉查克（Račak）的森林，槍斃他們。這樣的暴行太過殘忍，於是北大西洋公約組織（NATO）決定干預——但只發動空襲，因為西方各國政府認為，選民不會容許他們的軍隊回國時，已經裝在運屍袋裡。一九九九年三月末，一場和平會議破局之後，北約開始轟炸。由於害怕遭受更慘烈的報復，約有八十萬名科索沃人——占四分之三的人口——集體步行和搭乘拖拉機進入馬其頓（Macedonia）和阿爾巴尼亞；北約軍隊正在馬其頓聚集，而阿爾巴尼亞則有科索沃解放軍的增援部隊。塞爾維亞最終割讓科索沃。

瑪麗前往庫克斯（Kukës），那是座靠近科索沃邊界的阿爾巴尼亞小鎮，難民在那裡與科索沃解放軍戰士、西方間諜和美國特種部隊雜處。一如多數的記者，她有個目標：尋找一位友善的科索沃解放軍指揮官，成為第一位跟隨叛軍進入科索沃的記者。她爬上恰如其名的詛咒之山（Accursed Mountains），去採訪科索沃解放軍戰士，其中包括一群婦女，不僅是從難民徵召而來，也有流亡歐洲的科索沃人。

《週日泰晤士報》，庫克斯，一九九九年四月十一日

吉爾希梅．拉瑪（Giylsime Rama）躺在山坡上，握著一把點五零口徑步槍，向前瞄準，吹開她額頭上的赤褐色瀏海，接著扣下扳機。開心的微笑融化了她極度專注的表情。這是這批科索沃解放軍新兵第一次開槍。這裡有來自德國、法國、瑞士、西班牙和克羅埃西亞的新進士兵。有名年輕的科索沃人從德國抵達當地，穿著一件類似晚禮服的上衣；他是在一間餐廳服務客人時被選中，應募入伍。沒時間讓他換衣服。

就連對武器興趣缺缺的瑪麗，都看得出這群人一竅不通。教官示範如何使用AK47步槍時，「年輕的新兵還用手指塞住耳朵。當他開槍射擊，他們興奮拍手，像學童一樣眉開眼笑。」

接下來的那週，她徒步十五英里穿越山脈，由一名當地的青少年帶領，他口袋裡放著一枚手榴彈防身。在距離邊界數百碼的帕德什（Padesh），她找到一群更有戰鬥力的叛軍，已經在科索沃境內作戰一年。她在報導中寫道，她待在科索沃側數小時後看見的景象，和北約釋出從三萬英尺空中發動「冷冰冰」的空襲影片天差地別。

《週日泰晤士報》，帕德什，一九九九年四月十八日

科索沃解放軍士兵蜷縮在濕冷的地下掩體中，有隻大黃狗安撫人心。一排倦怠的士兵，舉步維艱地走上一道泥濘的斜坡，迎向他們即將前往「地面上」的恐怖時刻。兩名精疲力竭的士兵擁抱彼此，其中一人剛從一場襲擊中安然歸來，在空中揮舞他的頭盔，表達得以倖存的純然喜悅。他們忍受著好幾個小時的受凍、等待和煩悶，不時會被令人恐懼的瞬間打斷。我無法想像，有什麼事比得上面對砲彈即將墜落的恐懼。炸彈飛過來時，我正在一處俯瞰科索沃平原的岩棚邊緣，和一位解放軍指揮官分享一根香菸……我們立刻尋找掩護。

幾分鐘後，一名科索沃解放軍士兵攔截到塞爾維亞的軍事情報，發現他們所在的地點即將遭受攻擊，於是他們拔腿奔跑，隆隆的砲聲在他們四周迴響。聽聞另一枚接近中的砲彈的呼嘯聲時，一名士兵把瑪麗推落一條泥濘的小溪，接著用他們最快的速度，撤離邊界地帶。「我成功逃脫那座山谷的砲擊，毫髮無傷。可是，我待在前線的三天期間，有數十名科索沃解放軍士兵受重傷，十人死亡。」她寫道。

跟著叛軍更深入科索沃，甚至會更加危險。有幾名記者判斷不值得冒這個險，包括和瑪麗同行的攝影師賽門．陶恩斯里，他已經在一間阿爾巴尼亞醫院被持槍搶劫。「現在還不是在這場戰爭中受傷的時候。」他說，而後才借給瑪麗他的防彈夾克，教她如何使用壓迫繃帶。肖恩告訴她，不必在當週發稿——喬恩．斯偉因已經飛到克羅埃西亞，搭船到蒙特內哥羅（Montenegro），徹夜跋涉穿越山脈，成為從那一頭第一位進入科索沃的記者。他的報導描寫一名科索沃少女，手臂被塞爾維亞的迫擊砲炸碎，在沒有麻醉劑的狀況下接受截肢手術，向國內讀者傳達平民百姓的絕望處境。瑪麗下定決心，要找到一個同樣出色的故事。

在深夜喝下許多白蘭地後，她成功說服她在帕德什認識的那支科索沃解放軍部隊，帶她跨越邊界。這支部隊取了個非常樂觀的名字「三角洲特種部隊」(Delta Force)[1]，由一位名叫加希（Gashi）的戰士率領，瑪麗覺得他有著「勝任這項工作的神態」。部隊的其他成員有戴眼鏡的醫學院學生多茲（Doc）、綽號「天使」的基督徒、五十三歲的狄內（Dine），以及納希姆．哈拉迪奈（Nasim Haradinaj），他告訴瑪麗，他相信「和平、鴿子與民主」。（她意識到，他指的是和平鴿。）幾週前，科索沃解放軍已經將塞爾維亞軍隊驅離一座兵營，它位在邊界外約六英里處的科夏雷村（Košare）的某座溪谷之中。那就是他們要設立總部的地點，還要從阿爾巴尼亞開拓一條補給路線，通往深入科索沃境內的其他部隊。他們在半夜啟程，呈一路縱隊，沿著一條小徑步行，避開另一側的雷區。瑪麗在她的日記詳細描寫這次的經驗。

一九九九年四月二十三日：在夜裡從兵營走下斜坡，非常嚇人，遇上一道小溪上的獨木橋。我差點滑落溪中時，狄內將他的步槍槍托伸給我。穿越一群石子屋。已經荒廢。屋頂被迫擊砲炸毀。一公里外的加茲科維薩（Djackovica）有幾道光。無法判斷那裡發生了什麼事。在一座溪谷紮營。樹枝上披掛著迷彩布。有一疊睡袋，但因為整天的雨而悶著濕氣。衛兵帶著沉重的狙擊步槍到外頭巡邏。睡覺時非常冷——雖然在身上堆著潮濕的睡袋，但穿著防彈夾克睡覺，就像一隻龜殼分離的翻肚烏龜——我必須仰睡，卻又一直滑落。夜裡有自動發射的爆破聲和射擊聲，其中有一陣持續直到凌晨兩點，無法得知是從哪裡傳出的。

那些射擊聲來自四周樹林裡的塞爾維亞狙擊手。她提到的石屋群先是被塞爾維亞摧毀，驅逐住在那裡的阿爾巴尼亞農民，後來再次被科索沃解放軍破壞，趕走塞爾維亞人。科夏雷的生活條件十分原始，沒有電力。因為會發出噪音，加希禁止使用任何發電機。

1　譯注：三角洲部隊是美國陸軍級別最高的特種作戰部隊。

《週日泰晤士報》，科夏雷，一九九九年四月二十五日

那座兵營一點都不舒適。砲火已經將窗戶炸開。未站哨的士兵在燒柴的爐灶上煮食，用塞爾維亞人留下的罐頭，加熱成大鍋的燉菜……阿爾巴尼亞來的驢子會運來咖啡、香菸，有時還有麵包。士兵會聚集迎接物資。時間都耗費在清理兵營上。庭院有堆塞爾維亞人留下的浸濕廢棄物——制服、毛衣、撲克牌、無酒精飲料空瓶和信件。士兵瀏覽著塞爾維亞人穿著制服和他們女友的合照，消遣自娛。

《週日泰晤士報》在「專題報導前言」（也就是引言段落）寫著：「瑪麗．柯爾文是第一位從阿爾巴尼亞進入科索沃的記者，正跟隨一支科索沃解放軍部隊，為開拓補給線戰鬥。她勇敢面對狙擊手的開火和轟炸，傳回這篇報導。」

她是否是第一人可受公評——CNN和BBC的團隊在初期爭奪科夏雷的戰鬥期間，便曾短暫跨越邊界。可是，瑪麗待的時間更長、走得更深入，在科索沃境內停留了五天。巡邏隊由於偵察塞爾維亞陣營的所在位置，始終會是攻擊的目標，因此和他們同行令人心驚膽戰。在前方的戰士正用電話回報塞爾維亞人所在位置的坐標，給人在庫克斯的北約連絡官，他們會將資訊傳遞到布魯塞爾。然而，叛軍認為空中戰役的速度太慢，令他們灰心喪志。他們無法理解，為什麼北約不轟炸擋住他們去路的三座塞爾維亞砲臺兼坦克車掩體。雖然戰鬥機在頭頂呼嘯而過，但他們身在山區絕望、低技術的游擊隊戰鬥之中，在廣播上聽到的貝爾格勒（Belgrade）轟炸似乎遙不可及。

夜晚時分，大砲的隆隆聲讓他們無法入睡，戰士便會告訴瑪麗他們的故事：在普利斯提納（Pristina）或蘇黎世的家人、成為建築師或回大學讀書的夢想、拋下的工作和女友。有些人因為阿爾巴尼亞人受到的歧視而逃到科索沃，其他人則有親戚死於塞爾維亞的攻擊。有名男子意外在山區找到他失散多年的妹妹，於是帶著她和她疲憊不堪的孩子到阿爾巴尼亞的難民營。「他每天晚上在兵營都會對我們說這個故事，彷彿透過訴說，他就能以某種方式搞懂那奇蹟是如何發生的。」幾個月後，瑪麗在《泰晤士報文學增刊》（*Times Literary Supplement*）的一篇回顧反思的文章中寫道。她是群體中唯一的外國人和女性，但在砲火下共患難的經驗消弭了這樣的差異。「或許戰時所有的兵營中，都有種同袍情誼——因為突然死去的可能性無所不在而加深——在深入且直接的親密關係上茁壯成長，不再需要拘泥形式，而且一旦建立，只有死亡才能摧毀。」她寫著。

當科索沃解放軍鞏固了在邊界地帶的掌控，愈來愈多記者找到門路進入。「科夏雷現在安全得就像座記者的主題公園。」瑪麗嗤之以鼻。她已經在光榮又短暫的無政府黃金時期、游擊隊尚未指派媒體負責人，限制記者的接觸之前，寫出她的第一批報導。她回到山上途中，發現她認識的三名攝影師被囚禁在一間小小的工寮裡，科索沃解放軍正爭論著該如何處置他們。她說服她的解放軍護送人狄內，說他們都是好人。「我們把這些囚犯放走吧。」他說。她在合眾國際社任職時認識的老友強納森・蘭戴也在進入科索沃的途中。他們在邊界一起吃晚餐。他仍滿懷強烈的熱情，「在位子上跳上跳下」，談著他觀察到北約和科索沃盟軍間缺乏協調的現象。瑪麗納悶，為何美國不直接幫助科索沃解放軍。強納森在幾個月前曾被叛軍逮捕拘留，因此看待他們的角度沒那麼天真，可是瑪麗已經深信，他們的理想符合正義。然而，這不代表她會接受一個「高䠷、藍眼、普魯士超人（uberman）類型的人」審查她的新聞稿，他還自稱「第三作戰大隊的新聞發布官」。她拒絕修改死傷人數的數字，純粹因為他的數據並不正確。這位超人還想要阻止她跟著三角洲特種部隊再次進入科索沃，去拜訪另一個兵營。「我們希望妳能安全平安。」他說。瑪麗跺腳大吼：「我才不想要平安！」至少讓他笑了起來。

憑著記者在戰地深深體會到自己活著的感受支撐——「就像你捏自己，確認自己還能感受的加強版刺激」——她回到庫克斯，去補給電池、底片和其他必需品，同時清洗她的衣物、取得多一點現金，再考慮她的下一步。她打電話給珍，確認家中一切安好，也有人在照顧比利斯密。新的一批記者已經抵達，其中許多是年輕的自由記者，已經準備好前往邊界，取得關於科索沃作戰行動的新聞。有天晚上，瑪麗人在鎮上唯一的一間酒吧，身旁的桌上堆放著啤酒瓶，講述她在科索沃境內的經歷，新來的記者聽得津津有味。此時，有名黑髮的男子推開人群，走到她坐的桌子旁。她暫停談話，抬起頭看。是她的前夫派翠克。

*

瑪麗和胡安．卡洛斯在一起的那段時間，派翠克見到她的次數寥寥可數，但八卦總會傳到他耳裡，他知道她過得很辛苦。當他聽說他們婚姻破局，他十分擔心。「我知道她會做一些極端的事來彌補遺憾，那是她的療傷方法。」他說，「我有種難以壓抑的衝動，想要阻止她做任何太過瘋狂的事。」他接獲《每日電訊報》的指派，要前往阿爾巴尼亞，於是下定決心要說服她，不要跨越邊界進入科索沃。在多數記者下榻的旅社裡，他們告訴他，他已經太遲了——她已經去過科索沃一趟，現在人在酒吧。「她正在接見這些欽佩她的年輕男子，他們全神貫注地聆聽她的一字一句。」他事後回想，「她的雙眼閃閃發亮，故事時不時穿插著她悅耳粗野的咯咯笑聲。」

瑪麗對兩人相遇的過程描述並不相同。在記者的旅社，她告訴朋友，她在多人寢室裡堆放的物品中，看見熟悉的衣物，但想不起來是誰的。起初，她以為胡安・卡洛斯追她追到阿爾巴尼亞。她該躲起來嗎？接著，她想到那些衣服可能是派翠克的。現任或前任丈夫？她做好心理準備要見面，但不知道會見到哪一位。最後發現是派翠克時，她很高興。他們徹夜長談。因為揮之不去的罪惡感而苦惱，他自覺必須為他過去對待她的方式向她道歉，兩人都因為在戰區再次找到彼此的浪漫相遇而無法自拔。他們知道，這就像是B級電影的劇情，但反而讓他們開懷大笑。那感覺對了。

五月末，在空戰最嚴重的一次錯誤中，北約的噴射機誤投炸彈在科夏雷兵營，導致七名科索沃解放軍戰士喪生，二十五人受傷。難以解釋的是，那個地點竟一直留在轟炸目標清單上，即使在六週前，科索沃解放軍便已經擊退塞爾維亞人，攻占兵營，更有數十名記者造訪。瑪麗當時回到倫敦休短假，想起那些她在那裡認識的年輕人，讓她信服他們正在為自由而戰。

《泰晤士報文學增刊》，一九九九年六月四日

我不確定這些年輕人當中的任何一位現在的感覺是什麼，那些我們每天都看到在頭頂上飛過的飛機，原先應該摧毀在他們及其村莊、家族之間的大砲和坦克車，卻反而轟炸他們的兵營。我不確定他們現在是否還活著。我想，任何見過他們的人都會認為這一切十分虛偽，北約發言人每天都上電視談論數百次成功的戰機突擊，外交官向記者簡報，北約正盡其所能打敗米洛塞維奇。可是，他們卻不去幫助那些每天都在對抗米洛塞維奇的部隊和準軍事部隊、願意為此付出性命的唯一一群人。在科夏雷兵營，你聽不到對送回運屍袋零容忍這種事。他們早已看過太多。

春天走入夏天，塞爾維亞人開始在戰爭上居於劣勢。北約空襲削弱科索沃境內的塞爾維亞軍隊，也讓在貝爾格勒的米洛塞維奇總統精疲力盡。六月三日，他接受一項國際和平計畫；九天後，北約部隊呈縱隊從馬其頓進入，維持秩序並提供援助。超過五十萬名科索沃阿爾巴尼亞人決定回家。道路因北約的坦克車和運兵卡車而堵塞，一旁跟著載滿回鄉的科索沃家庭的拖拉機，有些人對部隊歡呼揮手，視之為救世主。在燒得焦黑的村莊四周的田野，血紅色的罌粟花綻放著。瑪麗已經寫過梅亞村（Meja）的一場大屠殺，訪問超過一百位痛失親人或目睹塞爾維亞進攻的難民。現在她走訪嘉科維查（Djakovica）附近的區域，像檢驗員一樣蒐集證據，在她的筆記本寫滿人名、年齡、日期和目擊陳述。她一絲不苟地報導塞爾維亞準軍隊所犯下的暴行，謹慎串連起受訪者的敘述，造訪焚燬的村莊。

《週日泰晤士報》，嘉科維查，一九九九年六月二十日

人的身體經過焚燒後，會縮小成幾乎是孩童般的體型。這是在科索沃報導新聞時，我學到的可怕知識。在一間又一間的屋子，一座又一座的村莊，我都曾見過那些屍體，嬌小得像是孩子的屍體，實際上卻不是。

當阿爾巴尼亞族人在他們城鎮和村莊的廢墟中，重新建立家園，少數仍留在當地的塞爾維亞人成為報復攻擊的目標。瑪麗報導葛德莎．德拉薩（Godsa Draza）遭人謀殺的事件，她是一名七十八歲的塞爾維亞祖母，在她的兒子和他們的家庭逃走後，她留下來照顧牲畜。

《週日泰晤士報》，普利斯提納，一九九九年八月十五日

在她花園的盡頭，有堆稻草丟棄在垃圾堆的頂端，她乾枯的雙腳就突出在那堆稻草之外。週四夜晚的某個時刻，德拉薩在她的床上遭到射擊，在她屋子的後門再中一槍，接著屍體一路被拖行到花園藏匿。她的鄰居沒有任何人承認，當晚曾聽見或看見任何不尋常的人事物。

種族仇恨的循環已經啟動。塞爾維亞人曾經叫北約「科索沃解放軍空軍」，但如今他們卻依賴北約部隊保護他們不受阿爾巴尼亞巡守隊的傷害。

瑪麗從不做「黨派報導」，這類記者會訂定某個目標，並且只報導能推進目標的事實。她不抱持任何意識形態，從不會退縮而避免報導會損害她所同情之人形象的故事。她純粹受弱勢吸引。三年後，有次和澳洲記者德妮斯．萊斯（Denise Leith）的訪談中，她深入思考戰爭報導的客觀性問題。「當你實際揭開科索沃的墳墓，我不認為新聞故事還能有兩面性。」她說，「對我來說，凡事都有對錯是非、有道德倫常，而如果我不報導這些事，我不知道為什麼要去到現場。」她感覺到，這樣的新聞報導已經帶來改變，尤其是在一九九八年關於暴行的初期報導，使得北約參戰，保衛科索沃的阿爾巴尼亞人，而這是件好事。復仇殺人事件令她震驚，但並未改變她對科索沃理想的看法。反之，派翠克用「委靡民族的委靡之地」來形容科索沃——如同許多曾經歷多場戰爭的記者，他看見的不是好人和壞人，而是歷史和政治。他認為，必須退後一步，去檢視地緣政治學的脈絡，而瑪麗和瑪莎．蓋爾霍恩一樣，嘲諷所謂的「事件全貌」。對她來說，脈絡十分重要，但戰爭中個人的經驗，無論是戰士或受害者，才是新聞報導的精髓所在。

《週日泰晤士報》的編輯很滿意瑪麗的報導，他們認為，比起對手報社對暴行的類似描述，她的文稿更具急迫性。她回國時，肖恩．萊恩帶她去吃午餐。「她有種使命感和熱忱，在談論科索沃時，散發一股接近傳教般的氛圍。」他說，「我發現她擁有的這份熱情，讓她和任何其他我認識的人截然不同。」

亞倫．詹金斯感覺，科索沃對瑪麗的影響勝過先前的所有報導。「當我問起她那裡的狀況，她只會說非常悲慘。」他回憶，「沒有士兵或官員的軼聞，或好笑的故事。」她無法抹滅她親眼看到的景象，而他開始擔心，她漸漸無法讓自己和恐怖的事物保持心理距離。

＊

到了一九九九年九月初，瑪麗投入了一個新的新聞故事。長久以來，東帝汶在記者圈都是著名的危險地帶。一九七五年時，印尼士兵在葡萄牙殖民統治的尾聲入侵東帝汶，殺害五名澳洲電視臺的記者。那不是場意外：他們想要確保沒有人目擊那場違反當地人民的意願，占領東帝汶的殘忍戰役。在接下來的二十年內，高達三分之一的帝汶人口遭到殺害，或因飢餓和疾病死亡，他們的困境成為人權運動人士間轟動一時的事件。英國和美國將印尼獨裁者蘇哈托（Suharto）視為該區的一股穩定力量，東帝汶幾乎完全遭到忽視，直到一九九八年蘇哈托下臺，新的印尼政府同意聯合國發起一場投票，去決定當地是否獨立。投票日訂在一九九九年八月三十日。

帝汶人顯然會投票支持獨立，但印尼並不會和平讓與控制權。報社的其他同事預期會發生一場騷亂，認為親臨現場太過危險，但瑪麗決心要去一趟。在投票的準備階段，暴力事件便已激增。頂著亂髮的民兵恐嚇帝汶平民，有次甚至使用劍、彎刀和鐵棍攻擊一臺載滿記者的車，而印尼警察冷眼旁觀。四月，在利基薩（Liquiçá）天主教堂旁的牧師家，約有兩百名帝汶平民遭到殺害。民兵掃射射穿屋頂，謀殺躲藏在屋簷下的驚恐人群，鮮血從牆面流下。對監督公投的聯合國特派團來說，這場屠殺喚起了可怕的回憶，讓他們想起一九九四年的盧安達大屠殺，數萬人在避難的教堂裡遭到殺害，而聯合國的維和士兵無能營救。

投票日當天人心激動：教堂大聲播放音樂，所有人都穿著最好的衣服出門，投票率超過百分之九十八，有些人在炎熱的太陽下，排隊長達數小時。甚至在計票結果公布前，民兵還在東帝汶首都帝利（Dili）的聯合國駐東帝汶特派團（United Nations Mission in East Timor，簡稱UNAMET）基地外，攻擊贊成獨立的支持者。記者下榻的一間旅社遭到徹底搜查，民兵用腳踢一名BBC通訊記者的頭部，再用步槍槍托毆打他，讓他差點性命不保。在那之後，多數的編輯都將他們的通訊記者撤離當地。印尼的策略一清二楚：無論公投的結果為何，政府都計畫利用民兵，去恫嚇威脅所有外國人——記者、救援人員、選舉觀察員和聯合國人士——直到他們離開。

瑪麗搭乘飛往帝利的最後一班飛機，在巴格達認識的瑪姬・歐肯也同行，她現在為《衛報》撰稿。她們入住圖利斯莫飯店（Hotel Turismo）。「大家都去哪了？」瑪麗詢問兩名荷蘭記者，她們是為荷蘭報紙撰稿的明嘉・奈浩斯（Minka Nijhuis），以及替BBC發稿的伊蕾娜・克里斯塔利斯（Irena Cristalis）。兩人都曾多次造訪東帝汶，熟知當地的情勢。她們解釋，只有大約十來個記者留下。「可是事件才剛開始而已啊。」瑪麗說。她住進一間有陽臺的房間，從那裡可以看見紅十字會的基地，一千名在那裡避難、陷入恐慌的帝汶人正遭到攻擊。一名士兵用突擊步槍指著一名女性，而其他女性正被又踢又踹，或被用步槍槍托毆打。民兵在庭院四處遊蕩，邊大吼邊朝空中鳴槍。紅十字會的工作人員束手無策。大約半小時後，有些士兵和民兵把救援人員載到機場，其他人則留下來洗劫難民的財物。他們把婦孺集中在一旁，接著將男性強行帶走。警察再次袖手旁觀。士兵和民兵開始猛力敲打記者在圖利斯莫飯店的房門。沒有人回應，但顯然他們已經無法繼續待在那裡。澳洲大使前來營救，讓記者搭上外交用車。他們沒有時間收拾行李。「你是要命，還是要衣服？」他對一名試圖去拿一個包包的記者大吼。瑪麗成功帶走她的電腦和衛星電話。記者被載到兩英里外的聯合國駐東帝汶特派團基地。

他們不是唯一一群在那裡避難的人；帝汶島的男男女女被民兵追趕，孤注一擲地爬上高牆，不畏頂端纏繞的帶刺鐵絲網——有些人將他們的嬰兒丟到牆的另一端，至少有五十人因為深長的傷口接受治療。隔天，更多難民抵達，包括一位嬌小的艾絲美拉達修女（Sister Esmeralda）所率領的整齊縱隊，共有八百人。她捧著她的聖經，走向一支印尼軍方和民兵部隊，她說他們就像紅海為摩西分開一樣，讓出一條走道。聯合國駐東帝汶特派團駐紮在師範學院內，周圍山丘環繞，前方有片沼澤，只有一條道路通往外界。那裡無法抵禦外敵，而且特派團沒有武器。聯合國的保安人員感到赤裸無助——他們要怎麼保護自己，更別提保護難民？不過，有些人認為這樣比較有利，因為就算是印尼軍方，在攻擊手無寸鐵的外國人前，可能也會猶豫再三。

基地內一團混亂。幾位來自偏遠地區的聯合國地方人員已經慘遭謀殺，於是剩餘的人員，包括他們的家人，和國際組織一起抵達。聯合國官員知道，他們無法拋下地方人員，不然會像在盧安達犯下的錯誤一樣。可是他們糧食不足，而抽水機的燃料也所剩無幾。超過兩千名恐慌的人們，正在用小火堆煮食，躺在地上睡覺，使用愈來愈骯髒的廁所。

聯合國特派團的團長伊恩．馬丁（Ian Martin）躲在他的辦公室裡，和印尼國防部長、聯合國祕書長和世界各國的領袖通電話，試圖找到方法對印尼人施壓，停止這場顯然是他們精心策劃的暴力行動。對聯合國新聞部官員布萊恩．凱利（Brian Kelly）來說，有二十六名記者抵達當地是喜憂參半的事。「我非常歡迎瑪麗的到來，因為她是真正的專業人士。」他回憶，「但是，那批人之中，有許多『記者』是特定議題的社運人士，假藉新聞報導進入帝汶。他們要求很多，情緒興奮高昂，非常難以對付。」

他們還大肆批評聯合國，認為他們沒有準備好面對公投後的騷動，也沒有足夠的作為去拯救東帝汶的人民。有些聯合國人員亟欲在和所有其他人一起遭到屠殺之前離境，他們也視瑪麗為麻煩人物，因為她會大聲嚷嚷，說如果他們離開，難民就會被屠殺，而聯合國就必須為此負責。儘管不是社運人士，瑪麗在東帝汶仍然看出是非之間理所當然的選擇。

瑪麗抵達基地兩天後，印尼士兵據稱是在護送一支聯合國護衛隊，執行從港口取回補給品的任務，卻允許民兵在途中埋伏他們。每晚，基地外總是槍響不斷。有天晚上，瑪麗和布萊恩在外頭聊天，一顆子彈可能射偏了，刷地穿過一棵樹，擊中一臺約十公尺外的聯合國用車。「大概是留不下來的。」布萊恩簡潔有力地說。透過一隻澳洲廣播公司（Australian Broadcasting Corporation）留下的衛星電話，新聞發布官員不斷接到來自全球各地的媒體致電。布萊恩請記者代接部分的電話。「他們可以比聯合國發言人身分所能容許的，更情緒化地說話，添加更多戲劇效果。」他解釋，「這麼做可以為當下的情勢帶來更多關注，間接持續對聯合國和印尼人施壓。」

在八千英里外的倫敦，肖恩開始習慣在ＢＢＣ廣播四臺（BBC Radio 4）聽到瑪麗的聲音。他聽見她說，民兵正準備闖入基地。「我以為他們即將攻入，所有人都會被屠殺，瑪麗沒有機會倖存。」他回想，「到了我終於能夠親自和她通話時，民兵已經撤退，立即的危險似乎已經消除。」他不介意瑪麗上廣播節目，但他建議她每天發送約五百字的文稿，讓他們就算到了週日通訊不順，也能拼湊成一篇在當天刊登。但她連一個字都沒有回傳。

補給品的數量低得令人擔憂，又無法保證聯合國人員的安全，伊恩·馬丁建議聯合國祕書長讓他們撤退。經過數天的協商後，他取得印尼人的同意，帝汶的聯合國地方人員也可以離開，並且得到坎培拉政府的同意，獲准進入澳洲。耳語在基地內的難民之間傳開：聯合國即將拋下我們離去。有些人溜出基地，進入一支游擊隊聚集的山丘，認為這麼做比待在基地安全，因為聯合國一旦離開，那裡絕對會馬上被入侵。他們逃離基地時，砲火爆發，有些人遭到擊斃。

瑪麗在基地內四處走動，送給孩子們一些即將離去的澳洲代表團留下的黃色網球。所有人都骯髒又疲憊，但瑪麗、明嘉和伊蕾娜感覺好一些，因為她們撬開了一只葡萄牙選舉觀察員留下的行李箱，將裡面的乾淨衣物和點心棒洗劫一空。

瑪麗和伊蕾娜決定在凌晨溜出基地，去看看外面的情形，並試圖從圖利斯莫飯店取回一些個人物品。為了不要看起來像記者，她們什麼都沒帶，連筆記本或相機也沒有。一名帶著彎刀的民兵用一根手指劃過他的喉嚨，警告她們不回頭的可能後果。但就在那一刻，一名開著卡車的士兵靠邊停下，用出奇流利的英語邀請她們到他的辦公室坐坐。那是一棟年久失修的小樓房，裡頭擺著一張舊沙發和一張木頭咖啡桌，四周擺著幾張椅子。據瑪麗所述，丹迪·蘇爾雅迪中尉（Lieutenant Dendi Suryadi）「能言善道又專業」。他招待她們吃麵和歐姆蛋——這是她們好幾天來吃到的第一餐熱食——並且談到他想要去美國西點軍事學院的期望。兩人請他載她們一程，穿越帝利，去圖利斯莫飯店。

《週日泰晤士報》，帝利，一九九九年九月十二日

那是末日般的景象。數百名民兵在街頭遊蕩，有些走路，有些三人共乘一臺摩托車，其中一人手拿搶劫而來商品，第二人拿著突擊步槍，第三人負責駕駛。

城市陷入洗劫的狂亂之中。郵局還在燃燒，但多數的其他建築都只剩下焦黑的殘骸。中尉嚴肅地開著車。槍聲在四周響起。街上沒有任何平民或車輛。彷彿蠻族已經接管當地。有臺摩托車經過我們，坐在後方的民兵朝我們揮舞手槍，露出發狂似的微笑，絲毫不害怕軍方車輛或車上的軍人。

在圖利斯莫飯店的景象甚至更加離奇——民兵奪走她的拉佩拉牌內衣和絲質女用內褲，卻留下她的防彈夾克。蘇爾雅迪中尉堅持要載她們繞繞，來趟伊蕾娜所謂的戰地觀光行程。「我們是來贏得民心和民意的。」他說，「我想我們失敗了。」他們看著民兵在一棟建築物縱火。「仔細看，」蘇爾雅迪中尉說，「重要的是，妳們要記住這一幕。」靠著純然的機運，這兩名記者遇上一位印尼軍官，想要讓記者看看，他的同袍讓帝汶蒙受的恐怖經歷。

回到基地，伊恩．馬丁召開一場記者會，宣布聯合國人員不分國際或地方職員，都即將撤離。任何留下的記者都必須離開基地。瑪麗建議伊蕾娜和明嘉，拿走一些食物，一起在附近的一間小房子落腳。為了保護自己，他們打算向其中一位難民，商借一隻偶爾十分凶猛的黑底褐紋狗。她們走到門邊去察看情況時，幾位民兵騎著一臺摩托車靠近，手裡拿著手榴彈。聯合國警衛將她們三人趕進基地內。她們的主意就這麼泡湯了。已經不可能待在其他地方。

難民哭泣禱告，吟唱聖歌，閱讀聖經。瑪麗讓一些人使用她的衛星電話，打給他們海外或西帝汶的親戚。許多人流下眼淚，深信這將會是他們被殺害前的最後一通電話。艾絲美拉達修女對聯合國職員大吼：「你們竟然拋下我們，讓我們像狗一樣死去。我們死也要死得有人的尊嚴！」她用瑪麗的衛星電話打給她在羅馬的女修道院院長。「十二小時內，我們全都會被殺死。」她說。現場的情緒激動高昂。聯合國職員擠在一塊，對於事態的轉變感到沮喪。他們原先來到東帝汶，是為了保護當地民眾，如今卻要拋棄他們。一群記者去會見伊恩．馬丁，對撤退計畫提出抗議，同時在聯合國職員間廣傳一份請願書，如果他們個人願意留下，就請他們簽署。「好吧，沒熱水澡可泡了。」布萊恩．凱利拿出筆簽名時心想。撤退延遲了二十四個小時。

大多數的記者都已經離開，包括瑪姬．歐肯。所有人都饑腸轆轆，疲憊又焦躁不安，不斷談論留下來的風險——他們會餓死還是被殺死？瑪麗聳了聳肩，不以為意。「管他的，我可不走。這是現在世界上最重大的新聞。」她對伊蕾娜和明嘉說。「她非常專注。」伊蕾娜說。

瑪麗撥電話給珍，討論她的決定，但絲毫沒有遲疑。「她已經下定決心要留下來。」珍回想。瑪麗知道那可能是個命運的抉擇。「她打電話向我道別，因為她可能性命不保。」凱特記得。事後，瑪麗解釋她當下的想法。「我就是無法一走了之。我們已經和這些人一起生活了四五天，睡在他們身旁，吃他們分享的米飯。」瑪麗告訴德妮斯．萊斯。「在某種意義上，那確實是個艱難的決定，因為你一定會想，我可能會死在這裡。但同樣的，我不認為如果離開，我能夠活得心安理得。那麼做在道德上是不對的，設想我們會撤離道別，而剩下的所有人都知道他們死期將至。反過來說，那也不是我能做出的決定。」

*

隔天，主流媒體的記者與大批聯合國國際職員和地方雇員離開基地。有八名國際人員自願留下，包括布萊恩．凱利和伊恩．馬丁。他們心知肚明，這麼做在最好的情況下也徒勞無益，而最壞的情況是自取滅亡。他們只是人肉盾牌。當最後一臺卡車駛離，瑪麗打電話給肖恩。他想要插嘴她的決定，但很快就發現那是無法改變的事實。他詢問，還有哪些記者留下，而她說明只有伊蕾娜、明嘉和她。

「男人都去哪了？」肖恩問。

「全走光了。」瑪麗回答，並且馬上接著說，「我想他們已經不再像以前那樣有男子氣概了。」那是句絕妙的話，事後一再被人引述。

事實上，有兩位記者（順帶一提，兩人都是男性）已經和游擊隊前往山丘區，而至少有一位男性社運人士自視為記者，儘管沒有其他留在基地裡的人這麼認為。然而，當民兵在四周徘徊，威脅突擊，這三位女性是聯合國基地僅存的專業記者，向全世界播送新聞。

那天是星期五。到了星期六早上，肖恩沒有收到瑪麗的任何新聞稿。「她還興高采烈地出現在日本電視臺和CNN上，卻一個字都不寫。」他回憶。那個星期發生太多事情，她正掙扎著要把一切擠進一篇文章。此外，她弄壞了她的眼鏡，如今是靠著一條橡皮筋固定在她的雙耳上。她終於在星期六下午發稿時，文稿就像她先前的報導一樣混亂不堪。「瑪麗簡直像在用密碼寫字！」約翰．維瑟羅說。在最後截稿時間之前，只剩下不到一個小時能夠解碼重寫。就瑪麗的立場而言，必須說明，當時的情勢瞬息萬變——就連她在發稿的當下，印尼的國防部長還正在帝利，和聯合國安全理事會的代表團會面。不過，週報不是她那時最優先考慮的事。她的目標是要拯救在基地裡的民眾，而她知道，每小時現場廣播的影響力，遠遠大過在星期日閒暇時閱讀的事件記錄文章。

關於這個可憐國家的難民，以及記者和留下的聯合國人員的英勇事蹟的新聞影響了輿論，對世界各國的領導者造成強大的壓力，於是他們反過頭來對印尼政府施壓。《週日泰晤士報》刊登一篇極為嚴厲的社論，表示瑪麗「關於帝利內部煉獄的描述……讓世界領袖無法逃避那些猛烈證據，及其所證實的摧毀東帝汶的災難規模」。這讓瑪麗、伊蕾娜和明嘉躋身過去偉大女性記者的「光榮傳統」之列：諸如一九三九年報導德國入侵波蘭的克萊爾・霍林沃思（Clare Hollingworth）、《週日泰晤士報》的二戰記者薇吉妮雅・考勒斯，當然還有瑪莎・蓋爾霍恩。那篇社論寫道，瑪麗的報導「揭露世界領袖對東帝汶情勢怒氣沖沖背後的實情——簡直是奇恥大辱。」美國人只是暫停將武器銷往印尼；英國一直以來都「和印尼統治者親近友好」。澳洲更是不聞不問。聯合國遭受批評，國際貨幣基金組織（International Monetary Fund）和世界銀行也不例外。《週日泰晤士報》呼籲國際勢力前去援助東帝汶的人民，一如科索沃的舊例。

那個星期六，帝利安然無事——證明印尼人可以像水龍頭一樣控制民兵的行動。基地內惡化的生活條件，令來訪的安理會代表震驚不已。在日益增加的國際壓力之下，印尼人在隔天同意，所有尋求聯合國庇護的難民，都可以和剩餘的聯合國人員一同離開前往達爾文（Darwin）。此外，也將實行國際勢力介入的計畫，由澳洲人率領，恢復東帝汶的秩序。

圍攻就此落幕。瑪麗在幾天後和難民一起離去。當卡車在黎明前的昏暗天色之下準備駛離，一名難民心臟病發。「我們只能把屍體留在那裡。」瑪麗在她和德妮斯・萊斯的訪談中回憶。「我們無法帶著一具屍體入境澳洲，沒有什麼其他事情能夠為他做的了。有人為他頌念一小段禱詞。」前往小型機場的車程非常可怕。「每間屋子和建築都在燃燒——宛如正在開車通過煉獄。我們不知道民兵是否會突然出現。」少數幾位難民從沒有搭過飛機。飛行時，一位帝汶的老婦人緊挨著她。當他們抵達達爾文，瑪麗發現她的胸廓被壓得瘀青了。

*

《衛報》的瑪姬・歐肯去機場找她。「瑪麗辦到的事真是超乎想像。」她回憶，「她下機時的姿態有些無助失措，疲憊不堪。」她們去一間魚料理餐廳，共進漫長而放鬆的午餐，在達爾文的陽光下暢飲白酒。「她一如以往，對這件事低調得不可思議。」瑪姬說，「她似乎刻意淡化事發經過。但我感覺我正在親耳聆聽一段不同凡響的事蹟。」

經過幾天充足的睡眠和進食，瑪麗和澳洲率領的軍隊一起重回帝利。還有二十多名記者也準備前往當地，派翠克也是其中之一。他和瑪麗又搬回圖利斯莫飯店。瑪麗興高采烈，被視為當前拯救難民的女英雄。有些民兵還徘徊在荒廢的街道上，但其他已經逃往西帝汶，唯恐他們的鄰居會展開報復。其中許多都是當地的男人和少年，受雇於印尼人去製造恐慌和洗劫。在帝利城郊，瑪麗看見街上的一幅噴漆塗鴉寫著：「請原諒我。」記者面臨的危險尚未結束：為《金融時報》撰稿的荷蘭自由記者桑德・圖尼斯（Sander Thoenes）遭到埋伏殺害。從西帝汶開車前往的喬恩・斯偉因也遭受攻擊，他的通譯阿納克萊托・達希爾瓦（Anacleto Da Silva）被綁，從此下落不明。

又經過一週後，瑪麗和派翠克在返家途中停留在新加坡，在萊佛士飯店（Raffles Hotel）住了一晚。那是個放鬆休息的好地方。「她很快就冷靜了下來。」他回憶。

三位留在帝利聯合國基地的記者帶來的影響一直備受爭議。「在整體的全球趨勢方面，那些記者的作為至關重要，也對施壓印尼有所貢獻，但我不認為她們是聯合國決策過程中的關鍵因素。」伊恩・馬丁表示。然而，瑪麗深信她們的存在讓聯合國感到羞愧，不得不留下。「我的報導協助翻轉聯合國撤退的決議，我為此感到驕傲。」她在日後的一篇文章中寫道，「我讓決策者難堪，那種感覺很棒，因為那拯救了人命。新聞報導鮮少能夠帶來如此直接的成果。」

第八章　不計後果

瑪麗從東帝汶回來後，廣受各界讚揚。《每日快報》（*Daily Express*）（無可否認，報社編輯是她的朋友蘿希．波伊考特）刊登了一篇關於她的報導，標題寫著「當聯合國準備逃離東帝汶，有名女性拒絕離去。她的勇氣拯救一千五百條人命。」英勇女性的身分，讓瑪麗的作品獲得更多關注，可是她開始感到厭煩，因為人們一再詢問她身為「女性戰地記者」是什麼感覺。在《週日泰晤士報》一篇標題為「勇氣不分性別」的文章中，她引用瑪莎．蓋爾霍恩的言論：「女性主義者令我惱怒。我認為他們為我們貼上『女性作家』的標籤，對女性造成了可怕的傷害。沒有人會說男性作家；以前，我們全都只是作家而已。」女性通訊記者光鮮亮麗的形象，眨著刷上濃厚睫毛膏的睫毛，實際上不甚準確——瑪麗在科索沃的泥濘中跋涉，或睡在帝利聯合國基地裡凹凸不平的地面上時，並不怎麼光鮮亮麗。

《週日泰晤士報》，倫敦，一九九九年十月十日

> 我不需要在耳後擦上香奈兒香水，或假裝天真無知，才能通過手持自動武器、脾氣暴躁的民兵駐紮的檢查哨。他們確實因為我的性別，用不同的態度對待我。不管他們再怎麼瘋狂，都覺得女性的威脅性比較低。

不過，她指出，男性也有他們的優勢。「男性記者可以稱兄道弟，和士兵互相分享黃色笑話，或討論不同武器的優點。」雖然比起她剛踏入這一行時，已經有更多女性在報導衝突事件，但瑪麗寫道，戰爭報導仍是由男性主導，因此女性戰地記者可能會更發奮圖強，因為要成功更加困難。「或許，我們感受到自己必須測試自己，來看看我們能夠承受多少東西，還能倖存。」儘管她不認為女性比男性更加敏感，而在她眼中是道德選擇的留守東帝汶舉動也和性別無關，但她覺得，女性更可能花時間和受害者相處，溫柔耐心地處理報導，而不是匆忙趕到下一個現場。「我從經驗得知，男性和女性的思考方式不同。然而，由於我從來沒有機會在其他行業裡理解男性的行為，我發現我同樣不可能去解釋，他們為何會在戰爭時抱持不一樣的想法。」她寫道。

對多數人而言，一年當中執行兩次極端的報導任務已經足夠，但瑪麗連番挑戰。當一九九九年的秋季緩緩過去，她將注意力轉移到一場甚至更加殘忍的衝突上。她全神貫注在東帝汶時，佛拉迪米爾·普丁（Vladimir Putin）在八月成為俄國總理。他最早的舉措之一是要恢復聯邦政府對車臣的控制，那裡是前蘇聯的領土，在冷戰結束時宣告獨立，俄國曾在一九九四至一九九六年間試圖攻占之。普丁認為，俄國軍隊在那場衝突尾聲撤退是一大恥辱。車臣是由多個軍閥統治，有些是伊斯蘭主義，有些是純粹的罪犯，讓那裡成為周邊區域情勢動盪的來源。一九九九年十月，車臣激戰入侵鄰近的俄羅斯聯邦達吉斯坦共和國（Dagestan）後，普丁再次派遣俄國部隊回到車臣。

曾經報導過上一次車臣戰爭（Chechen War）的記者知道，俄羅斯的砲兵會猛烈攻擊車臣首都格羅茲尼（Grozny），直到連地上的碎石都會彈起。車臣的幫派會綁架俄國的應徵入伍士兵、記者，和任何他們所能找到的人。莫斯科將會發生恐怖攻擊事件。而最糟糕的是，俄國的空軍將無情轟炸車臣的村莊和城鎮。雙方都不會手下留情；平民會奔逃喪生，沒有人會做任何事去阻止殺戮。多數記者都是去俄羅斯聯邦的印古什（Ingushetia）或達吉斯坦共和國，訪問逃亡跨越邊界的難民，有時會短暫和俄國部隊進入車臣。瑪麗是極少數考慮和車臣人一起入境的記者。

派翠克求她別去。他們兩人的感情終於穩定下來。「身為一個好的天主教徒，我認為我的罪會被消除、赦免。」他說，「我非常感激能夠得到第二次機會，所有我過去做的惡事將會一筆勾銷……她似乎也想這麼做。」總是比瑪麗更虔誠的派翠克認為，再次墜入情網就像是某種奇蹟。瑪麗則覺得比較像是回歸舊巢。

他們輪流在倫敦和派翠克生活的巴黎度過週末，也在討論讓瑪麗嘗試人工受孕，讓他們可以共組家庭，即便當時她已經四十三歲了。她很聽派翠克的話，但新聞故事的誘惑令她難以抗拒。當時已屆隆冬，車臣山區的氣溫會降到遠低於冰點之下，因此在珍的堅持下，她去哈洛德百貨公司買了一件她所能找到最保暖——可能也最昂貴——的夾克，有完整的防水機能和毛皮鑲邊。

在機場時，她巧遇瑪姬．歐肯和一名《衛報》的攝影師尚恩．史密斯（Sean Smith）。他們一直都有和同樣幾位在阿姆斯特丹流亡的車臣人保持聯繫，於是他們已經安排當地的接應，在兩人的團隊抵達第比利斯（Tbilisi）時載他們一程。從那裡，他們會被帶領跨越邊界，去會見阿斯蘭．馬斯哈多夫（Aslan

Maskhadov），也就是自稱為獨立國家的車臣共和國的總統。瑪姬十分景仰瑪麗，因此看到她在飛機上喝醉時令她相當震驚，最後在行李轉盤領取他們的行李，並要和幾位保守的車臣穆斯林會合時，她整個人的狀態已經不適合與他們交談。一名年輕的俄國攝影師迪米特里．「迪瑪」．比里亞可夫（Dmitri 'Dima' Beliakov）受雇來為瑪麗翻譯和拍照，他看到她的神智狀態，嚇得驚慌失措。不過他很快發現，他自己身處艱難的處境，因為車臣人更加懷疑一個可從軍年紀的俄羅斯青年，勝過一個嘴上叼著菸的酒醉美國女子。這個旅程的開始不太順利。瑪麗沒有在她的日記裡提到這件事——或許她心情焦慮，酒精有助於安撫她緊張的神經，也或許她是在擔心她忽略派翠克懇求的決定是否正確。或許她有一絲預感，這次的任務會有多麼危險。

隔天，喬治亞的警察陪同車臣的叛軍，載他們到一座空軍基地，他們從那裡搭乘直昇機到邊界。在月光下，他們徒步跨越邊界。「第一天晚上，我們被藏匿在一間狹小的木屋，裡面擠滿了凍僵的難民。」瑪姬回憶，「我們搬出小屋，改睡在車上，好讓出空間給正在步行離開車臣的婦女和孩童。」那天是星期六，所以瑪麗回傳一篇短文。星期天，車臣領導階層指派的指揮官沒有出現。星期一過去了。所有人都愈來愈浮躁不耐。「隔天，這位不知名的指揮官突然出現在小屋。我們完全不知道他的身分，也不知道是誰派他來的。」瑪姬說，「可是瑪麗的熱血完全沸騰，他們決定要跟著他走。」這麼做似乎風險很高，但瑪麗不打算等待。她和迪瑪開車離開，留下瑪姬和尚恩。

指揮官胡笙．伊沙貝夫（Hossein Isabaev）是個身材魁梧、蓄鬍的男人，因為綁架、結仇和其他各種車臣軍閥貪污腐敗的行為而惡名昭彰。為了遵從一位更資深的叛軍領袖發布的「保護記者」的伊斯蘭飭令（fatwa），他向瑪麗和迪瑪保證，他們和他同行非常安全。他們在夜間行動，以免被俄國的轟炸機發現。他們開車穿越山區，前往格羅茲尼，和那些正往反方向前去參戰、在吉普車上的戰士，以及駕駛著俄製拉達汽車（Ladas）的難民護衛隊擦身而過。伊沙貝夫告訴瑪麗和迪瑪不要走散——他們是他的客人，如果有任何軍閥綁架他們，他就必須與之對抗，這會讓他無法專心攻打俄羅斯人。多數的車臣部隊都是由指揮官的氏族成員組成，指揮官要負責準備食物、武器和彈藥，並且要在前線建造防空壕。迪瑪認為他們所有人都是土匪——他們用嘲諷的話逗弄迪瑪，比如「想知道我砍過多少俄羅斯的人頭嗎？」這使迪瑪的想法根深蒂固——不過瑪麗更同情他們。她認為，他們是為了良善的理想，在對抗殘忍的敵人，就像她在科索沃見到的叛軍。

白天，戰士會睡在石頭和木材臨時搭建的掩體中，靠著柴爐取暖。有次，他們待在一處簡陋的居所，那是一片平坦的山區石地，並有個高起的平臺，可以睡五至二十位戰士。同時，伊沙貝夫的妻子——被稱作副指揮官——負責烹飪和煮茶。

一九九九年十二月某日：一頂羊毛帽放在榴彈發射器上晾乾。一把卡拉希尼科夫步槍掛在角落的鉤子上，還有張手寫的值勤名單，每兩小時一班……午餐是妻子準備的綿羊、李子醬和麵包，平淡無味又難以咀嚼。茶和飲水來自山間溪流。桌上總是備有醃菜和糖。泥土地，腳凳充當座位。床鋪架在原木框上。有劍。一把舊獵槍放在金屬鞘裡。一批武器靠在牆邊。有獵槍、卡拉希尼科夫步槍、肩用榴彈發射器。男人把綿羊皮攤在床上，面向麥加站立禮拜，同時電視上衣不蔽體的歌手正在演唱。所有事情都是公開的——男人會在一面掛在牆上的鏡子前梳頭髮，在其他人坐著喝茶和玩撲克牌時睡覺。

瑪麗躺在一張床上，從綿羊皮底下拉出兩個令她不適的突起物：手榴彈。小心翼翼地把它們放到一旁後，她轉身入睡，像火車聲一樣打呼，惹惱了在場的戰士，也讓迪瑪尷尬不已。

瑪姬和尚恩按計畫被帶去會見馬斯哈多夫的同時，瑪麗和迪瑪最終見到了基本教義派領袖伊本．哈塔卜（Ibn al-Khattab）[1]。他是一位沙烏地阿拉伯的資深軍人，曾參與對抗俄羅斯占領阿富汗的戰爭，也是賓拉登的伙伴。伊本．哈塔卜及肩長的黑色鬈髮仔細上著油，他頭戴一頂毛皮高帽，身穿剛洗燙好的迷彩軍服，在庭院裡來回踱步，以阿拉伯人的方式和另一位指揮官手牽著手。瑪麗覺得，他的走動的方式就像是伸展臺上的模特兒。他的右手罩在一只黑色手套裡，藉此蓋住他被手榴彈炸斷的兩根手指，而他左手的指甲修剪整齊。他談論著戰士如何不畏死亡，因為真主與他們同在。但瑪麗認為，那些戰士對宗教抱持著些許懷疑的態度，不只是因為他們會喝酒，也因為他們和他不同，正在泥濘和冰雪之中，度過遭受猛烈轟炸、可怕的日日夜夜。他們稱伊本．哈塔卜和他的追隨者為瓦哈比主義者（Wahhabis），也就是在宗教信條上十分嚴格的沙烏地穆斯林，然而他們懷抱的是國族主義理想，深植在他們以車臣人身分為傲的自豪之中。

難民描述了一些駭人的經歷，關於俄國砲兵無情轟炸村莊，接著發動空襲。他們說，孩子們因為爆炸的噪音，已經開始聽力受損。難民對於農民的艱苦生活習以為常，但戰爭卻完全不同：一名穿著紅色天鵝絨洋裝的女性，頭上披著一條大方巾，她告訴瑪麗，猛烈砲擊開始後，她跑進庭院要把她的乳牛拉進地下室，結果在幾秒後，一枚飛彈擊中她的屋子，炸得她的丈夫和五個子女肚破腸流。她和她的哥哥一起逃難，他腳上砲彈碎片割傷的傷口正在淌血。「我希望世人因為此時此刻發生的事而感到羞愧。」她告訴瑪麗，「世界安然無恙，卻什麼都不做，放任我們遭受屠殺。」瑪麗的筆記本裡寫滿了類似的故事。在少數幾間仍在運作的醫院裡，她發現數十名受傷的平民，有些是沿著俄國人稱之為「安全廊道」的一條道路試圖逃亡時，成為空襲的目標。從山上俯瞰，那是片白色屋頂、泥土道路和飼養牛雞的倉院交織而成的風景。她意識到她所看見的景象和俄國飛行員的視野十分相似，納悶著他們怎麼能夠在如此顯而易見的平民居住地，投下他們的炸彈。

他們整天都能聽到頭頂的戰鬥機呼嘯而過，和砲擊的轟隆聲響。夜裡，飛彈造成的火光從山脊那頭閃耀，宛如龍背上閃爍的鬃毛。有天晚上，瑪麗和迪瑪在一群戰士的陪同下，正在接近格羅茲尼南方的前線，一枚飛彈墜落在幾碼之外，炸出一個巨大的坑洞，吞噬了他們車隊的另一輛車。幸運的是無人傷亡，但隔天早上，他們僅存的一輛車卻再次遭受襲擊。這臺車遭到砲彈碎片轟炸，車窗爆裂開來。所有人都跳出車外，在白雪覆蓋的原野中尋求掩護，他們一動也不動地躺在地上，害怕有任何動作都會被空中的敵人發現。

那裡天寒地凍；時處冬季，蕨類植物和山毛櫸的枝枒光禿無葉，難以掩蔽。飛機每十五分鐘就會回來一次，有時在僅僅幾碼外投下裝載的彈藥。就在道路對側的山脊，因爆炸而升起陣陣濃煙。瑪麗認為，飛行員知道有人躲藏在那片荒野中，因此試圖要威嚇他們逃跑。「不要往上看，你的臉就像一個亮晶晶的白點那麼明顯！」她厲聲對嚇壞的迪瑪說，他從未經歷過這樣的事。在某兩次轟炸之間，她用

1 譯注：阿拉伯文裡 Ibn al-Khattab 是複合名詞，意思是「哈塔卜的兒子」，而不是名 Ibn，姓 al-Khattab。中文翻譯則保留原樣，譯為「伊本・哈塔卜」。

衛星電話打給人在倫敦的肖恩・萊恩，告訴他她被困在原地，認為自己的死期將近。「我什麼事也不能做。」他回想，「那種感覺糟透了。」

當氣溫下降，其中一位車臣人想要生火，即使這麼做無疑會引起飛行員的注意。「我寧願溫暖地死去，也不要寒冷地活著。」他說，在瑪麗拒絕時，譴責她懦弱膽小。一臺偵察機飛近評估轟炸造成的傷害。車臣人拿出他們的獵刀，切開粗製的麵包塊，和甜煉乳一起食用。在轟炸之間，那場景有著不可思議的田園風光。「溪流的潺潺聲。」瑪麗在事後筆記，「鳥群逃亡，飛行隊伍顯得變幻莫測。」

《週日泰晤士報》，車臣，一九九九年十二月十九日

昨天，我困在格羅茲尼南邊某條道路旁的原野中，長達十二小時。那些飛機一次又一次盤旋，陽光在那邪惡飛行器的光滑銀色機身上閃耀。它們發出轟隆聲響，投下炸彈，墜落時如高速火車般大聲悲鳴……不需要任何想像力，就能理解平民的恐懼，他們日復一日忍受這樣的轟炸，必須抉擇要逃亡並面臨在開放道路上行駛一天，或是冒險躲藏在地下室裡。

踏上回程的時候到了。迪瑪拍到的照片非常精彩，瑪麗也已經發送出要在當週週日刊登、讓人身歷其境的新聞稿。此外，距離耶誕節只剩五天，派翠克正在巴黎等她，之後她要去拜訪珍在蘇格蘭的家，度過千禧年的新年。當晚傳來壞消息：俄羅斯傘兵占領了梅爾希斯特（Melkhist），那是座被稱為「死城」的古老中心城市，位在返回喬治亞的唯一一條道路上。任何經過的車輛都會遭到射擊。兩條替代的道路是途經達吉斯坦或印古什，但因為戰爭或不斷遭到空襲，而無法通行。他們被困住了。只剩下唯一一個選擇：跋涉橫跨高加索山脊（Caucasus Ridge）。「他們會被雪淹沒的。」一位戰士說。

《衛報》團隊也在砲火下動彈不得，但正好在道路中斷前離開入境喬治亞。在倫敦，肖恩向一些安全顧問諮詢，但沒有人能想出更好的計畫。他打電話給派翠克，而他怒不可遏。派翠克認為，《週日泰晤士報》自始至終都不該派遣瑪麗到車臣，或說是允許她前往，取決於你從什麼角度看待這件事。他表示，這麼做極度危險又不負責任。就算道路遭到轟炸，對他來說仍然是比徒步穿越山脈更好的選擇。他無法想像她如何可能成功走完全程。在他看來，瑪麗的編輯根本就是讓她去送死。他對肖恩怒吼，一把掛掉電話。

瑪麗告訴肖恩，她會試圖每天聯繫一次。只要他們在車上，她就能替衛星電話充電，但一旦他們開始步行，電池便會很快耗盡。這趟旅程可能會花上四或五天。他們已經沒有機會回家過耶誕節；唯一重要的問題是生存。

那天是十二月二十一日星期二。他們把信任交托給馬加默德（Magomet），他是一位身材矮小精瘦的車臣人，穿著牛仔褲和輕量登山靴，終其一生都生活在山區，將會擔任他們的嚮導。白天轟炸機總是攻擊不斷，導致山坡著火，於是他們會等到日落後才動身。其中一位戰士說，他認識一位喬治亞將軍，如果他們抵達邊界，將軍願意以兩千美元的報酬，派一臺直昇機去營救他們，所以他在他們出發前就打電話聯絡。

第一個小時便已令人筋疲力竭。瑪麗穿著她的防彈夾克走路，背著裝有她的電腦和衛星電話的背包，讓她的背極度疼痛。「我辦得到嗎？」她心想，陷入不尋常的自我懷疑之中。迪瑪把他的腳架當作手杖使用。他們途中在月光照耀下，遇見兩座古老的墓碑。儘管一枚炸彈引發的火勢正往他們的方向延燒，但馬加默德堅持等待和他的朋友會合。他是個虎背熊腰的強悍男子，出現時穿著完整的戰鬥裝備，手拿一把卡拉希尼科夫步槍。他說，他的夢想是加入法國外籍兵團（French Foreign Legion），但與此同時，他會保護他們不受走私客和綁匪的侵擾。瑪麗已經太過疲憊，無暇擔心憂慮。因為害怕再次遭到空襲，或在雪中凍結，她知道唯一要做的事就是繼續往前。

她呼吸困難，後悔她所抽過的每一根菸——尤其是在最近這些驚恐的日子，她多次和戰士們分享廉價的俄羅斯菸草。每過一陣子，馬加默德就會察看她，判定她狀態「一切如常」。她認真想著，車臣人對「如常」的定義可真不一樣。路途上的某個時刻，有另外三名青年加入他們，幫忙背負瑪麗的背包和迪瑪的攝影設備。瑪麗剷雪來止渴。等到他們抵達一座沒有屋頂的獵人工寮，可以小睡一會時，他們已經走了六小時，可是馬加默德只讓他們休息幾個小時，便再次動身。迪瑪走得很慢，所以瑪麗在等他跟上時，會停下腳步幾分鐘，躺在長草叢裡小睡。「如果他們把我留在這裡，我可能就會在睡夢中死去。」她想。

他們在月光下走路，前往一座布滿一道道雪痕的山。但當瑪麗發現，其中一道是他們必須攀登的山徑，那景色似乎就沒那麼美麗了。迪瑪坐在地上，說他無法再繼續前進。瑪麗知道，絕望甚至比寒冷更加危險。「起來！繼續走！」她催促。他開始發脾氣。「閉嘴，妳這賤貨！」他大吼。那些話在山中迴盪。瑪麗在他面前跪下。「絕對不准再那樣叫我。」她厲聲說道，「如果你想死，很好，你就待在這裡吧。」迪瑪為他自己感到抱歉。「就把我留在這，」他說，「有人會找到我的屍體的。」馬加默德默默勸他再次嘗試。他們攀登峽谷，睡了又走，走了又睡，知道轟炸機可能會在任何時刻回來攻擊，瑪麗和迪瑪間的沉默如山景般冰冷。

隔天早上，一道瀑布擋住他們的去路，水流的動態凍結成銀白色的冰塊，跨幅達三十英尺，沒有立足點可以攀越，如果滑跤就會掉落數百英尺的深淵。兩架俄國戰鬥機在頭頂飛過，提醒他們距離安全地帶還很遙遠，讓他們腎上腺素飆升，加快腳步。迪瑪滑倒，摔到背部——比起他，瑪麗更擔心他背包裡的衛星電話。電話拿出來測試時，已經完全故障了。又爬上另一座河床，瑪麗涉水跨越結著薄冰的河流，水面高度達臀部。這不是第一次，也不是最後一次，她默默感謝珍，強迫她買下那件昂貴的夾克，至少能確保她身體有部分是溫暖的。他們已經走了二十四小時。

此時，那些青年已經消失無蹤。「真是群城市佬。」馬加默德取笑他們。他解釋，他們原先想要成為武器走私商，但發現這條路線太過艱難。突然，一位名叫穆拉德（Murad）的青年現身，表示他要去喬治亞購買武器。「接下來的十二小時都在恍惚中度過，一步步向前，登上又走過另一座山。」瑪麗在事後寫道，「空氣稀薄得讓我的肺無法吸飽，而且風又如此強勁，好幾次我都差點被吹落山坡。」在黎明前，他們抵達一片山峰環繞、白雪覆蓋的原野。那時，迪瑪已經虛弱得無法走動，馬加默德把他放在一塊他找到的木板上，拖著他橫越原野。喬治亞的邊界是以一小堆石塊當作標示，但在他們接近時，兩記槍聲響起。他們撲向雪地，又聽見另外兩記槍響。「如果我們在這裡死去，感覺真不公平，距離邊界只剩下幾碼。」瑪麗心想。馬加默德開始用車臣語大吼，接著槍擊停止。他們跨越邊界。他們從未查明那些槍火的真正來源為何。

瑪麗一直渴望著咖啡和一張床，但他們找不到邊界的村莊，只有一間牧羊人的小屋，於是他們生起火，當晚暫時在裡頭歇腳。「小心，別燒了那間屋子。」馬加默德說，之後便啟程去尋找一座可能有無線電通訊的村莊。他們需要確認，有位戰士在他們出發前聯繫的喬治亞將軍，是否會派一臺直昇機前來。迪瑪決定，他最好向瑪麗道歉，於是他們握手言和。她拿出她的筆記本。每隔一段時間，在山上稍事休息時，她會草草寫下一些筆記，但在此刻，她是在紙上思考如何存活下去。

一九九九年十二月二十四日：情況的嚴重程度：我們可以耐受寒冷並在屋子裡的環境生存。否則我不認為我們能活到現在。

水源：充足——有雪，三四公里外還有河流。可能不值得走過去取水——會消耗熱量。

食物：這是大問題。只剩下一些麵包碎屑。如果那像鋸木屑的東西是麵粉，可以加水混合烹煮？夠危急時，還有桶發霉的洋蔥和大蒜。

小事：穆拉德找到一袋釘子，可以固定塑膠布。

穆拉德有手槍——可以獵捕動物？

尋找紅莓。

不該讓火熄滅——寒意逐漸滲入。

他們從未叮嚀你的事：要不斷努力讓火燃燒下去。

穆拉德將他們在附近地面尋獲的一片斧刃固定好，因此可以砍柴，不需要用樹幹生火。他們把找到的麵粉和水煮成一種淡而無味的粥——穆拉德說這道菜竟然還有個名稱：卡莎（*kasha*）。那些發霉的洋蔥和大蒜讓它幾乎稱得上是美味。當滿月從山頭升起，瑪麗看著星辰，意識到當天是平安夜。她心想，這天晚上在牧羊人小屋裡度過，具有一些象徵意義。

一九九九年十二月二十四日：原本應該在巴黎煮著耶誕節晚餐。暴風雪已經在中午時停止，山籠罩著薄霧，一開始是小片輕盈的白色雪花，後來轉變成白色的雲霧。迪瑪想到要提筆寫封信給他的妻子。我不擔心我們無法存活，只擔心我們還要在這裡待多久。也不擔心會讓關心我的人擔心。不過，確實讓我思考誰會在意我的安危——媽如果知道，耶誕節會過得很悽慘。派翠克會操心又震怒；我不知道他會有什麼感覺——我想他確實愛我，但那種愛是希望保有他自己的生活，又要我能融入其中，甚至對我本人都難以述說，因為他並不想要我時時刻刻都陪在身邊，更想要的只是知道可以在哪裡找到我，還有兩人共處時光帶給他的撫慰。我想念的珍——我能趕得上跨年嗎？

隔天，她打開衛星電話，令她吃驚的是，電源燈號竟閃爍著亮光，於是她撥電話給人在倫敦的肖恩。

＊

萊恩家的孩子一直非常期待耶誕節，但肖恩告訴他們，慶祝活動必須延後，因為爸比還在工作。自從瑪麗和迪瑪啟程跨越山區後，已經長達四天無消無息。「耶誕節的下午四點左右，我的電話在樓上的臥房充電，我上樓拿電話時，注意到有封語音訊息。」他記得，「是瑪麗說著：『肖恩，我抵達喬治亞邊界了。只是想讓你知道我一切安好，祝你有個美好的耶誕節。』」

白馬騎士要登場救美，喬恩．斯偉因和派翠克正在前往第比利斯的路上。他們在日內瓦轉機時，肖恩告訴他們這則好消息。接著他打給珍，她正在她斯特拉菲爾德塞耶（Stratfield Saye）的父母家過耶誕節。她身為威靈頓公爵的父親很喜愛瑪麗，經常帶她去皮卡迪利街（Piccadilly）上的騎兵與衛兵俱樂部（Cavalry and Guards Club）吃午餐，她喜歡在那裡聽他說二戰時在敘利亞和伊拉克打仗的故事。「我們原本心情愁雲慘霧。」珍回憶，「我們以為她死了。」在幾小時內，所有人聽到瑪麗還活著，都鬆了口氣。「耶誕節的慶祝活動重啟，我們打開禮物，拔起香檳的瓶塞。」肖恩說。可是，接著他意識到問題尚未真正解決。「我們依然無法和瑪麗聯絡。我知道的只有她已經抵達邊界，但我不知道她要如何移動到安全的地方。」

柯爾文一家都回到牡蠣灣過耶誕節，擔心得發狂。因為瑪麗是美國人，凱特認為美國政府應該做點事來幫助她。「那是我第一次撥電話到國務院。」她回憶，「我整夜沒睡，都在打電話、接電話，試圖找到她。」她的一位耶大老友現在是國務院的媒體關係主任（Director of Press Relations），打電話給第比利斯的美國大使館，但好幾天過去，卻無消無息。瑪麗的母親已經學會堅強起來，相信沒有消息就是好消息。「她在那些地方的時候，有時我會好幾個星期都沒有她的消息。」蘿絲瑪麗記得，「但一九九九年非常難熬。」

*

晚上，馬加默德和一名喬治亞士兵回到牧羊人小屋，士兵帶來麵條、茶和甜點。沒有任何直升機的消息，他們隔天必須尋找一座村莊。瑪麗感覺自己快哭出來了。「我已經受夠這場大冒險了。」她心想。可是他們別無選擇，因此在黎明時，他們走下河谷，抵達吉維里（Giveri），那是個深色石屋的聚落，冬季荒廢無人居住。他們走進一間又一間的屋子，搜刮到麵粉、一罐豌豆和一瓶杏桃果醬，最後找到一間有爐子的房子。一場暴風雪正在增強，他們意識到沒有直昇機能夠在那裡降落，於是瑪麗把剩餘的麵粉烤成麵餅。隔天他們再次上路。

黎明晴朗而寒冷，但暴風雪讓積雪又加高一英尺。往下游幾英里處，他們遇見巴坦茲和伊莉莎貝莎．卡昆古貝夫（Bartanz and Elizabetha Kacunkubev），他們是一對老夫婦，因為太過窮困，無法離開村莊避冬。「他們帶我們到他們狹小的石屋作客，牆上高掛著一幅史達林的肖像。他們招待我們炸馬鈴薯、醃甘藍菜和一人一杯伏特加。」瑪麗在事後寫道，「接著巴坦茲畫了張地圖，告訴我們如何抵達另一座村莊歐馬拉（Omala），他說那裡有無線電話。」

那天是十二月二十九日。走過樹林，前往另一座村莊時，他們聽到一個聲響，既不是樹枝的嘎吱聲，也不是融雪的聲音，而是轉動的嗡嗡聲，而且愈來愈大聲——是旋翼！他們衝到一個開闊的地方，迪瑪展開攝影用的反光板，高舉直對陽光，來吸引飛行員的注意。他們瘋狂揮手。當直昇機機頭朝下，準備降落在下方的空地時，他們急忙跑過去迎接它。喬治亞士兵圍繞著一名身材高䠷的男士，他戴著棒球帽，留著白色鬍子，身穿一件藍色雪衣，瑪麗覺得他長得像海明威。那名蓄鬍男士伸出他的手。「我是傑克．哈里曼（Jack Hariman），美國大使。我們真高興能找到妳……」

喬治亞人說他們必須搜查馬加默德和穆拉德身上是否有攜帶武器，於是在他們全都爬上直昇機之前，瑪麗敏捷地把他們的手槍藏到她的背包裡。在第比利斯的空軍基地，車臣叛軍派來一臺車和他們會合，她悄悄把那些槍械丟到後車廂裡。聽取完瑪麗的報告後——對她眼中的翻版海明威而言，能得到車臣戰爭的第一手敘述必定大有助益——一臺大使館的車載著瑪麗和迪瑪，到派翠克和喬恩等待的飯店。結果，車臣戰士聯繫的喬治亞將軍一再向肖恩、迪瑪的妻子和任何來電的人保證，一切都在掌握之中，但事實上直到大使扭折他的手臂威脅他前，他什麼都沒做——先是凱特從美國打來的電話讓大使注意到這件事，後來喬恩和派翠克又親自來訪。因為國務院沒有任何名叫傑克．哈里曼的人員紀錄，救援他們的人可能是使用假名的中情局駐外站長——派翠克記得，大使館的那間辦公室裡，滿是可以隨手取用的圖表和地圖，便於定位瑪麗和迪瑪可能的確切位置。

瑪麗對於要見到派翠克感到緊張。她知道他會非常生氣，她不顧他的懇求，堅持踏上這魯莽的旅程。她並沒有帶著他可能預期的喜悅和他打招呼，反而在他上前擁抱她時退了開來。要面對那些她知道聽到她的聲音，會單純為她開心的人比較容易，於是她打給凱特，把整趟經歷轉化成一個有趣的故事：「妳絕對無法相信我耶誕節的午餐吃了什麼。」她說，「發霉的野生蒜頭！」接著，她、派翠克、迪瑪和喬恩一起在飯店酒吧，喝伏特加，吃魚子醬。迪瑪鬆了口氣，情緒激動，又對於自己依然存活有些驚訝。

「妳就像是我的大姐——妳現在是我的第二個媽媽了！」他大喊。

「是啊，你確實還需要一個媽媽。」瑪麗語帶諷刺地回答。

她的思緒沒有放在她幾天前和迪瑪的口角上，而是掛念著和派翠克的爭吵，她知道她躲不掉的。他們一關上飯店房間的房門，爭執就一觸即發。因為他們沒能共度耶誕節，派翠克原先希望，瑪麗會加入他在巴黎的家人計畫已久的新年慶祝活動。畢竟，那可是一個新世紀的開始。當她決定要維持她原來的計畫，與韋爾斯萊一家和多位友人，一起在珍南艾爾郡（South Ayrshire）的農舍跨年，他既受傷又生氣，於是兩人飛往不同的目的地。英國航空（British Airways）在從第比利斯到格拉斯哥（Glasgow）之間的路途，不慎弄丟她的行李，因此她現身在珍家門前時，穿著那件在哈洛德百貨公司購入、堅不可摧的夾克。它經歷長途跋涉仍完好無缺，為她抵禦寒冷。事實上，她告訴珍，那件夾克可能救了她一命。

*

瑪麗如今聲名大噪。其他記者也曾閃躲子彈，甘冒風險，但為了躲避轟炸，而在隆冬攀爬高加索山脈，冒著凍死的危險，這經歷前所未有。瑪麗的女性身分更增添她的魅力。

在一篇《美國新聞評論》（*American Journalism Review*）雜誌的長文中，雪莉・李卡迪（Sherry Ricchiardi）教授視她為英國新興的「激昂報導風格」的終極範例。其他英國記者也會把自己帶入報導之中，但她論稱，瑪麗將「戰爭報導中的個人色彩提升至全新的高度」。這與《紐約時報》和《華盛頓郵報》不吐露情感的風格產生強烈對比，那裡的記者仍然絕不使用第一人稱，總是冷靜公正的觀察者。瑪麗已經找到她的敘事風格和方法——重點是要激發讀者的關心。「我遇見的人和我對他們的反應——都是報導的一部分。」有人曾引述她的話，「寫出『我看到這些事』往往更強而有力。」瑪麗也談論她的企圖，要消除她自己和她的受訪者之間的屏障。「如果妳放下一切加入他們，和他們同吃、同喝、同睡，隔閡就會大幅減少。」她說。更傳統的記者，包括派翠克在內，認為應該保持一定距離，觀察苦難，但不讓苦難影響他們的分析。然而，投身其中，認同她視為受害者的群眾，成為瑪麗在科索沃、東帝汶和車臣報導的鮮明特色。她不是唯一這麼做的記者——畢竟，瑪莎．蓋爾霍恩曾熱烈支持西班牙內戰的共和理想，和第二次世界大戰的同盟國——但瑪麗經歷的危險遠遠勝過蓋爾霍恩。「冒險已經成為她報導議題的一部分，與開發內部資訊來源和傳遞獨家新聞同樣重要。」李卡迪寫，「她的敘事不僅止於成功逃難到難民營的倖存者，反而選擇去記錄那些仍受困當地的人群的苦難。這意謂著，必須試圖進入在衝突中被某一方宣告禁止進入的區域。她正因此變得易受傷害。」

她確實很容易受到傷害，不只是因為這樣的報導讓她陷入危險，也因為她和她的編輯讓這成為她獨樹一幟的特色。有人引述肖恩曾說：「她冒險取得真相，無論她讓我在多少夜晚失眠，我都會為此讚揚她。」不過，對於危險成為《週日泰晤士報》為瑪麗定位的招牌特色，派翠克不是唯一為此感到不安的人。她的兩個好友珍——韋爾斯萊和ＪＢＣ——曾在一場派對上攔住肖恩，警告他報社正讓瑪麗冒著生命危險。他知道，她純粹是仰賴運氣和耐力，才能在車臣倖存下來。然而，實情是儘管他和約翰．維瑟羅偶爾可能會為此苦惱，但瑪麗的冒險正為他們換來最精彩的報導。就連邀請瑪麗和肖恩共進午餐的魯柏．梅鐸，也專注聆聽她的冒險故事，深深著迷。

＊

一九九九年馬不停蹄的工作後，瑪麗在二〇〇〇年休假了幾次。二月，她和卡崔娜在巴黎見面。卡崔娜如今是科技雜誌《連線》（*Wired*）的總編輯，和瑪麗一樣，以女性身分在男性支配的新聞報導領域大獲成功。那是個位高權重的工作，每個月都要從她和溫特現在居住的舊金山出差到紐約。她不只負責一份出版刊物，其以小規模的獨立雜誌起步，如今發行量不斷攀升，並且愈來愈商業化，她同時還在養育一對雙胞胎，現在已經到了學步的年紀。兩名女子都需要好好休息。瑪麗在三月再次休假，她和珍去越南度假。在河內，他們走訪胡志明紀念堂（Ho Chi Minh Mausoleum）和「河內希爾頓」，也就是瑪麗青春期在牡蠣灣抗議的那場戰爭期間，美國戰俘遭到囚禁的監獄，但多數時間她們都在放鬆享受，在湄公河三角洲旅行，躺在沙灘上。「我們為導遊設定一項挑戰，去的地方不能看到任何一位其他觀光客，於是我們遠離正規景點，抵達一座小村莊，花費大約一英鎊就吃到最美味的餐點。」珍回憶。八月和派翠克在義大利度假就沒那麼順利。在行事曆中，瑪麗沒有多加解釋，只是寫下：「開車去聖雷摩（San Remo）——大吵一架。」當月稍晚，她和卡崔娜去巴塞隆納待了一週，參加共同朋友的婚禮，這趟旅程就和平多了：「胡安・米羅（Joan Miró）博物館，在小酒吧吃飯，蘭布拉大道（Las Ramblas），深夜才睡。」她如此記錄。有時，和一位信任的朋友度假，是比和派翠克共處更放鬆的選項。

同一年，瑪麗把她的注意力轉移到非洲，在辛巴威和衣索比亞採訪報導。五月，西非國家獅子山（Sierra Leone）的叛軍將聯合國軍事觀察員綁為人質，並威脅首都自由城（Freetown）後，英國軍隊出兵干預。她報導了「西城男孩」（West Side Boys），那是一幫已經俘虜十一名英國士兵的嗜毒戰士。這篇新聞的開頭是一幅電影場景般的景象：

《週日泰晤士報》，自由城，二〇〇〇年九月三日

要和野蠻二世（Junior Savage）交談並不容易。他把半張老鼠皮縫在棒球帽的前方，並拉低帽子，蓋住他的額頭，於是那隻死鼠圓亮的小眼會盯著你看，同時下方某處傳出講話的人聲。鼠尾和另外一部分的毛皮垂掛在棒球帽後方——每隔一陣子，他會把帽子轉過來，接著你就能對視這名年輕西城男孩死氣沉沉的雙眼。

另一篇文章中，她從英國空降特勤隊（SAS）士兵的角度，描寫他們救援人質的經過。雖然她的報導觀察和文筆都非常精彩，但她深感挫折，因為其他英國記者也在報導同樣的事情。在瑪麗看來，一九九九年是勝利的一年，因為她讓自己脫穎而出。她正在留意搜尋沒有其他人報導過——或不敢報導——的故事。

二〇〇〇年，她獲頒三個獎項：外國記者協會（Foreign Press Association）的年度記者；車臣報導為她贏得英國新聞獎（British Press Awards）的年度外國記者（前一年是由喬恩．斯偉因因為科索沃的報導搶先獲獎）；以及美國國際婦女媒體基金會（International Women's Media Foundation）的新聞記者勇氣獎（Courage in Journalism Award），頒獎典禮在紐約，酒會在洛杉磯舉行。凱特和卡崔娜參加了紐約的典禮。「瑪麗穿著那身令人驚艷的西裝和美麗的靴子，非常時髦，她的頭髮自帶光環。」卡崔娜記得，「但她上臺時，她一邊的眼鏡不見了，發表得獎感言全程，都必須像長柄眼鏡一樣拿著它。」許多年後，這件事依然會讓她們哈哈大笑。哥倫比亞廣播公司（CBS）的資深記者麥克．華萊士（Mike Wallace）唸出嘉獎評語。「柯爾文的報導生動鮮活，因為她和她報導的人物之間沒有距離。」他說，「瑪麗十分勇敢，但並非漫無目的的魯莽。她從那些最沒有能力吸引媒體注意的群眾角度報導新聞……對多數的我們而言，一生中報導一場戰爭，或許兩場，便已足矣。可是，對瑪麗·柯爾文來說，報導戰爭是她的生活方式。」瑪麗以將會成為箴言的一段話回應。「獲得真相是我們所有人踏入新聞業的目標。」她說，「我們必須親眼見證。我們能夠帶來改變。」

洛杉磯的酒會是個星光熠熠的場合，由演員瑪麗亞·史萊弗（Maria Shriver）擔任主持人，她是瑪麗在耶大的老友巴比的妹妹，巴比也出席當天的酒會。有人告訴瑪麗，她不需要買洋裝，因為有設計師會出借給她，於是她發現自己被帶到亞曼尼的貴賓休息室，啜飲香檳，試穿連衣裙。在酒會上，她和電影明星華倫·比提握手，他提議應該將她的人生經歷拍成電影，由他的妻子演員安妮特·班寧（Annette Bening）擔綱演出。多麼奇特的人生：前一天還在俄國轟炸下，跋涉跨越高加索山脈積雪泥地，隔天卻穿上設計師套裝，和電影明星熱絡交際。何者才更真實呢？

她接著回到牡蠣灣，慶祝感恩節和她妹妹小布的四十歲生日。完成她在哈佛的大學學業後，小布結婚，搬家到亞特蘭大（Atlanta），把時間都投注在母職上。儘管瑪麗和凱特依然十分親密，但她和另外一個妹妹的相處時間不多，兩人也感覺彼此沒有什麼共同點。那天晚上，她們難得促膝長談，思索兩人分歧的人生道路。

「妳得到這了不起的國際獎項，而我只有三個孩子，一事無成。」小布說，雖然她不後悔她的選擇，但看得出她姐姐成就的人生多麼出眾。

「我永遠無法做妳做的事，妳永遠無法做我做的事。」瑪麗回答，她認為小布的選擇同樣難以勝任。「也許我們都做了我們該做的事。」

瑪麗想著，她的生活是如何逐漸偏離其他弟妹和她在美國的摯友的生活。凱特現在是一位公司律師，已經結婚成家。卡崔娜是名雄心壯志的編輯和母親。到了四十四歲，瑪麗在她的日記裡，反省逐漸年長的意義。

二〇〇〇年某日：到了中年，難免對人生有些失望。是時候清算過去的種種。愛是唯一有救贖能力的東西。妳還沒有脫離理論階段——總是有些未知的事物將會到來。

胡安．卡洛斯的時代終於結束。他們對彼此的憤怒已經平息，瑪麗甚至在去車臣出差前，還去柴克和梅莉莎家參加他的五十歲生日派對。然而，在二〇〇〇年，他弄丟在《國家報》的飯碗，回到玻利維亞。她知道他破產了，依然對古柯鹼和酒精成癮，但她束手無策——他已經離開她的生活。她和他的女兒安娜仍保持聯繫，她和她母親阿涅塔一起住在瑞典，但她們偶爾才見面，瑪麗也時常沒有遵守幫她慶祝生日和拜訪的承諾。她和胡安．卡洛斯雖然分居，但沒有離婚。不過，她經常告訴別人，她和派翠克已經再婚了。這麼說會是個美好浪漫的故事，而瑪麗儘管對新聞報導一絲不苟，但在說她自己的故事時，往往甘於為效果誇大。無論如何，他們確實感覺就像已經再婚。他們一起住在瑪麗最近在諾丁丘巴塞特路（Bassett Road）買下的公寓。「實際上，我們**是**再婚了。」派翠克說，「沒有猶疑不決，沒有模糊地帶，我們給予彼此承諾，也都對彼此忠誠。」

二〇〇一年的新年，距離她高加索山的冒險已經一年，這對情侶去馬爾地夫度假，列出新年新希望的清單。派翠克在考慮離開日報的新聞工作，成為全職作家——他已經撰寫幾本關於軍事歷史的著作，相當暢銷。瑪麗的清單如下：

一、懷孕
二、得獎
三、繼承某位反常的億萬富翁慈善家的遺產
四、去航海等等

不幸的是，第一個目標將會證實和第三個一樣困難。懷孕是試圖重現一九八〇年代末的情景，當時他們想像，未來會一起在法國的鄉間住宅生活，孩子在身旁跑來跑去。然而，儘管向巴黎和倫敦的人工受孕專家求診，瑪麗從未能再次懷孕。派翠克失望至極，但瑪麗接受這必然的結果。「她一直很愛小孩，但同時也非常清楚，她所過的生活讓她很難養育自己的孩子。」卡崔娜說，「當時她已經年紀稍長，機會愈來愈渺茫。但她沒有說過希望自己是選擇不一樣的人生。」

瑪麗生活的節奏給予她慰藉和安全感，她的女性朋友是她獲得支持與愛的主要來源。二〇〇一年初，她去參加在達弗斯（Davos）舉辦的世界經濟論壇（World Economic Forum），卡崔娜要在會議上發表關於數位媒體的報告，接著去倫敦待上一個星期。她已經和溫特分居，獨自一人養育雙胞胎嘉布瑞拉（Gabriella）和露希亞（Lucia）。「我不認為我們的友誼曾經真正變質。」卡崔娜回想，「我們對彼此的了解非常深刻，三言兩語就能夠溝通。每當我陷入某種愛情的困境，就算相隔遙遠，她也看得一清二楚。我們就是深深信任彼此。」當她們四字頭的時光飛逝，瑪麗和她在諾丁丘的友人分享祕密，有些人離婚又再婚，有些人忙於母職和事業。大多都仍在奮鬥，讓外界認真看待她們的同時，也保有女性特質，藉此來定義自己。她和珍會單獨出去吃晚餐，或是和艾莉克斯、JBC、蘿希、海倫一起，或是她們會去鄉下和珍的父母共進午餐——這些都是日常的活動，無關乎表現勇敢或做出生死攸關的決定。她的行事曆寫滿了約會——午餐、晚餐、週末外出——和各種人的生日。她送禮十分慷慨，許多禮物都是在旅行時購買的：一張地毯、一條圍巾、一件陶器，或是某些她知道她朋友會喜歡的顏色的物品。每次她旅行回來，她就會去剪髮和染髮，修整手腳指甲和做臉。這是她在兩個世界來回奔走期間，一部分的例行公事。她喜歡保持美貌，尤其現在她的年紀漸長。她的指甲油隔天就會剝落，但她也不以為意，順其自然。她的母親和凱特偶爾會前來拜訪，她會帶她們去劇院和餐廳，讓她們看看她在倫敦的生活，這對她們來說，比她居住的戰地容易理解多了。她熱愛倫敦，但待的時間一長，又沒有她能真正全神貫注的報導時，她就會焦躁不安。

*

她的下一步該往哪裡走？所有人都告訴她，回去車臣太過危險。而在以色列，第二次的巴勒斯坦起義已經揭開序幕——發生多起巴勒斯坦自殺炸彈事件，以色列大規模入侵巴勒斯坦領地——可是，回到中東宛如退回過去。正當瑪麗在挑選議題時，一位巴解組織的熟人與世界各地的「解放運動」串連，提議為她和泰米爾伊拉姆猛虎解放組織（Liberation Tigers of Tamil Eelam，簡稱LTTE）牽線，這個軍事組織一般稱之為泰米爾猛虎組織，自一九八〇年代起，便為了脫離斯里蘭卡而投入戰爭。因為政府偏袒多數的僧伽羅人（Sinhalese），斯里蘭卡的泰米爾人深受歧視所苦，但猛虎組織絕非善類。他們不僅招募童兵，他們菁英的黑虎成員（Black Tigers）還發展出自殺炸彈的技術——一九九一年，謀殺印度前總理拉吉夫・甘地（Rajiv Gandhi）的正是一名女性的猛虎自殺炸彈客。已經整整六年，沒有一位外國記者踏入猛虎組織掌控的領域；那已經成為一場為世人遺忘的衝突。泰米爾人的處境非常悽慘。猛虎組織不允許他們離開，而政府把糧食當作戰爭的武器，試圖要讓他們挨餓投降。救援人員提到，猛虎組織掌控的凡尼（Vanni）地區面積大約有兩千平方英里，正發生大規模的飢餓和赤貧危機，但無人報導，超過半數的人口因為戰爭而離鄉背井。

猛虎組織的許多資金援助，是來自於倫敦的流亡泰米爾人。二〇〇一年初，瑪麗在西倫敦的一間餐廳，認識了三名人脈廣闊的門路。「我們想出讓她能去凡尼見見那些青年的辦法。」其中一位表示，至今仍不願公開他的姓名，「在那個時間點入境，會面臨非常艱難的處境——戰爭如火如荼。」他們替她洽談，安排訪問猛虎組織的領袖韋盧皮萊・普拉巴卡蘭（Velupillai Prabhakaran）。他個人曾親自參與數場暗殺行動，要求戰士和他一樣，為泰米爾理想狂熱奉獻，包括隨身攜帶一顆氰化物膠囊，若遭受俘虜便能服藥自盡。關於他的種種神祕事蹟，再加上他已經八年沒有和任何一位外國記者交談，都激起了瑪麗的興趣。

她說服肖恩和約翰，她會取得獨家的訪談機會。「那聽起來是個精采絕倫的故事，也是典型的瑪麗風格。」肖恩記得他當時這麼想著。救援人員依然能順利進入泰米爾領地，因此四處打聽後，瑪麗和她的編輯判斷，前往當地並不會過於危險。「她的論點是，之所以沒有人辦到，是因為沒有人在乎。」肖恩回想。一如往常，派翠克抱持不同的意見。他認為，就算瑪麗訪問到普拉巴卡蘭，他也只會滔滔不絕說著政治宣傳，這樣的報導不值得冒險。「又一次，看就知道沒辦法平安無事。我已經預期會有不好的結果。」他說。可是，他也知道沒有辦法阻止瑪麗，而他已經放棄對肖恩和約翰大吼大叫。

瑪麗搭機前往斯里蘭卡首都可倫坡（Colombo），去拜訪美國大使館的公共資訊官（Public Information Officer）史帝夫・霍蓋特（Steve Holgate），聆聽背景情勢的簡報。「我們聊了大約一個小時，讓我感覺我可以信任這個人。」他回憶，「我陪她走回飯店。她告訴我，她要回倫敦去了。」他完全不曉得，事實上她企圖偷溜進猛虎組織的領地。瑪麗搭公車到瓦烏尼亞（Vavuniya），那是政府控制最北邊的城鎮。她在那裡和猛虎組織的支持者會合，他們持有軍隊通行證，可以通過檢查哨。她被告知，如果有人問她要去哪裡，就回答「Kanthaudaiyarpuvarsankulam」。「幸好，」她寫著，「沒人問我。」她睡在一所學校的水泥地板上，位在西岸的曼納（Mannar）附近。她的日記詳述跨越前線的過程。

二〇〇一年四月六日：早上在黎明前的昏暗天色中醒來。好好洗了臉和雙手。我身邊有人極度討厭香菸。溜出去小便。站在孔雀棲息的原野上，多美的景色，我記得聽到一些關於地雷的對話，接著走回來時原野的那一頭。我們走到一間糖果店的水泥廢墟。軍隊在這裡待到九七年。現已空無一人。這裡曾經是穆斯林的土地——他們南下，無法再回來。還有土溝的遺跡。

曙光出現時，成排的烏雲飄過粉色和橘色的天空，接著十名泰米爾猛虎組織的戰士到場，持有手榴彈和自動武器，穿著夾腳拖鞋和鮮豔的沙籠，後來換穿短褲。

二〇〇一年四月六日：搭乘牽引機拉動的拖車離開。通過開放道路——如果這是清除地區，對政府來說可不大妙。穿越腰果園的廢墟，在交戰時遭到摧毀，如今已雜草叢生，還有荒廢的佛寺。

來到開闊的原野，那時叢林已經茂密得無法使用牽引機，午餐吃「皮古」（piku），仔細包裹上塑膠套，再加一層報紙，就像小禮物一樣。早上十點半——這是妳唯一的一餐。我以為他們在開玩笑——但他們是說真的。

他們接續步行。小徑漸漸消失後，茂盛的簇葉在頭頂相接，形成一條會引發幽閉恐懼症的綠色隧道。在透過樹木冠層灑下的一道道光線中，如瀑布般大量傾瀉的白色蝴蝶微微發光。童軍先到前方探查是否有斯里蘭卡的士兵。瑪麗和其他人排成一列隊伍跟在後頭，每個人之間相距十碼。這麼一來，如果有人踩到地雷，後面的人就不會也遭受轟炸。有人告訴她，如果有野豬襲擊，她應該搖擺攀爬上某棵樹來避難。

二〇〇一年四月六日：我們似乎是按照行程表行動，雖然不確定內容是什麼。下午兩點，來到一處非常開闊的原野，等待到三點半，童軍先走，他們蹲伏奔跑。接著我們跟進，分散開來，排成單行前進。天氣酷熱又潮濕，導致你擺動赤裸的臂膀時，會感覺上面好像有毛皮覆蓋一樣。我喝芬達和可樂等無酒精飲料，雖然不喜歡，但我不確定水的狀況，要是在這裡染上痢疾可就糟糕了。

他們整天都在走路。直到日落前，他們涉水走過一條水位深至胸口的河流，把隨身物品扛在頭頂上。到了晚上九點，他們已經抵達猛虎組織掌控的領地。「如釋重負的感覺難以抗拒。」瑪麗寫，但他們仍須走得更遠，現在只能靠著月光前進。儘管疲憊，當她坐在一個土丘上，突然感受到幾十個微小的咬傷傷口時，她依然可以看見事情好笑的那一面。

二〇〇一年四月六日：我坐到螞蟻窩了——和一支男性偵察部隊在一起，要怎麼拉下褲子查看傷口啊？決定忍耐。

在路邊等待一輛車時，她睡著了。突然有爆裂聲把她吵醒，她以為是槍砲，但她的同伴解釋，那只是一頭大象在折斷樹枝。

瑪麗的護送人員是鄉村來的少年，還有些為了理想而加入的少女。猛虎組織的女性成員告訴她，她們知道，如果被斯里蘭卡的軍隊俘虜，她們會被強姦（這千真萬確），因此她們寧願自殺。有些人脖子上掛著基督教的念珠，並把氰化物膠囊當作吊墜。有一人向瑪麗展示，她是如何把她的膠囊扭轉塞進一枝筆的頂端。「他們這些氰化物都是哪來的？」瑪麗納悶。募兵沒有支薪，而且狂熱效忠普拉巴卡蘭。「歷史上任何其他領袖，都無法和我們的領導相提並論。」其中一人說，「他的軍事戰術和策略，以及他的構想，讓他獨樹一幟。」斯里蘭卡政府想要除掉他，所以他對安全戒備的執念不是毫無根據，但瑪麗在倫敦的門路並沒有像他們對她所說的那樣，已經完全將訪問安排妥當。「在造訪期間，他們懷疑瑪麗是間諜，因為她和美國人親近。」那名門路表示，「領導階層有些騷動，不確定他們是否應該見她。」

瑪麗在一個藏身處，和猛虎組織的政治領袖——賽瓦拉特南．普利德凡（Seevaratnam Pulidevan）和薩米爾瑟凡（S.P. Thamilselvan）——共度幾天。他們不怎麼談論利害關係，只表示他們認為泰米爾問題應該要有政治解方。「聯邦、邦聯、東北議會、自治區，我們可以接受任何這些解決方法，只要我們的平等權利、我們的尊嚴和正義受到保障。」薩米爾瑟凡說。他告訴她，這段訊息是直接出自普拉巴卡蘭之口，但如果她沒有聽見他親口說出，意義就沒有那麼重大。瑪麗愈來愈洩氣。「現在已經受夠了。」她在她日記中寫道。儘管他保證一切都會順利進行，她懷疑薩米爾瑟凡終究無法為她請來普拉巴卡蘭。「一直在皮笑肉不笑。」她寫下。就連孔雀也令她惱怒，牠們的叫聲「就像精神錯亂的貓透過擴音器在喵喵叫」。

雖然她已經深入猛虎組織掌控的區域，政府仍在這裡的城市維繫一些機構的運作。她訪問一位教師，發現政府仍在支付他的薪資，儘管內政部將他列在「通緝」名單上。那裡沒有電力網，沒有電話服務，沒有汽車燃料、抽水機或照明。人們靠腳踏車來移動。瑪麗的猛虎組織隨扈帶她去基利諾奇（Kilinochchi），那裡五年前曾遭受政府軍隊的轟炸。而她在那裡看見孩童在廢墟中的學校上課，醫院長期缺乏外科手術用品。國際援助機構遭政府禁止發放糧食，他們表示，該區有四成的兒童營養不良，但是圍攻行動有不少漏洞——糧食仍然能夠輸入，居民也會種植作物。瑪麗看見苦難和飢餓，但那是區域性的慘況，而不是前一年她在衣索比亞報導的那種全面性的飢餓問題。

在泰米爾猛虎組織的領地度過近兩週後，她回傳了一篇報導，而會見普拉巴卡蘭的機會似乎愈來愈渺茫，於是她決定終止她的損失。猛虎組織人員說，她應該按照抵達的原路歸返，但她開始發現回程會更加危險，因為斯里蘭卡軍隊已經加派巡邏兵，以防猛虎組織滲透到政府領地。她用衛星電話打給美國大使館的公共資訊官史帝夫．霍蓋特，但她沒有他的手機號碼，他人正好外出，不在辦公室。「我的祕書說，瑪麗來電但沒有留下訊息。」他說，「原來她打給我的時候人在北方，意識到儘管可以進入泰米爾猛虎組織領地，但她需要如何離開的建議。在那些城市裡，還有一些政府掌管的地方。當時如果有通到電話，我會告訴她，可以向警察自首。」瑪麗始終沒有接收到那項建議——而且天曉得，如果她得到建議是否會照做。她可能不會想要冒著被審問的風險，要她說出她是如何進入那個區域，或是她接觸過的資深猛虎組織成員的行蹤。以前，偷溜進猛虎組織領地的記者會沿著道路走出去，等著被逮捕、訊問，有時會遭到驅逐出境，但不會有更糟的情況發生。然而，猛虎組織似乎讓瑪麗相信，她的狀況不同以往，而她離開的唯一方法，是要在夜晚再次穿越叢林。

長達三天，她試圖跨越邊界，但都被迫退回。「在那三天，我每天晚上都步行三十英里，穿越叢林、及膝的水域、沼澤和稻田的泥濘——最後睡在同一塊稻草墊上、同一片泥地、同一間泥屋。」她事後在一篇文章中寫道，「就連蟲子都開始變得眼熟。」週日晚上，距離前線僅五十碼，帶隊的男子「用雙手做出翻跟斗的動作」——那是撤退的手勢。他們無法偷溜過軍事哨所。「是我的錯。」他說，「軍事警戒太危險了。」他們再次回頭，瑪麗在馬杜（Madhu）天主教堂附近的地上又睡了一晚，那裡有一萬名被驅離的民眾生活在帳篷和小屋裡。黎明時，她沉沉睡去。「星期一晚上是第三次嘗試，幸運總會在第三次出現才對。」她在事後寫道，「當太陽落下地平線，我和我的嚮導坐在一棵榕樹下，看著一片銀白色的湖泊，等待黑夜，那一刻感受到難得的平靜與美麗。」

他們的團體中，有平民和猛虎組織成員。其中一名老先生提著一只網織購物袋，裡頭裝著兩罐百事可樂。領隊配有一把舊步槍，他說那是用來保護他們不受野豬和大象侵擾。他們正要前往他家族的房子，就位在政府掌控的領地邊界，泰米爾人將在那裡回頭，而瑪麗則會搭上公車。她抽完最後一根菸——在接下來他們要踏上的七英里長路程中，不能抽煙、交談、甚至咳嗽。他們沿著叢林小徑徒步，穿越荊棘灌木叢。在一座湖泊的邊緣，他們可以看見某個軍隊哨所的光線。他們涉水而過，水深及腰。

晚上八點左右，他們躡手躡腳通過黑暗的灌叢，在沼澤中等待一名童軍先行探路。蚊子嗡嗡作響，叮咬他們，但他們無法拍打蚊蟲，以免製造的噪音洩漏行蹤。瑪麗脫下她的鞋子，好讓她能更安靜地走路。領隊比出暗號後，他們跟著他走到路上，攀爬越過兩側的鐵絲網。接下來發生的事情，瑪麗終其一生都記得一清二楚：

《週日泰晤士報》，斯里蘭卡，二〇〇一年四月二十二日

我們正奔跑通過最後一段漆黑的土地，跑向前頭叢林的邊界。此時，在右側約一百碼處，自動武器開火的轟鳴劃破寧靜。

我撲向地面開始匍匐爬行，肚子貼著地面，尋求掩護。幾分鐘內，有人從我身上爬過——我不知道是為了要保護我，或是因為驚慌失措。接著我獨自一人，躲在雜草後方。

十碼外有一棵樹，但似乎距離太遠。射擊仍在持續。一座先前無人注意到的軍事哨所，正發出閃光和光線。

接著砲火停止，恢復黑暗和寧靜。我的這一側沒有任何聲響。我無法確認任何人的所在位置。唯一的聲音是一頭被擊中的乳牛，偶爾發出呻吟的哀嚎。

有幾個瞬間，我瘋狂想像一切已經結束，而我成功存活下來。但我知道這不是真的。我們已經淪為目標。軍隊會以為這是一支泰米爾猛虎組織的偵察隊，會前來追捕我們。他們會因為驚恐而胡亂開槍……我躺在地上，必須做出抉擇：逃跑、躺平不動，或是大叫。

在照明燈的刺眼強光下，我躺在那裡半個小時。有人走下坡來到我正上方時，我將臉轉向地面，唯恐我的白色皮膚會洩漏我的藏身處。

在大約半英里外的道路對側，槍砲又開始轟擊。執行搜索殲滅行動的巡邏部隊已經出動。我聽見士兵走在路上，談天大笑。其中一人用自動武器開火，削除了我前方的雜草，導致我只剩下綠色的幼芽遮擋。

如果我此時不大叫的話，他們就會發現我並朝我射擊。於是我開始大喊。

「記者！記者！美國人！美國！」

一名士兵朝聲音的方向瞄準發射。

當鮮血從她的眼睛和嘴巴湧出時，瑪麗以為自己就快死了——痛楚劇烈難耐，噪音震耳欲聾，挫敗感排山倒海而來。她開始大叫「醫生！醫生！醫生！」而終於有個聲音用英語尖叫：「站起來，站起來！」在這個場合，女性身分毫無助益，因為猛虎組織經常派遣女性的自殺炸彈客進入政府領地。最後，那些士兵似乎發現她是外國人。接下來的幾分鐘，她經歷劇痛。

「脫掉妳的夾克。」那個聲音說。我脫下我的藍色夾克，站直身子，雙手高舉在空中。鮮血從我的臉龐傾瀉而下，模糊了我的視線。有人大吼：「走到路上。」於是我跌跌撞撞地走向前去。每次我因為頭暈目眩而摔跤，他們就會歇斯底里地大喊，害怕我是在施展某種詭計，而我就會再次掙扎站起。我勉強走到通往道路的斜坡，接著被推倒在地，背部平貼地面，被大吼大叫的士兵又踢又踹。一道亮光照在我的臉上。我完全看不見俘虜我的是些什麼人。

我不確定我躺在原地多久。有人搜查我的身上是否攜帶武器，並用槍威脅我，用武器捅我，驅趕我向前走。

起初，瑪麗以為他們會射殺她，但最終她說服他們相信她是記者，於是他們讓她坐上一輛卡車。他們在坑坑疤疤的道路上顛簸行駛時，一名比較體貼的人員不斷用英語說：「我們要帶妳去接受治療，妳會沒事的。」瑪麗呼吸困難，她的肺臟因為打中她的手榴彈衝擊而瘀傷。在瓦烏尼亞的軍醫院，他們從她的頭部、雙肩和胸部取下砲彈碎片，而她意識到，她將永遠失去左眼的視力。他們讓她坐上另一輛卡車，駕車一小時到阿奴拉達普勒（Anuradhapura）的勝利軍醫院（Victory Army Hospital），她在那裡接受眼部的X光檢查：裡面有塊砲彈碎片。「反正妳也保不住這隻眼睛了，我現在就能替妳動手術。」那名外科軍醫說，但她央求他再等一等，先聯絡美國大使館。

*

一通電話在凌晨五點吵醒史帝夫．霍蓋特，打來的是在大使館值班的海軍陸戰隊隊員：斯里蘭卡軍隊正試圖聯繫他，因為有名美國記者受傷了。雖然瑪麗沒有告訴史帝夫她要去北方，但他很快就想到一定是她。當他聯繫上勝利軍醫院的一名軍官，他發現雖然她受重傷，但沒有生命危險，因為他聽得到她正在大喊：「把電話給我！我要跟史帝夫．霍蓋特講話！」最後，她被一臺直昇機載到可倫坡的一間醫院。在那裡，她被送到擁擠的急診室，放到靠牆的一副擔架上，四周圍繞著懷有敵意的士兵。「幾分鐘後，霍蓋特如奇蹟般現身，手中拿著夾紙板，直接告訴士兵，他已經將我列為美國大使館的庇護對象。」瑪麗在事後寫道，「那就像在經典西部片中的情景，沉默寡言的男子制服了危險的武裝幫派。我終於安全了。」

肖恩正在愛爾蘭度假，所以是他的代理人彼得．康拉迪（Peter Conradi）打給《泰晤士報》的駐南亞通訊記者史蒂芬．法洛（Stephen Farrell），他剛好人在印度南部。他搭上最快的班機，飛往可倫坡，直奔醫院。「她戴著綠色的醫院口罩，鬆垮地圍住臉部和頸部。而她受傷的眼睛則是覆蓋著沾滿血跡的繃帶。」他回想當時的情景。立即性的危險是單側的肺陷落，以及她胸內的一枚碎片。雖然瑪麗依然呼吸困難，但如今她的狀況已經穩定下來。眼傷不會威脅性命，但那枚砲彈碎片還在裡面。史帝夫看得出來，止痛藥未能減輕她的恐懼。「她在擔心幾件事——我那隻眼睛還看得見嗎？我會被逮捕嗎？我該怎麼告訴我的家人？」史蒂芬是瑪麗的舊識，明白她也會擔心這是否會讓她的職業生涯劃上句點。她告訴他事發經過，語速異常快速，顯現出她所受到的驚嚇。醫院內不能使用手機，所以他到外頭打給派翠克。「我把手機放進口袋，緩緩走回病房，坐在床上，再把手機塞到被單下方。她假裝入睡，接著開始和他通話。」

斯里蘭卡政府堅持，陪同瑪麗的泰米爾人是猛虎組織的武裝分子，朝士兵開槍，而她受困於雙方的火力交戰之中。她康復後，他們計畫逮捕她。曾去醫院探望她的美國大使居中協調。「他去和他們商討，並說，你們想做什麼就做什麼，但你們真的想要逮捕一名受重傷，還能把她的經歷刊登在新聞頭版的女子嗎？」史帝夫．霍蓋特回想。瑪麗已經復原到能夠有餘裕，覺得美國和英國對她的情況的反應落差很有意思。她告訴史蒂芬．法洛，英國高級專員公署（British High Commission）派來一位身穿洛拉牌裙子的外交官，還撐著陽傘，告訴她他們愛莫能助：畢竟，瑪麗是非法前往北部。「瑪麗說，她從來沒有因為自己是美國人，而如此心懷感激。」他記得。

至此，瑪麗受傷的消息已經流出，在世界各地廣受報導。剛收假上工的肖恩忙於擔憂和後勤工作，忽略了最重要的事情之一：通知蘿絲瑪麗。她在凌晨四點撥電話給他。有位記者打給她，詢問她對此事的感想，但她完全不知道發生了什麼事。她憂心如焚。其他人則開始實際幫忙，尋覓眼科醫師。凱特和卡崔娜都著手尋找醫生，就連魯柏．梅鐸也加入其列，堅持瑪麗應該獲得最好的治療。最後，所有結果都指向史丹利．張醫師（Dr Stanley Chang），他是革命性眼科手術技術的先鋒，在紐約長老會醫院執業。

瑪麗的傷勢又更穩定之後，她和先前抵達可倫坡的喬恩．斯偉因一起搭機回倫敦，在那裡和派翠克會合，再由他陪瑪麗去紐約。凱特和蘿絲瑪麗去接機，看到瑪麗臉色蒼白焦慮，身體和一眼又裹著繃帶，十分震驚。簡短打過招呼後，她馬上表示她擔心自己沒有工具可以用來寫下她的經歷，因為她的電腦在遭受攻擊時弄丟了。蘿絲瑪麗勃然大怒——《週日泰晤士報》就不能放過她這一次嗎？「媽，這是我的截稿日期，妳現在早該知道了。」瑪麗說。她母親的焦慮已經開始令她心煩意亂。她用弟弟的電腦，寫下她遭受攻擊並倖存的故事。「在這起事件之後，我並不會就此把我的防彈夾克束之高閣。」她寫著。

《週日泰晤士報》，斯里蘭卡，二〇〇一年四月二十二日

我為什麼報導戰爭？過去這一星期，我經常被問到這個問題。這是個很難回答的問題。我不是為了當戰地記者，而踏入這一行的。對我來說，我的書寫總是關乎**在絕境中**的人性、那些被推展至無法忍受的狀況下所展現的人性；而我始終認為，告訴世人戰爭的真實情況非常重要。——無論是眾所皆知，或尚未公諸於世。

發稿後，她和肖恩通話時說，她可真想來根香菸，再喝杯伏特加馬丁尼。他把這句話加到她故事的結尾，當成扣人心弦的結語。這成為她傳奇的一部分。瑪麗和她的編輯為她打造了一個神話，一個就連她重傷時他們也不忘宣傳的形象。儘管她自己也在過程中推波助瀾，但她必須扮演好這個角色。「一切如常？」她以為自己會死在車臣酷寒的山路上時，她的嚮導馬加默德曾經如此問她。「一切如常。」聽起來令人安心。但在此刻，「如常」的意義又是什麼呢？

檢查過她後，張醫師說他可以在幾天內動手術，等到她好好休養，而他也有空檔的時候。她原先希望，他能夠用某種方式取出砲彈碎片，讓她能夠保留一些周邊視覺，但他說這不可能辦得到。然而，他會試著留住眼球本身。這消息讓她哭了出來，這是她中彈以來第一次流淚。「我想是因為直到那時我才意識到，我的人生已經徹底改變了。」她在事後寫道。她原先沒有想到，她可能連視力都保不住。儘管砲彈碎片傷及全身，她仍然抗拒蘿絲瑪麗和派翠克的懇求，要她待在牡蠣灣等待手術。「瑪麗不想困在媽的房子裡。」凱特回想，「我當起兩人之間的協商橋樑。而媽想到任何她以外的人在照顧瑪麗，就渾身不自在。」而瑪麗感覺，蘿絲瑪麗不只想要把她當作小孩看待，這更是她母親的機會，能夠說「我早就告訴妳會發生這種事」，並要求她轉行，不要再當戰地記者。派翠克也認為待在牡蠣灣是好事，她的弟妹可以輕鬆探望她，她也可以得到照顧，但她執拗不從。「瑪麗就是這樣，」他說，「我問她原因，但她也說不出來。」

唯一了解她的人是卡崔娜。她飛來紐約，為她們兩人在瑞吉飯店（St. Regis）訂了一間房間。她知道瑪麗不想接受過多的關心，而如果要做些關於手術的決定，也必須將她母親的悲痛情緒擱置一旁。她們回到醫院，一名年輕的外科醫師和她們會談許久，解釋因為張醫師太過忙碌，手術將改由他操刀。瑪麗已經筋疲力竭，淚眼汪汪，無力和他爭論。卡崔娜把那名年輕醫師拉到一旁，盡可能冷靜地解釋，瑪麗不會接受他動手術。她們會等到張醫師有空的時候。接下來的一週，卡崔娜包紮瑪麗滲血的傷口，纏上又解下那些沾染血漬的繃帶。「她當時仍然有感染的風險。」她記得，「她疼痛不已，也流了許多血。因為她呼吸困難，所以我們把枕頭拍得蓬鬆，好讓她可以用特定的角度睡覺。」

瑪麗覺得，她必須丟棄最後一件會讓她想起這趟改變命運的旅程的物品，於是她們把她芙拉牌的黑色皮革背袋丟進紐約市的垃圾桶裡，上頭仍沾滿了斯里蘭卡的泥土。「那讓我感到自由，擺脫某些黑暗、不愉快的事物。」瑪麗寫道。她身邊幾乎沒衣服可穿，所以她們一起去購物。可是，當她走進羅德與泰勒百貨，她無法承受人們從她看不見的那側朝她走來。「她非常慌張，渾身發抖。」卡崔娜回憶。儘管如此，她堅持外出去高級的法國餐廳吃晚餐，拒絕遵守醫師的命令，照常抽菸喝酒。有天晚上在飯店房間，她們聽見有人敲門，一名服務生推著推車走了進來，上頭放著一只閃耀銀光的巨大酒杯，裝滿冰塊和能想像得到的各式伏特加。卡片寫著，這是她在東帝汶的友人送來的禮物。她的荷蘭記者朋友明嘉．奈浩斯讀到她文章的最後一句話，於是為她安排了想像得到最大杯、最厲害的伏特加馬丁尼。瑪麗和卡崔娜捧腹大笑，即使那會弄痛瑪麗的胸膛。如果是她的母親在場，必定會大驚小怪，警告她不應該喝酒，但卡崔娜逕自為她倒雞尾酒。她們回憶在耶魯大學的舊日時光，聊著她們朋友的八卦，回味那些更快樂的日子。卡崔娜讓她感覺自己仍然是以前那個小麗——她們是會舉辦最棒派對的女生，她們「追隨熱情所在」，決心要打造成功的人生。回憶過去比試圖想像未來感覺好多了。

瑪麗進入手術房，不知道她出來時會是什麼樣子。六毫米大的碎片刺進視神經，導致大量出血，血液都聚積在視網膜後方。按照建議，她選擇局部麻醉，來完成五個半小時的手術，清除血塊，並將聚矽氧油注入眼球，來固定視網膜的位置。他們在刮除眼部的瘀血時，她可以聽見醫師的交談。

「水晶體得切除。」其中一人說。

張醫師俯身查看。「妳還好嗎？」他問。

「把那鯨魚聲的音樂切掉。」她粗啞地說。

他們在手術室裡播放的聲音應該是要能安定人心，卻快令她發瘋了。雖然已經麻醉，但是在她眼睛裡拉扯的感覺令人難以忍受。好消息是張醫師保住了眼球；壞消息是他無法移除碎片。它會永遠留在那裡。

接下來的一週，瑪麗必須趴著，以便固定聚矽氧油和視網膜的位置。陣陣的噁心和痛楚將她吞噬。她害怕她也會喪失另一隻眼睛的視力，那是種稱作「交感性眼炎」（sympathetic ophthalmia）的發炎反應。

派翠克從倫敦回到紐約，最初他們暫住在醫院附近的一間飯店式公寓，盡他所能照顧她。她第一次在鏡中看見她受傷的眼睛時，非常震驚：「它腫得和一顆桃子一樣大，鮮紅色，還有條細線——就像桃子中央的那條小凹痕——那是上下眼瞼曾經打開，或說會再打開的唯一證明。」她同意剩餘的康復期回到牡蠣灣住。朋友們寄來書籍、鮮花和錄影帶逗她開心。世界另一端的泰米爾人傳來問候和感謝——她已經成為他們的英雄。

第九章 鏡中的臉

如果你把一手蓋在一隻眼睛上，之後開始四處走動，你就會明白深度知覺的重要性——物品實際上並不在你以為的位置。回到倫敦的家，瑪麗發現，她無法再視日常生活的各種動作為理所當然，諸如鎖門或打開烤箱，而且她無法看見任何經過她左側的東西。閱讀非常吃力。時間一久，她練習彌補她的視力落差，直到她能夠順利點菸或倒葡萄酒，而不會讓窗簾著火，或是毀掉桌巾。眼睛消腫後，她就算不戴眼罩，外表也沒有異樣——她的左眼沒有視力，但還在原位，也依然碧綠——但張醫師告誡她要時常覆蓋住左眼，以防感染。眼罩必須成為她形象的一部分。這點沒那麼糟。她在街上引人側目，可是她在一場酒會上遇見威爾斯親王（Prince of Wales）時，他說那眼罩「非常迷人」。幾個朋友也在她的眼罩上裝飾萊茵石或珠片，適合她出席派對。她喜歡小孩問她為什麼要打扮成海盜的語氣，讓他們的父母非常不安。（她的外甥女，也就是凱特的女兒賈絲婷記得她曾經替自己製作一只眼罩，好讓她可以裝扮得像她喜愛的阿姨。）瑪麗留下來的筆記本中，並沒有書寫相關的反思。不過，艾莉克斯・舒勒曼受《時尚》雜誌委託，撰寫一篇關於瑪麗接下來會如何穿搭衣服的文章草稿，而瑪麗在一段報導筆記中，提到那篇文章「有點像是私人的心理治療會談」。

《時尚》，未公開發表，二〇〇一年

> 當我看向鏡子，我看見一個截然不同的人。人生走到第五個十年，又突然面對翻天地覆的改變，至少是外表的劇變，實在令人不安。我一直很喜歡我的眼睛。事實上，我認為它們是我最美的特徵之一。如今我只剩一隻眼睛，另一隻罩著一大片黑色眼罩。更糟的是，脫下眼罩後，我看向左眼時，左眼卻無法回望……我過著的生活已經超越了我的噩夢一步。如今，我已經歷無可挽回之事。

她擔心人們可能會認為她愛慕虛榮，然而，她無法因為在車臣或科索沃，其他人的經歷更加慘痛，就停止在意她的外貌。無論如何，這不只是虛榮心作祟。如果她外出時，穿著舊羊毛衫，戴上眼罩，頭髮像鼠窩一樣凌亂，街上的人都會和她保持距離。她必須找到一種表現自己的方式，能夠符合她此刻的自我感受——不是個截然不同的人，而是因為她的人生經歷，留下不可抹滅的印記。這意謂著要翻轉別人的期望，以及她過去為自己設定的形象。艾莉克斯堅持，她們在一九八〇年代初次認識時，瑪麗穿著一件迷彩裝，但瑪麗大力否認，因為她總是避免穿著令人聯想到男性化戰地記者形象的衣服。這是她們兩人之間的笑話，不過瑪麗認為，艾莉克斯一定是根據她的預期而創造出這段回憶。在野外，瑪麗會在外頭套上機能服飾，但裡面仍穿著高級的女性化衣著。她的拉佩拉牌內衣在東帝汶的飯店被偷走後，她在報帳時，要求相應的汰換價格補償。（男性）會計師以內衣不可能如此昂貴為由，拒絕她的求償。「瑪麗的內衣就是這麼貴。」（女性）國際版經理回應。而這也成為她傳奇的一部分。看過她在斯里蘭卡醫院裡的照片後，一名編輯請她寫一篇文章，談談她的「幸運紅色胸罩」。那件內衣原先是奶油色的，她冷冰冰地指出——只是因為浸染了她的鮮血才變成紅色。

那年夏天去西班牙度假前，她記得在某次返家後去購物。

《時尚》，未公開發表，二〇〇一年

經過在車臣山區無法泡澡的幾個星期，到家後，我為了讓自己享受一下，去十字精品店（The Cross Shop）挖到一件可以說有些輕佻的洋裝，套上中跟女鞋，打扮得像個少女，外出玩樂一晚……打包去西班牙的行李時，我試穿蕾絲織邊的羊毛衫、崔西波伊德牌（Tracy Boyd）的輕薄絲質背心裙、前幾年夏天常穿的衣服，我發現我的衣櫥裡沒有一件衣服穿起來好看。黑色眼罩不知怎的無法相稱，搶走全身的目光。我看起來就像穿著別人的衣服。

要解決衣著打扮的問題不大困難，尤其是有她朋友貝拉．佛洛依德的幫助。瑪麗寫道，她需要「更時髦、結構更俐落的服裝」，也就是「比過去偏好的蕾絲或飄逸風格剪裁更鮮明」的衣服。不過現在，她還必須將外在如此顯眼的改變內化成她的自我。

《時尚》，未公開發表，二〇〇一年

眼罩已經以某種方式，成為我的一部分，將我受傷前後的人生明確劃分開來，這正是我的感受……我想，重新考慮穿衣風格的過程，在某種層面上，反映出我對人生的重新思索，而且和某些人建議的精神諮商一樣有效（但願如此）。經歷創傷後倖存，我發現自己暫時難以鼓起勇氣，涉足某些陰暗的地方。在噩夢成為純粹的回憶之前，只思考外表的事要容易得多了。

她的勇氣再次受到讚揚。英國外交大臣羅賓・庫克（Robin Cook）寫了封信給她：「妳一直以來都是位脫穎而出的傑出記者……我希望妳能夠盡快完全康復，重返崗位。」可是，噩夢揮之不去。國際版經理卡洛琳・曼斯菲爾德（Caroline Mansfield）是她在《週日泰晤士報》的助手之一，她以前經常拜訪瑪麗家，查閱她的費用收據，而瑪麗則躺在沙發上喝咖啡。她曾見過瑪麗喝醉跌倒，也見過她為派翠克和胡安・卡洛斯灰心喪志。可是，她從沒看過她從斯里蘭卡回來後，那樣顫抖著哭泣。「她當時太過脆弱，而且不只是生理上的虛弱。」卡洛琳說，「我記得我曾坐在她身旁，握著她的手。她的狀況很糟。」

卡洛琳曾經安排擁有創傷經驗的記者去診所諮商，可是在《週日泰晤士報》報社內，同事仍會用異樣眼光看待「不妥善處理」的行為，而瑪麗表示，她不明白和那些不懂身在戰地的實際感受的心理治療師坐下來對談，到底有何意義。「這和我的父親或我的童年無關。我的童年快樂得很。」她告訴澳洲作家德妮斯・萊斯，「這一定和我了解的極端創傷事件有關。我知道為什麼我會有這些感受，而我寧願就這麼熬過這段時間。」她被迫接受身體上的脆弱，卻還沒準備好承認她內心的脆弱。

受傷的幾個月後，她遇見一個人物，對經歷太多衝擊的心理影響瞭若指掌。戰地攝影師唐・麥庫林（Don McCullin）剛出版一本新書，他曾在比亞夫拉（Biafra）、越南、柬埔寨和其他飽受戰爭摧殘的地區，拍下讓人久久無法忘懷的照片。透過訪問他，瑪麗立即發現，他「數十年來用底片記錄戰爭時所經歷的苦難，不亞於他的被攝者的悲慘處境」。和她一樣，他也認同不畏懼讓自己受傷，以及消弭他自己和拍攝對象之間的差距，兩件事都有好處。可是，讓他無法放下的不是他自己受過的傷——儘管他受傷過不只一次——而是在拍攝後為了生存而轉身離去的罪惡感。

《週日泰晤士報》，倫敦，二〇〇一年九月二日

對於我們這些報導戰爭的人來說，他就是我們的良心，他費盡千辛才得到公認的權利，能夠表達對於戰地記者這項職業的疑慮，同時他也是我們全都立志追求的典範……和他對談的過程中，我聽見自己內心試圖壓抑的陰暗聲音：我是否只是個窺視狂，利用那些**身處在絕境中**的人們？我書寫或拍攝的一切是否有任何意義？他知道我們經歷的不全是苦難。其中，有生死關頭飆升的腎上腺素。有可以拋下的乏味生活細節。要面對一切，麥庫林說。而我確實這麼做了。

這是一段誠實的文字，去審視她所選擇的人生動力，以及她在較為痛苦的時刻所懷抱的疑慮。然而，當麥庫林隱退到薩莫塞特（Somerset），去拍風景照，療癒他受傷的靈魂，瑪麗卻尚未找到對她有同樣效果的事物。

她拒絕好好休息並重新評估自己的選擇，令派翠克愈來愈惱怒。她甚至和卡崔娜大吵一架，卡崔娜認為她應該向《週日泰晤士報》要求更多費用，因為報社對於補償金斤斤計較。「嘿，」瑪麗說，「我應該要弄斷一隻手臂，那樣可以拿到更多錢！」卡崔娜認為，報社應該終生都支付她費用。「妳必須告訴他們，妳要求全險方案，也就是無論未來遇到什麼事情，他們都會照顧你的下半生。」她說。她擔心瑪麗可能還會喪失她健全右眼的視力，一如張醫師所告誡的情況，但瑪麗擔心，如果她要求終生的費用，她的雇主會給她一筆錢，要她退休。她和卡崔娜為這件事爭吵不休，導致她們在耶大的老友戴夫．漢弗維爾不得不介入勸和。瑪麗固執不從——卡崔娜可以隨心改變想法，但她依然堅持己見。

她時時刻刻都感到疲憊，必須在白天補眠，但她的思緒又會讓她回到斯里蘭卡，陷入反覆出現的噩夢，重演她中彈前的那一刻。她認為，這是她的大腦在試圖找到不同的結局，一次又一次回溯事件，希望某次她醒來時會平安無事、視力完好。她需要找到一個方法擺脫那些想法，還有會侵入她睡夢中思緒、其他衝突事件的駭人景象，於是她喝酒，不只在晚上喝葡萄酒，還經常在早上喝伏特加，只為幫助她熬過白天。偶爾派翠克不在家時，她會請亞倫．詹金斯來她家過夜，不是為了上床，而是因為她討厭落單。「她變得骨瘦如柴，坐立難安，常常焦慮得發抖。」他說，「她深受其擾。我記得有天晚上，她還因為可怕的噩夢開始冒汗。」

派翠克建議她星期日陪他去參加彌撒，希望宗教能夠像幫助他自己一樣，對她有所助益。在斯里蘭卡，她隨身佩戴聖母顯靈聖牌，那是據信充滿性靈力量的天主教護身符，在某些比較迷信的時刻，她認為聖牌拯救過她的性命。然而，和派翠克天生且不受質疑影響的天主教信仰不同，她沒有那種信仰，能夠以任何正規的方式回到教堂。「我深深相信有性靈的存在，某種超越這塵世的東西，可是那個存在不斷受到挑戰和威脅，因為問題在於，如果有神，為何祂允許這樣的事情發生？」她在某次受訪時說，「你親眼看過那樣的極端景況，就必須信神。可是同時，那時常掛在人們嘴邊的神，那全能至善的神，似乎完全自相矛盾。」

七月，珍在阿普斯利邸宅（Apsley House）慶祝五十歲生日，那是第一任威靈頓公爵在海德帕克角的連棟式住宅。瑪麗穿上她的雞尾酒會禮服，和珍的父親談天到深夜。九月時，珍計畫要去托雷（La Torre）旅行，那是在格拉納達（Granada）附近，為感謝她的祖先在半島戰爭（Peninsular Wars）中幫助西班牙而致贈的莊園。她的整群朋友都去了：有瑪麗和派翠克，以及米克．伊姆拉、JBC、艾莉克斯．舒勒曼和海倫．費爾汀等人。九月十一日剛過中午，他們正坐在戶外的露臺上，管理那座莊園的代理管家跑了過來，情緒非常激動，問他們有沒有聽到那則新聞。紐約發生大事了，他說，是可怕的災難。他們衝到屋內的唯一一臺電視旁，那是臺在職員起居室的黑白小電視機，接著看到一架飛機撞向世界貿易中心的第二座高塔大樓。「是賓拉登。」瑪麗說。

她和派翠克馬上開始撥電話，打給他們在阿拉伯世界認識的門路，試圖確認他們相當肯定的資訊屬實。他們不可能趕到現場，因為瑪麗的身體狀況欠佳，而且美國空域將會關閉幾天。她撰寫一篇關於自殺炸彈攻擊行動本質的報導，努力搞清楚這起事件的暴行。「我們處在這風光明媚的地方，既詭異又令人不安。」珍回想，「但我不認為她當時迫不及待想搭機返美。」不過，等到瑪麗回到倫敦，局勢已經明朗，美國將會攻打阿富汗，也就是塔利班仍在庇護賓拉登的地點，那時她已心急如焚。「局勢快把她逼瘋了。」肖恩說，「她認為，身為美國人，又了解中東和伊斯蘭恐怖主義，她應該是指揮我們報社報導的那個人。可是她脆弱又容易受傷。她知道她需要一段時間才能復原。」接下來的幾週，她挖掘她過去在阿富汗、車臣和阿拉伯世界的經驗，書寫一些背景知識的文章。只能在倫敦觀望，多麼令她沮喪。

*

瑪麗並不想要自恃她的榮譽名聲而止步，不過她獲得的認可確實幫助她度過這段時期。一名讀者寫了封信稱讚她的「美好的人道關懷」，和她對「不是自己的錯，卻無法在世界上懷抱希望的人們」所表達的認同。他加上一段個人的評注：「我對妳的作品特別有共鳴，因為我的母親是二戰的一位戰爭攝影師。」這名讀者是安東尼．潘洛斯（Antony Penrose），也就是李．米勒的兒子。在他母親死後，他將生命奉獻在保存她文獻檔案的工作上。他告訴瑪麗，他的母親曾經在場見證四個集中營的解放，包括布亨瓦德（Buchenwald）和達豪（Dachau）。「她的關懷和書寫與妳有許多相似之處……戰爭後，她深受抑鬱症所苦。雖然她從未提過她意志消沉的原因，但我從她的信件中得知，那與她相信一切毫無改變大有關連。她感覺沒有人在意發生的那些犧牲和苦難。」那是封令人難忘又情感豐富的信，瑪麗一直細心保存。

在二〇〇一年十月，倫敦的年度傑出女性（Woman of the Year）午宴上，她很興奮能夠見到單人帆船運動員艾倫．麥克阿瑟（Ellen MacArthur），她當年也獲得這項殊榮。「她完成了我從以前就由衷渴望達成的唯一一件事——用帆船環遊世界。」瑪麗在她發表得獎感言時說。不過，她也想要去阿富汗，美國和英國軍隊正在那裡試圖剷除賓拉登，並推翻塔利班政權。她說，對前線報導的需求從來沒有像此刻如此龐大，可是卻沒有西方記者在塔利班那方採訪。她和李・米勒都為同樣的問題糾結搏鬥：問題不在於取得新聞故事有多麼危險，而是如何在面對群眾冷漠以對，或是盲目接受政府的政治宣傳時，依然義憤填膺。

「真正的困難在於，對人性抱持足夠的信念，去相信有人會在意這些事。」她說。

*

二〇〇二年，瑪麗的繼女安娜已經十三歲，即將和她的母親阿涅塔搬家到倫敦，因為阿涅塔得到一份新工作，擔任瑞典廣播電臺的英國通訊記者。安娜非常期待能和瑪麗相處，自從她和胡安・卡洛斯分開後，安娜只見過她幾次。二月末，這對母女飛了趟倫敦，參觀安娜的新學校，也去看看她們未來要入住的公寓。期間的某天早上，安娜醒來發現她的母親淚流滿面。

「爸比過世了。」阿涅塔啜泣著說。安娜問她發生了什麼事——畢竟，胡安・卡洛斯年僅五十二歲。她的母親無法平復這巨大的衝擊。

「他自殺了。」她說。他開槍自盡。

阿涅塔已經打電話給瑪麗，她人在飯店大廳，等著帶她們到她的公寓坐坐。在這危難時刻，安娜的母親知道，瑪麗能夠提供她女兒需要的部分安慰。巴塞特路公寓的電話響個不停，人們帶著鮮花前來致意，所有人都在哭。瑪麗在耶路撒冷的前同事康・考夫林和派崔克・考克布恩都是胡安・卡洛斯的好友，他們也到場一起哀悼。多明妮可正在耶路撒冷出差，人在美僑飯店，還記得她接到瑪麗的一通電話，她說：「親愛的，在床上坐好，我要告訴妳一件事。」瑪麗告訴她這則消息時，她開始啜泣。「是他內心的惡魔害死他的。」瑪麗說。有幾通來自玻利維亞的電話，他的親戚說了些「至少他現在終於獲得平靜了」之類的話。安娜和她的母親在瑪麗家待了一個星期。

瑪麗和胡安．卡洛斯已經分開四年，他也已經回到玻利維亞兩年。更深陷癮頭的他，無能在家鄉活出新生活，並已賣出他多數值錢的財物。雖然他從未確診躁鬱症，但他的情緒一直飄忽不定，一如瑪麗和他同居那幾年注意到的狀況。他時常出現灰心喪志和過分失控的行為。那週，房東告訴他，他和他的女友必須離開公寓，可是他們沒有錢去租賃另一個住處。據說，他對她說的最後一句話是「我要去抓一些老鼠」，接著他爬到屋頂平臺上，朝自己的心臟開槍。沒有留下任何遺言。

瑪麗十分震驚，但不那麼驚訝。自從他回到玻利維亞後，他們不常聯絡，但她知道他的狀況不佳，也一直擔心他可能會像海明威一樣舉槍自盡。她在一張沒有標註日期的紙上潦草寫下這段文字，可能是一段電話對話，或記錄她自己思緒的筆記：

> 他最愛的步槍，是他的寶貝。這真令人心痛——我要好好感受。他不想將人生倒轉。不想要重新開始……活著已經沒有其他意義，已經完成他來人世走這一遭的目的。我一直都非常尊敬他——我是如此深愛他。他看待生活的方式。是我心目中那個優秀的好人。……老是說他很愛槍枝……

她希望胡安．卡洛斯是以他們剛認識的樣子，留在她的記憶裡——一個出眾、幽默的魁梧男人，一頭不受控制的亂髮和大鬍子，他的溫暖和機智讓她深陷其中。在她的相片裡，他們四處鬼混、跳舞、大笑、和安娜一起玩耍。她不愛那個他後來成為的男人，只愛那個已不復見的他。若說她有後悔，那就是她無法從他自己手上，將他拯救出來。

幾篇訃聞回憶起他在貝魯特和耶路撒冷的光輝歲月。查理・葛拉斯寫著，「贏得他的友誼，就像得到一個兄弟。雖然他的忠誠眾所周知，但他依然會鄙視某些同僚，只要他們犯下他認為新聞業的兩大原罪：對身處危險的經驗自吹自擂，以及書寫關於戰爭的陳腔濫調……他能在難以發揮幽默感的國度，逗他的朋友哈哈大笑——那是馬克・吐溫所說，來自『悲傷的深井』的幽默。」

瑪麗和康在聖布里奇教堂舉辦了一場追悼會，接著在格魯喬俱樂部還有場宴會。唱詩班唱著〈勇敢堅固信徒〉（He Who Would Valiant Be）和〈永保年輕〉（Forever Young）。安娜事先寫了一篇短文，但她試圖朗誦時，卻泣不成聲，於是教區牧師默默從她顫抖的雙手中拿走紙條，為她朗讀。

胡安・卡洛斯的弟弟毛里希歐（Mauricio）唸出聶魯達的詩〈危險〉（The Danger），那首詩彷彿是特意為胡安・卡洛斯所寫的。

或許其他人活出的生命
只不過偶爾在冰上跌跤。

而我與這份恐懼共生；當我摔落，
我便墜入鮮血之中。

＊

無論是受傷或悲痛，都無法阻止瑪麗工作，她失去左眼的隔年，又回到約旦河西岸地區，報導以色列軍隊和巴勒斯坦人之間的僵局。在《週日泰晤士報》報社內，不是所有人都滿意她的工作指派。肖恩和約翰試圖讓她在辦公室裡工作，但她拒絕踏進新聞編輯室。人人皆知她飲酒過量——她一直以來都是如此——但現在酗酒問題更加嚴重，而且已經無法隱藏。其他通訊記者擔心，她的判斷會有所缺失，並且被當作競爭的工具來利用——在署名處刊登她的照片，加上眼罩，已經不只是她個人，更是報紙的註冊商標，彷彿冒險本身就是好報導的證明。在那趟出差前，她曾和烏濟一起吃晚餐。「瑪麗，妳知道的，妳受傷之後，他們虧欠妳太多。」他說，「妳可以想做什麼，就做什麼。為什麼不四處走走，而不要去戰區呢？不如當個專欄作家。」但她不信任烏濟，她將他視為報業的競爭者。而且，她仍對自己的分析能力沒有信心，但這是專欄作家的必備條件。她說，反正，她不會在報導現場喝酒。看著其他人講述她熟知其中所有角色和歷史的新聞，令她十分難堪。於是肖恩和約翰答應了。畢竟，她說的是事實——她確實最了解那些新聞的來龍去脈。而且他們不知道還能拿她怎麼辦。

瑪麗在八年前密切關注的中東和平進程，如今正緩慢停滯、垂死掙扎。幾個巴勒斯坦團體在以色列境內，對平民展開一系列的恐怖攻擊。總理艾里爾．夏隆（Ariel Sharon）為了反擊，派遣以色列軍隊重新占領巴勒斯坦的土地，並摧毀公認的巴勒斯坦國的國家機構。瑪麗報導了逾越節（Passover）期間，內坦雅（Netanya）一起特別嚴重的恐怖攻擊事件，哈瑪斯的自殺炸彈客導致三十名以色列人身亡，一百四十人受傷。以色列人要阿拉法特負責，認為他要不是在資助他們，就是無能阻止恐怖分子的行動。他們包圍穆卡達（Muqata），也就是阿拉法特在拉馬拉（Ramallah）的行政總部，讓他受困其中。他們禁止記者進入總部所在的城鎮，於是當一名美國談判人員要去見阿拉法特，瑪麗和其他需要報導這則新聞的記者，必須尋找偏僻的小路前往。他們在總部基地外等待時，以色列士兵乘著一輛吉普車呼嘯到場，開始射擊。瑪麗的第一個念頭是擔心自己：「千萬別悲劇重演。」

《週日泰晤士報》，拉馬拉，二〇〇二年四月七日

士兵透過車頂的開口站立。他們沒有事先警告，就開始對我們投擲榴彈。到了第二顆爆炸時，我發現那些是閃光彈，沒有彈片。當我衝向我抵達當地搭乘的裝甲車，又有更多閃光彈發射而出。其中兩枚擊中CNN電視臺工作人員的腳。一名美國廣播公司的攝影師小腿中彈……我們一群人正在執行一項老掉牙的任務，那就是在被榴彈攻擊時，等待美國使節到場。我們只能想像，巴勒斯坦平民會有什麼樣的遭遇，他們既沒有外國護照的保護，也遠離國際媒體攝影機的關注。

後來在同一年，她曾和阿拉法特在總部共進午餐，當時他已經歷實質上的軟禁，長達八個月之久。他很震驚有人傷害他的梅莉，抓住她的雙肩，親吻她的眼罩十七次，直到他的一名助手咆哮：「夠了，阿布・阿瑪爾。」瑪麗也同樣震驚，看見他那段期間蒙受的傷害，和從未間斷的壓力，發現這名她已經認識十五年的男子「消瘦、突然衰老又虛弱。他們的對話充滿沒有前提的推論，和長時間的停頓。他會開始回答問題，接著放空望著某處四分鐘左右，才又繼續說話。他的雙手因為許久沒有曬到陽光而蒼白。」她打電話給蘇哈，如是向她報告近況，她和他們的女兒札荷瓦（Zahwa）待在巴黎。幾週後，她再次見到阿拉法特時，他似乎恢復昔日的氣力。對死亡的盼望令他精神煥發，她心想。「阿拉法特最大的問題之一，就是他真的已經準備好面對死亡。」她事後深思，「那是他最快樂的時刻。」

瑪麗開始恢復以往的工作狀態，偷溜進傑寧被包圍的巴勒斯坦營區，以色列軍隊在周圍巡邏徘徊。以色列人在一場交戰中損失十三名士兵；而巴勒斯坦人說，以色列部隊屠殺平民。瑪麗在營地裡找到一個可以寄宿的家庭。為了準備好面對以色列的攻擊，她在她的筆記本背面全用大寫字母寫道：「**我人在傑寧的一間屋子裡。如果有人找到這本筆記，要知道這裡沒有任何戰士或槍枝——只有普通家庭。有許多婦女和小孩。瑪麗・柯爾文留。**」

瑪麗的調查鉅細靡遺，並輔以烏濟從以色列角度出發的報導。當救援人員在廢墟中拉出人類殘骸，巴勒斯坦人說那是個小孩子，但瑪麗尋求一名醫師的意見。「這個人的身體因故萎縮；我想是經歷一場火災的緣故。」醫師說，「看到那根骨頭了嗎？」他戳了戳一根巨大的成人股骨。這是瑪麗從科索沃學到的教訓：她知道太多人類屍體在戰爭中會遭遇的情況。她的結論是——她表示這無法讓任一方的政治宣傳陣營滿意——那裡沒有發生蓄意的屠殺，但以色列人經常沒有確認目標是否是平民，就逕自射擊。那場交戰後幾天，她的親身經歷支持了她的評斷。

《週日泰晤士報》，傑寧，二〇〇二年四月二十一日

當天晚上，四周都安靜下來時，我路過傑寧醫院。附近，有些婦女和孩童經過一整天試圖尋找他們的家園和親戚，正緩緩走回暫時的居所。一臺裝甲運兵車出現在我們身後的街道尾段。巴勒斯坦人沒有注意到裝甲車——直到人在槍塔裡的士兵直接在街尾發射機關槍。我撲向地面尋求掩護。孩子們因驚恐而哭嚎……接著那名士兵憤怒地揮手，大喊「走開、走開」。我想他只是要所有人離開街上。

在裝甲運兵車搖晃離去後，瑪麗試圖離開現場，但一群婦女卻追著她跑，希望她防彈衣上的「TV」字樣可以保護她們和孩子。他們抵達她的住處時，瑪麗渾身發抖。婦女央求她陪她們走回家，可是，當她又聽見一聲槍響，和另一輛裝甲運兵車在附近行動時，碾壓地面的聲音，她再怎麼努力也辦不到。恐懼終於將她吞噬。

幸好，那些家庭還有瑪麗的嚮導兼通譯伊瑪德．阿布．札赫拉（Imad Abu Zahra），同意陪同他們返家，他是一名身材健壯、三十四歲的巴勒斯坦地方記者，也穿著一件有「TV」字樣的防彈夾克。他後來告訴她，他耗費五小時才把所有人送回家，期間還遭到射擊兩次。她在傑寧的報導之所以能夠那麼出色，伊瑪德是其中一個原因——瑪麗會說他是主因。「他對釐清事發經過的渴望從不止息。」她如此形容。不過，他也讓人惱火，因為他們走過營地時，他會停下來跟每一個人說話。「無論去哪裡，都必須花上長得令人不安的時間。」不過，她當然一清二楚，他在當地的人氣正是她能夠揭露真正的事發經過的關鍵。他並不隸屬於任何政治派系，是名獨立記者，這在巴勒斯坦境內十分罕見。她擔心他的安危。她告訴他，他必須更加小心時，他說：「我是傑寧人。我是記者。我有權利走在我家鄉的街上。別擔心……」

傑寧遭圍攻三個月後，伊瑪德被以色列人殺害。他正在拍攝記錄一臺裝甲車輛衝撞一根電線桿時，一輛以色列坦克車上的射擊士射傷他的腿。巴勒斯坦的紅新月會（Red Crescent）——相當於紅十字會——表示，他是失血過多而死，因為以色列士兵擋下試圖接近他的救護車。瑪麗想著伊瑪德是多麼勇敢，在她太過害怕時，護送那些婦女和孩童。「他明知他冒著許多風險。」她寫道。這不只是個別的悲劇，更是個徵兆，顯示出在中東報導新聞已經比瑪麗一九九〇年代在當地時，遠遠更加危險。情況只會每況愈下。

*

派翠克想要在他從小長大的溫布敦買下一間房子，但對瑪麗來說，那裡太偏郊區，於是他們折衷落腳在漢墨斯密。維特傑路（Weltje Road）一號非常完美——距離泰晤士河僅僅十碼，位於飛鴿酒館和科林斯帆船俱樂部之間，從倫敦地鐵站沿著河岸步行就可抵達。她再次開始航行，花更多時間待在水上一直是她的目標。她感覺，待在船上能夠撫慰療癒人心。那間房子是一棟維多利亞時代的排屋，側邊靠河，有懸凸窗和挑高的天花板，後方還有座小花園。她喜愛這棟房子的大小，她從未擁有過這樣的空間。她也喜愛這間屋子的可能性，可以用她在世界各地購買的畫作和其他美麗物品裝飾。她和派翠克依然會有口角，但對彼此忠誠。生活維持一貫的波動無常。反之，在工作上，她愈來愈缺乏安全感。雖然能夠靠著獨眼正常工作，但她已經喪失信心，也變得愈發焦慮不安。約翰增聘了兩名駐外記者：克莉絲汀娜・蘭姆（Christina Lamb），她是名獲獎記者，從《週日電訊報》挖角而來，曾出版關於尚比亞（Zambia）和阿富汗的著作；以及哈菈・賈伯（Hala Jaber），她是一位勇敢的黎巴嫩記者，門路廣闊，瑪麗是在貝魯特認識她的。她們兩人都是女性，這原先應該不會帶來特別的影響，但卻影響了她。瑪麗開始擔心自己相形失色。她們三人，加上喬恩・斯偉因，被視為「菁英團隊」——也就是從事危險報導的記者群。其他通訊記者長久以來都在私下抱怨，肖恩和約翰只著迷於那些展示勇氣——或說魯莽——和能夠得獎的報導，對其他新聞不感興趣。而這個問題將會愈來愈明顯，因為美國和英國已經準備好要開戰。

距離波斯灣戰爭（當年瑪麗曾在巴格達採訪）十二年，海珊再次成為西方領袖關注的焦點。自從波灣戰爭以來，伊拉克一直遭受國際制裁，這位好戰的領導人似乎受到控制，禁航區阻礙他從空中攻擊於一九九一年起義反抗他的伊拉克北部庫德族人，或南部的什葉穆斯林。每隔幾年，就會出現一波混亂的外交和軍事活動，通常是因為美國認為，伊拉克人正在重新囤積他們的化學、生物和核子武器物資。如今，在九一一事件的餘波中，二〇〇〇年當選的美國總統喬治・沃克・布希（George W. Bush）和他的盟友英國首相托尼・布萊爾（Tony Blair），正在準備再次攻打伊拉克。美國人試圖將海珊和賓拉登掛鉤在一起，並聲稱伊拉克領導人沒有向聯合國的核查人員，申報他所有的大規模毀滅性武器。到了二〇〇二年年底，情勢已經明朗，除非政權轉移，美國不會善罷甘休。

瑪麗無法像她在一九九一年那樣，蹲點在伊拉克首都，因為她遭拒發簽證，於是她去會見美國人支持的下一位伊拉克領導人阿赫瑪德．查拉比（Ahmed Chalabi），也就是伊拉克國家議會黨（Iraqi National Congress）的首長。他和他的戰士預計以庫德族居住的伊拉克北部為據點，自一九九一年末以來，那裡已經形同獨立，而且不需要簽證，從土耳其就可以由陸路進入。他們的計畫是要在美國給出指示時，成功突襲攻入巴格達。查拉比同意瑪麗與他同行。

英國和美國軍隊聚集在科威特時，瑪麗諮詢了一位對於在伊拉克打仗有所了解的老兵：威靈頓公爵——珍的父親——他現在已經八十七歲，曾在第二次世界大戰期間，率領一支騎兵旅作戰，企圖占領巴格達。他告訴她，他擔心下一場在巴格達的戰役將沒有明確的目標，也沒有為了處理戰後餘波妥善規劃。「我有種糟糕的預感，懷疑英國人將要負責占領和平定該國的動亂。」他說。這是有先見之明的評論，而瑪麗根據她自己的經驗，明白伊拉克人若被占領，情緒將會多麼激昂。不過，就像許多記者，好幾年來都在訪問逃離海珊的監獄，或有親戚被虐待殺害的人們，她支持這場戰爭。她了解政權轉移的危險，但她認識的伊拉克人讓她動搖，他們都渴望一個沒有獨裁統治的未來。

在最後一刻，土耳其政府決定禁止任何人跨越其國界，於是瑪麗搭機前往大馬士革，耗費數日和敘利亞當局纏鬥，爭取改從敘利亞邊界，進入伊拉克庫德斯坦（Kurdistan）的許可。查拉比已經告訴她，他的解放伊拉克部隊（Free Iraqi Forces）由受過部分軍事訓練的流亡人士組成，將會成為巴格達之役的要角。她原先預期他們會像科索沃的科索沃解放軍，結果卻是群雜牌軍。他們也是華府地盤爭奪戰的焦點。中央情報局和國務院得出決議，認定查拉比提供的情報最好的情況只是誇大，最糟的情況則是編造而來，於是他們極盡所能阻止五角大廈支援他。在最後一刻，五角大廈指派泰德．希爾上校（Colonel

Ted Seel）擔任查拉比的聯絡官，他是名打過越戰的資深軍人，後來被派任到開羅的美國大使館。他和瑪麗關係融洽，這是件好事，因為除此之外，沒有任何事情是按照計畫進行。

結果北部前線根本不是作戰前線，因為在土耳其的決策之後，入侵行動全數改從科威特朝南部進攻。三月二十一日，當美國發動其「令人震懾」的巴格達轟炸，查拉比和瑪麗只能在兩百英里外，從電視遠觀這一切。兩星期後，他們還坐在電視螢幕前，邊喝茶，邊看著美國軍隊接管巴格達機場。瑪麗錯過了這場戰爭，產出報導的是人在巴格達的喬恩・斯偉因和哈菈・賈伯，以及在南部跟隨入侵部隊的克莉絲汀娜・蘭姆。經過在華府的多次口角，五角大廈終於派出飛機，來將查拉比和他的流亡軍隊轉移到一座在南部的廢棄基地，位在納希里亞（Nasiriyah）附近的沙漠中。「那是完全的災難。」希爾上校回憶，「我們被安置在一些第一次波斯灣戰爭就已經炸毀的建築物裡，沒有任何補給物資。附近有個資淺的美國支援單位，所以我們有水可用，但卻沒有容器可以盛裝。」事實愈來愈清楚，美國軍方接獲的指示是要盡可能隔離查拉比的軍隊，愈遠愈好。

此時，有陣沙塵暴襲來，瑪麗電腦和衛星電話的孔隙中，塞滿了細小塵粒，導致她無法發稿。（瑪麗對科技很不在行，時常意外刪除寫好的報導，需要人幫忙才能從她的電腦發稿，但這次真的不是她的錯。）最後，查拉比的姪子薩里姆（Salem）取得足夠的車輛，能夠載領導階層和一些隨扈去巴格達。「我有臺全新的海力士（Hilux）雙艙皮卡，於是由我率領車隊，因為美國軍隊曾接獲指令，任何駕駛豐田陸地巡洋艦（Toyota Land Cruiser）的人都是敵人。」泰德・希爾記得，「我們損失一臺車，因為有人開車出去尋找柴油，結果遭到美軍逮捕，大半個星期都沒回來。」對查拉比和他的隨從相當不幸的是，當天是阿舒拉節（Ashura）的第一天，什葉穆斯林在這個節日哀悼侯賽因（Hussein）——先知穆罕默德的孫子，也是什葉派的建立者——於西元六八〇年遇刺。在海珊的統治下，只有少數人獲准參與儀式，而如今，總算重獲自由的伊拉克什葉穆斯林，共有數百萬人走上街頭，將聖城卡爾巴拉（Karbala）和納傑夫（Najaf）的街道擠得水泄不通。「我們被困在人海之中。」希爾上校記得。

最後，那些流亡人士終於抵達巴格達，查拉比接管狩獵俱樂部（Hunting Club），那是過去海珊的兒子烏代喜愛的一處宅邸。兩臺美國坦克車撞進大門時，瑪麗在現場窺見了美方內部的混亂狀況。

「我們接獲命令要確保這座宅邸的安全。」其中一名士兵大吼。

「是要保護我們，還是驅逐我們？」查拉比的一名部下詢問。

「不知道，先生！」那個美國人回答。

除了捕捉這些精彩場景的彩色照片，瑪麗在此時的報導並沒有發揮她的最佳能力。就連在查拉比顯然已經不會成為伊拉克的下任領導人後許久，她都仍然相信他會是未來的領袖。後來，她的老友強納森・蘭戴進行一項重大調查，得到的結論是，查拉比和伊拉克國家議會黨不僅愚弄了瑪麗，還有許多其他記者。其中還包括茱蒂・米勒，結果她在戰爭的初期階段，因為她的報導被捲入一場爭議之中。基本上，查拉比對美國情報單位和記者說謊，以便鼓吹民眾支持推翻海珊。他的團隊編造海珊保有大規模毀滅武器的證據，但事實上，他已經摧毀那些武器。前一年，瑪麗曾根據一段被認定是變節者的錄影訪談，撰寫一篇長文，後來證實那是偽造影片。然而，當強納森詢問她這件事，她為自己辯護。「我相信他們是基於良善的信念才這麼做。」她說，「過去七年來，我都不會說我在寫任何一篇報導時曾經遭人愚弄。」

為什麼瑪麗沒有看穿查拉比？可能是因為他提供的資訊似乎能寫成精彩的新聞報導，而一如所有貌似可信的偽造者，他所說的並非全是謊言。不過，或許是她對受壓迫者的同情，蒙蔽了她的雙眼。「瑪麗是最優秀的戰地記者之一，而她對於正在受苦的人民非常寬容。」強納森說，「這就是你開始認同報導對象到她那種程度時，會遇到的問題……同情是種動力，能夠驅使你出走，試圖取得新聞故事，將苦難和悲劇告訴世人。可是，你會變得容易受伊拉克反對派和他們的說詞影響。我想這是她落入這個圈套的原因——因為那些謊言在她眼中全都十分合理。」

話雖如此，正當打劫的歹徒在巴格達胡作非為，而美國人試圖掌控局面，待在狩獵俱樂部有其好處。瑪麗可以完整調閱伊拉克軍方的檔案庫，這些文件原先藏在私宅中，後來被查拉比的人馬扣押。當一名男子現身坦承，十二年前，也就是瑪麗待在巴格達的戰爭期間，自己曾涉入一起至今懸而未決的案件時，瑪麗也在場。在那起衝突事件中，有六百名科威特人失蹤。他們失蹤後，科威特政府懸賞一百萬美元，徵求可能能夠揭露他們最後遭遇的相關資訊。她在報導中，用化名菲拉斯（Feras）稱呼那名男子，來保護他的真實身分，他表示自己曾是伊拉克祕密警察的一員，那些科威特公民曾被帶到他工作的基地。他們身穿傳統的阿拉伯長袍，雙眼被蒙住，雙手綁在背後，接著排成兩列馬蹄鐵狀的隊伍，被推入一座火場。資深軍官下令燒死他們，其中包括海珊的一位同父異母的兄弟。菲拉斯說，他當時是負責駕駛其中一輛卡車，將屍體運往費盧傑（Fallujah）附近的一座祕密警察基地。他們挖掘三道壕溝，將屍體丟入其中。那是個非比尋常的故事。「可是，在這嶄新的伊拉克，人們非常渴望金錢，我們要如何相信像菲拉斯這樣的男子，表現出對懸賞獎金的興趣？」瑪麗思索著。接著，她想到一個主意——在入侵行動後的無政府時期，也是新聞採訪的黃金時期，你可以做任何事情。於是她聘請一臺挖土機和一名操作員。當他們前往菲拉斯說那些屍體埋葬的基地，她告訴他，唯有他能指出那些墳場的位置，她才會相信他的故事。

《週日泰晤士報》，費盧傑附近，二〇〇三年五月十八日

第一件出土的物品是一隻藍白相間的運動鞋。可以看見裡面有易碎的咖啡色腳骨……隨著挖土機的手臂在沙漠掘出一桶又一桶的沙土，前所未有的駭人證據重見天日，證實海珊處決了六百名自一九九一年起失蹤的科威特戰俘……又挖起三剷塵土後，挖土機的斗齒懸掛著幾件阿拉伯長袍，雖然已經腐爛，但仍完整，有些裡面還包著屍骨……接著一顆顱骨滾落下來，又一顆，接著掉落更多腿骨。即便那些屍體已經埋在地底，受高溫侵襲長達十二年之久，死亡的腐臭氣味仍然瀰漫在空氣中。

此時，瑪麗請怪手操作員停止，不要繼續打擾死者——她已經取得足夠的證據。

她著手調查其他的大型墳場，並有一支拍攝團隊隨行，他們正在製作一部關於五位在伊拉克報導新聞的女性記者的紀錄片。《親眼見證》（*Bearing Witness*）的製作人瑪里雅娜．沃頓（Marijana Wotton）寄送好幾個月的電子郵件，都沒有得到回音後，終於在狩獵俱樂部找到瑪麗。瑪麗在鏡頭前非常自然，似乎毫不在意攝影機，讓在家鄉的朋友瞧瞧他們以前從未看過的她，在出差時的生活片段。身穿牛仔褲和檸檬綠色的長袖T恤，頭髮染得比以前的顏色更淺，來掩飾灰髮，眼罩在她的臉上非常顯眼。她訪問一名男子，他正試圖在覆蓋衣物碎片的屍骨中，辨認出他失蹤的友人。人們在袋子裡裝滿骨骸，同時婦女披著罩袍，蹲伏在地上哭泣。接收到不夠明確的資訊時，瑪麗態度親切但堅定。「告訴他我感到非常遺憾，我知道很困難，但他能否告訴我們一點點關於他朋友的資訊。」她對通譯說，「我不想要說這裡有幾百個人，我想要講述每個人的故事。這些人不是統計數據。」當通譯人員開始發慌，表示有人想要逮捕，或可能殺害拍攝團隊，她保持冷靜和幽默，但也十分堅決。

「好，我們那沒用的嚮導去哪了？」她問，試圖讓所有人在車上集合。「他想要害死我們？我們別只是呆坐在這裡，我們整頓好就出發。快！」接著，她像個被激怒的學校教師，驅趕著不聽話的學生，補了一句：「你們情緒激動只會讓一切變得更糟。」

她誠實表達她的感受。「我可能確實會涉入太深，還會做噩夢，但我認為這依然非常重要。」她在一個受訪段落說，「如果這些事對我已經無關緊要，那我就不會繼續做了。」她和其他記者一起在狩獵俱樂部被拍攝。她睡在其中一間房間的地上，而那間房間從沒有人會把燈關掉，她笑著解釋說，有一隻盲眼的好處是，她靠右側睡時，房間就自動暗了。他們圍著營火一起喝伏特加時，有位年輕的男性記者指出，那個「強悍的戰地記者」穿著粉紅色襪子。瑪麗輕聲笑著。「我們總要有點女人味，對吧？」她說。

待在伊拉克六週之後，她回到倫敦，拍攝團隊也跟著她回去。她的母親帶著她的三個外甥女來訪，瑪麗帶她們去購物，買給她們她無法負擔的衣服，但她知道她們會愛不釋手。影片拍攝她談論失去左眼的經歷，那些女孩們全都正值十七歲，全神貫注地聆聽——阿姨的人生已經超越她們的想像。

瑪麗和瑪里雅娜・沃頓成為好友。二〇〇三年整年和二〇〇四年前半，她們往返伊拉克，通常下榻哈姆拉旅社（Al Hamra），那是間家族經營的小旅館，記者、救援人員和其他外國人經常住在這裡。有天晚上，仍然對科技一竅不通的瑪麗，因為不小心在發稿後忘記掛斷衛星電話，累積了高達兩萬美金的帳單。那是段瘋狂的時光。「我們曾經一個晚上喝掉一瓶伏特加。」瑪里雅娜回想，「整個新聞業社群都會聚集到我們的小房間，再分散前往泳池。最後每個人都裸泳，而且是由瑪麗帶頭脫掉泳衣。」

瑪麗通常會讓一名年輕的救援人員待在她的房間。瑪拉・盧茲卡（Marla Ruzicka）的綽號是「泡泡」，因為她頂著一頭金色鬈髮，個性又歡騰活潑。她正在做瑪麗在某方面而言渴望做的事——拯救個人的性命。瑪拉深知，美國軍方意外讓民眾受傷或致死時，並不會承擔法律責任，但她認為，無論如何一定要有個方法幫助那些家庭，於是她發起衝突事件無辜受害者救援運動（Campaign for Innocent Victims in Conflict，簡稱CIVIC），不過她稱之為慈善捐款，而非補償金，藉此從美國官員手上設法取得資金。幾年前幫助數百名阿富汗人後，她現在在伊拉克做一樣的事。巴格達的美國將領和華府國會的成員發現，當她來敲門，請求他們捐助資金時，他們很難拒絕。記者總是會帶著需要援助的案件來向她求助——有個小女孩遭美國海軍陸戰隊意外擊中頭部，需要治療癲癇的藥物，或是某個家庭的生計來源成為戰爭的「附帶損害」。瑪拉的精力無窮無盡，但她也有弱點。幾個月過去，她看起來更加憔悴疲憊。伊拉克人民的需求永無止盡，她難以接受自己的能力有限，無法解決他們所有的問題。她會留紙條給瑪麗，說她有多麼愛她和尊敬她。瑪麗想要保護瑪拉，不在她執行任務的嚴峻世界受到傷害。這名她身邊的年輕女子無法和受苦之人保持距離，或許瑪麗可以在她身上看見自己的影子。

布希總統在二〇〇三年五月一日宣告的勝利逐漸開始令人失望。八月，一枚強力炸彈摧毀巴格達的聯合國總部。兩天前，瑪麗曾在總部內，訪問主導聯合國在伊拉克任務的外交官塞爾吉奧・維埃拉・德梅洛（Sérgio Vieira de Mello），如今他在爆炸中喪生。不到一週後，她前往什葉聖城納傑夫，因為受人尊敬的教士穆罕默德・巴基爾・哈基姆（Mohammed Baqir al-Hakim）剛被一枚汽車炸彈謀殺身亡。她穿著全長的女用長袍，戴上頭巾。她正在和一座清真寺外的民眾交談時，有人瞥見她的鞋子，發現她不是伊拉克人。「我正在對話的其中一名男子開始大喊：『殺光美國人！殺光美國人！』並且高舉一個拳頭，在空中不斷揮舞。」她寫道，「我周遭的人群開始加入他。有人帶我離開現場，腳步緩慢，以免激起任何攻擊者的情緒，最後我平安抵達一間小旅社。」

伊拉克對記者來說已經愈來愈危險，但瑪麗有篇不能錯過的報導：二〇〇三年十二月，瑪麗正在倫敦參加一場耶誕節前的派對，得知海珊被發現躲在提克里特（Tikrit）一個洞穴中的消息。幾個小時內，她已經搭上飛往安曼的班機。她的同事馬修・坎伯（Matthew Campbell）加入她，和她共度八小時橫跨沙漠、前往巴格達的車程。他注意到她還穿著雞尾酒會禮服和高跟鞋時，被那幅景象給逗笑了。她用一條毯子把自己包裹起來，整趟車程都呼呼大睡，一直到他們進入伊拉克首都才醒來。

*

那是馬不停蹄的一年。回到倫敦時，瑪麗正在製作一部電視紀錄片，是關於她心目中的英雄瑪莎・蓋爾霍恩，在BBC上播送。「瑪莎・蓋爾霍恩思考和書寫戰爭的方式，為我的思想和職業生涯增添色彩。」瑪麗在接近紀錄片開頭時說，「每次我打包行囊，必備物品中，一定有一本被我翻舊了的瑪莎著作《戰爭的面容》（*The Face of War*）。」瑪麗說，瑪莎和她之所以會如此報導新聞，是因為戰爭的殘酷景象「是反戰最強而有力的論據」。她沒有注意到兩人其他的相似之處，不過任何觀看紀錄片的朋友都可以一眼看出。瑪麗提到，瑪莎的私人生活「混亂而猛烈」，也不只談及蓋爾霍恩和海明威衝突不斷的婚姻，還有其他麻煩的婚外情。她二十歲時，經常為不公不義打抱不平，卻不知道該如何「代表那些在社會中無法發聲的人們，推行她理想中的運動」，而瑪莎的父親——「一位堅守原則的男性」——認為她的生活「漫無目標」。她和一名父親反對的法國男子發生外遇時，兩人曾激烈衝突。父親逝世時，瑪莎二十七歲，此後一直無法擺脫她總是令他失望的愧疚感。

瑪莎就像瑪麗一樣，抱持強烈的信念，毫不理會「那些保持客觀的狗屁」。這兩位記者會在巴勒斯坦議題上意見相左，但瑪麗將能明白，瑪莎為何如此堅定支持以色列。瑪莎在達豪報導的那天表示：「陰鬱入侵了我的靈魂。」那份感受從未真正消失。多年後，她寫信給一名友人：「彷彿我走進達豪的那一刻，就跌落懸崖，終身受當時的衝擊所苦……我再也感受不到過去人生中，那種美好安逸、充滿活力的希望。」

瑪麗的同事中，至少有一人正在經歷和那種絕望相似的感受。美國入侵行動之後，喬恩・斯偉因從伊拉克歸來時精疲力竭。幾年前，他在關於柬埔寨的回憶錄中，曾寫下這樣的文字：「面對戰爭，人可以保持浪漫的想像，也可以憤世嫉俗。悲劇會有種神奇的吸引力；會讓人興奮激動，也會讓人筋力盡。當死亡將至，所有對象、所有感受全都如黃金般閃耀。同志情誼更加堅定，愛更加深刻。」如今，長達三十年報導暴力和暴行壓垮了他，他已不再能看見浪漫，只有痛苦和挫折。遵循醫生建議，他已經請假休息，並和報社協商，希望未來的報導內容能夠在衝突事件和更具有正面能量的主題之間取得平衡。另外一位同事克莉絲汀娜・蘭姆，在伊拉克戰爭期間，曾和死劫錯身而過，英國一組電視製作團隊在某條路上遇害，而半小時前她才剛開車經過同一個地點；她下定決心，未來不要再冒那麼大的風險。

瑪麗說她沒事，但警示的徵兆已經出現。她的繼女安娜會打電話給她，尋求建議或只是找人聽她說話，但瑪麗卻無法辦到——因為她自顧不暇。當安娜正努力面對她父親的慘死，她發現電話那頭的繼母滔滔不絕說著她自己的問題。如果瑪麗沒有在追蹤某則新聞，她幾乎難以振作起精神下床。她害怕自己無法維繫她和派翠克的關係。

二〇〇三年八月八日：我明白，如果我們在一起的話，不能讓他看到我這個樣子。積欠，拖延，害怕。我能脫離這種狀態嗎？我不知道，因為我也不知道我為什麼會變成這樣。總是有個面具——從不是真正的我。很晚才意識到我愛你。你已經走到那裡——我卻尚未到達。我想要追上你，但我再也無法用我現在這副德性，繼續荼毒我們兩人。動彈不得。我會試著改變。如果我辦不到，就必須放你走。這麼說真是老掉牙。如果我辦不到，我大概也能得過且過。可是你值得更好的關係。我看見你英俊的臉龐就想掉淚……我並不坦誠。我謊報我浪費的時間，但沒有謊稱愛你。大多時候我都一事無成。彷彿我在等待，或更像拖延，推託一切。我喝酒直到入睡。如果不必以瑪麗的身分出現，就會鬆一口氣。

有時，她會告訴自己應該要有什麼感覺，來試圖讓自己振作。

二〇〇三年十月十六日：我應該要：

一、做事可靠

二、體面——符合常規、繼續喝酒、情緒起伏平穩

三、更講求實際——我總是認為一切都可能辦到，儘管有時現實並非如此

二〇〇四年三月，瑪麗陪同肖恩和約翰，去坎昆（Cancún）參加一場新聞集團（News Corp）的會議，她是戰爭報導顧問小組的一員。他們去了一間俱樂部，那裡的服務生會用彈力帶從天花板垂降下來，把小杯的伏特加噴射到客人嘴裡。瑪麗在酒會上喝醉到肖恩必須將她拉離魯柏・梅鐸身邊，以免她口齒不清又顛三倒四，讓自己出糗。在會議結束前，驚傳哈瑪斯的精神領袖謝赫亞辛（Sheikh Yassin）遭以色列人殺害的消息。她的編輯問她，是否能夠提早離席，去加薩一趟。他們載她到機場時，幾位新聞集團的主管擔心瑪麗當時的狀況是否適合旅行。約翰和肖恩認為她沒事——他們說，她只是像大家一樣，前一晚喝得有點醉而已。

但她的狀況並不好。她一再失去聯繫。有時她會在肖恩打來時拒絕接電話，或會說她外出，但他非常清楚她人就在家中。國際版經理卡洛琳會受派去維特傑路，試圖勸誘她出門。有次，派翠克不在家，而無論是肖恩和珍，都已經好幾天沒有瑪麗的消息。所有人都開始擔心，於是卡洛琳前去敲門。一個虛弱的聲音粗啞地說：

「是誰？」

「是我，卡洛琳。快點！快點開門！」

瑪麗打開家門。「她看起來就像個老婦人，有點駝背和發抖。」卡洛琳回憶，「於是我只是張開雙臂擁抱她。就這樣過了好一段時間，我們兩人都沉默不語，只是抱著彼此。她正身處黑暗的深淵。」

瑪里雅娜在紐約剪輯紀錄片《親眼見證》。「瑪麗會在任何時刻打給我，不分日夜。」她記得，「她想找人說話；或許她需要聽到讚美。我們會一起咯咯發笑——通常她都已經喝了不少酒。她會在電話裡不斷重複一樣的話。而我只是默默聽著。」無論瑪麗說出什麼話，瑪里雅娜都像吸墨紙一樣全盤接收。其他朋友鼓勵瑪麗戒酒，吃多一些，尋求專業協助，但對瑪麗來說，直接打給瑪里雅娜、試著笑看一切，要容易得多了。她會毫無預警陷入恐慌，並且愈來愈喪失現實感。就連卡崔娜也無法聯絡上她。瑪麗在電話裡的語氣非常疏遠，不願意講話，通常已經喝醉，而且語無倫次，掛上電話後，一次就會好幾個月音訊全無。卡崔娜提議去拜訪她，卻被瑪麗拒絕。「我沒事的。」她說，「或許我會去找妳，我應該出門旅行。」但她從沒有付諸實行。「她以前在世界的另一端，我仍然隨時知道她人在哪裡，而現在她就在倫敦，哪兒也不去，我卻找不到她。」卡崔娜回憶。瑪麗就像隻受傷的動物躲到地底，躲進一個黑暗的洞穴，就連她最親近的朋友也觸碰不到她。

當時《週日泰晤士報》的主編鮑伯．泰爾到瑪麗和派翠克家共進晚餐，建議她不要再跑前線，留在倫敦當專欄作家。他們聊著她對航海的熱愛，還有她在合眾國際社任職時，有次曾經訪問賈克．庫斯托。「沒錯，我們停下所有的工作吧。我們有足夠的存款，我們現在辭職，妳去摩納哥的庫斯托學院（Cousteau Institute）讀書，花一年學習海洋生物學。」派翠克說。最初瑪麗滿懷熱情，但她從未付諸實現，反而又退回那無力癱瘓的狀態。「她無法行動，」派翠克說，「她只會呆坐在家中。」

凱特三番兩次撥打她家裡的電話，最後對著答錄機大吼，要求她的姐姐拿起話筒。「她說她無法下床。而她已經把手機丟進河裡了。」凱特說，「她有自殺傾向，需要幫助。」凱特決定不要告訴蘿絲瑪麗——這消息對她來說太過衝擊，她會無法負荷。此時幾位駐外記者都顯露憂鬱的徵兆，肖恩正迅速研讀戰爭報導的心理影響，告訴她報社安排了修道院診所的診療時間，也就是她前夫胡安．卡洛斯曾短暫入住的那間康復醫院。「我絕對不會靠近那該死的修道院診所。」她說，「那是那些因為錯過PRADA名牌特賣會而精神崩潰的人在去的。」她一年半前曾告訴德妮斯．萊斯：「我不會麻痺……為了要熱情地寫作，傳達你感受到的情感，你不能將自己隔絕開來……我從來沒有變得麻木不仁。每次親臨現場，總是會帶給我衝擊。」可是她現在什麼都感受不到。那就像她割傷自己，卻抽不出血來。一個曾接受抑鬱症治療的朋友，推薦一位在哈利街（Harley Street）執業的精神科醫師，瑪麗預約看診。他診斷出她罹患創傷後壓力症候群。

她擬出一封寫給約翰．維瑟羅的信件草稿。

親愛的約翰，

我寄這封信給你，是因為這件事很難當面啟齒。

我必須請假去處理一個無論是在工作或私人層面，都嚴重得無法應付的問題。

基本上，我近來經常焦慮發作，導致某種抑鬱，讓我無法正常活動。我知道這聽起來很奇怪，因為你見到我的時候，我看起來很好，但我去求診的醫生說，這麼做只是在把頭抬離水面，不能再繼續這樣下去了。

我正在處理這個問題，但一有任何壓力就會讓我回到原點，所以我逃避許多事。要坦白非常困難；如你所知，我是喜歡「直接行動」的那種人，但這個問題宰制了我，我認為這導致我的工作成果並不優秀。

如果你能盡可能保守這個祕密，我會十分感激。我想我必須讓你知道。

瑪麗

那名精神科醫師建議她住院，好好休息、復原，也學習一些控制焦慮的技巧。二〇〇四年五月，珍帶她去葛麗絲王妃醫院（Princess Grace Hospital），她入住一間平凡的小房間。讓醫護人員驚慌失措的是，她立刻強迫他們打開窗戶，好讓她能對窗外抽菸。她終於接受她的熱情消耗殆盡、身心崩潰，並且需要幫助的事實，這反倒令她鬆了口氣。她的其中一位治療師曾有為退役軍人看診的經驗，但他治療的士兵看過的戰役沒有瑪麗多。醫師開給她的藥物能夠讓她保持冷靜，甚至幫她擺脫不好的情緒。接著，她開始眼動心身重建法（EMDR）的療程。瑪麗曾說，關於在斯里蘭卡遭襲擊的噩夢，是她的大腦在試圖想出替代結果的方式，她說的並沒有錯。當然，她總是失敗——沒有任何辦法可以恢復她眼睛的視力。現在，心理治療師讓她能夠以某種方式放下這段經歷，幫助她的大腦處理創傷。眼動心身重建法的概念是，當你在腦中想像揮之不去的創傷事件場景，治療師就會給予「雙側刺激」——將一根手指從一側移動到另一側，你用快速的眼球運動跟隨，或是輕拍身體的某個部位，或是發出重複的音調或噪音。在每組刺激之後，你要將你的思緒放空，接著看看腦海會浮現什麼想法、圖像或回憶。瑪麗學習重整她的腦袋——從那時開始，只要她感受到壓力或恐慌，她就會用手指輕敲她的手掌，藉此來讓自己冷靜下來。她也接受認知行為療法（CBT），這幫助她用正面的觀念取代負面的想法，並找到方法截斷讓她失去行動能力的焦慮和恐慌循環。她永遠無法忘記遭受攻擊的經驗，或是她曾見過的大型墳場和受傷孩童，但她正學著減低對這些記憶的敏感程度，讓她可以消化並繼續生活。

瑪麗渴望見見那些因為類似情形而受苦，能夠了解她的朋友。喬恩．斯偉因順路來拜訪她。「她覺得那些治療非常棒。」他說。他告訴她：「謝天謝地妳待在這裡——別急著出院。」安托尼．洛伊德（Anthony Loyd）也來訪，他是《泰晤士報》的戰地記者，曾經撰寫一本書，關於他在報導波士尼亞的衝突時使用海洛因。兩人曾在西倫敦或出差時，一起喝過好幾次酒。「我知道她有脆弱的一面，但我對這件事依然相當驚訝。」他回憶，「她非常抑鬱倦怠——她想要說話，但要解釋她的感受十分吃力。」他了解要承認自己的脆弱，對她來說有多麼困難。「她已經習慣當瑪麗．柯爾文，以她的勇氣和真誠著稱。現在她必須面對這一切，而且無路可逃。」

她的體重逐漸增加，烏雲也慢慢散去。能夠單純地睡覺休息非常愉快。然而，派翠克仍有疑慮。他認為瑪麗的問題主要是源自於她酗酒，而非她在戰地的經歷。雖然醫師例行性建議她減少酒精攝取，可是她並沒有接受酒精成癮的治療。在葛麗絲王妃醫院住了幾週後，她感覺自己已經復原到足以返家。彷彿她的設定已經被重新啟動。派翠克每天都去探病，但她出院時，他並沒有去接她；他想，她又不是斷了一條腿，或遭遇某些無法自己回家的病痛。於是她搭計程車回家，而且再也沒有原諒他。

坦承罹患創傷後壓力症候群後，瑪麗認為不再需要對此保密。她成為呼籲積極治療的倡議人士。「我必須慢慢恢復完整，恢復自信。」她出院後不久，在《親眼見證》拍攝的一段訪談中說，「我們這些駐外記者就像個四處旅行的小家庭，在某些方面能夠給予支持和鼓勵，但所有人都不該表現出恐懼——如果你曾經歷最駭人的遭遇，你並不會談論那些事。我們的支持系統就是去酒吧喝酒，說些黑色幽默的笑話。而我發現我落入太過黑暗的境地，那樣的支持已經不再足夠，我必須和專業人士談談。我需要某個不是朋友、不是同事的對象，我想我也需要說出自己很脆弱。」

她請假六個月，為了寫一篇關於阿拉法特的報導才復出，他在仍備受爭議的情勢下生病了，於是被送往巴黎。他在病床上垂危時，瑪麗每天都和蘇哈聯絡。那不只是一篇新聞報導而已。「每次她打來，她都會給我鼓勵和力量。」蘇哈說。阿拉法特於二〇〇四年十一月十一日逝世。瑪麗書寫了一篇長篇的訃告，懷念這位男士和政治家，文中充滿性格鮮活、情感深刻的細節。她回憶他是多麼深愛他的小女兒札荷瓦，用他母親的名字替她命名，可是和她玩耍時，卻彷彿她是「一隻來自異國的小絨猴，不屬於他自己的物種」。她回想，要訪問他幾乎是難如登天。

《週日泰晤士報》，二〇〇四年十一月十四日

當我坐在他身旁，聽著他在電話上和美國國務卿馬德琳·歐布萊特的對話時，我發現自己毫不意外地同情起國務卿。她試圖說服他，退出巴勒斯坦人反抗新的猶太屯墾區的示威遊行。他說除非以色列的推土機停工，否則他無法阻止暴力行為。歐布萊特說：「我們不要開始討論誰先誰後，這種雞生蛋或蛋生雞的問題。」對此，阿拉法特撲朔迷離的回答是：「可是別忘了，最後總會有隻母雞，還有顆蛋。」接著她那頭陷入沉默——老天，我可真懂她的感受……

她提到，一直到生命的尾聲，他都穿著他的制服。

他十分堅信自己是他夢想中的國族的化身；他會去任何地方、做任何事、說任何話，只為推動這個理想。同時，對於用暴力對付哈瑪斯和以色列人，他絲毫不感到懊悔。他曾私下表示反對自殺炸彈攻擊，但他無能阻止那些行動是他更重大的失敗之一。他創建巴勒斯坦國族，但最終無法控制他釋放的那些勢力。此外，他也並未抱持遠見，要將他創造的國族轉變成一個國家。那些制服充分表明他的立場：他不會放棄游擊隊領袖的身分，去成為巴勒斯坦人亟需的政治家。

從這篇文章中，可以明顯看出她遠比學者和其他記者更了解他，儘管那些記者對他的訃文的看法或許可以寫成書。不過，她雖然已經詳盡研究，卻從未完成他的傳記。

九月，凱特和她的六歲女兒賈絲婷前來拜訪她。有幾天的時間，瑪麗全心投入在騎馬、去披薩快遞用餐和最重要的購物上，她買昂貴的衣服給這個小女孩，儘管她很快就會穿不下了。可是，這種放鬆的狀態只是暫時的，雖然她仍會去找她的治療師，但恢復健康的道路依舊充滿阻礙。最艱難的時刻之一，發生在她以為自己的狀況已經好轉的時候：二〇〇五年四月，瑪拉．盧茲卡和她的伊拉克籍同事法伊茲．阿里．薩里姆（Faiz Ali Salim）在去巴格達機場的途中，在一場自殺炸彈攻擊中喪生。瑪拉的死顯得隨機而徒然，瑪麗深感悲痛，因為她的朋友是如此年輕，動機如此單純。一些朋友在瑪里雅娜布魯克林的公寓，為她舉辦一場追思會。瑪麗身穿她一貫的黑色雞尾酒會禮服，手拿著紅酒杯，上臺演說。她說，瑪拉是「折翼的女孩」。這句話引發眾人的共鳴，不只是因為對這名年輕女性的形容如此貼切，她曾如此努力修補這個世界的傷痕，更因為瑪麗也正努力不要斷翼墜落。

她和瑪里雅娜接著去北卡羅來納州達蘭（Durham）的全景紀錄片影展（Full Frame Documentary Film Festival），以及紐約的翠貝卡電影節（Tribeca Film Festival），參加《親眼見證》的首映。雖然片中的主角還有其他四位女性戰地記者，但瑪麗在螢幕上最引人注目，她的個人魅力脫穎而出。那不是表演——那就是她。凱特陪她去參加兩個影展，享受著她姐姐的名氣。她們的母親出席在紐約的放映，她一直不太明白，她的大女兒怎麼會流浪到那麼遠的地方，去到那截然不同的世界，可是對她女兒的成就和她獲得的認可引以為傲。

抗憂鬱劑開始讓瑪麗心情低落、體重增加，同時也妨礙了她的寫作能力。於是她不再服藥。即便她的心情會起起伏伏，但她感覺自己還應付得來。她和卡崔娜恢復聯絡，但她和派翠克的關係已經受到致命性的傷害。他們一天到晚吵架。她沒有完全信任他，於是他忍不住要發脾氣。他們在最後一個週末外出旅行，而且重燃餘燼，又感受到他們曾經擁有的激情火花，但是已經太遲了。他們同意分手。二〇〇五年五月，他搬到貝斯沃特（Bayswater）的一間公寓。接下來的兩年，他們都在為了錢和維特傑路房子的所有權爭執不休。

瑪麗和她的父親比爾．柯爾文，可能攝於一九五八年。

JANUARY 2 4

Every one is wearing pants. I've got to talk Mommy into letting me do it, for honor's sake. I'm not sure I want to, but I must.

I am going to tell Mom about the pie for God.

I saw Jeff today. He saw me, but seemed awkward. I smiled, but no sign of recognition. Wonder why. Wish he'd show he likes me. Does h. D.A.R. due tomorrow. On the bus, stood on the stairs. Jeff was on the bus, but didn't see me.

一九六九年一月，在她十三歲生日前，瑪麗開始寫日記。這是她寫下的第二篇。

瑪麗（第三排左起第五位）七歲時的小學照片。

瑪麗的父親用這張照片當作他一九七一年競選地方公職的宣傳照。由左至右分別是：瑪麗、麥可、蘿絲瑪麗、比爾、凱特、小布、比利。

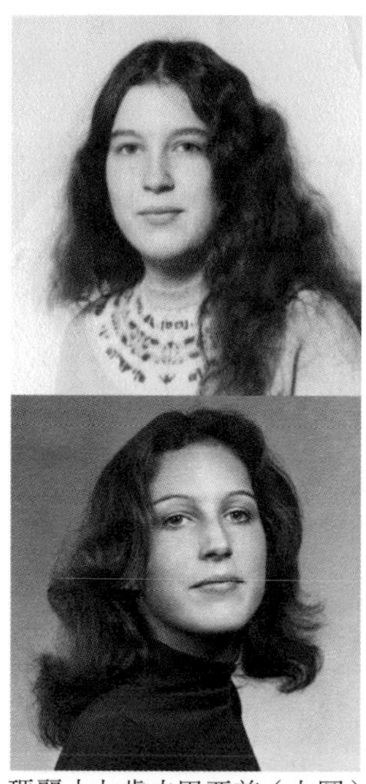

瑪麗十七歲去巴西前（上圖）和去巴西後（下圖）的照片。

一九七三年，瑪麗和奧斯瓦多・比埃爾在巴西的社交圈初登場。

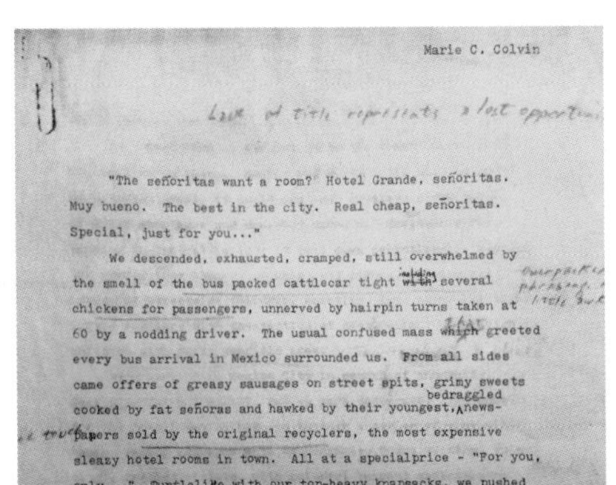

Marie C. Colvin

"The señoritas want a room? Hotel Grande, señoritas. Muy bueno. The best in the city. Real cheap, señoritas. Special, just for you..."

We descended, exhausted, cramped, still overwhelmed by the smell of the bus packed cattlecar tight with several chickens for passengers, unnerved by hairpin turns taken at 60 by a nodding driver. The usual confused mass which greeted every bus arrival in Mexico surrounded us. From all sides came offers of greasy sausages on street spits, grimy sweets cooked by fat señoras and hawked by their youngest, bedraggled newspapers sold by the original recyclers, the most expensive sleazy hotel rooms in town. All at a specialprice - "For you, only..." Turtlelike with our top-heavy knapsacks, we pushed through the crowd. Jerelyn, my travelling companion, followed listlessly. Drained by the tourists' special affliction, pale, she didn't care where we stayed as long as the bathroom wasn't down the hall.

Mexico on $5 to $10 a Day had long since been discarded. The recommended hotels were defunct or doubled in price, restaurants were expensive and tourist-filled. Anyway, if we spent that much, we'd have to leave Mexico in two weeks. We were out to see the 'real' Mexico, not the Mexico of the tourist brochure with its tanned smiling faces, gleaming umbrella-dotted beaches, and peasants looking poor but proud in colorful garb that had gone out with Montezuma. The Acapulco Hilton was for Americans to meet Americans; you could do that at

一九七七年，瑪麗在耶魯大學的約翰·赫希課堂上寫的一篇文章。赫希的評語——「詞藻過度堆砌」、「不錯的一筆」——用鉛筆寫在頁緣。

一九七七年，《耶魯日報雜誌》的工作人員合影。瑪麗是站立者的左起第三位。

一九八四年五月，瑪麗和她當時的男友約翰・羅德斯和終生摯友卡崔娜・赫隆，在貝里斯外海航行。

一九八五年，攝於合眾國際社的新聞編輯室。前景是盧西恩・卡爾，瑪麗在他的左手邊打字。

一九八九年八月，瑪麗在長島牡蠣灣和派翠克·畢肖普結婚。

瑪麗和派翠克的婚禮上，穿著她母親的結婚禮服。卡崔娜是首席女儐相，伴娘穿著不迎合當時流行的精緻洛拉牌洋裝。

瑪麗終其一生都是以擅長舉辦精彩瘋狂的派對聞名。

一九九四年夏天，瑪麗和卡崔娜在卡崔娜和溫特・米德的婚禮上合影。

一九八八年，瑪麗在賽普勒斯的海灘上度假。

一九九一年，在約旦安曼。前一天搭巴士離開巴格達時，瑪麗無意間聽到一名法國記者正在談論她的愛人，並且意識到這名愛人就是她自己的丈夫派翠克。

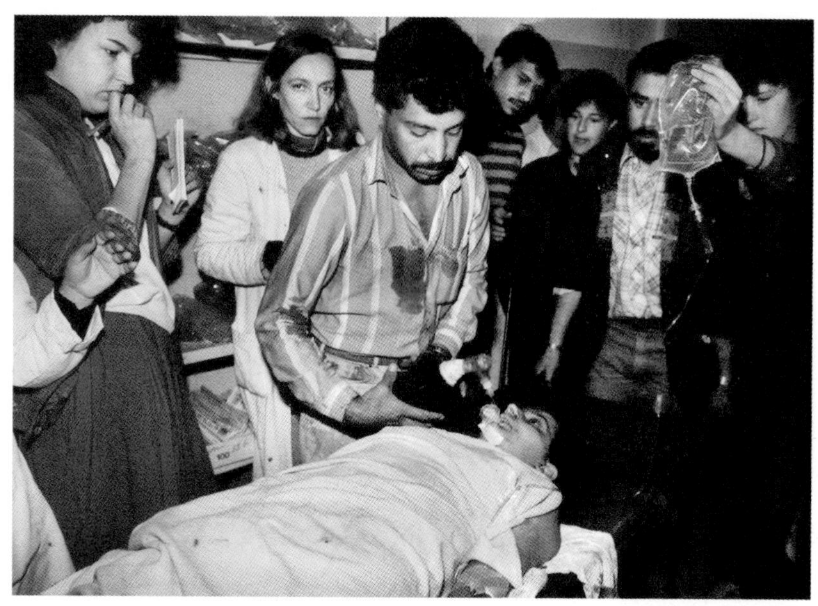

一九八七年，瑪麗（最左邊）和寶琳・坎廷醫師在一旁觀望，一名巴勒斯坦護理師胡笙・阿達維（Hussein al-Adawi）試圖拯救被貝魯特布爾吉巴拉吉納難民營的狙擊手射擊的哈嘉・阿赫瑪德・阿里，但最終無力回天。

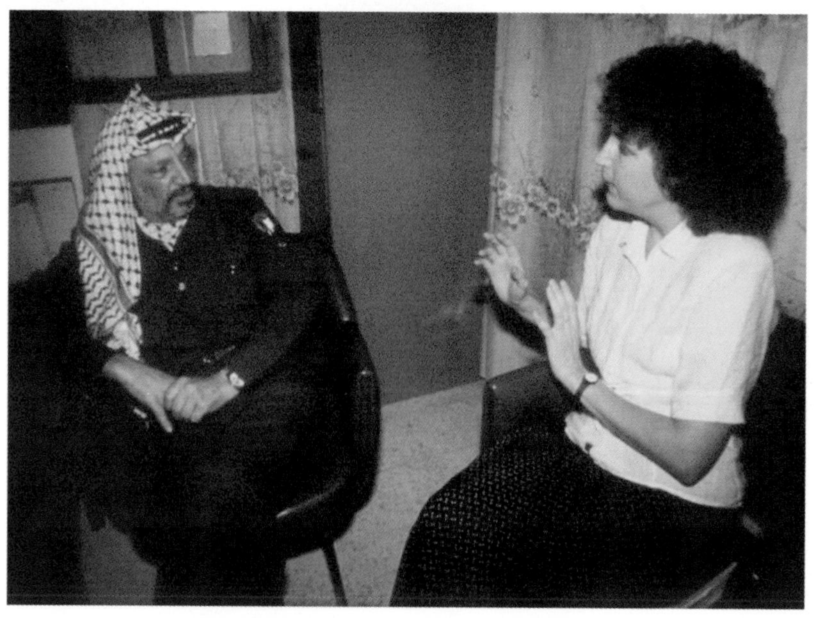

一九八八年，在突尼斯訪問巴勒斯坦領袖亞西爾・阿拉法特。

一九九六年六月，在瑪麗和胡安・卡洛斯・古米奇歐的婚禮前夕，與她的好友珍・韋爾斯萊合影。

瑪麗和胡安・卡洛斯在他們倫敦的婚禮。韋爾斯萊合影。

一九九五年，瑪麗和胡安·卡洛斯一起跳舞。

一九九七年，瑪麗和她的繼女安娜·古米奇歐在倫敦的海德公園。

一九九九年十二月，一名嚮導帶領瑪麗橫跨冰凍的高加索山脈，逃離車臣的戰區。

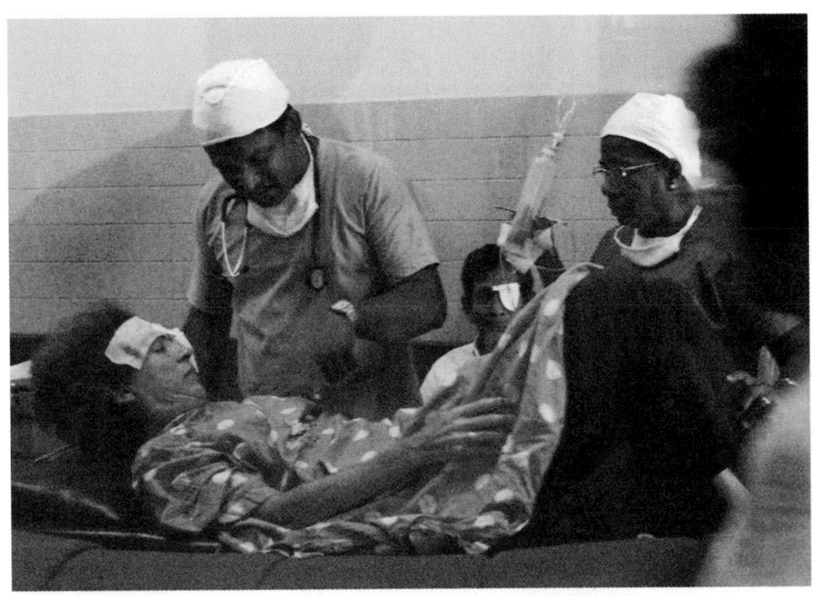

二〇〇一年四月，瑪麗被擊中後，待在斯里蘭卡可倫坡的醫院。她受的傷最終會導致她的左眼喪失視力。

57

Leave on tractor - in wagon pulled by tractor. Through open roads - if this is cleared area, doesn't bode well for govt. go through ruins of cashew plantation, destroyed in fighting + now overgrown, abandoned buddhist temple. Open field, jungle now too thick for tractor, eat lunch of "pittu" carefully wrapped in plastic + then newspaper like little presents. 10:30am - This is your only meal. I think they're joking - they're not. Walking at first lovely - tunnel of eucalyptus + other trees shade sun, cascades of white butterflies in shafts of light, well worn path although narrow. Lots of signs of wild boar and tell we climb a tree if one comes. We seem to be on a schedule, although not clear what it is. 2pm come to a wide open field and wait to 3:30, scouts go first, crouched + running, we then proceed, separated, single file. I think of land mines + try to stay in footprints but not much use in tall grass.

「我想著地雷，並試圖跟著前面的足跡，但在高聳的草叢中很難跟上。」斯里蘭卡被擊中前，筆記本的一頁。

二〇〇二年四月的一次以色列攻擊行動後，提姆・蘭波恩（Tim Lambon）、瑪麗和琳賽・希爾遜在約旦河西岸地區的傑寧合影。

二〇〇七年十二月，在伊拉克的迪雅拉省（Diyala Province）訪問抵抗蓋達組織的村民。

二〇〇六年，瑪麗和理查德．福萊在他的船方舞號（Quadrille）上，在土耳其外海合影，這時他們剛交往不久。

二〇一〇年感恩節，瑪麗和她的妹妹凱特合影。

二〇一〇年十一月，在聖布里奇教堂的年度禮拜上發表演說，紀念在出差時遇害的記者。

二〇一一年二月在解放廣場，正值埃及阿拉伯之春起義期間，那將會推翻埃及總統胡斯尼·穆巴拉克。

二〇一一年四月，利比亞革命期間在米蘇拉塔。

二〇一二年二月，在敘利亞霍姆斯巴巴阿姆爾的「寡婦的地下室」。

在巴巴阿姆爾被炸毀的建築中寫筆記。這是瑪麗遇害身亡前的最後一張照片。

第四部

倫敦

第十章 茫然失措

> 二〇〇五年七月某日：噁心——嘔吐——噁心——嘔吐。

瑪麗日記的筆記或許沒有提到她正在享樂，但她確實玩得很開心。二〇〇五年，她又開始認真航行了。她不只是開著船閒晃，而是參加賽船比賽。這可能是唯一足夠危險刺激的運動項目，可以讓她轉移對戰爭報導的注意力。是船上比較不幸的成員在噁心和嘔吐——她從沒暈船過。

> 二〇〇五年七月某日：我做了三明治——大夥不舒服到船長說我們得吃點東西——誰沒有暈船——所有人都指向我——我的航海技術不是最好，但非常驕傲至少能做點什麼。

她的第一趟冒險是加入革新號（*Innovation*）的船員，那是艘十三公噸的賽艇，一起參加在西西里島和義大利靴形半島之間的美西納海峽舉辦的地中海帆船賽。一切都十分順利，直到他們遇上一個漩渦，開始不斷三百六十度旋轉退後。如果他們發動引擎，他們就會失去比賽資格，於是他們旋轉到漩渦將船甩出，落在一艘迎面駛來的渡輪航行路線上，導致對方必須急速轉向。隔天，海上颳起九級烈風。

航海讓瑪麗可以在《週日泰晤士報》上寫些不一樣的主題。

《週日泰晤士報》，美西納海峽，二〇〇五年七月二十四日

安穩地在某人家中看著早晨的暴風雨，和在帆船上經歷一樣的天氣，兩者截然不同。首先是聲音：既讓人著迷又具破壞性的海浪撞擊聲；破碎的船帆刺耳且不間斷的拍打聲；升降索和繩索抽鞭般的爆裂聲；震耳欲聾的雷擊聲；人們試圖讓人聽見的高喊聲。接著是寒意，以及似乎要擊中船隻的雷電閃光。

她寫道，當十六名船員一起撐過這威脅性命的遭遇，他們感覺就像大家庭般緊密。「這保持頭腦清醒的方式非常瘋狂。」她告訴電影工作者休．哈德森（Hugh Hudson）和凱琳．阿德勒（Carine Adler），他們正在創作關於她人生經歷的電影劇本，「是你所面對的純粹讓你清醒——那些浪和時速十六英里的強風。你又冷又受困——你無法下船。你必須控制那艘船，除非讓她繼續在海上漂蕩，沒有其他方式逃脫。」她好勝的本能完全得到激發。「出發時有一百零九艘船，只有二十五艘走完賽程。」她興奮地說，「許多船翻覆，有些船體在西西里島的海岸上瓦解，還有不少人純粹因膽怯而退縮。我沒有退縮。我們在我們的級別中勝出了。我們沒有中止挑戰！」

她閱讀華茲渥斯（Wordsworth）、布雷克（Blake）和柯立芝（Coleridge）的作品，稍加思索著比起讓她生厭的田園鄉村，她是多麼熱愛海洋。她在海上感受到的恐懼，她心想，和她在車臣感受到的恐懼大不相同。

二〇〇五年七月某日：或許只有恐懼能夠讓自然鮮活起來。海洋就是這麼對待我的——競速，並且對抗她來測試自己——渴望自由……我需要敬畏和恐懼。不是受困在黑暗山區中的那種恐懼——而是孩子般的恐懼，實是純粹的愉悅——個人的恐懼必須是其中的一部分，必須感覺自己活著。

經過地中海帆船賽後，她又度過輕鬆航海的一週。她的老友查理斯．理查茲，也就是一九八〇年代末耶路撒冷美僑飯店那群朋友之一，把她介紹給他在牛津大學認識的朋友理查德．福萊（Richard Flaye）。理查德是名商人和創投業者，但他最熱愛的事物是航行，而他停泊在西西里島外海的帆船需要一名船員。理查德的風格是在甲板上喝著雞尾酒、欣賞日落和船上的豪華座位，而非賽船。他身材高䠷結實，是位熟練自信的船長。瑪麗覺得他很迷人，但他表明自己是個「享樂主義者」。那似乎意謂著，除了他的伴侶之外，他總是有另外幾個情人或女友，無論你想怎麼稱呼她們。瑪麗並不在意——她還在為和派翠克的那段感情療傷，並沒有準備好要踏入任何認真的關係。性愛和航海便已足夠。那全是她復元的過程。

八月時，她參加法斯特耐帆船賽（Fastnet Race），在愛爾蘭海（Irish Sea）欣賞海豚在船頭嬉戲。當瑪麗逃避的那件事破壞了海洋的平靜，所有人都哈哈大笑。

《週日泰晤士報》，考斯（Cowes），二〇〇五年八月十四日

航行的快樂在於海水無盡延伸，在海平線匯集連天，純粹與海洋獨處。在這一場比賽中，那份快樂被爆炸聲打斷——不知為何，在世界最大規模的帆船賽經過其水域的同一時間，愛爾蘭海軍卻在進行實彈演習。

她不介意又冷又濕，或睡三小時就得起床輪值，因為和其他人一起全心投入這共同的運動中，令人感到自由。「你的腦袋不會停止運轉，但會忙於極其原始的事物。」她告訴休和凱琳，「那是身體上的危險，身心的挑戰。我不會想要在岸上，被人用冷水桶潑得全身濕，誰會想做這種事？可是如果你在船上，其實是同樣的感覺，但你的身心感官卻完全不同。」

*

《週日泰晤士報》同意瑪麗應該慢慢回到工作崗位，從較不危險的任務開始。經過考斯帆船賽（Cowes Week），一系列在懷特島（Isle of Wight）海岸附近的外海划船比賽後，她前往以色列，去報導猶太屯墾居民從加薩撤離。夏隆總理已經決定，不去和巴勒斯坦人協商方案，而是直接移除屯墾區，同時維持對加薩邊界、空域和海岸線的控制。瑪麗的工作狀況很好。幾週前，她、多明妮可和一位名叫亞維蘭・季諾（Aviram Zeno）的以色列年輕記者，便已經開始為這篇報導做準備，一邊在耶路撒冷和雅法（Jaffa）間的高速公路奔馳，一邊跟著CD上的蒂娜・透娜（Tina Turner）歌曲歌唱。「簡直是**最棒的！**」瑪麗大聲唱出，接著開始高唱甚至更澎湃版本的〈與愛何干？〉（What's Love Got To Do With It?）。以色列國防軍在撤離屯墾居民的行動中，曾表示加薩將會成為「軍事禁區」，於是她想要試試看租一艘帆船航向加薩的選項。純粹為了調查，她和亞維蘭出海，多明妮可留在岸上等待，因為她非常清楚這個方法是行不通的，以色列人將會射擊任何接近岸邊又無法分辨來歷的船隻。（瑪麗經常認為，租一艘帆船是取得新聞故事最好的方法。但實情一直並非如此，唯一的例外是她有次為了前往葉門，租了艘阿拉伯單桅帆船〔dhow〕。）

最後，他們三人就像其他數十名記者一樣，和屯墾居民待在一起。如此一來，當士兵進入，他們就會身處行動的核心。以色列政府想要讓外界以為，拆除加薩的屯墾區彷彿是對巴勒斯坦人的莫大讓步，儘管猶太人在歷史上並未擁有過加薩的所有權，而且屯墾居民會被重新安置在附近的以色列境內，或約旦河西岸地區。然而，他們可以靠著屯墾居民拒絕離開，一邊被從家中拖出，一邊尖叫，讓這起行動看似比實際情形，更像以色列人愛掛在嘴邊的「痛苦犧牲」。沒有人知道會耗費多久的時間，因為屯墾居民說他們會抵抗士兵，而士兵說他們不會使用武力。在瑪麗的指示下，亞維蘭已經為可能發生的圍困做好準備，購入火把和帳棚。多明妮可取笑瑪麗，說她的所作所為彷彿他們是第二次世界大戰法國抵抗運動的成員。「好像我們要和反抗分子一起加入抗德游擊隊。」她說。他們和賈希（Jashi）家族一起住在尼夫德卡林社區（Neve Dekalim），他們是態度強硬的屯墾居民，告訴瑪麗他們寧死也不要離開他們在加薩的家。

到了士兵預計要驅離他們的前一晚，賈希家的其中一位兒子阿迪艾勒（Adiel）和他的一群朋友開始執行「抵抗行動」，讓屯墾區的電力短路，希望能夠阻止軍隊進入。瑪麗和她的同事也和他們同行。

《週日泰晤士報》，尼夫德卡林，二〇〇五年八月二十一日

我們的突襲迅速變成一場鬧劇。首先，阿迪艾勒對經過的巡邏軍隊大罵髒話——此舉對於祕密破壞行動而言不太明智——接著崩潰大哭。「突擊隊」撤退回到賈希家的陽臺，替他泡茶並安撫他的情緒。接著大夥發現，沒有人攜帶任何工具，於是這群少年不得不四散回到他們父母家中，去尋找工具。經過另一輪喝茶和擁抱的休息後，時間來到三點，我們的團隊總算抵達電箱。他們將父母烤肉用的助燃劑倒到報紙上，再把報紙塞入電箱，用火柴點燃。紙張閃爍火光後便快速熄滅，而突襲就這麼落幕了。

瑪麗的報導戳破了政治宣傳，指出軍隊如果有意，在二十四小時內就可以驅離所有屯墾居民：這場行動卻持續超過好幾天，大多是在裝模作樣。

*

當年，她也去德黑蘭和開羅採訪——一樣的是，這兩個地方都不是特別危險。她似乎聽取了建議，暫時避開衝突現場。在夏季的最後幾天，她搭機去瑪莎葡萄園島（Martha's Vineyard）。這趟假期是約翰．雪利的慣例，他是在她大學時期的尾聲，在哈佛和耶魯大學的比賽上認識的大學長。她還在紐約當自由工作者時，收入不多，而他時常帶她去吃高級的晚餐。他看到《浮華世界》（*Vanity Fair*）的一篇文章，在寫她和另外一位女性戰地記者後，他就重新聯絡上她。派翠克搬出去後的幾週，他們在倫敦的一間黎巴嫩餐廳共進午餐。又隔了一段時間，他體驗到瑪麗典型的混亂的一天，當時他們應該要去看賽馬大會，但她找不到她的手機。他們往冰箱裡找，卻反而找到啤酒，他們邊喝邊找，直到決定放棄，在賽馬會結束後才抵達現場。他們當晚借住在南部丘陵區（South Downs）的一個朋友家，第一次同床共枕。在那之後，約翰滿腦子都是瑪麗。「我被她迷得神魂顛倒，但她從沒打給我過。」他說。這些年來，他古怪的舉止始終如一。如今他已經將近七十歲，說話語速緩慢，愛擺出賣弄學問的姿態，也很難搞清楚，除了瑪麗之外，他還對什麼事感興趣。他從沒有結過婚，人生一路跌跌撞撞，曾在房地產業工作過一段時間，接著飼育馬匹。不過，他從來不需要太過擔心，因為繼承了可觀的遺產，其中包括一棟海濱房產，位在美國最受歡迎也最昂貴的島嶼度假勝地之一。對於瑪麗態度譏諷的程度，我們只能猜測，但有一點明確多了：他愛上了她，而她想要去瑪莎葡萄園島度假。

約翰原先預期這會是兩人的浪漫出遊，因此看見凱特和她的三個孩子和瑪里雅娜，在他和瑪麗抵達的隔天出現在渡輪上時，他大感驚訝。「她來我就已經很高興了，所以我就這樣原諒了她。」他說。大多數的早晨，瑪麗會帶著一條毯子和一臺收音機，轉到鄉村音樂臺，接著走到海邊。她告訴瑪里雅娜，在以前，他們會建議打過仗的退休軍人去海邊吸收正離子。「她用毯子把自己包裹起來，躺在沙灘上，幾乎整天都在睡覺。」瑪里雅娜記得。約翰黑白相間的可卡獵犬凱莉娜會陪在她身旁。有時他們會全部一起去鎮上吃午餐，或逛藝廊；約翰買下一幅岩石和海鷗的畫作送給她。某天下午，瑪麗在屋子裡追著孩子們到處跑，他們全都玩瘋了。「然後她把自己反鎖在浴室裡。」凱特的長女賈絲婷當時七歲，回想著那天的經過，「我們瘋狂敲門，試圖把鎖撬開，但她已經爬出窗外，在戶外和我媽喝著葡萄酒。」這是瑪麗的經典作風——當時她已經五十歲，依然靈活又敏捷，她在倫敦也曾用一樣的把戲捉弄朋友的小孩，還讓他們相信她可以靠著意念瞬間移動。

躺在沙灘上，瑪麗凝視著白浪，和海平線那頭發光的灰色和藍色。她和派翠克的關係劃下句點，那現在呢？她無法再像那樣把自己完全奉獻出去，她心想。她已經厭倦為了取悅他人而扮演瑪麗。

> 二〇〇五年九月某日：海浪聲翻騰拍打——孤獨而快樂——我不快樂。我無法總是帶著精彩的表演出現，讓人別再埋頭於自己的世界，並且微笑。我總能知道如何取悅他人——於是我就會那麼做，接著那會耗費許多時間和精力，又讓他們失望。沒有人得到什麼好處，除非或許他們曾有一瞬，用不一樣的角度觀看這個世界。

有位精神科醫師可能曾說，需要感受到她為別人的生命帶來刺激和自發情緒的，是瑪麗自己。她真正的難關是她自己——她害怕孤單一人，也感覺她戰地記者勇敢的公眾形象，與她內心感受到的不安失去平衡。她想，她的編輯對她的要求太多，而她鮮少要求加薪，因此懷疑自己獲得的報酬太低。她總是身無分文。她內心的某處一定清楚知道，約翰．雪利不是困擾她的種種問題的答案，但她正掙扎著想要向前邁進。某天，她對瑪里雅娜說：「不如我和約翰結婚吧——妳覺得呢？」瑪里雅娜認為約翰和瑪麗——委婉來說——不太相配。「如果他讓妳快樂的話。」她說。她覺得她無法提供建議。「瑪麗對他頤指氣使。無論她想要什麼，她都能得到。局面由她掌控。」但瑪麗無法完全掌控她自己的人生。那次假期她談起許多往事，關於她在耶魯大學的日子，彷彿試圖重新抓住某些已經離開她的事物。或許她感覺，約翰可以幫她找回她已經失去的東西。

瑪麗對他說：「你沒辦法十二個月都有我的陪伴——我不想要這麼做。我只能把一部分的我給你。」他想，一部分總比一無所有好。幾個月後，她回到倫敦時，他在下紐澤西州付費高速公路的商店街稍做停留，並且買下一只訂婚戒指。「不是在第五大道上買的蒂芬妮鑽戒。」他坦承。那名黎巴嫩珠寶商不僅讓他相信，他曾聽過知名記者瑪麗．柯爾文的鼎鼎大名，也說服他黃色彩鑽比白鑽更能保值。約翰打電話告訴瑪麗這個消息——起初她聽到戒指是在紐澤西州懷特豪斯（Whitehouse）那麼鄉下的地方買到的，有些驚恐——但平復心情後，她說自己非常興奮。她正因脊椎僵直深受背痛所苦，她多年來搭乘四輪驅動車，在凹凸不平的道路上顛簸，又讓疼痛更加惡化。身體不適導致她無法下床，而且要動手術。於是大約一星期後，她打電話給他——他能飛過來一趟嗎？約翰焦急赴約——更別提還要正式求婚——立刻跳上一班飛機。一道猶疑的黯淡陰影閃過他的腦海。「在長達二十七年幾乎沒見過彼此後，我們只相處了兩個星期。」

他在希斯洛機場聯絡瑪麗時，她催促他趕緊搭計程車來找她，因為她非常痛苦，需要幫助。他不必擔心沒食物可吃，因為她冰箱裡還有隻雞腿。約翰照她所說，抵達她家。屋子沒有上鎖。他走進屋內時，卻驚訝地發現，有名穿著黑色摩托車皮褲的男子懶洋洋躺在沙發上，吃著疑似雞肉的東西。他也注意到，那個男人比他更高更瘦，表現得「彷彿他是那個家的主人」。那是理查德．福萊，也就是有臺帆船停在西西里島外海的那名男子。瑪麗一拐一拐地走出廚房。約翰來回看著他們兩人。「我想那是我的雞腿。」他說。

*

理查德離開後，約翰決定不要在當晚拿出戒指。瑪麗還有更著急的事要擔心：她已經邀請十來人隔天晚上到她家吃感恩節晚餐，但她人會在醫院動背部手術。他們別無選擇：約翰必須充當主人，在晚餐時招待大家。她說，晚餐已經準備好一半了，她的朋友們抵達時會幫忙加熱所有菜。蘿希．波伊考特記得，那是她在瑪麗家度過最詭異的夜晚之一。所有人都遲到，而且全已微醺。大夥耗費許多時間，卻沒有人能夠搞清楚如何啟動烤箱。火雞終於出爐時，還滲著血水。而約翰在現場完全不知所錯，瑪麗事先只有提過，他曾招待她好多的朋友去瑪莎葡萄園島度假。「她編造了關於這位男士無數的可能性，卻與他本人沒有太大關連。」蘿希回想。約翰看著瑪麗朋友們的無名指。他雖然十分富有，但仍忍不住注意到那些鑽石的大小。「它們比我的小戒指大了十倍。」他想。不確定該說些什麼的他為了破冰，決定爽朗詢問：「你們想看看我買的戒指嗎？」他把戒盒傳了下去。那確實是顆相當小的鑽石，閃耀著不尋常的褐黃光芒。所有人都驚呼稱讚那只戒指有多麼美麗。「我想他們一定覺得我是個小氣鬼。」約翰說。事實上，他們無法理解瑪麗的想法，竟然要嫁給一個除了一棟迷人的度假別墅，沒有任何其他相配特點的男人。不過話說回來，你永遠無法預測瑪麗下一步會做出什麼事。

約翰去醫院探望瑪麗。在那之前，他刻意去看了《親眼見證》裡的一幕，她在鏡頭前展示，她把派翠克和胡安・卡洛斯的兩只婚戒都戴在她右手的無名指上，藉此警告自己不要再走入婚姻。在醫院時，他觀察到，她已經脫下那兩枚戒指。如果是另一個男人，可能會認為是手術的緣故，但他將之視為一個暗示。他向她求婚。她說她願意。「她愛死那枚戒指了。」約翰說。

瑪麗告訴他，他們結婚後，他可以住在距離她家走路二十分鐘的範圍，而且一週可以拜訪她兩次。「那比她原來的主意更好，她原先表示，我必須住在義大利，而她會在往返戰地的途中順道拜訪。」他回想，「我說：『為什麼我不能住近一點呢？比如說法國？』她說：『好，你可以住法國。』一個月過去後，我說：『為什麼我們不住在同一個國家呢？』她說：『你可以住在懷特島附近，我會去那裡玩帆船，我會在週末拜訪你。』」因為她總是用沒有錢當藉口，他給了她一張美國運通信用卡，供她自由花用。當他們還分別住在大西洋的兩端，尚未結婚時，他曾在年末帶她去一間在安圭拉島（Anguilla）的高級飯店。「我會去那裡的酒吧和她會合，而她會和其他人一起坐在桌邊聊天。」他回憶，「我說：『妳到底在搞什麼鬼？』」而他最後會對那些人謊稱：「聽著，我們是來度蜜月的。可以別來打擾我們嗎？」

在瑪麗回到倫敦以前，他們去見她在牡蠣灣的家人。約翰在那裡問蘿絲瑪麗，他能否娶她的女兒為妻，彷彿他們還是二十幾歲的年輕人。「我覺得這是個很糟糕的主意。」蘿絲瑪麗說，「我的女兒不適合婚姻。你沒辦法擁有夢想中那種圍著白籬笆的家的，約翰。」

他們在二一餐廳舉辦訂婚宴，那是間在紐約中城的經典高檔餐廳。約翰的一位朋友致祝賀詞，而他起身回應，興致勃勃地開始說起他的祖父母曾經擁有二一俱樂部，後來賣給一間非法經營酒吧的故事。約翰自認非常擅長說故事——他有時會說自己比瑪麗還厲害——但他的故事往往冗長又迂迴，經常停頓、兜圈，而且沒有畫龍點睛的重點。最後，瑪麗已經站不穩了。「我再也受不了了。」她說。她走到另一張桌子，接著便立即倒地在桌子底下。她的朋友茱蒂．米勒想起那段回憶還是嚇得發抖。「她醉到甚至無法撐過那個晚上。」她回想。隔天，茱蒂去瑪麗的飯店見她。

「瑪麗，不應該這樣的。」她堅定地說，「妳不能和約翰結婚。」

「但我可以擁有正常的人生，去航海，做我熱愛的事。」瑪麗反駁。

「噢，拜託，瑪麗。」茱蒂說，「如果妳想要這樣做的話，幾年前妳老早去做了。」

為什麼瑪麗對約翰如此不友善？他並不是個壞人，只是不適合她。她對於夢想的白籬笆家庭人生的渴望，是從她孩提時期就存在內心的私語，無法抹滅。她彷彿是在她的過去翻箱倒櫃，只為找到某個東西或某個人，能夠答覆這揮之不去的問題。為什麼她在關係裡總是不快樂？為什麼她總是渴望冒險？和錯的男人在一起，比獨身一人更糟嗎？她的朋友看得出來，無論問題是什麼，約翰．雪利都不是答案。

*

二〇〇五年某日：被彈擊後倖存——你會感受到那種虛幻的不真實感，而且仍然會頭痛。

有些感受難以向他人解釋。所有人都說，她適應獨眼的人生適應得多麼出色，這確實是事實。她已經下定決心，不讓這件事成為工作的絆腳石，而——除了她治療創傷後壓力症候群的六個月——也的確沒有阻礙她的事業。可是，她比過去都更心不在焉，總是弄丟鑰匙，赴約遲到，因為她想不起來自己要去哪裡，或是迷路，或是決定搭地鐵，卻差點滑落月臺和車廂間的縫隙。她會撞上一面牆，導致牆上的畫掉落——各種輕微的戲劇性事件和災難困擾著她。大多時候，人們一笑置之。他們會說：「那是瑪麗的典型作風。」

她會邀請朋友來吃晚餐，準備某道精緻的菜色，卻忘記啟動烤箱，最後他們在半夜才吃飯，每個人都已經喝醉了。有時約翰從美國打來，她會覺得講一個多小時的電話十分放鬆，儘管她的話並不多。其他時候他卻令她惱怒，在她和珍一家人外出參加聚會時，打來五次確認她好不好。只因為他們已經訂婚，他似乎認為他有權利知道她任何時候人在什麼地方，也可以干涉她在做的事情。她在巴基斯坦工作時，正專注在祕密追查一則關於兒童人口販運的新聞，他卻不斷來電，詢問那裡是否安全，煩她煩個不停，把她給逼瘋了。

她因為報社不願核銷她用公司信用卡花費的錢，和他們大吵一架。與此同時，編輯主任在一封信中提到，肖恩和她的朋友都對於她「大量飲酒」表達擔憂之意，不過她的治療師向他們保證，「任何關於喝酒來減緩恐慌發作的問題現在都已經解決」。在外走跳，讓她感受到真實，是唯一一件事，能夠讓她對抗有時會侵襲而來的虛無飄渺之感和她的恐懼，恐懼有天她會再次醒來，發現自己無法繼續工作，就像她最初確診創傷後壓力症候群時那樣。

國際版新聞的壓力依舊緊繃。肖恩會瀏覽《週日郵報》或《每日電訊報》，標注出他認為他的國際新聞團隊錯過的新聞。所有人都因為他對他們大吼大叫多有怨言，抱怨他不了解他們工作的困難和危險，因為他自己從沒當過駐外記者。這一點開始對瑪麗造成前所未有的影響。多明妮可記得，她們在加薩和以色列之間的埃雷茲邊境過境點附近的咖啡店時，她曾在電話上對肖恩大吼。「她開始掉淚，說她對自己的工作沒有安全感。」她想起當時的情景。有次，肖恩因為她拒絕報帳而暴怒，破口大罵她是個「他媽的賤貨」。她很習慣新聞編輯室裡充滿叫罵和吼聲，但這實在太過火了。她決心要挺身而出，不只為她自己，也為更年輕的女性同仁，她們也經常被罵到落淚。於是她草擬一封申訴信，但最後她決定不要寄出，改為和肖恩會談。儘管他脾氣不好，又他對記者強人所難，但她並不恨他，並且接受他的道歉。約翰．維瑟羅支持她，她知道他會對肖恩施壓。她只想繼續出差，報導她認為重要的新聞，能不要被大吼更好。

整體而言，她的報導和以前一樣出色，她的編輯因此相信她已經康復。在旅途中相遇的記者同伴，看見她在外努力贏得競爭。她不常拜訪她的家人，這代表凱特只能匆匆瞥見她的焦慮。還有約翰，他仍然每星期從美國打來幾次，等待她決定結婚的日子。她在各個生活層面之間載浮載沉，就像一艘在強風中的帆船，一再搶風轉向，偶爾有目的地掌舵，其他時候只是漂流，試圖避開漩渦。

約翰期望他們能在二〇〇六年的夏天，在瑪莎葡萄園島結婚，但瑪麗突然如撥雲見日般頓悟，發現自己無法嫁給他。她建議——雖然沒什麼幫助——他去找其他人結婚。「那就是我認為婚約破局的時刻。」他說。他因為被拒絕而非常心痛，告訴她他想要拿回戒指。

他們偶爾會講電話，包括她在黎巴嫩，報導真主黨和以色列之間爆發的戰爭時。「我可以聽見背景砲聲隆隆。」他回憶，「她說她人在邊界附近一棟毀壞的建築中，而且以色列的突擊隊員可能即將發動攻勢，所以她最好現在掛掉電話。」

「瑪麗，」約翰說，「我決定不把戒指要回來了。我可以想像妳在瓦礫中，手伸出來時戴著那枚戒指。」

「我不會在戰區戴戒指，以免有人砍下我的手指。」她回答。

「我從沒想過這一點。」他說。

伊朗已經擴充對真主黨的訓練和供應的武器，因此真主黨的戰力如今遠比瑪麗一九八〇年代，在黎巴嫩採訪時更加強大。真主黨在一起邊界的小規模衝突中，殺害三名以色列士兵，並且綁架另外兩人後，這場戰爭就爆發開來。以色列為了反擊，不僅攻擊真主黨的目標，也鎖定貝魯特的國家基礎建設，包括機場，後來又發動地面入侵黎巴嫩南部。超過一千名黎巴嫩人喪生，其中大多是平民。真主黨對北部的以色列城市發射火箭，殺害超過四十名以色列平民，讓衝突進一步升高。烏濟．馬奈密在以色列採訪，而哈菈．賈伯在貝魯特，於是瑪麗前往黎巴嫩首都南方的港口城市泰爾，那裡已經被以色列人封鎖。更勇敢或說更魯莽的記者——端看你的立場而定——冒險往泰爾的南方前進以色列邊界。

瑪麗發現自己出奇緊張，因頭頂飛彈的轟鳴聲和無人機的嗖嗖聲而受到驚嚇。她打電話給理查德．福萊，她和約翰的感情變淡後，她比較常和他碰面。她知道他還和他的伴侶在一起，也可能有其他女人，但當他似乎有所防備，不太想交談，仍令她大失所望。

二〇〇六年七月十六日：好，我親愛的——我只是想聊聊天，但你這麼冷淡拘謹讓我很不安。妳別擔心——我知道這是工作協議的一部分，但是要去邊界，以色列可能會以地面部隊入侵。我真的需要保持清醒的判斷力，所以不想要惦記著你說話戰戰兢兢……讓我很難要求你安慰我……別忘記我，經常傳訊息給我，因為那會讓我覺得和你還保持聯繫。那個聲音。走出飯店的每一分鐘都讓人神經緊繃。

她在日誌的頁緣寫下：「我知道我沒有權利，甚至不能渴望去提出要求。」在下一頁，她把她的勇氣推到極致：「恐懼是很好的刺激，去感覺新聞故事和人們的感受。」

瑪麗去了卡納（Qana），她在那裡一棟遭毀房屋的瓦礫之中看見屍體，接著再前往提卜寧（Tibnine），那裡位在以色列人圍困的村落北邊，距離僅數英里。受驚的難民在醫院尋求庇護，有時因為砲彈在附近墜落的爆炸聲響，很難聽得清楚人們在說些什麼。她的報導聚焦在雅碧爾．菲拉司（Abir Feras）身上，這名年輕女子在逃離她的村莊前三小時才剛剛產子。

《週日泰晤士報》，提卜寧，二〇〇六年七月三十日

她先將靜脈點滴抽出她的手臂。接著她將新生兒包裹在一條毯子裡，同時她的丈夫穆罕默德聚集他們另外三個年幼的孩子。在頭頂的以色列戰鬥機的呼嘯聲中，他們從賓特朱拜勒（Bint Jbeil）出發，那是座黎巴嫩南部遭以色列軍隊圍困的村莊，開始長達九英里的徒步跋涉……菲拉司抱著她的嬰兒四小時，直到她抵達勉強較為安全的醫院。同時愈來愈多戰鬥機轟隆俯衝，所有在院內的人們都嚇壞了。偵察無人機在頭頂雲集飛行，宛如憤怒的黃蜂。

儘管飽受驚嚇，瑪麗依然能夠在最絕望的情況下保持自制。她的報導沒有透露一絲她自己的恐懼。她撰寫的其他報導包括一篇對這場戰役及其政治意涵的分析。焦慮似乎沒有影響她的工作，但其他記者注意到，她晚上在飯店時，酒喝得更多，似乎情緒耗竭。她的老友BBC的吉姆．穆伊爾認為她痛苦地消瘦，擔心她的創傷後壓力症候群是否復發。

她回到倫敦時，理查德也注意到她的身體似乎相當虛弱。他曾見過她抓住船帆和桅杆，知道她以前多麼強壯。「她去報導那場戰爭前還很健康。」他回想，「我不知道為什麼那趟出差帶給她的影響，比過去的戰爭更加嚴重，但她在那裡的時候，就已經不吃東西。她回來時瘦了一圈，肌肉也大量流失。她已經失去那精實的力氣，而且再也沒有恢復。」他不記得在電話上語氣疏離，但他想他之所以顯得冷淡，可能是因為他和他的孩子們在船上，而當時他們對這段關係還一無所知。

他不是唯一注意到瑪麗改變的人。過去曾是龐德女郎的瑪瑞亞．達波（Maryam d' Abo）後期轉職拍攝電影，曾在《親眼見證》製作期間見過瑪麗。她們會在帕丁頓前線俱樂部的橡木鑲板酒吧，或在國王路（King's Road）上的法米利亞（La Famiglia）義大利餐廳，一起度過漫漫長夜。有時瑪瑞亞的丈夫休．哈德森也會加入，也就是正在撰寫關於瑪麗的劇本的那位電影導演。瑪麗叫瑪瑞亞「零零七」；瑪瑞亞叫她「M」。休的綽號則是「霍內特」，取自一九五〇年代的經典車款哈德森霍內特（Hudson Hornet）賽車。「她從黎巴嫩回來之後，告訴我她突然覺得非常虛弱。」瑪瑞亞記得，「那些巨大的飛彈在頭頂飛過，讓她感覺自己非常渺小。她渾身發抖，眼眶含淚。她已經到了無法再擁有過去那種身體耐力和勇氣的年紀。她非常坦承，吐露了所有的心聲。」噩夢再次出現，而她每次喝醉都會掉淚。「她對於自己的恐懼毫不諱言。」

人們很容易就能愛上瑪麗，卻很難幫助她。珍總是陪在她身邊，為她保管一副鑰匙，以防她弄丟她那副或把自己反鎖在家門外，只要她幾天無消無息就會去看看她，試圖讓她在晚上好好吃飯，不要只是喝酒。蘿希在幾年前酒精中毒痊癒，推薦她一個十二階段的療程，但瑪麗面對酗酒建議的反應就像她面對感情建議一樣——她聆聽、皺眉、歪頭，再忽略不理。

有時，喝酒會讓她的思緒清晰。二〇〇六年十月，俄國記者安娜・波利特科夫斯卡婭（Anna Politkovskaya）在莫斯科遭到謀殺。她生前曾揭露俄國軍隊在車臣的暴行，而許多人懷疑俄國特務機構聯邦安全局（FSB）參與了她的謀殺行動。一星期後，前線俱樂部擠滿了記者和人權運動人士，前來聆聽一場座談，討論安娜的職業生涯和她死亡的含意。那場座談後來偏題，變成更概括性地探討俄國的民主時，瑪麗姍姍來遲，有些筋疲力盡。她靠在後牆上，瘦削的骨架罩著一件黑色皮外套，底下有件白色背心，眼罩是她臉上最顯眼的部分，她的頭髮溜出夾在後方的髮夾，像一叢叢鳥兒濕透的羽毛般突出。「我想要問個問題，在今晚的此刻。」她高聲說，咬字含糊但堅定。「誰殺了安娜？那是我們能做的最有用的事。我曾經報導過車臣，我關心那裡的狀況，俄國人曾經從下方射穿我正在搭乘的一輛車。我不想聽這些關於民主的討論。誰殺了安娜？那是我們身為記者可以追查的事……我不想要聽這一大堆關於原則的言論。**誰殺了安娜？**」

那是個晴天霹靂的時刻。瑪麗一針見血，提出在那當下唯一重要的問題。一名瘦削的男子在觀眾群中站起起身來。「我是前蘇聯國家安全委員會（KGB）的特工。我知道誰殺了安娜。」他說。他轉過身，直接對瑪麗說。「會後來見我。」她拿到他的名片，當晚他們短暫交談，但她從沒機會繼續追蹤。他是異議的前間諜亞歷山大・利特維年科（Alexander Litvinenko）。十天後，他在一間倫敦醫院性命垂危，因為兩名俄國特工在他的茶裡投放釙來毒害他。

*

當派翠克告訴瑪麗，他將和一名救援工作者結婚，而且他的未婚妻已經懷孕時，她很難為他感到開心。她渴望自己的人生也能如此穩定。當時，理查德已經離開他的伴侶，雖然她知道他偶爾仍會和其他女性約會，但他們兩人的關係已經漸漸成為她生活的重心。他正在尋找新的住處，留意到一間待售的房子，距離她家只需走路三分鐘就能抵達，俯瞰泰晤士河。她會介意他買下一間這麼近的房子嗎？她不介意。他那間時髦的新居視野更好，可以「飽覽河景」，而她家則是斜對泰晤士河，只能「瞥見河景」。

二〇〇六年年末，他們一起去古巴度假。她踢掉鞋子，兩人在一間夜總會共舞。結果她的鞋子被偷走了，她快樂地赤腳走下山丘，回到他們的住處。他們談論人生——他的人生和她截然不同，因為他是一名英國區域特派行政長官（District Commissioner）的兒子，從小在烏干達的一個偏遠地區長大，後來就讀寄宿學校和牛津大學。他沒有像她一樣喜愛文學和藝術，但他那種享樂應該優先於工作的看法很吸引人，而如果她坦承的話，她也喜歡他非常富有，可以帶她去世界任何地方航海度假。他們回國時，已經幾乎成為一對真正的情侶。

她在耶路撒冷領養的街貓比利斯密不喜歡理查德，他在房裡時總是又用爪子抓他，又對他哈氣。他動不動就愛去恐嚇附近的其他貓，經常拒絕回家，尤其理查德在家的時候。瑪麗的一些朋友也不太自在。理查德有某種特質令他們不安，儘管他們無法明確說出是什麼原因。瑪麗告訴亞倫：「你不會喜歡他的，他是個商人，而且非常有錢，不是你會喜歡的那種人。」她說得沒錯。不過，在牛津和劍橋大學賽船賽當天，比賽路線會直接經過理查德的陽臺，亞倫去他家一起吃午餐，看見瑪麗「扮演著快樂的女主人」，心想他如此猜疑是否做錯了。有些和他們一起去航行的朋友，不喜歡理查德到處使喚瑪麗，而她服從地回應：「遵命，船長！」但其他人認為，她可能覺得讓別人負責指揮輕鬆多了。ＪＢＣ和她的伴侶提姆．拉札勒（Tim Razzall）加入這對情侶的行列，沿著土耳其海岸航行。「這個男人不想改變瑪麗。」JBC心想。那是真正的重點。派翠克和胡安．卡洛斯都用他們自己的方式，想要馴服瑪麗，但理查德似乎很滿意她原來的樣子。

「我想所有人都渴望人生有些秩序和組織，至少我始終如此。讓你可以去欣賞周遭所有的混亂失序。」瑪麗多年前在她的日記寫著，就在她離開耶魯大學後不久。她終於能夠實現那個目標。她和理查德養成一套在他家過夜的例行公事。「我們總是會一起入睡和吃早餐。」他回憶。瑪麗沒有出差時，她一星期只需要去《週日泰晤士報》一次，所以一天中的其他時間，她會在她自己的家工作，之後再回到理查德家。「我們會在七點或七點半左右再次相聚。她會煮飯，她熱愛烹飪，接著我們會開一瓶葡萄酒，兩人一起喝光它。」他說。多明妮可．羅赫記得她去借住時，驚訝地發現瑪麗竟然變得如此居家賢慧。「她會花兩三個小時煮飯，還讀食譜！我大吃一驚。」她回憶。瑪麗嘲笑她的老朋友。「這又不是火箭科學，多明妮可。」她說，但她的朋友不是真的在評論瑪麗的烹飪技巧——她的意思是，她從未看過瑪麗為了取悅一個男人如此努力。

理查德撫摸她時，有時會感受到細小尖銳的異物——砲彈碎片企圖透過瑪麗的肌膚，離開她體內。彷彿她的身體正試圖排出，她在二十年的戰地報導生涯中，所吸收到的痛苦回憶和感受。他試圖為她的人生引入更多秩序，列出她出差時必須攜帶的物品清單，這麼一來，她就不會像過去經常發生的狀況一樣，忘記手機充電器或她的睡袋，或她的媒體採訪許可信件。她已經同意一項協議，一年有七個月為《週日泰晤士報》工作，其他五個月進行其他計畫。於是他擬定一項事業計畫，內容的標題有「發展瑪麗．柯爾文的品牌業務」、「擴大我的媒體平臺」、「特殊能力」和「更多休假時間」。計畫書裡甚至還有分析機會、威脅、優勢和劣勢的表格（最後一個分類裡的「人脈拓展散漫」，可能是用管理學行話，來表達她喝醉而沒能取得門路電話號碼的狀況。）

瑪麗則反過來，將他的新房子變得像一個家。她依靠的不是家具陳設，而是她溫暖的個性。他三個孩子的成長歷程中，父親很少參與。現在他們已經是青少年了。年紀最小的艾拉（Ella）第一次見到瑪麗時，正值容易受外界影響的十七歲。經過一次家庭出遊的航海假期，所有人在甲板上邊喝葡萄酒直到深夜，邊談論全球政治後，艾拉對瑪麗深深著迷。瑪麗幫助這個青少女申請大學，也協助理查德的小兒子托比（Toby）申請建築研究所。她的朋友會來理查德家開派對和吃晚餐。「她讓屋子裡充滿音樂、活力、溫暖和人。」艾拉說，「我爸爸有些內向，但有了瑪麗，家裡無時無刻都有喧鬧聲和好玩的事。」

理查德從不曾阻止瑪麗去危險的地方，不過他確實建議過她，限制自己每次出差只做一次高風險的行動。她二〇〇七年的多數時間都待在伊拉克，有時隨行美軍部隊，有時在未受保護的狀態下工作。那個國家已經陷入無政府狀態，外國人和伊拉克人都面臨被綁架的危險。英軍在十二月準備撤離時，她去了趟巴斯拉。「英國人渲染他們在伊拉克南部的貢獻，而所有人都會報導在一座小型機場舉辦的官方典禮。」肖恩回憶，「我們想，那真實情況誰來報導？我們兩人都注意到電報上有簡短提到一些殺人事件，以及英國聲稱他們恢復的法律和秩序也已經瓦解。」瑪麗在巴斯拉和她認識的一個家庭同住，四處行動時都穿著長袍。擔任警察隊長的賈里勒·哈拉夫（Jalil Khalaf）少將給瑪麗看了一些過去六個月來，遭到謀殺的四十八名女性的駭人照片。

《週日泰晤士報》，巴斯拉，二〇〇七年十二月十六日

所有這些女性都違反了新巴斯拉的不成文規定——她們穿著不當。她們離家工作，或可能只是被謠傳有男友……其中一名女性被發現時穿著一件紅色洋裝，左手有一個彈徑九毫米的子彈彈孔，右手三個，右上手臂三個，背上三個。其中兩名女性遭到斬首，其中一人遇害的凶器是鋸子。

當其他記者正安全地在英國空軍基地，觀看英國國旗在外交大臣面前降下時，瑪麗正在無法治的城市裡，觀察哈拉夫少將努力在城鎮四周設立檢查哨，以便逮捕一名綁架年輕基督教女性的歹徒。哈拉夫自己曾逃過七次暗殺未遂，堅持要派四車的士兵護送她，甚至交給她他個人的《古蘭經》，提供「更多的安全保障」。她訪問了主要民兵部隊之一的領袖，他透露伊朗正要進入英國人準備撤出的區域。那是篇精彩的報導，結合了動人的個人細節和不容置疑的證據，她可以用那些證據來挑戰駐紮在該省的英軍指揮官。葛拉漢·賓斯（Graham Binns）少將不得不淡化英國政府試圖宣揚的那種志得意滿的說法。「我剛到這裡時比較理想化，或許野心太大了些。」他告訴瑪麗，「我沒有想到最後的結局會是如此。」

「上週，瑪麗·柯爾文成為近兩年來，第一位沒有隨行軍隊造訪巴斯拉，而且是為英國報紙工作的西方記者。」她的專題報導前言寫道，「對於那些沒有受安全部隊保護的人而言，那座城市極度危險，外國人會被視為綁架的目標。」肖恩說，她的編輯是在「讚美勇氣，而非宣揚冒險」，但這兩者只有一線之隔。那篇巴斯拉的報導揭發官方的謊言，生動描述那座城市如何淪為暴力之地。換句話說，這則新聞值得冒險，直到出事前一切總是值得的。

*

每年，瑪麗都會愈來愈難向她的家人解釋她的生活。那距離他們的生命經驗太過遙遠。她看著他們時，覺得自己就像從另一個星球掉到地球上的訪客——她可以和凱特溝通，但其他弟妹都沒辦法。因為沒有深度視覺而無法開車，她回到牡蠣灣時，感覺被困在她母親的房子裡。隨著年紀漸長，蘿絲瑪麗的世界正在縮小，而瑪麗對於小鎮的八卦、做午餐和晚餐的忙亂，以及關於雜貨價格的無止盡閒聊毫無耐心。凱特覺得很難面對瑪麗對她們母親的敵意。蘿絲瑪麗仍會看新聞，但她的生活一如既往，把重心放在她的家庭和牡蠣灣上。離開和改變的人是瑪麗。

瑪麗最享受的一件事，是和她的外甥和外甥女相處。因為沒有自己的孩子，她不需要扮演大人的樣子——她在安娜面前顯然無法勝任這個角色。凱特的大女兒賈絲婷記得她偶爾會打電話來。「她會問我，我那天穿什麼衣服，在學校都做些什麼事。雖然有點奇怪，因為我們不常見到她，但她認為這些事重要，也讓我覺得重要。」偶爾會有些古怪的時刻，比方說有次，瑪麗問賈絲婷是不是在用她的芭比娃娃假裝是「嬰兒的大型墳場」，但是不減孩子們對阿姨的喜愛。賈絲婷的弟弟克利斯（Chris）曾寫過一篇文章，關於他們在曼哈頓中城的洛克菲勒中心溜冰後，一起去吃飯時發生的事，當時他應該是八歲左右：

我拿到可樂，我阿姨喝酒。我點了一個起司堡。之後我剩下的家人都進到餐廳。食物上桌時，我掀開我的起司堡，想要加番茄醬。然後我看到了！一片又大又紅的番茄。我說：「瑪麗阿姨，我跟他們說過，不要加番茄。」她說：「沒關係，給我吃吧。」然後事情就這樣發生了……她移開漢堡麵包。她拿起那片紅番茄，扔向餐廳的另一頭，啪嗒！番茄掉在櫃臺上。媽咪大叫：「瑪麗，我不敢相信妳竟然這麼做。」瑪麗阿姨說：「怎麼了嗎？他不喜歡番茄啊。」

這是那種會嚇壞大人，但把小孩逗樂的不良行為，而這當然就是重點所在。

那年耶誕節，瑪麗從伊拉克搭機到亞特蘭大，在小布家和她的家人一起過節。她覺得，小布那間「禁煙、附泳池的郊區大房子」和牡蠣灣一樣令人窒息。看著其中一個小孩開著他無線電控制的卡車，撞上小布的大理石餐桌，桌子馬上出現裂縫，她決定耶誕節後，她不想要陪她的外甥和外甥女去迪士尼樂園玩，令她的母親大失所望。她也覺得自己沒有準備好談理查德的事。取而代之，她寫電子郵件給卡崔娜，抱怨她的家人，也和她分享她戀情前景看好的好消息。「我交了一個很棒的男友理查德，雖然剛認識不久。」她寫，「他是個出版商和創投家，所以沒有立場。他禿頭但非常帥氣，還有艘六十二英尺的帆船。如果妳想要在八、九、十月去土耳其海岸航海的話，我們會很開心有妳的加入。他都說我賽船就像『搖滾甩頭』。他心中的航行，是把船停到港口，日落時分在雙人艙裡享用雞尾酒。」

回到倫敦，她和理查德買下一艘破舊的木頭漁船，附有柴油牽引引擎，以便在泰晤士河來回航行。那艘船的名字是「信風」(*Trade Winds*)，但瑪麗都叫她「非洲皇后」(*African Queen*)。那是住在河邊最棒的事了——她可以在週日換上潛水服，來回悠閒遊河，或邀請她的朋友同樂。海倫・費爾汀記得瑪麗曾邀請她，在某個星期一晚上開船到國會大廈。「我們可以帶著救生圈去烤肉，計時看看軍情五處（MI5）

多久會派快艇來。」她們完全照著計畫做，停在下議院外頭，在船上烤香腸，等待保安出現，但沒有人來制止她們。之後兩人搖搖晃晃地轉向掉頭，停好船，再踉蹌走過退潮後留下的泥濘上岸，雙手叉腰勾著手提袋。

那是生活中好玩的部分，但瑪麗愈來愈擔心她衰老的跡象。抽菸數十年讓她的牙齒變色，也有掉牙的危險，於是她向老友克萊爾．恩德斯和理查德借錢去植牙。理查德持續對其他女性感興趣，讓她對於變老更加不安。幾瓶酒下肚後，只會更添她的焦慮。有天晚上瑪里雅娜來借住，瑪麗邀請朋友到維特傑路的家吃晚餐。瑪里雅娜早早上床休息，而理查德跟著她進房，他形容那是「酒醉導致的調情」。瑪里雅娜說，她正試圖擺脫他時，瑪麗衝進房，看到理查德坐在床上後，她把整杯的紅酒丟向瑪里雅娜。酒杯擊中她頭上的牆，玻璃碎片灑在她身上，紅酒涓涓流下，浸濕了枕頭。

瑪麗已經告訴理查德，如果他們要成為真正的情侶，他就必須專情。她不擔心偶發的一夜情——她自己在喀布爾（Kabul）或巴格達出差時也可能縱情——但她無法忍受成為幾段同時存在的關係之一。她懷疑理查德在供養其他女人；她不確定確切的對象或地點，但知道他有事瞞著她。讓情況更糟的是，他拒絕談論這件事——事實上，他任何事都不說。「我不認為他很痛苦。」她在日記中寫道。她納悶自己是否只是不夠勇敢，而無法接受理查德想要不一樣的相處方式。也許她該適應。「問題在哪？我們已經變得太過居家，可是他愛上的我是完全相反的形象。」

他們開始更常吵架，主要是因為他的不忠。他辯稱他和多名女性曖昧代表沒有任何一人構成威脅，沒有人可以和她爭奪他的感情，但她無法信服。同意嘗試分開一段時間後，她發現自己無法放手，而當她得知他和一個美國女子在巴黎勾搭上時，她在電話上對他咆哮。最後，他還是不想失去她，於是同意改變他的生活方式。「起初，這是個心照不宣的約定，而後來我們假定那些事情已經過去了。」理查德說。他不再出軌。如今他們成為真正的伴侶。

*

瑪麗不時會在一些活動上談論斯里蘭卡持續不斷的戰爭。有些人說，她是泰米爾猛虎組織的走狗，但她自視為泰米爾平民的倡議者，而泰米爾人認為她是活生生的例子，演示想講述他們故事的記者必須承擔的風險。事情沒有任何轉變。到了二○○九年初，斯里蘭卡政府即將擊潰猛虎組織，毫不關心平民所遭受的苦難。一月，政府軍攻占猛虎組織的實質首都基利諾奇，八年前，瑪麗曾報導過當地的學校和醫院，努力在廢墟中提供服務。政府為了那個區域內的三十萬名平民，宣告劃定「停火區」，儘管如此卻還是砲轟他們。瑪麗仍偶爾會與猛虎組織的政治領袖，賽瓦拉特南．普利德凡和巴拉辛漢．納德桑（Balasingham Nadesan）聯繫。現在他們非常絕望。「我們已經宣告停火，表明得一清二楚。」納德桑透過衛星電話對她說，「但他們不斷拒絕人道救援去幫助平民人口，砲擊和空襲從未停止，已經導致無可容忍的局面。」

瑪麗和羅漢．昌德拉．內赫魯（Rohan Chandra Nehru）談話，他是斯里蘭卡國會少數的泰米爾議員之一，正試圖透過協商讓猛虎組織投降。他不確定該如何繼續下去，也擔心他自身和遭圍困的泰米爾平民的安危，因此當瑪麗打電話給他，他鬆了口氣。「她的笑聲很悅耳。」他回憶，「她的口頭禪是『該死！』她指引我該怎麼做，給我鼓勵。」瑪麗建議他打給美國和德國大使館，試著讓他們介入監督投降的過程。「我百分之兩百信任她。」他說。

到了四月，大約有一萬五千名猛虎組織成員和可能約十萬的平民，受困於一片腥風血雨的沙灘。平民在沙地挖掘淺溝，在其中躲避來自陸上和海上的密集砲火。政府表示，猛虎組織把平民當作人肉盾牌。這麼說有部分屬實，可是任何成功跨越前線的平民都會遭到圍捕，拘留在營區內，受虐成為家常便飯。救援機構被隔絕在整個區域之外，如記者和外交官。斯里蘭卡政府知道，詳細調查將會阻礙他們想要大獲全勝的策略，因為局外人會呼籲協商談判。保密是政府計畫不可或缺的一部分。英國和法國的外交大臣搭機到可倫坡討論停火時，斯國政府不予理會。到了五月中，猛虎組織和平民占有的區域已經縮減到華盛頓特區的國家廣場的大小左右。數千具屍體暴露在外——死亡的惡臭威脅著生者。猛虎組織的領導人韋盧皮萊・普拉巴卡蘭過去毫不妥協，如今他知道自己有兩條路可走：氰化物膠囊或投降。

五月十七日晚上，巴拉辛漢・納德桑打電話給國會議員昌德拉・內赫魯，表示他們已經準備好投降，但他們需要政府保證不會殺害他們。昌德拉・內赫魯打電話給巴西爾・拉賈帕克薩（Basil Rajapaksa），他是總統的弟弟和顧問，告訴他剩餘的猛虎組織幹部和平民想要自首投降。半小時後，拉賈帕克薩告知昌德拉・內赫魯，總統已經同意。納德桑設法透過南非，匆匆撥了通電話給瑪麗。「只要美國人或英國人可以保證我們的安全，我們已經準備好放下武器。」他說，「如果沒有人幫助我們，一定會發生悲劇。」他也想要確保斯里蘭卡政府會同意執行政治程序，來保障少數族群泰米爾人的權利。瑪麗可以聽見背景劇烈的砲擊聲。猛虎組織希望五十名領袖和一千名較低階的幹部能夠安全無虞。他們知道，斯里蘭卡軍隊正發動鉗形攻勢，有兩支分隊朝著沙灘前進，因此害怕他們會遭到屠殺。他們來回通了多次電話——砲轟劇烈到昌德拉・內赫魯幾乎聽不見納德桑在說些什麼。到了凌晨，猛虎組織已經放棄所有政治訴求。巴西爾・拉賈帕克薩打給昌德拉・內赫魯，他們同意猛虎組織將會在無條件投降時，舉著一面白旗。瑪麗撥電話給聯合國代表維傑・南比亞爾（Vijay Nambiar），他因為半夜被吵醒不大開心。他告訴她，斯里蘭卡總統已經保證，那些自首的人會平安無事，因此他不覺得需要去監督投降的過程。她表示懷疑，並且試圖說服他，有中立的觀察員在場是必要的，但他不把她的話當一回事。事後，許多人質疑他的公正性，尤其是因為他的兄弟是受斯里蘭卡軍方聘雇的顧問。

天才剛亮，納德桑已經在和昌德拉・內赫魯通電話。「我們準備好了。」他說，「我現在要走出去升起白旗。」昌德拉・內赫魯說：「要升得高高的，兄弟——他們得清楚看見旗子。我晚上會去見你。」

當猛虎組織的資深領袖和他們的家人現身，白旗在高處飄揚時，電話失靈了。幾乎沒有目擊者存活，但所有跡象都顯示，投降的群眾被一舉殲滅，婦女和孩童也不例外。那些沒有立即喪命的人接著遭到射殺。有一陣子，政府聲稱他們是在交戰中喪生的，但最後他們也放棄編造可信的故事。政府已經獲勝。事情就這麼落幕了。

瑪麗已經超線。「身為報導這則新聞的記者，我的處境很兩難。」當週星期日，她在她的報導中輕描淡寫地表示。「那星期的頭幾天，她的當務之急就是要拯救他們。」肖恩回憶，「她已經接近了解他們的理想，並且付出個人的犧牲，讓她非常熱切和情緒化。」記者不是協商者，但她感覺自己背負道德責任，要敦促聯合國去監看猛虎組織的投降。「這不是混亂的交戰。這是協商過的投降。先前答應的承諾被打破了。」她事後對一名調查這起事件的記者說。

昌德拉・內赫魯擔心他的生命安全。「如果你留下，你會發生不測。」瑪麗告訴他，「你必須離國一陣子。」她和可倫坡美國大使館的官員談過後，他們用防彈車載他去機場，確定他登上飛往新加坡的班機，並在那裡替他訂了他遠遠負擔不起的飯店房間。他的信用卡被拒收時，他打給瑪麗，而她寄給他足夠的錢，幫助他在美國人結清費用前度過難關。當英國拒絕核發簽證給他，她打電話給她在外交部認識的人，於是對方介入處理。兩個月後，他得以來到英國，尋求庇護。「我們會講電話，但她總是忙得不可開交。」他說，「我們從沒有見過彼此本人。」

拉賈帕克薩政權占上風，因為沒有留下他們殘忍暴行的任何目擊者。斯里蘭卡的鎮暴策略逐漸廣為人知後，世界各地的戰爭學院和國防部都開始研究。其原則非常清楚：為了迅速終結叛亂，軍方必須獲准為所欲為，不在乎平民的性命或國際法，完全保密，並且無視國際輿論。獲勝的政府接著就能強制實行政治解方。這項原則和俄國在車臣的策略大同小異。如果隔絕西方記者，就能減少來自西方政府的壓力——反正，美國作為超級強國的勢力正在減弱，而斯里蘭卡已經轉向中國，尋求經濟和政治支援。一些可怕的影片開始曝光，拍攝斯里蘭卡士兵強暴泰米爾女性，刑求和謀殺泰米爾男性的過程。這些影片是士兵自己用他們的手機錄製的——這些影片是戰利品，但也提供證據證明政府所犯下的暴行。最出色的新聞調查不是出自像瑪麗等親臨現場的記者之手，而是身處遠方的人們拼湊在網路上找到，或是以殘暴為樂的人們之間流傳的影片。在接下來的幾年，斯里蘭卡發展出新的鎮暴原則，而且當地採用的替代的新聞報導形式將會影響瑪麗，程度遠超越她的想像。

*

二〇〇九年八月，瑪麗和珍・韋爾斯萊受《康泰納仕旅行者雜誌》（Condé Nast Traveller）委託，要共同撰寫一篇文章，關於兩人開著一臺寶馬車，從羅馬旅行到佛羅倫斯。旅遊書寫讓瑪麗暫時抽離——

能做些不一樣的事會很有趣。珍仍在為她的朋友米克・伊姆拉哀悼，他經過好幾個月運動神經元疾病的折磨後，於一月逝世。瑪麗——也很喜歡米克——從加薩飛回國，參加他在牛津的喪禮，以及在南艾爾郡珍家附近的下葬儀式。珍曾支持瑪麗度過陰鬱的時期，而瑪麗反過來幫助珍走出傷痛。她們兩人都需要假期。她們已經多次一起出遊，但旅行的風格有些不同。「她是無畏的戰地記者，對於舒適或許無動於衷。」珍寫道，「我比較有可能要求更換房間，或盤問服務生柳橙汁是不是新鮮現榨的。」她們住在亞夕西（Assisi）附近的一間帕拉蒂奧風格（Palladian）別墅，她們的房間插著新鮮的百合花。當她們從陽臺向外俯瞰托斯卡尼的山丘，服務生端上白酒和橄欖。在無邊際泳池又顯現出兩人的另一個差異：瑪麗穿著她的內衣下水，因為她的比基尼只帶了半套。她會在最後一刻把幾樣東西丟進行李袋，而珍總是提前幾天打包，確保她帶齊所有物品。珍要開車，瑪麗只好負責找路——儘管她既不會看地圖，也不會操作衛星導航——以及，珍堅持她們只能在PRADA的暢貨中心待十五分鐘，因為她們的行程已經落後了——這些導致兩人的關係有些緊張。最倒楣的是，她們差一點點就錯過回國的班機。不過，這四天的休假讓瑪麗深深體認到，女性的友誼對她有多麼重要。在克服口角後，當她們不斷繞圈試圖找到飯店，聽到衛星導航急迫的語音，要求她們「請合法迴轉」時，兩人捧腹大笑。她們在回程再次起了爭執，瑪麗不僅沒有準時完稿，還假裝她已經交稿——撒了令人憤怒的小謊。當然，最後珍一如既往，原諒了瑪麗。

幾個月後，她從巴格達寄電郵給珍時，翁布里亞（Umbria）富麗堂皇的宮殿似乎已經無比遙遠：

我想妳會想聽聽我最近的經歷——我人生中遇過最噁心的事！我住在《衛報》宿舍，你可能會以為那裡很文明。

我在刷牙時，聽到廁所有騷動。一轉頭，我看見這油亮、帶鱗片的東西在馬桶上揮動。我還以為是條蛇！不是，那是一隻活生生的老鼠的尾巴，從排水管爬上來到便盆裡。

我驚聲尖叫，有幾個人跑過來查看，並說：「我的天哪，牠可真大隻。」（沒開玩笑）。我沖了馬桶，那一夜壓著兩公斤半的重物在蓋上的馬桶座上。昨天早上，我倒了一些汽油下去。但要是我當時是坐在上面呢？

馬桶裡的老鼠，與格達費上校和保加利亞護士、阿拉法特的玉米片，還有另外十幾個故事並列，都是她會在科林斯遊艇俱樂部講述的故事。她在那裡面對一群新的聽眾：都是瘦骨嶙峋的老水手，熱愛這位去過他們只能想像的冒險世界的旅行家。

瑪麗待在阿富汗的時間愈來愈長，經常報導美軍注定失敗的嘗試，包括試圖把阿富汗國軍訓練成有戰力的戰鬥部隊，以及努力解決阿富汗警方普遍的藥物成癮和貪腐問題。她捕捉到一些文化衝擊的幽默軼聞，在一篇報導中，聚焦在一名倒楣的地方警察，試圖回答他美國導師的問題。她也捕捉到一些悲劇，訪問到一名美國軍醫，他曾見過五位同袍在他面前遭到殺害。「圖依托（Tuitele）所屬的排是部署在阿富汗的所有單位中，遭受打擊最嚴重的一個。」她寫著，「回憶過去所發生的種種時，眼淚開始滾落這名年輕軍醫的臉頰。他沒有停止說話，只是擦去棕色雙眼流下的淚行，眼中透露出他的悲痛。」

二〇一〇年，她在阿富汗的報導讓她再次贏得英國新聞獎年度記者的殊榮。不過，讓她最驕傲的榮譽是瑪莎・蓋爾霍恩獎（Martha Gellhorn Prize），這個獎項每年都會頒給「具有蓋爾霍恩特色的報導：

她所謂『在地的觀點』」。領獎時，瑪麗說：「她的報導方法正是我認為至關重要的那種：穿上靴子，去到人群所在的現場。」評審團主席說，瑪麗獲獎一部分是因為她「戳破官方的一派胡言」，另一部分則是要認可她從東帝汶到斯里蘭卡，闖蕩世界各地的勇氣。「多年來，鮮少有人注意到泰米爾人，並向外界傳達他們的苦難和悲劇。瑪麗．柯爾文不屈不撓地努力，幾乎犧牲她自己的性命。瑪莎．蓋爾霍恩若在世，必將認可她擁有志同道合的精神。」這段評語意義重大。

理查德陪她去參加頒獎典禮，共享她的驕傲，也沾她的光。她計畫帶他去牡蠣灣，介紹給她的家人認識。他們不會待得太久——時間剛好夠長，讓他可以見到所有人，吃幾次晚餐，看看她長大的地方，和她第一次愛上航海的那個海灣。儘管他們有些問題，但她感覺和理查德已經達到某種穩定狀態，而她也試圖在生活中取得平衡，減少高風險任務的頻率。她開始花更多時間待在家裡。她在一位室內設計師的協助下，在樓梯間貼上有深色條紋的壁紙，並改裝廚房。她甚至在她的小花園裡種花，如此一來，無論她何時外出回家，總會有些花朵綻放著。

噩夢已經遠去，整體而言她睡得滿好的，但在某個八月的深夜，她在理查德家躺在他身旁的床上，無法入睡。某些東西困擾著她，閃過腦海的懷疑，她過去壓抑的恐懼。凌晨，她走到他樓上的書房，在他的電腦旁找到一小份文件，裡面有他的密碼。她把那些密碼寫下來。隔天早上回到家中，她打開她的筆電，輸入那一串她抄寫字母和數字，裡面包括「妞」這個字。她打開他的電子信箱。

她看到的東西，比她過去所能想像的都更可怕。與五六名女性的數十封電子郵件，證實他在幾個不同國家，經營著多段關係。他固定和至少一名在倫敦的女性上床，而且不只是在瑪麗出差的時候，連她在國內，兩人一起過夜時也曾經發生。在她看來，其中有些女性教育程度不高，而至少有一位似乎視理查德為正式的伴侶。信件中有性行為的生動描述，以及接下來幾個月約會的計畫。如今真相大白；她得以看清一切。過去的她是多麼愚蠢，竟然相信他會改變他的作風。他當然是在說謊。他就是這樣的人。但她卻相信了他。他們關係的一切都是個謊言。她這四年來過的生活、她以為她享有的穩定、愛、信任——全是妄想。她所有的回憶都是假象，都不是她所認為的樣子。她發揮新聞調查的嚴謹態度，檢視那些郵件，釐清他確切是在何時、何地、和誰出軌。

之後，她讓悲痛、暴怒和絕望的浪潮吞噬她自己。

第十一章 魯莽的狂潮

瑪麗並沒有隱藏她的悲傷。她打電話給珍、蘿希、艾莉克斯和其他朋友，她無法控制地啜泣，導致他們幾乎聽不見她在說些什麼。大夥聚集在維特傑路時，她讓他們看那些信件。不是所有人都想閱讀那些確切是誰在何時對誰做了什麼事的齷齪細節，但瑪麗態度堅決，彷彿逼迫其他人閱讀證據，她自己就別無選擇，必須接受事實。「她邊哭邊猛力敲打電腦鍵盤，不斷弄亂頁面，又必須重新連線，回到理查德的信箱。」蘿希回憶，「眼淚滑落她的臉頰，她的狀況非常糟糕。讓人非常傷心。」某方面來說，她必定心裡有數——否則為何她一開始會感覺有必要察看那些信件？但她大受打擊。她沒有準備好面對規模如此龐大的背叛。

她打電話給理查德的女兒艾拉，她當時正在摩洛哥度假。「那些女人，那些女人，好多女人，其中一人甚至連識字都有問題。」她邊哭泣邊說。接下來的幾週，她常常在凌晨蹣跚走到同條路上坡二十四小時營業的加油站，去買另一瓶伏特加。她知道她不應該繼續喝酒，並且查到一間在亞利桑那的戒酒中心，可是費用太過昂貴，導致她從未實際行動。過去，她曾在大齋期或出差時不碰酒精，但在這危機時刻實在難以戒絕。艾拉會和她一起喝酒，有時幾乎喝到接近黎明，瑪麗似乎不擔心她正向她所怒罵的男人的女兒，透露兩人的情感和性事細節。和凱特通電話時，她一再重複整件事的經過。她去參加派對，告訴所有人理查德的所作所為。她彷彿是剝掉了皮，赤裸裸地在倫敦四處走動。

一如她在好幾年前發現派翠克的不忠，一些奇怪的小事突然都有了道理。有次她和理查德去借住JBC的姊妹維吉妮雅（Virginia）和她的丈夫查理斯（Charles）在得文（Devon）的家，而他在開車時，對維吉妮雅傳給他關於路線的簡訊視而不見。現在她明白了——他不想要把手機交給瑪麗，因為她會看見當天稍早，他正和其他幾名女性來回傳訊。有時她善於分析，徹底思考她如何讓自己淪落到如此絕望、脆弱的位置。

二〇一〇年八月某日：我被你的外表和性愛蒙蔽了雙眼，如此努力忽略我的大腦在告訴我的事——我們之間缺乏知性的連結，而且你正在撒謊。於是我喝更多酒，讀更少書，我的世界壓縮成你的世界——只有性、外表和金錢。

她不寒而慄地意識到，她最好去做愛滋病病毒檢測。「有時痛苦會劇烈到讓人遲鈍。」她寫道。她想想他：「技巧高超又狠心的犬儒主義者，導致妳自己的滅亡。」再想想她自己：「多愁善感、自憐，飽受虛耗之感折磨。」在甲板上欣賞夕陽的小酌，在家扮演幸福家庭的舒適夜晚，她的這些回憶全都染上汙點。

二〇一〇年八月某日：附加在痛苦之上的是恥辱。你知道我們交往的這幾年，你是和誰在一起，知道你是被愛的。而我必須面對我是不被愛的事實。我不知道和我在一起的人是誰。我在背後被你嘲笑和羞辱……你怎麼能如此不尊重我？我想要去的展覽，只是想做情侶會一起做的事，去波多貝羅（Portobello）或騎腳踏車去上游的酒館吃午餐——你卻選擇和A度過，我想是做愛和共進午餐吧。我其實很寂寞，但想著如果堅持的話，會顯得我太黏人。

她取消去牡蠣灣度假的計畫，原先要在那裡度過理查德的生日。「昨晚原本應該要在牡蠣灣小灣的沙灘上升起營火……開始你的生日慶祝，接著在今天早上航行，在中央島海灘上烤肉。」她在一封撕成碎片的信件中寫著，那封信從未寄出。

珍邀請瑪麗去她在南艾爾郡的家待上幾天，就像她們以往常做的，在沙灘上邊散步邊撿瑪瑙貝殼，坐在火堆旁聊天。瑪麗的痛苦淹沒所有一切。「她的狀況非常糟糕。」珍回憶，「我早上會在她的床底下找到一只空酒瓶。」瑪麗傷心欲絕。「彷彿她的整個根基，她和自我的關係，自我的模樣，她相信的事物，她對自己和自己判斷能力的信任——一切全都灰飛煙滅。」珍說。

瑪麗在青春期讀到葉慈的詩時，曾仔細打出〈當你年老〉（When You Are Old）一詩，並把它黏在一張卡片上，夢想著那樣的愛情會是什麼樣的感受。

多少人愛慕你神采飛揚的年華，
愛戀你的美貌，用情或真或假，
但有個人愛你虔誠純淨的靈魂，

也愛你多變容顏的憂傷。

她納悶著，自己怎麼會以為理查德曾那樣愛著她。

瑪麗飛到加州，借住在卡崔娜家。卡崔娜記得她「徹底崩潰」，不斷重複說著事情的經過。有時她對其他女人發火，有時是為理查德承諾買給她的昂貴巴黎世家（Balenciaga）摩托車皮外套生氣，他用一件比較便宜的外套代替，以為她分辨不出來。（那件皮外套從沒穿過，掛在她維特傑路的家中，不斷斥責和提醒他對她的漠視。）她哭泣且絕望，但卡崔娜注意到，儘管如此，她仍每天都和理查德講話。

而今，理查德用疏離的語氣談論當年的事發經過，與瑪麗日記中透露的憤怒和悲痛，以及她朋友的敘述形成強烈對比。「我當時是個投機分子，以為我可以兩者兼得。」他說，「我沒有改變我的生活方式。那傷人透頂，我非常後悔我對她造成的痛苦。」他說他明白她為什麼生氣，但不懂為什麼那會毀掉他們一起生活的回憶。「我想她真的愛過我，我也愛過她。那是一次很糟糕的背叛。」他仍然希望她可以平復怒氣，但他知道她已經告訴她所有朋友他出軌的種種細節，代表她不太可能恢復平靜。於是他繼續「享樂」過活。

*

能夠在十月回到阿富汗，跳脫到她的另一個生活，讓她鬆了口氣。她抵達坎達哈（Kandahar）的那天，塔利班暗殺了幾名政府官員，並擊斃一名部族領袖，留下他十二歲的兒子自力更生。瑪麗的報導筆記夾雜著因理查德而輕微爆發的苦楚，宛如一道道刺傷：「我無法不去想你正和誰在一起」、「陳腐——

齷齪」。她也想起男人會把自己女友裸照寄去刊登的劣質色情雜誌：「讀者投稿的人妻——低俗」。她也試圖讓自己振作起來，運用她所剩不多的希望，汲取意義。

二〇一〇年十月某日：利用我的寫作技巧，幫助那些無法在其他地方獲得正義的人們。我無法也不會停止嘗試……儘管害怕仍會行動——這件事至關重要。向世人展示他們無法第一手看見的事物。我不求死。我還有太多原因值得我活下去。

就像所有優秀的戰地記者，瑪麗並非無所畏懼，而是已經學會駕馭她的恐懼。她認識多年的攝影師喬．希爾瓦（João Silva）當時也在阿富汗，他們有次邊喝咖啡，邊毫無保留地談論，每次他們在隨行美軍巡邏時採取行動，都會做好心理準備面對爆炸。兩天後，在某次跟隨美國士兵例行徒步巡邏，走過一座村莊時，喬誤踩地雷。他的雙腿膝蓋以下都必須截肢，並且經歷幾次手術修復他胃部的傷口。

瑪麗回國後，有次在艦隊街聖布里奇教堂的演講上，談到喬的遭遇。

聖布里奇教堂，二〇一〇年十一月十二日

對那場爆炸的預期成為噩夢的內容。我們總是必須自問，新聞值得我們承擔多高的風險。什麼是勇敢，而什麼又是逞能？

這是個難以回答的問題。這段演說是年度禮拜的一部分，紀念在當年喪生的記者和支援人員。瑪麗獨自一人站在教堂前方，穿著黑色針織短洋裝顯得她身材纖瘦，眼罩和另一隻健全眼睛的上方架著眼鏡，真實體現那些風險。那成為定義她報導哲學的一場代表性演講。

報導戰爭意謂著，要親臨混亂、破壞與死亡肆虐之地，試圖親眼見證。那意謂著，要在軍方、部族或恐怖分子衝突之時，在政治宣傳的風暴中，試圖尋找真相。而的確，那也意謂著承擔風險，而且冒險的不只是你自己，經常還有與你密切合作的人。儘管你可以看到國防部或五角大廈釋出各式各樣的影片，和一切描述智能炸彈和精確定位攻擊，消毒過後的用字遣詞，但在戰爭期間，地面上的景象數百年來幾乎毫無改變。坑洞。焚燬的屋子。殘缺的屍體。女人為小孩和丈夫哭泣。男人則為他們的妻子、母親和孩子……我們的任務，是正確且不偏不倚地報導這些戰爭的恐怖。

她為她相信的現場報導立下典範，並追隨前輩的傳統，包括瑪莎·蓋爾霍恩、李·米勒、約翰·赫希，以及公認現代第一位的戰地記者——《泰晤士報》的威廉·霍華德·拉塞爾（William Howard Russell）——他在一八五〇年代受派前往報導克里米亞戰爭（Crimean War）。

在新聞播送、部落格和推特二十四小時全年無休的時代，無論我們人在何方，總是隨時待命。不過，戰爭報導本質上依然大同小異——有人必須親臨當地，去看看那裡在發生什麼事。如果沒有去到民眾遭到射擊，而其他人將槍口對準你的現場，你就無法取得那些資訊。真正的困難在於，對於人性懷抱足夠的信念，去相信有足夠多的人，無論是政府、軍方或市井小民，會在你的文稿登上印刷紙頁、網站或電視螢幕時，在乎那則消息。我們確實抱持那樣的信念，因為我們相信，我們確實能帶來改變。

在她低潮的時刻，她曾質問自己。關於她失去一眼視力的經過的報導，曾讓斯里蘭卡短暫躍上熱門新聞議題之首，但不久後便失去熱度，而在那之後，泰米爾平民喪生和受苦的人數遠遠更多。車臣的情況也相同。在東帝汶，她可以聲稱她的行動和報導，讓世界注意到當地的情勢，也對那些當權者施壓。在貝魯特的巴勒斯坦難民營，希望黨狙擊手射殺一名年輕女子的新聞也發揮影響力。然而，瑪麗的信念貨真價實，她全然相信她自己的理念。她仍保有美國人那種面對目標的認真執著，她驕傲地完全坦露自己的情感，未受英國的犬儒主義侵蝕。她是親眼見證的捍衛者，如此一來，就算沒有人阻止戰爭，他們再也無法把不知道發生了什麼事當作藉口。

對當晚會眾的許多人來說，她的演說是號召團結的呼籲。新聞報導工作已經變得愈來愈危險，因為就連軍閥或二流的指揮官全都會看衛星電視，清楚知道政治宣傳的價值。有了網路，他們輕易就能讀到報導，所以他們知道記者是否和敵方來往，或正在調查他們所犯下的暴行。情況再也不像過去，伊拉克情報部耗費數週，才搞清楚瑪麗報導的內容，經過好一陣子才被激怒。綁架事件愈來愈常見。記者身分是種保護形式的日子已成歷史；如今，記者身分只會讓你成為目標。而最新的消息已經愈來愈容易取得。在八〇年代末，瑪麗個人化的報導風格曾經非常新穎，而且與眾不同。現在，愈來愈少記者認為回到戰區，是他們可以產出第一人稱的懷舊文章的機會，去描述自從上次為期一週的旅程以來，當地情勢有何改變或如舊。瑪麗習慣撰寫三四千字的報導，篇幅橫跨兩頁的全開報，可是《週日泰晤士報》一如其他報紙，已經開始刪減國際新聞，增加會吸引更多廣告的版面。民眾可以在線上免費閱讀國際新聞，而經過十年英軍干預涉入各種戰爭，編輯認為大眾已經看夠了。當時，瑪麗是在為那群人發聲，那群固執且求知若渴的記者拒絕接受官方資訊，堅持要親眼見證，而今感受到前所未有的壓力。

在場的各位，必定有許多人曾經或正在自問，這值得以性命、心碎與失去作為代價嗎？我們真的能夠帶來改變嗎？我在受傷時面對那些懷疑。事實上，有份報紙在新聞標題寫著：「瑪麗．柯爾文這次做得太過火了嗎？」我當時的答案是負傷是值得的，而此刻依然如此。

*

兩星期後，她飛到紐約，在要去亞特蘭大的小布家，和家人過感恩節前順道拜訪。瑪麗因為凱特無法從工作脫身，在城裡和她碰面而惱怒，於是她打電話給約翰．雪利，他們在一間蘇活區安靜的小生蠔吧吃晚餐。當約翰拒絕瑪麗邀請他去小布家過節，因為他要去瑪莎葡萄園島，瑪麗為此發怒，用一把切魚刀攻擊他的眼睛。經理走近桌邊。「如果妳不停下來，妳就得離開餐廳。」她說，「妳驚擾到其他客人了。」瑪麗這才冷靜下來。晚餐後，約翰載她到她的飯店。他可以發誓，她走下車時，他聽到她說：「約翰，我愛你。」

雖然她們去亞特蘭大是搭乘不同航空公司的班機，但瑪麗在機場巧遇凱特和她的孩子們。瑪麗正處在她最混亂的狀態——她既沒有小布的地址，也完全不曉得她從機場要如何前往她家。「她因為不知道自己該去哪裡，而對我生氣。」凱特回憶，「我從一本書撕下一頁，抄給她小布的地址。我們在機場一起吃了一餐。她那時身體狀況不好。」瑪麗滿嘴都是阿富汗和喬，但她卻記得買給凱特的孩子禮物，她當場就送給他們。她的班機先抵達，但她沒有按照約定在入境處等待凱特，而是打電話到小布家，叫她弟弟麥可來接她。當他要她搭計程車時，她對他大吼，說她要改住飯店。「她可能在飛機上就在喝酒。」凱特心想，她在機場發現瑪麗正試圖訂飯店，而必須哄騙她去小布家。

柯爾文家照慣例分開活動。凱特、比利和蘿絲瑪麗想要聽瑪麗談她的豐功偉業，並閱讀她在聖布里奇教堂的演講稿，而小布忙著照顧孩子和煮飯，麥可則是擺明一臉滿不在乎的樣子。就像所有家庭的紛爭，那天也是因幼稚的小事而起。麥可替自己調製了一杯蔓越莓伏特加。瑪麗把它給喝了。他對她大聲嚷嚷，而凱特記得「她完全失控」。「她開始邊哭邊說：『他們都是他媽的混蛋，全部都是。』」蘿絲瑪麗也在哭——好好的感恩節，她的孩子卻在互相咆哮，幾乎就快打起來了。「她發瘋了，她要毀掉感恩節。」麥可說。小布知道瑪麗剛從阿富汗回國，她的朋友又在那裡受傷，所以比較同情她。「我想，我們不常看到她剛從戰區回來的樣子，通常是在她有機會消化完後才見到她。」她說，「此外，那是第一次她似乎想要我們了解她的工作經歷。但我們卻忙著照顧孩子。我們不習慣她想要加入對話。」

凱特跟著瑪麗上樓到她的房間。她們躺在床上，並肩而睡，就像她們小時候一樣。以前，瑪麗會講關於亞馬遜皇后的故事給凱特聽，給她「郵票」親親，好送她進入夢鄉。她們醒來之後，凱特建議瑪麗必須認可她弟妹的生活，但瑪麗不想聽。她陷入自己生活殘破不堪的悲傷，無法處理他們那些在她眼中微不足道的困擾。更令人擔憂的是，她語無倫次，堅持她根本沒去過紐約，也沒有在機場見到凱特。

她不僅失去那段記憶，還因為凱特反駁她而大發雷霆。「我成了敵人。」凱特發現。她們在離開前哭著和好，但凱特看到她姐姐的變化，十分不安。接下來幾個月，兩人經常聊天，但凱特從沒有放下擔憂。

*

瑪麗害怕面對年末。首先是耶誕節。前一年她與理查德和他的孩子一起過節，他們盛大慶祝，布置家裡、唱耶誕頌歌、吃早餐配香檳，還有包裝精美的禮物。（送禮給理查德的孩子時，她總是非常慷慨。）接著他們去滑雪。在分手前，他們曾聊過今年要去加勒比地區航海。結果，她改在諾福克（Norfolk）度過前半段的假期，住在前線俱樂部創始人沃恩．史密斯（Vaughan Smith）和他來自科索沃的妻子普蘭薇拉（Pranvera）的鄉間宅邸，他們還接待了維基解密（WikiLeaks）的創辦人朱利安．阿桑奇（Julian Assange），他剛保釋，被起訴的原因不是一般人可能會預期的竊取官方機密，而是性侵害。那起案件後來遭到撤銷。她和阿桑奇對談許久，討論言論自由和公開機密資訊的倫理問題；《週日泰晤士報》將所有這些內容都從她的文稿中去除，令她十分反感。

她從諾福克去拜訪珍．韋爾斯萊和她的父親，他們正在哀悼近期逝世的珍的母親。在耶誕節當天，她又去了威爾特郡拜訪ＪＢＣ和提姆。「她的狀況很糟。」ＪＢＣ說，「非常脆弱。很容易惱羞成怒。」他們邀請她去赫布里底群島（Hebridean）之一的科崙舍島（Colonsay）跨年，他們和一群朋友在那裡包下整間飯店。剛抵達不久，她便開始和酒吧的一名地方男子聊個沒完，盤問他關於他不尋常的休閒愛好「牽引機泛舟」。她花了一陣子才意識到，他的口音掩蓋掉的是他真正比較平淡無奇的工作：牽引機**販售**。所有人都為此哈哈大笑。瑪麗常常獨自一人待在房裡，她的朋友會拉她出門，在溫暖得反常的天氣長途散步。

下個障礙是她的五十五歲生日。起初，她覺得她沒心情舉辦盛大的派對，但她的朋友說服她應該要大肆慶祝。她開始列清單。受邀名單填滿整整五頁的A4筆記本。接著還有「待辦事項」清單：做指甲、修眉、整理髮型，以及一些實際準備派對要做的決定，例如要播放的音樂和客人掛外套的位置。記者、詩人、政客、藝術家、小說家和唯一一位電影明星，還有幾位沒人認識、不請自來的客人，全都聚集在維特傑路的家。雞尾酒讓人欲罷不能，眾人跳舞飲酒直到凌晨。瑪麗整個倫敦的社交生活都聚集在這裡——當然，理查德除外。她看起來很快樂，一如往常穿著一件黑色小洋裝，也許言行有些敏感，但只有知道她經歷過什麼事的人才會注意到。三天後的星期六，她寫下一篇日記，宛如是給某個陌生人的一封信。

二〇一一年一月十五日：自從我被射傷，失去一眼的視力之後，我幾乎能夠接受任何事，而我想，嗯，我是隨時可以跳下漢墨斯密橋（Hammersmith Bridge）的。我曾走到橋上，看著橋，我可以跨過那綠色的鐵欄杆，任何人都來不及阻止我……我不想要孤獨一人過生日，所以邀請了一百個人來我家……所有人都玩得很開心，屋子裡人滿為患，而現在我坐在椅子上，看著窗外的泰晤士河，我卻非常非常非常憂傷。我在哭，我爸爸說柯爾文家的人不能哭。我在寫這些文字，是因為我傷心欲絕……胃痛。我好想念他……

折磨著她的，是理查德出軌的醜惡本質：那種和不同階級或膚色的多名女性上床很有異國情調的觀念。

你正把我拉回郊區的陳腐氛圍之中，那裡的人總認為和不同人做愛：「哇，真是打破界線」……我在十六歲時逃離那裡。在一起四年……他的選擇是中產階級生活的陳腐惡習，我以為我離開牡蠣灣已經得以擺脫。

兩天後，她振作起來，打包行李，搭機飛往突尼斯。

*

就在二〇一〇年的耶誕節前，穆罕默德．布阿濟吉（Mohamed Bouazizi）在突尼西亞的西迪布濟德鎮（Sidi Bouzid）引火自焚。當時，沒有人知道那會在那個區域點燃遍地開花的革命。他的絕望引起瑪麗多年來在加薩、開羅、的黎波里等地遇見的無數青年的共鳴。他被迫在將近二十歲時離開學校，為他的母親和弟妹賺錢，成為街頭小販。他是中東和北非數百萬名夢想接受大學教育的青年之一，如今發現自己身處社會的底層。那天，一名市政官以「沒有執照」為由，沒收他小小的蔬菜推車，蒙受的羞辱將他擊潰。她的意思是他沒有付錢賄賂，因為突尼西亞從上到下都貪汙收賄。宰因．阿比丁．班阿里（Zine al-Abidine Ben Ali）已經統治超過二十年，侵吞國家的財富。布阿濟吉的喪禮演變成一場抗議，喚醒整個世代的阿拉伯青年。

瑪麗於一月十七日抵達突尼斯之際，班阿里的家族已經逃亡國外。她調查第一夫人萊拉．特拉貝西（Leila Trabelsi）的貪婪行徑，她在離國前，要求突尼西亞中央銀行交出超過一噸半的黃金。臨時政府接手執政，抗議活動趨緩，但後來被稱作阿拉伯之春的運動已經展開。瑪麗從突尼斯飛到開羅，那裡的青年占領解放廣場（Tahrir Square），試圖推翻貪腐僵化的胡斯尼・穆巴拉克（Hosni Mubarak）政權。

二十五年來，瑪麗曾目睹政變、戰爭和恐怖主義，如今，失望的年輕人正企圖以和平革命帶來改變。伊斯蘭主義者是過去唯一能夠有效對抗貪腐獨裁政府的反對勢力，但一夕之間，人民開始問著是否可能有另外一條路。瑪麗感覺，她的整個職業生涯都是在為阿拉伯之春做準備。這是**她的**新聞，而她陶醉在這樂觀的重大時刻之中。她會去解放廣場，接著打給她世界各地的朋友，讓他們聽見群眾呼喊的口號，感受一下現場的氛圍。後來，當鎮壓再起，同情抗議者的記者遭受批評，輿論認為他們太得意忘形，而沒有預測到失敗的結局。瑪麗非常清楚埃及所面臨的危機。「這場運動似乎有三個可能的結局，」她寫，「轉變成民主制度；新的獨裁政權，可能由一位將領領導，保守派勢力將會與他聯合；或成為一個伊斯蘭國家。」不過，看到初期湧入解放廣場、懷抱理想的年輕人，只有憤世嫉俗的人才不會為之動容。

她從飯店房間的陽臺看著逐漸擴大的人群，接著站在廣場上，抗議者跑過她身旁，並被警察發射的催淚瓦斯燻得流眼淚、流鼻水。她講述一名年輕男子的故事，他試圖拯救一名被催淚瓦斯彈擊中頭部的女子的性命，她最後死在他懷裡。「我感受到我國家的不公不義。我們每天都覺得受到屈辱。」他告訴她。瑪麗的編輯意識到這起新聞事件的重要性，於是決定多派兩名通訊記者到埃及：烏濟・馬奈密和馬修・坎伯，前者擁有接觸埃及情報單位的門路，後者要去訪問該國最著名的小說家之一，亞拉・阿斯瓦尼（Alaa Al-Aswany）。一如多數的通訊記者，瑪麗寧願自己獨占這些報導。她對於烏濟的到來特別氣惱。他們這些年來漸行漸遠，部分是因為她不信任他的報導，那有許多是根據以色列情報單位的資訊來源寫成，而另一部分則是因為她視他為對手。雖然她幾乎已經花光所有現金，但他帶來她的請款，她卻毫不感激。

「你在這裡做什麼？這是我的新聞！」他在午夜前抵達她的飯店時，她厲聲說道。

「瑪麗，這新聞夠大，夠我們所有人寫的。」他回答。

某個星期一下午，這是他們可以放鬆的時候，因為他們的報紙下週的發行時間還沒到，烏濟上樓去她的房間找她。「那時她坐在陽臺看著群眾。」他說，「我往下看，看到那些陽臺小型冰箱拿出來的伏特加小酒瓶。她喝醉了。」他詢問她的計畫，聽到她說她要去伊姆巴巴（Imbaba）時有些驚恐，那裡的骯髒巷弄組成密密麻麻的迷宮，住著超過一百萬名貧窮的埃及人，位在通往金字塔的路上。「我在革命前就不會去那裡，現在更是絕對不去。」他說，「那裡太危險了。」瑪麗說她會和一位她信任的埃及記者同行。她看向外頭的群眾。根據烏濟所述，她說，「聽著。我寧願跳下陽臺，也不要錯過我的新聞。」在她的日記裡，她僅僅寫下：「和烏濟對質。」

烏濟告訴肖恩，他認為瑪麗正在表現出不理性的舉止，瀕臨精神崩潰。肖恩請馬修去看看她。「我沒有在陽臺上看見酒瓶。」馬修說，「她似乎有些心不在焉，但沒有喝醉。有點精神恍惚。」他寄了封電郵給肖恩，說瑪麗看起來沒事。肖恩告訴烏濟，雖然他認為瑪麗在幾天前聽起來態度粗暴，但她已經比上次他們兩人交談時好轉，而且馬修認為她沒問題。他向烏濟保證，他會密切注意她的狀況。

幾天後，瑪麗和充當她通譯的記者瑪蒂哈·卡希姆（Madiha Qassem）出發，去訪問穆罕默德·薩拉赫（Mohamed Salah）悲痛的家庭，那是名遭到警方槍擊的年輕抗議者。她們停好車後，步行穿過伊姆巴巴蜿蜒的巷弄，來到一棟搖搖欲墜的樓房。她們在公寓裡時，一群暴徒開始在樓下聚集。有名外國人來訪的消息已經傳遍鄰里，而國家電視臺一直在播送宣傳，說外國人都是煽動者和以色列間諜。那家人向群眾展示瑪麗和瑪蒂哈的媒體證，但沒有任何幫助。瑪麗躡手躡腳走下狹窄、沒有燈光的階梯，向外偷看。

《週日泰晤士報》，開羅，二〇一一年二月六日

大約有一百個男人聚集，互相推擠，大喊著我是間諜，或可能是為可恨的半島電視臺（Al-Jazeera）工作。有些人腰間的褲頭塞著刀。那家人的男性成員在我和瑪蒂哈周圍圍成一圈，保護我們，並試圖護送我們走出那條巷子。那是個極其可怕的時刻。在暴徒群中沒有個人責任，而這些人正陷入狂熱之中。男人咆哮大罵。群眾中少數的幾名女性憤怒地吐我們口水。

兩人在同一棟樓的一間商店裡避難。瑪麗打電話給《週日泰晤士報》的國際版編輯部，而瑪蒂哈接連冷靜地和幾位青年交談。她們不可能報警，因為她們已經失去任何勢力。當激憤的群情高漲又和緩下來，這兩名女子匆忙逃離，試圖抵達她們的車，有人已經事先將車開到較近的位置。群眾重重敲打車身。最終，她們抵達一個檢查哨，幸虧那裡的指揮官冷靜又能言善道。他把所有人趕走。「回妳們的飯店。」他對瑪麗和瑪蒂哈說，「現在街上很危險。」

在那段時期，瑪麗不是唯一在埃及遇上暴民的記者。幾天後，在穆巴拉克下臺當晚，一名女性電視記者——哥倫比亞廣播公司新聞臺的勞拉・羅根（Lara Logan）——在解放廣場被一群狂暴的男性性侵害。在接下來動盪的幾週，女性記者和社運人士經常成為攻擊目標，人們懷疑許多暴行是國家精心策劃，認為那是制止抗議者和記者繼續行動的方式，而這種聲浪愈來愈高漲。肖恩認為瑪麗在電話裡聽起來疲憊又焦慮。他能察覺到創傷後壓力症候群難以掩飾的復發徵兆，令他十分擔心。「她回覆訊息都要耗費很長的時間。她組織的句子破碎不全，有時說話速度很快，接著又找不到該用什麼字表達。」他建議她回國，但她一如既往想要繼續待在當地，看看事件後續的發展。

當她終於離開，情勢發展卻快速到她不得不在一星期內回到當地，導致她幾乎沒有任何時間照慣例和珍、JBC一起吃晚餐，也無暇進行任何可以幫助她平衡生活的娛樂活動。下一張骨牌是她瞭若指掌的一個國家，她從沒想過她在今生可以看見那裡的轉變：利比亞。

格達費已經掌權四十二年。雖然瑪麗曾聽他漫談長達數小時，說他不是總統，而是個「領路人」，治理利比亞的是「人民」，但她知道他握有絕對的權力。唯一的問題是，在他死後，哪一個被他寵壞的紈褲兒子會繼承權位。大利比亞阿拉伯人民社會主義群眾國實際上是個黑手黨國家，讓格達費的孩子過著太子黨的生活，與此同時，公共醫療服務瓦解，任何負擔得起的人都會把子女送出國接受教育。格達費家族作夢也想不到，利比亞人民竟會像埃及人反抗穆巴拉克一樣反抗他們，但埃及的起義蔓延越過邊界，最先在東部城市土布魯克（Tobruk）和班加西爆發，那裡的民意普遍憎恨格達費。他忠心耿耿的支持者迅速遭到驅逐，士兵若非脫下他們的制服，就是逃離當地。律師和公民社會的社運人士設立革命議會，但他們控制的區域並沒有沿著濱海道路，遠遠拓展到格達費仍然掌權的首都。

《週日泰晤士報》的主編鮑伯・泰爾委託瑪麗撰寫一篇關於格達費歷史的長文，但她全神貫注在新聞上。「泰爾想要一篇人物介紹。」她在她日記中寫，「我沒有理他。」她飛到的黎波里時，示威者正蜂擁到街上，無視先前的抗議曾遭遇的子彈鎮壓。「一旦濺血，我們就不會回頭。」一名示威者告訴她。祕密警察已經逮捕大批青年。政府的隨扈人員試圖阻止記者和抗議者交談，但情勢已脫離他們的掌控：利比亞人已經拋下恐懼。

自從瑪麗在二十五年前第一次訪問領袖弟兄以來，他便認為兩人很有緣份，近幾年，她得以認識他的二兒子塞伊夫（Seif）。即使她近年已經比較少造訪利比亞，這對父子有時仍會打電話給她。因此，如果有人能夠訪問到格達費，那人非瑪麗莫屬。她撥了幾通電話。幾天後，一則訊息回傳：格達費願意見她，但他也想要上電視。瑪麗同意帶著CNN和BBC的通訊記者一同前往。那對她來說不太有利，因為訪談訂在星期一，這代表格達費說的一切，都會在她的報導刊登前許久就廣為散播，但歷史不會等待一份星期日週報的截稿期限。

這和過去幾年的訪談大不相同，以前她總是被單獨帶到阿齊齊亞軍營的地下碉堡。

《週日泰晤士報》，的黎波里，二〇一一年三月六日

格達費從選擇我們訪談的地點開始，就開始傳達他下定決心要奮戰到底的訊息。我們在一間鮮魚餐廳見面，那裡有挑高至天花板的落地窗，可以向外眺望的黎波里港口閃閃發光的藍色海水。這個選擇是為了終結他已經逃離利比亞的謠言，並且表示他不害怕前往他的首都的任何地方……他抵達時，包著咖啡色頭巾，穿著一件飄逸的及踝長袍，走下一輛白色的寶馬車，步上通往餐廳的階梯。

她詢問他是否可能離國時，他笑了。「有任何人會離開他自己的祖國嗎？」他說，「為什麼我要離開利比亞？」瑪麗認為他的言論前後一致，但總是很難分辨什麼是他真正相信的事，什麼又是誇口的大話。「我的人民，他們愛我。」他說，「他們愛我，所有人都是。」在格達費眼中，民主是軟弱的徵兆。「如果當今各國的總統說我應該下臺，我告訴你們，你們做完總統任期後就會退休。」他告訴瑪麗，「但我依舊會是革命的領導人。」她寄電子郵件給海倫．費爾汀：「說真的，實在太逗趣了！反正世界各國的領袖從不會在訪談說任何有趣的事。至少他懂得製造戲劇效果。」

瑪麗和格達費長期的關係，並沒有澆熄她對阿拉伯之春的熱情。「這是中東的新時代。」她在的黎波里，某次和《週日泰晤士報》的讀者在線上用文字訊息對談時說，「這些反叛不是為了權力，而是為了面對政治壓迫、腐敗與絕望時的個人權利。這是我多年來在中東，第一次在示威遊行沒有看到任何一面美國或以色列國旗被焚燒。這些抗議是關於他們自己國家內部人民的渴望。」她已經知道在埃及，人民的希望最可能會被「深層政府」粉碎——也就是軍方和官僚政府核心的權力。利比亞的問題正好相反——那裡根本沒有政府。「這裡最可能發生的立即後果是混亂。」她說，「因為這裡完全沒有國會、沒有政黨、沒有非政府組織、沒有公民社會結構。」

瑪麗渴望繼續報導，但《週日泰晤士報》認定她需要休息，於是派遣駐喀布爾的通訊記者邁爾斯·阿莫爾（Miles Amoore）取代她，他是個年輕記者，視瑪麗為導師般的人物。《週日泰晤士報》曾讓瑪麗和其他幾位資深通訊記者接受創傷風險管理（TRiM）的訓練，其中包括要在其他記者經歷困難時，聆聽他們的傾訴。邁爾斯曾找瑪麗會談過幾次。「她非常棒，」他說，「非常善解人意又敏銳，大大幫助了我。她給予我許多建議。」然而，瑪麗現在精疲力盡，含著眼淚，是她在向邁爾斯尋求慰藉。「肖恩是怎麼說我的？為什麼他們派你來？」她一再詢問。

她不必擔心：利比亞會提供足夠的新聞給所有人報導。東部的反叛勢力正在節節敗退，格達費威脅要派遣他的軍隊進入班加西，「像殺老鼠一樣」殺光所有人。三月末，聯合國通過決議，授權北約介入阻止對該城居民的屠殺。隔天，法國戰機轟炸在城市郊區的一支政府裝甲部隊。他們沒有在那裡止步。接續的北約轟炸改變了戰爭的走向，因為如今反叛勢力實際擁有一支空軍。瑪麗正在度假航海，但是時候回到利比亞了。格達費的軍隊正在圍攻港口城市米蘇拉塔（Misrata），該城位於班加西和的黎波里之間。在這裡，革命軍旅被政府軍三面夾攻，第四面則是大海。這是利比亞革命最危險，但在此時最重要的戰場。

*

要進入米蘇拉塔的唯一方法是從班加西走海路，那是沿著地中海岸，長達二十四小時的航程。瑪麗飛到開羅，經由陸路搭車到班加西，再找船前往。她在這趟冒險有個同伴：攝影師保羅·康羅伊。瑪麗對攝影師沒耐心的惡名昭著，只要她感覺他們在拖累或阻礙她，就會相當不耐。有時，如果她想要不向編輯部或攝影師解釋，就擺脫他們，她會安排早上八點在早餐時碰面，然後提早一小時離開。可是，她在保羅身上看到和她類似的特立獨行精神。他們二〇〇三年在敘利亞便已認識，當時兩人都為了伊拉克的戰爭，在試圖進入伊拉克的庫德斯坦。當其他記者還在沒精打采，無止盡地等待敘利亞跨越邊界的許可，保羅已經用幾個卡車輪胎、繩子和木材，綑綁製成一艘船，並搭乘這艘船筏通過分隔兩國的窄河。不幸的是，他和同伴試圖實行這個計策時，遇上巡邏隊，因此遭到逮捕，隨敘利亞當局高興，被拘留了幾天。瑪麗覺得他很有意思，也留下相當深刻的印象，幫他取了「船夫」的綽號。保羅是利物浦人，說話口音很重，幽默感桀傲不馴，他對菸酒的喜好和她的十分相像（雖然她已經嘗試要戒煙戒酒，長達好幾個月）。他以前曾經待過英軍的傘兵團，所以他軍事方面的知識時常能派上用場。他是個傑出的攝影師這一點不是瑪麗優先注重的前幾項特質，但有所幫助。

他們成功搭上一艘國際移民組織（International Organization for Migration）委派的船，要運送補給品到米蘇拉塔，並救出難民。他們計畫只待在當地幾天，因此帶的東西不多——衛星電話、筆記型電腦、相機、一套換洗衣物、防彈夾克和安全頭盔。瑪麗是出了名地不怕暈船，在這趟航程對她相當有利。在四月末一個寒冷陰天的早晨，渡輪轟隆駛入米蘇拉塔港口時，他們可以看見城市正冒著陣陣黑煙，並且聽到大砲隆隆作響。生鏽的鋼鐵艙門才稍微降下，便已經有數百人衝進來，將糧食、燃料和藥品卸下船。米蘇拉塔的物資存量低得告急；那裡瀰漫著絕望的氛圍。瑪麗和保羅剛找到一名有車的叛軍戰士，載他們進城，一輪冰雹導彈（Grad missiles）從頭頂呼嘯而過，墜落在約半英里外。格達費的軍隊正在攻擊這座港口。

他們的車搖晃開過坑坑疤疤的街道，四處都散落著彈殼，沿途的建築被砲彈炸得焦黑不全，並且因為小型武器的砲火而布滿小洞。瑪麗想要直接去醫院。停車場搭起一座白色帳篷，充當創傷病房。當好幾臺救護車疾駛而來，警笛聲大作，將受傷的戰士和平民送下車時，急診人員四處奔走急救。他們在和醫院的管理者交談時，一名報導這場衝突的攝影師衝上前來，哭紅了雙眼，轉達一則可怕的消息：幾小時前，瑪麗和保羅還在船上時，兩名攝影記者在前線拍照時不幸喪生。

蒂姆・赫瑟林頓（Tim Hetherington）和克里斯・杭德羅斯（Chris Hondros）是鼎鼎大名的圈內人。瑪麗曾在過去的衝突戰區見過他們兩人。蒂姆近期因為他的電影《雷斯特雷波》（*Restrepo*）而聲名遠播，那是部關於在阿富汗的美軍士兵的紀實紀錄片。克里斯從九〇年代末期開始拍攝戰爭，曾經拍過九一一事件後世貿中心的廢墟。保羅曾在軍中學習過戰場上的急救，去看看那兩位攝影師是否已經真的死亡，或是他還能做些什麼來挽救，但蒂姆已經失血過多身亡，而克里斯死於嚴重的腦部損傷。迫擊砲的一輪發射擊中兩人在拍攝的的黎波里街（Tripoli Street），這是在米蘇拉塔格達費勢力仍掌控的區域，和反叛勢力占據的地區之間的交戰前線。還有另外兩名攝影師也受傷。這是爭奪米蘇拉塔的戰爭變得多麼隨機且危險的徵兆，缺乏紀律、輕度武裝的反叛群眾，對著配有大砲和重裝武器的軍隊胡亂開火。一則謠言傳遍鎮上——格達費的軍隊戴著防毒面具。或許他們持有化學武器，或許格達費從未放棄他儲備的武器物資。這是則錯誤的謠言，但讓米蘇拉塔的居民和幾位在鎮上的記者陷入恐慌，他們多數人都選擇與受傷的同志和蒂姆和克里斯的屍體，一起搭船離開。瑪麗和保羅決定留下。他們才剛剛抵達，而且瑪麗下定決心要講述生活在圍攻情勢下人們的故事。那就像東帝汶：平民深受威脅，而她自覺待在那裡、親眼見證不僅是她的工作，更是她的責任。

他們找到一個地方落腳，接著開始尋找新聞故事。「人們說瑪麗是為前線而生，但她並不是。」保羅說，「她非常焦慮。」他們搭車通往鎮上更危險的區域時，她陷入沉默。這就是為什麼她和保羅信任彼此——他們會大笑和開玩笑，但兩人都知道對方對危險瞭若指掌。「我很尊敬她，因為她可以克服恐懼。」他說，「你不會想跟不懂得害怕的人一起行動。」然而，他確實擔心她缺乏戰術意識。「她會沿著護堤頂端行走，從輪廓看得一清二楚她帶著筆和筆記本。」替瑪麗和保羅帶路的戰士經常以為所有記者都想要看到一些行動，而她很難解釋，儘管攝影師和攝影機操作員會尋找「砰砰開槍」的畫面，但她想要的是平民的故事。問題在於，在米蘇拉塔，前線就位在城鎮中央，而且一天之內會移動數次，所以你可能會在某個相對安全的地區訪問一個家庭，而突然毫無預警就身處激戰區。

瑪麗總是會嘲笑那些男孩般的記者熱愛分辨各種武器，但如果她想要了解米蘇拉塔戰役，她就必須知道是什麼殺害了人民，而那些射彈又能飛得多遠。保羅同時拍攝動態影像和靜照，而瑪麗開始為《週日泰晤士報》的網站製作報導影片。在某支影片中，這對搭檔開車前往西邊的達夫尼亞（Dafniya），也就是格達費的軍隊發動攻擊的地點。「我們不太確定路的那一端會有什麼。」瑪麗說。一陣砲火齊發，下一幕我們看到她的眼罩推擠到頭盔上，趴在沙丘上尋求掩護。「我們剛被狙擊。」她不帶感情地說，「這裡有迫擊砲進進出出……基本上我們正身處交戰之中。」這是第一次讀者看到瑪麗在戰爭現場的樣子，就像他們看到電視記者一樣。雖然許多報章雜誌的記者難以在鏡頭前流利說話，尤其是在砲火之中，但對瑪麗來說不成問題。砲彈在她身旁爆炸時，她口齒清晰、表達明確，最重要的是，她非常冷靜。

《週日泰晤士報》，米蘇拉塔，二〇一一年四月二十四日

> 昨天，他們奪回格達費人馬占領長達一個月的蔬果市場時，我躲在一個焦黑的水塔後方，它已經被擊中許多次，導致陽光穿透那些彈孔灑落……當我終於進入市場，所有商店都遭到轟炸或射擊。裡頭，家具和攤位被砸爛。有些貨攤還正在燃燒……在市場入口，我必須吃力走過累積深約四英吋、滿地的銅彈殼堆。街上散落著一堆堆小型的未爆炸彈。

她總是懷念著蒂姆和克里斯，尤其是當反叛勢力拿下兩人被殺害的地點。她寄電郵給卡崔娜，因為她也認識蒂姆。「對死亡的恐懼。」她寫，「汽車維修場的前院還留著殺死他們的迫擊砲彈殼的痕跡，水泥上還嵌著四射的碎屑，那些飛出的金屬是砲彈碎片。」保羅知道瑪麗何時感受到壓力：她會用手指揉著太陽穴，像機關槍般說話。不過，她成功壓抑了五年前在黎巴嫩折磨她的恐懼，當時她擔心自己可能陷入恐慌。她還能耐受砲火下極端艱難的生活，而且可以忍受的時間遠比多數記者更長，因為她幹勁十足。「她看到大口徑武器對著有小孩的屋子射擊時會暴怒。」保羅說，「那會讓她大發雷霆。她會因為這些武器用來對付孩童而被激發動力。」醫院的景象尤其可怕。「為了讓心臟跳動，醫師將胸部的一側切開，將他們沾滿血的前臂伸入一半，徒手按摩心臟。」她寫，「很少人倖存。這比較像西班牙內戰，而不是使用智能炸彈和無人機的現代戰爭。」

爭奪米蘇拉塔的戰役中以小勝大的那一面，讓瑪麗深深著迷——未受訓練、輕度武裝的反叛勢力看似不可能擊退格達費的軍隊，但他們正在一間間房、一條條街逐步奪回優勢。北約的轟炸也在削弱政府軍的力量，但在米蘇拉塔的街頭戰鬥至關重要。瑪麗忍不住敬佩抗爭者的英勇。「她很了不起——

狀況絕佳。」肖恩回憶，他每天都會和她講到話，「她顯然因為她的所見所聞而興奮激動。在心理健康方面，我沒有顧慮。」她也變得比較會照顧自己。在米蘇拉塔很難拿到酒，並且她也克制自己抽菸的慾望。「我是在為兩個人抽菸。」保羅會這麼說，由於她會要他把菸吐向她，因為她實在太想念香菸。她寄電子郵件給休・「霍內特」・哈德森：

> 我現在就像現代翻拍版的《史達林格勒》（Stalingrad）裡面的角色。這座城市的圍攻已經進入第二個月。我暫時不再衝向前線的爆炸現場，而是在看到有人在邊緣的木桌旁賣洋蔥時，轉向路邊訪談。
>
> 我有個低科技的預警系統。我睡在一間醫院病房的地板上，外頭總是騷動連連。可是，當我聽見醫生、軍醫和抗爭者在停車場齊聲大喊「真主至大」，我就知道又有屍體或重傷的傷患抵達醫院，我就會前往樓下。飛彈的另一頭總是有故事……。
>
> 正面來看，這就像沒有諮商的保健療程。沒有酒，沒有麵包。就這麼搭著我的豐田小卡車前往前線。帶著一些椰棗乾和一罐鮪魚罐頭。

回到讓瑪麗全神貫注的報導上，讓她能夠分散注意力，不再陷在理查德帶給她的痛苦之中。她在五月時寄了封電郵給珍：

> 從米蘇拉塔寄封短信向妳打招呼……格達費只是站得遠遠的，朝城內發射巨大的飛彈。每個小

時都有大量受傷和瀕死的傷患，令人心碎。告訴我一些國內的消息。想妳。除此之外一切都好……格達費的人馬已經在港口埋下地雷，就算我想要離開，也不確定有沒有方法可以走。獲得非同尋常的故事後就離去，等同於拋棄這些人，讓他們面對悲慘的命運。

每個週五，肖恩都以為她可能會離開，但她總是寫出新的報導角度——一名抗爭者找到一本格達費的指揮官的日記，並交給保羅；遭到強暴的婦女的困境；一名大學教授將他的學生組織成一支軍旅。最後，她和保羅待在當地將近兩個月。在米蘇拉塔，她的矛盾全都浮現：她可以在戰區存活七個星期，滴酒不沾，儘管從許多方面來看，她嗜酒如命。她因為衝突事件經驗，深受創傷後壓力症候群所苦，但身在一個不斷有生命危險的地方，她卻如魚得水。個人的痛苦可能會讓她看不見他人的需要，但她經歷極端高壓，通訊又非常困難時，仍會想起她在倫敦的朋友。她太過認同那些她視為戰爭受害者的人們，但她的報導總是精確，而且從不缺乏脈絡。

瑪麗特意定期造訪一群身無分文的自由記者，他們落腳在米蘇拉塔一處遭到炸毀的建築。「其他報社的特派記者不會那麼做。」露絲．薛洛克（Ruth Sherlock）說，她是名供稿給多個通路的年輕英國記者。瑪麗會和他們交換資訊，如果他們詢問的話，也會給予建議。在露絲和其他自由記者身上，她看見年輕的自己，二十五年前在利比亞成名。到了六月的第二週，反叛勢力已經穩穩守住米蘇拉塔，而新聞的焦點移回政權搖搖欲墜的的黎波里。格達費許久沒有公開露面。和肖恩諮詢後，瑪麗請露絲在她離開後為《週日泰晤士報》寫稿。「我非常感謝她給了我那個機會。」露絲說。

準備離開時，瑪麗寫了封電郵給卡崔娜。

薄暮時分，我正坐在米蘇拉塔港口一艘土耳其船的船尾，向外眺望由起重機和水泥碎塊，以及幾個月的轟炸以來炸毀的建築，所構成的醜陋海景。我終於要回家了。……離開這個世界必定會感覺十分陌生，這裡無論如何瘋狂，卻有種簡樸的單純，由沙子、勇氣、炸彈、睡眠、鮪魚罐頭和幾件襯衫組成，把它們放在一只盆子裡沖乾淨的同時，沙塵蓄勢待發威脅著入侵。

*

瑪麗有個祕密沒有告訴她的朋友：儘管在阿拉伯之春期間，她仍和理查德保持聯絡。他們會在出差之間的短暫空檔偶爾見面。和她在米蘇拉塔獲得的報導成就落差極大，讓人不忍閱讀。在日記裡的有些日子，她留下傷心的短文。「和理吃晚餐——在家煮飯，哭了一會。」「星期五。原本要去見理——已取消。我們決定不要交談，他覺得他應該負起責任。」「和理查德談了。吵架，他沒有特地打來。」她試圖適應他的背信棄義，找到一個方法，既能自己生活，又不用放手和他切斷聯繫。有時她會寫下他仍在見面的其他女性的名字。這些事情她都一清二楚。

夏初某天，她打電話給他。他正在泰晤士河河畔騎腳踏車。「我必須告訴妳，我有多麼想念妳。」他說，「老實說，沒有妳在身旁讓我感覺悵然若失。」她思考了一陣子。她的怒氣已經平息，而她也很想念他。他承諾這次會不一樣——他會放棄他享樂主義的生活方式，對她專一。她的日記中沒有一字一句透露出她是否相信他。最終她告訴珍，而珍睜大著眼睛問她，是否確定要回到這段關係中。是，她說，她很確定。

她和理查德在八月計畫一起航海旅行，但格達費垮臺時，她隨即拋下假期，趕回的黎波里。歡騰的革命人士擺出姿勢，和一座握著噴射轟炸機的拳頭雕像自拍合照，那是格達費在一九八六年為紀念雷根在位期間的轟炸事件而設立的。瑪麗終於寫好鮑伯・泰爾在二月便已委託她寫的人物傳略，重提她多次與格達費的會面，包括所有她曾看他穿過的服裝，從紅色絲質睡衣，到比拉丁美洲的軍事統帥更多勳章的軍服。那篇文章的標題是〈瘋狗與我〉。

《週日泰晤士報》，的黎波里，二〇一一年八月二十八日

在滑稽的軍帽之下，他的雙眼深不可測。它們從未透露出狡詐機敏以外的情緒，宛如他體內有隻爬蟲動物，總是在密謀策劃。對他自己的人民而言，他們稱他為「領袖」。他本人更偏好「最高領袖」這個稱呼，幻想自己是他們的導師、族長和叔伯。然而，人民感受到的卻是他性格中邪惡的那一面，而那雙缺乏憐憫的眼睛正是主因。他令人畏懼且憎恨。他為了維繫權力不擇手段。

利比亞人和外國記者同樣都想要進入格達費家族豪華的宅邸。瑪麗從來不是會被實體障礙威嚇住的人，她爬過一面牆，進入一座龐大的宅院，過去是格達費的兒子穆塔西姆（Mutassim）的住處。獲勝軍旅的人馬已經撬開防彈門，進入他的地下碉堡，於是她走下三段樓梯，在廣大如迷宮般的走廊閒晃，找到無數間房間，其中包括一間設備齊全的手術室。想到她每次造訪利比亞，都毫不知情踩在這祕密地下世界之上，那種感覺十分古怪。

她加入一支反叛分子臨時湊成的車隊，去南部沙漠尋找逃亡的領袖弟兄。當他們進入蘇克納鎮（Sukna），他的支持者攻擊了他們的隊伍。

《週日泰晤士報》，朱夫拉（Jufra），二〇一一年九月二十五日

另一枚火箭驅動的榴彈擊中路邊，而我搭的車側轉急煞。車隊的一位指揮官從前座將一把貝瑞塔（Beretta）手槍推給我，大喊：「拿著。如果他們的人數比我們多，妳能用槍嗎？」我點頭並跳出車外，彎腰奔跑來躲避子彈，並在一座沙丘後方撲向地面。接著我發現沙丘的高度不夠，又匍匐爬到一塊岩石旁。我有一把手槍、一本筆記本和一枝筆。

幸好她沒有被要求使用手槍，因為毫無疑問她比較擅長的是用筆。不過，這不是因為叛軍的戰力大增——他們這次嚇跑了敵方，但在進入朱夫拉鎮時，他們竟隨意對空鳴槍，來表達興奮之情。一枚掉落的子彈擊中瑪麗的肩膀，「像蜜蜂叮咬一樣刺痛」。她的報導偶爾會顯現出利比亞革命的荒謬本質，過度興奮的青年在國家各地橫衝直撞，因為自由的氣味而群情激昂，他們意圖報仇而非重建。她在格達費建在沙漠裡的幾處豪宅逛了一圈，但獨裁者本人不見蹤影。

*

十月，瑪麗有個敘舊的約會。杰瑞．威弗要來倫敦一趟，她在耶魯大學就學和她最初在紐約生活時，曾深深迷戀過他。自從將近二十六年前離開華府後，她只在一次午餐匆匆見過他一面。一九九〇年代初，杰瑞當時是一名民主黨國會議員的幕僚長，曾因為散播古柯鹼而入獄。瑪麗曾寫信到獄中給他，但他們直到二〇一〇年，她和理查德分手前不久，才再次見面。他說他在考慮根據獄中經驗寫一本文學小說時，她鼓勵他動筆，但對於要不要讓他重回她的生活，她舉棋不定。她告訴國際版編輯部，如果杰瑞打來，請他們不要告訴他她人在哪裡。儘管如此，她自己偶爾會撥電話給他，包括在埃及的時候，她描述她是如何逃離暴民魔掌的經過。「她平心靜氣地告訴我事情經過，如何跑出那條巷子。過程不帶任何情感。」他回憶。瑪麗在埃及打給許多人（包括約翰．雪利），部分是因為阿拉伯之春讓她興奮激動，此外也是因為她寂寞又需要關愛。杰瑞對於瑪麗讓他進入她的世界，感到受寵若驚。在他們年輕時期，他對她的態度很隨便，但現在權力關係已經倒轉。他迷上她了。「很多時候，我都對她真正的想法或感受一無所知。或許她也不太知道。」他說。

他在倫敦那天，他們一起待在她家，閱讀討論他的小說。他當晚留宿。杰瑞納悶那是否是個新的開始，歷史是否會重演，但這次有不一樣的結局。接著電話響起：格達費遇刺身亡。「我替她煮早餐，幫她打包。」他說，「我陪她一起搭車去機場。她說從沒有一個男人為她做過這樣的事。」她在希斯洛機場親吻他道別時，他相信他們未來還會有更多互動。

瑪麗的心思很快轉移到新聞上，她回到米蘇拉塔，格達費的屍體被放在一個冷凍櫃裡公開展示。叛軍戰士在蘇爾特找到他，那是他在他出生地附近建造的未來派城市，多年前瑪麗曾在那裡訪問過他。混亂模糊的戰利影片中，戰士將他從他躲藏的一處暴雨水溝中拖出，對他拳打腳踢，用一根金屬棒插入他的肛門，並射擊他的頭部和胸部。瑪麗再次和保羅・康羅伊搭檔，他們一起找到格達費度過最後時光的一層樓住宅。讓瑪麗和保羅捧腹的是，《週日泰晤士報》要求一張格達費剛被埋葬在沙漠裡，但沒有任何標誌的墓地的照片。他們邊克制自己不要寄回一張隨意拍下的、最好還有駱駝的廣闊沙漠照片，邊詢問他們的門路他埋葬地的位置。他的葬身地點並未公開，以免那裡成為朝聖之地，但親手埋葬最高領袖的指揮官告訴瑪麗，她在幾個月前曾到過那個地點。那位指揮官曾帶她到那裡去。就在南方五十公里處。她記不得那座山丘了嗎？還有那些樹？她和保羅花了五天尋覓，他們的司機愈來愈擔心遇上強盜，和躲在樹木後方的格達費支持者。最後他們放棄了。瑪麗或許學到一些關於武器的知識，但她仍然沒有方向感，也對那些地理景觀毫無印象。保羅拍下一張她匆匆走過沙漠的照片，而格達費依然未被發現和驚擾，躺在他們不知情的某處。

好多時代已經結束。阿拉法特逝世。如今格達費也離開人世。在瑪麗整個職業生涯都穩固不移的政權已經瓦解。新聞報導本身也在改變。「有時我覺得我好像是YouTube界唯一一位記者。」她看完另一部傳上網路、頻頻晃動的影片後說，那影片據稱是在拍攝一起重要事件，但沒有任何記者在場見證。瑪麗邀請露絲・薛洛克和她分享在的黎波里的房間，並建議她在利比亞的掌控權之戰四分五裂時，該繼續追哪些新聞。她總是試圖幫助想親臨事發現場的年輕記者。一如瑪莎・蓋爾霍恩和約翰・赫希將火炬傳承給瑪麗的世代，她最終也會交棒給下個世代——她會教導他們如何握緊火炬，但她還沒有完全準備好交出那把火焰。

*

到了十一月，阿拉伯世界的新聞平息了一些，於是瑪麗和理查德恢復他們過去例行的日常生活。在利比亞的幾個月太過振奮人心，她沒有想太多她個人的困擾，而且她幾乎滴酒不沾——雖然某人的飯店房間裡一直有瓶傑克丹尼威士忌。然而，現在很難遠離憂鬱。艾拉發現早餐時放在煮鍋旁的那杯水其實是伏特加。瑪麗幾乎沒有進食。她經常談起過去，艾拉從未聽過她如此念舊。「她會緊抓著那些故事不放，重複好幾次，甚至是在同一晚也不斷複述，有時每次會有不同的結局。」有些事情發生時艾拉也在場，因此她知道瑪麗在誇大其詞，或遺忘，或只是在編造故事。因為瑪麗和理查德復合一事並沒有完全公開，除了瑪麗播放的珮西·克萊恩或露辛達·威廉斯（Lucinda Williams）旋律，屋子裡安靜無聲。「她和爸爸以前的那些社交晚餐已經成為過去。」艾拉說，「他們花許多時間兩人獨處。還有我，因為我也在場。」

瑪麗的朋友很難理解她的選擇。亞倫認為，她可能褪去了她浪漫的妄想，變得更加務實。「她和理查德復合，但兩人的關係和過去不同。」他說，「蒙蔽她雙眼的紗幕已經去除，她看清他的真面目。她覺得更能掌握狀況；她不是任何人的受害者。」其他人沒有這麼肯定。她看起來和理查德在一起不是那麼開心。經過十一月的一個午後，兩人共同乘著非洲皇后沿泰晤士河遊河，她寫下筆記：「下午和理一起。情緒有些崩潰。站在浮筒上哭了。」

她會好幾週不見任何朋友，接著再打電話說：「我躲進我又小又黑的兔子洞裡了。」她告訴瑪瑞亞，她又開始做噩夢，幾乎都是和無力感有關，感覺自己無法完成任何事情。她不斷重複蒂姆和克里斯喪生的故事。「她的眼睛會抽動，並用手揉她的額頭，彷彿是在試著按摩她的大腦。」瑪瑞亞回憶。她會談論關於變老的話題。「她不喜歡變得脆弱。」她補充，「她的記憶會混淆——喝酒也沒有幫助。她擔心自己能否長期維持工作能力。」她會訂定計畫來為自己打氣。為何不去大西洋航海呢？她憑藉她長久以來，說服他人加入她冒險行列的天份，她讓約翰．維瑟羅相信，他也會想一起來。翻轉角色的概念讓她興致勃勃：他或許可以當她的編輯，但在一艘帆船上要由她作主。「我會當船長。」她說，「意思是你要照我所說的去做。不能提出異議。這很嚴肅。」約翰說，他們的航程需要一首歌相伴。那很容易。「就選〈惡水上的大橋〉（Bridge Over Troubled Water），」她說，「我想要當那個繼續揚帆前進的銀白色女孩。」

耶誕節時，她加入理查德、艾拉和托比，一起去加勒比地區航海。在港口時，瑪麗開始悶悶不樂。「她認為活動太少，讓她受不了。」艾拉說。他們吵了一架，因為瑪麗堅持要在耶誕節的午餐吃龍蝦，即使那座島上已經沒有龍蝦，他們得搭小艇去到另一座島嶼，還得支付高昂的價格。「她似乎很不耐煩，心神不定。」理查德說。她一再提起蒂姆和克里斯的死，有次還在她和理查德剛認識的一位青少女和她的父母面前，詳述其駭人的細節。瑪麗酒喝得太多，導致她已經無法烹飪，但她似乎不在意飯菜能不能入口的問題。她日記中有些簡短的筆記非常實際，似乎很快樂——「太好玩了！我們游泳、找到龍蝦，還從岩石上跳水。」——但最頻繁寫到的詞是「筋疲力盡」。「在半夢半醒間做了奇怪的夢——理不聽我說。」她在平安夜寫道，「裝飾船，誰在乎啊。」她也在日記中記下，在耶誕節當天，她發現理查德傳訊息給他生活中的某位女伴：「非常激憤，接著當晚就爆炸了。」她在那趟旅程中打給杰瑞三次，但他不知道她說她愛他時，是不是認真的。他知道她和理查德在一起。「她很多時候只是說說。她內心有許多拉扯。」杰瑞說。

根據艾拉的說法，那年耶誕節瑪麗唯一看似心情平靜的時刻，是有一晚颳起猛烈的暴風雨，她們兩人當班守夜。狂風呼嘯，十二英尺高的海浪拍打到甲板上，把主帆撕裂成兩半，引擎因為艙底水泵淹水而停擺。固定前桅帆的繩索已經鬆開，導致船帆不斷拍打；他們的帆船被拋到海上，無法推進。艾拉和托比進到座艙，而瑪麗和理查德爬到前甲板上，用雙腿固定住前支索，重新將繩索綁緊。「我們花了大約一個半小時。」理查德回想，「海浪不斷拍打在我們身上，但她如魚得水。我只是想要綁好那該死的東西，但對瑪麗來說，那是場冒險。」

當他們航行到暴風圈內，在海洋狂暴的浪濤中，帆船渺小又脆弱得令人心生恐懼，艾拉卻發現，那一刻，瑪麗不只平靜，還很開心。那是她長久以來最快樂的時刻。

第十二章 巴巴阿姆爾

二〇一一年四月八日，當瑪麗正全神貫注在利比亞的戲劇性發展，一群敘利亞人走上巴巴阿姆爾的街頭，那裡是敘利亞第三大城霍姆斯的一個社區。幾名青少年在達爾阿鎮（Daraa）塗鴉噴漆「該你了，巴夏爾．阿薩德醫師」後，一個多月來，反對巴夏爾．阿薩德總統政權的抗議活動已經在全國各地愈演愈烈。這位敘利亞總統完全讀懂這行在牆上的字：如果他的安全部隊沒有即刻鎮壓異議分子，他就會像穆巴拉克一樣遭到罷免，甚至下場更加悽慘。那些青少年被捕，遭纜繩毆打，雙手手腕被扣住掛在天花板上，甚至被塞進輪胎，滾下監獄的走廊，去撞擊一道水泥牆。

巴巴阿姆爾的示威遊行遭到子彈鎮壓。第一名死者是一位名叫納伊夫．歐瑪爾（Naif al-Omar）的建築工人。「他在我眼前被射殺。」他的堂弟瓦伊勒．歐瑪爾（Wa'el al-Omar）說，「我們正用阿拉伯語喊著『Salmia! Salmia!』，意思是『和平抗爭』，但他們卻用實彈開火。納伊夫是一連串中槍民眾的第一人。」葬禮轉變成抗議，而又有更多人遭到殺害。祕密警察（*mukhabarat*）的成員一戶戶搜查，拘留大量的年輕男女，囚禁並刑求他們。「人民開始武裝自己，來阻止政權的軍隊抵達示威遊行現場。」瓦伊勒說。到了七月末，起義逐步演變成全國的內戰。一群軍隊的叛離士兵組成一個反叛團體，名為敘利亞自由軍（Free Syrian Army，簡稱為ＦＳＡ）。在霍姆斯，一直以來，基督教徒和總統所屬的阿拉維派（Alawite）穆斯林都和遜尼派穆斯林和平共處，但大多住在個別的社區中。如今，多數的遜尼穆斯林轉為反對阿薩德，而少數族群開始害怕，如果阿薩德被推翻，遜尼派可能會強烈抵制他們。那座城市分裂成一幅各個敵對地區組成的拼圖，由軍事檢查哨看守著出入口。巴巴阿姆爾的居民主要是遜尼派，如今變得更加好戰。二〇一一年秋天，配備有卡拉希尼科夫步槍和火箭推進榴彈的戰士接管那個區域，因此政府軍隊開始圍攻那裡。

在敘利亞全國各地，年輕人都在用智慧型手機和小型相機，記錄抗議活動和政府殘忍的反應，並將影片上傳到網路上。有群青年創立了巴巴阿姆爾媒體中心，位在一條窄巷巷底的一間公寓內。二〇一一年十二月，他們取得一臺可攜式的衛星訊號發射器，因此可以自行傳送影片和撥打Skype電話給國際媒體，而不需要通過公共的網路服務提供者。他們不是敘利亞自由軍的成員，但雙方只有一線之隔：那個社區的每個家庭都有參戰的兒子，而其他人則是沒有武裝的抗爭者。「和敘利亞自由軍的關係宛如家族，而且必不可少——你無法否認或逃避這一點。」瓦伊勒說，他在結束義務性的兵役後，已經成為和平主義者。「我不拿武器，而且我完全反對武裝戰鬥，但我必須和他們合作，因為他們是會帶來醫療補給品和傷患的人。」

阿薩德完全不加以區分。在他眼裡，「武裝幫派」和「恐怖分子」皆受外國勢力資助、受「媒體團體支持」，全都是敵人。掌控資訊和重新奪回領地一樣重要。「他們利用媒體和網路，對我們發起虛擬戰爭，要我們投降。」他在一場對敘利亞國會的演講中說。

*

瑪麗在加勒比地區航海度假時，打電話給肖恩。約翰．維瑟羅非常希望她去沙烏地阿拉伯追一則新聞，但她決心要去敘利亞。一回到倫敦，她就馬上申請簽證。她過去曾在大馬士革採訪報導過幾次，相信自己在政府的限制之下，仍然能夠靈活應對，跑到新聞。與此同時，她用電話訪問了一些人權工作者，她在筆記本中寫下其中一人的說法：「我從沒見過這種規模的刑求酷刑。」她記下執行的刑求方法類型：長時間毆打，運用趕牛刺棒，在性器官通電，以及「飛天魔毯」，也就是戴上手銬腳鐐後，把人倒吊數小時之久。

她也注意到阿拉伯國家聯盟的觀察員來訪時，那些遭拘留者被移出監獄。在國際壓力下，敘利亞政府允許觀察員在二〇一一年末部署當地，但假借官僚機制和安全疑慮的理由，阻撓他們的任務。執政政權希望，基於阿拉伯民族團結的原則，觀察員可以避免說出任何太過負面的評價。他們並沒有預期派來的會是阿爾及利亞的人權運動人士安瓦爾．馬利克（Anwar Malek）。讓敘利亞當局憤怒的是，他和其他觀察員堅持跨越前線，去探訪巴巴阿姆爾媒體中心。「我沒有看到任何武器，也沒有敘利亞自由軍的人員。」馬利克回想當時的情景，「他們是抗爭者，就像記者。他們有網路和許多相機。僅只如此。」

中心接待過幾位駐外記者，主要是來自阿拉伯國家的電視臺，他們沒有簽證，而是偷渡跨越黎巴嫩邊界。一月初的某次晚餐時，國防部次長阿塞夫．肖卡特（Assef Shawkat）——碰巧也是總統的姊夫——告訴馬利克，如果沒有外國記者和他們的相機，讓世界注意到這場圍攻行動，他可以立即摧毀巴巴阿姆爾。「實際上，他們不是記者。他們是以色列和美國情報機構的特務，試圖滲透敘利亞。」他說，「每一個未經國家批准就進入巴巴阿姆爾的記者——對我們來說，這些人都是恐怖分子。他們是我們軍事和安全機構的目標。」部署在霍姆斯周圍檢查哨的士兵和警察，受命要逮捕和外國媒體交談的抗爭者，而任何人逮到非法入國的外國記者，都可以獲得獎賞。

瑪麗逐漸失去耐心。敘利亞大使館耗費太久的時間核發她的簽證，她擔心她會錯過新聞事件。幾週前，她的同事邁爾斯．阿莫爾和保羅．康羅伊已經從黎巴嫩邊界偷渡入境，但因為危險顧慮而退卻。保羅願意再嘗試一次。其他記者曾經成功短暫進入巴巴阿姆爾採訪報導。由總統的弟弟馬希爾．阿薩德（Maher al-Assad）率領的共和國衛隊第四師（Fourth Division of the Republican Guard）是敘利亞軍隊最有戰力的部隊。如今，他們向有兩萬八千名平民受困的地區發射砲彈，這已經成為一場全面戰爭。「我們知道阿薩德或他的指揮官都會不擇手段鎮壓反叛分子。」肖恩說，「而如果他們在霍姆斯得勝，將會對全國造成影響。但如果反叛勢力在霍姆斯戰勝，政權可能會開始逐步垮臺。」

瑪麗準備出國時，去見了她的一些朋友。有些人已經稍微疏遠她，因為她有時是個難相處的友人——她喝太多酒後，會一再重複一樣的話，而且總是迴避不聊她和理查德復合後的感情。有天晚上，她遲到了幾個小時，才赴約和蘿希．波伊考特吃晚餐，腳步蹣跚又語無倫次。她被質疑後震怒，生氣地重複說：「我沒喝醉，我沒喝醉。」然而大約一星期後，在《週日泰晤士雜誌》（*Sunday Times Magazine*）的一場宴會上，她幾乎滴酒未沾，狀況很好，迫不及待要出發去敘利亞。她和珍去吃義大利麵，並討論另一部有人想要拍攝關於瑪麗人生經歷的電影。出國前一晚，她在理查德家過夜，早上回家去準備行李。她和艾拉坐在一起，談著要找到真命天子多麼困難，並要她牢牢記住，愛比任何事物都更加重要。打包後，她下樓到廚房，從冰箱拉出一瓶香檳，再回到理查德家吃午餐。她和保羅將在傍晚搭機前往貝魯特。

*

黎巴嫩從一九八〇年代初的內戰以來，從沒有這麼多特派記者造訪。那裡成為記者落腳的據點，邊訪問逃出敘利亞的難民，邊等待簽證，或聯繫敘利亞自由軍，走私偷渡他們跨越邊界。有些人決定要讓特派記者俱樂部（Foreign Correspondents Club）復活僅僅一夜，於是瑪麗和保羅在飯店酒吧見到一些老友。當晚的話題全都圍繞在跨越邊界的危險和可能性。誰大膽上路？誰去過並存活下來，可以講述那裡的故事？你能信任人口販子或敘利亞自由軍嗎？瑪麗和三個老友一起去吃晚餐，包括BBC的吉姆．穆伊爾，她是在十五年前第一次去貝魯特時認識他的。她從她飯店去他公寓的路上迷路時，他開她玩笑；他說，一定是只有一眼的視力導致她一直繞圈走。她大笑，在他試圖說服她不要跨越邊界時，不理會他的顧慮。「他們正在做很惡劣的事。」她說，「我們必須去現場。」他借給她一件寬大不合身的男用長內褲，讓她保暖，因為霍姆斯正在下雪。

吉姆的同事保羅．伍德（Paul Wood）在一週前曾冒險進入巴巴阿姆爾，在砲兵加強轟炸時離開。「我當時認為叛軍只能再守住那裡幾天，甚至可能幾小時——他們沒有東西能夠反擊。」他說，「我以為這個地區被封鎖後，政府勢力會一戶戶踢開家門，我們就會遭到逮捕，在敘利亞的監獄系統中永遠消失。」伍德從他的門路那裡聽到的所有消息都指出，敘利亞部隊包圍後，情勢更加惡化。「我一生中曾有過幾次愚蠢的冒險，但這是我最不明智的一次。」他告訴瑪麗，「我知道妳大概不會聽我們任何人的話，但妳真的不應該去。」

「嗯，反正我是去定了。」她說。保羅．伍德納悶，她是否完全認清那趟旅程有多麼危險。瑪麗和天空新聞臺（Sky News）的通訊記者也有過一次類似的對話，對方同樣迅速離開了巴巴阿姆爾。她並非對危險不屑一顧——他們如此生動描述，她怎能忽略得了？然而，雖然她十分緊張，但她認為值得冒險。

保羅・康羅伊也明白那裡的危險：有個黎巴嫩的情報消息來源告訴邁爾斯，敘利亞軍隊接獲指令，要處決他們在霍姆斯附近找到的西方記者，再把屍體丟到戰場上，聲稱他們是在雙方交火時喪生。他們應該多認真看待這則情報？很難說。那些是會散播來讓記者卻步的那種威脅。但另一方面，那也可能是真的。保羅聯絡資深電視製作人莉娜・賽迪（Leena Saidi），上個月是她替保羅和邁爾斯安排跨越邊界的事宜。現在她將瑪麗和保羅介紹給一名人口販子，他們在一間不太隱密的星巴克會面。他同意帶他們入境。

在進行相關安排時，他們已經預期要在貝魯特等待很長的一段時間。為了消磨時間，瑪麗帶上杰瑞小說的草稿閱讀，他請她給予一些評論，但在幾天內，莉娜就要她和保羅只帶必需品，並在外衣內穿上防彈衣，準備動身。瑪麗把手稿和一些其他物品塞到一個包包裡，預備離開貝魯特，並寄了封電子郵件給在加州的卡崔娜。

> 我現在在貝魯特，和人口販子協商帶我跨越邊界。在利比亞待了六星期，生活在轟炸和每天的低度焦慮之下，我曾說我會跑一些比較安全地區的新聞。但在敘利亞發生的事是犯罪行為，尤其是在霍姆斯，所以我再次背上背包，帶著我的衛星電話和電腦，即將爬過漆黑的邊界。

吉姆・穆伊爾擔心她做出錯誤的決定。「她出發時，露出類似小女孩的焦慮神情。」他在事後寫道，「她只帶了一個小背包，裝著她的衛星電腦、一些燕麥棒和一罐即溶咖啡，她說她沒有咖啡會活不下去。」

＊

霍姆斯軍事安全委員會（Homs Military-Security Committee）的主席拉菲克・夏哈達（Rafiq Shahadah）少將愈來愈沮喪挫折。巴巴阿姆爾媒體中心是全國最活躍的抗爭團體之一，而他固定會收到黎巴嫩的線人通報，有外國記者偷渡邊界，和地方媒體的異議分子同住。根據一名變節者宣誓過的證詞──為了保護他的身分，他代號名稱是「尤利西斯」（Ulysses）──夏哈達少將指示二六一軍事情報科的電腦與信號部門，攔截並竊取從巴巴阿姆爾傳送出來的衛星訊號。他們在一輛車上安裝竊聽裝置，在鄰里間繞行，但它一直無法找出衛星電話的確切位置。夏哈達少將向一名前毒品走私客哈利德・法利斯（Khaled al-Fares）求助，他和馬希爾・阿薩德有來往。他接獲一項任務，要發展出線人網絡，提供當地的情報來支援，並由信號部門資助。在敘利亞，一個公民會祕密為政權工作通常有幾個原因。許多家庭都有家人入監服刑，所以可能會用資訊來交換某位同輩親戚獲釋出獄，或是某個兄弟姐妹的消息。有些人只要本人或他們在獄中的親戚受到威脅，就會告訴你許多資訊，而且所有人都愈來愈貧窮，很難抗拒賄賂的勸誘。夏哈達少將知道，總有方法讓巴巴阿姆爾的某人透露機密。

＊

二月十三日星期一，一輛深藍色的賓士小轎車來瑪麗和保羅的飯店接送他們，但卻毫無預警在貝魯特市郊放他們下車，接著有輛搖搖晃晃的小巴士來接他們，儀表板上擺滿了銅製的小飾品。「去敘利亞嗎？」司機問。他們點頭。「他把兩根手指放在他的太陽穴上，做出槍的手勢，模仿被槍射中頭部的樣子。」保羅在他的回憶錄《最後關頭》（*Under the Wire*）中寫道。在比卡谷（Bekaa Valley）的巴亞貝克（Baalbek）附近，他們改搭一輛淺藍色的小卡車，在一條泥巴小徑上顛簸往邊界邁進。瑪麗沉默不語。她不知道司機的確切身分，也不知道他們會如何進入敘利亞，這種感覺她不喜歡，但他們已經將自己託付給莉娜的門路，所以必須配合。在邊界時，他們被放在一間瑪麗和保羅曾待過屋子裡，因此至少比較令人放心。有些男子像老友般向保羅打招呼。他們的首領身旁放著一把卡拉希尼科夫步槍，躺在地上看電視不斷放送來自敘利亞國內業餘的拍攝影片：坦克車開火，平民驚慌尖叫，曾是民宅的斷垣殘壁。在屋裡活動的士兵和其他男子中，有位法國記者尚－皮耶·佩亨（Jean-Pierre Perrin），人稱JP，他身材魁梧、略為禿頂，保羅和瑪麗估計他至少已經六十五歲。有人用阿拉伯語低聲說了些話。保羅請一名會說一點英文的青年幫忙翻譯。「他說敘利亞的情勢一定很嚴重：起初他們派來年輕的記者，但現在他們卻派給我們一個女人、一個領年金的老人和一個想要回去的傻瓜。」

當黃昏來臨，首領指示他們，該準備好動身。瑪麗的PRADA黑色鋪棉外套蓋住防彈衣，下身穿著黑色緊身牛仔褲，背著黑色帆布背包，保羅覺得她看起來像個結實的突擊隊員。邊境區埋有地雷，因此他們小心翼翼地跟隨三名帶路的武裝叛軍的腳步，沿著一條荒野邊緣的小徑前進。敘利亞邊境巡邏隊偶爾會發射機關槍，槍聲劃破夜晚的寧靜。他們感覺就像被人狩獵的動物。當他們賣力走過窒礙難行的泥濘，一名男子在黑暗中出現，帶領他們走進兩棟廢棄建築之間的小路，進入一座荒廢的村莊。一名叛軍騎著摩托車出現，用手比劃示意瑪麗坐上後座，於是她揚長而去。幾分鐘後，一輛車出現接送其他人，而他們在敘利亞自由軍掌控的領地內的一個安全地點會合。

瑪麗和保羅擁抱彼此。他們成功了。他們入境敘利亞了。一如中東的慣例，有人端著幾杯甜甜的熱茶進來。能夠停下來喘口氣真好，但不久後，一臺休旅車便出現，載著他們駛過泥濘的小徑，前往下一個中途站。保羅注意到，那些叛軍似乎組織嚴明又專業，總是透過無線電和控制中心聯絡，而無論車子為何停下，他們都會擺出防禦姿勢。他們是從敘利亞軍隊叛逃的士兵，因此經過正規訓練，不像他和瑪麗在米蘇拉塔見到的情緒容易激動的槍手。當晚剩下的時間，他們睡在一間農舍的床墊上，農舍裡擠滿了武裝的男子。到了早上，瑪麗說服一名叛軍的將領，帶他們去布威達（al-Buwaydah），那裡距離霍姆斯僅約十英里。現在他們在白天旅行，開車穿越平凡無奇的水泥建築村莊，駛過柏木和白楊夾道的小路，途經枝椏光禿的杏桃和蘋果果園。如果轟炸沒有如此嚇人地接近，那會是富有田園風情的一段旅程。

在下個安全藏身處，他們結識了瓦伊勒，也就是堂哥成為巴巴阿姆爾第一位死者的那名青年。在戰爭前，他是名英文教師。他是個高䠷黑髮的青年，不僅是和平主義者，也是素食者——這在敘利亞人中幾乎前所未聞。他看著瑪麗站在房裡，遞名片給那些叛軍指揮官，告訴他們她來到這裡、講述巴巴阿姆爾的故事的重要性。「我解釋說，她可能是政權的主要攻擊目標之一，但她沒在聽我說話。」他回憶，「她只專注在受苦的民眾和垂死的孩童。我心想，我可以和這個人合作，因為她沒有意識形態，她只是關心人的處境。」他同意陪伴她和保羅去巴巴阿姆爾，當他們的通譯，但拒絕接受任何金錢。「成為這個團隊的一分子是我的榮幸。」他說。

這趟旅程最糟糕的部分尚未到來。他們又過了一夜，瑪麗睡在婦女專屬的房子，保羅、J－P和瓦伊勒則待在叛軍的房間裡。一天又這麼過去了。瑪麗開始不耐，但他們無法做任何事加快速度。一名指揮官捎來好消息——他們可以經由「特殊路徑」進入霍姆斯。他們知道那是什麼意思，因為其他記者已經警告過他們：一條長達三公里的暴雨水溝。為了抵達那裡，他們必須先開車通過仍是阿薩德軍隊掌控的領地，接著步行橫越曠野，兩旁皆有挖掘的溝渠。他們當晚出發。周遭一片漆黑——對任何人來說都難以行動，只有一眼的視力更是幾乎不可能辦到。保羅看見瑪麗在幾公尺外，往錯誤的方向前進。「妳他媽的要走去哪，大馬士革嗎？」他邊低聲說，邊把她拉回原路。她尷尬不已。「我什麼鬼都看不見。」她說，「我一直在繞圈走。」他抓著她的手。「在那個時刻，握著另一人的手得到慰藉，感覺十分美妙。那在最需要的時刻給人希望。」他事後寫道。

下個障礙是他們必須攀爬翻過一道牆。「不幸的是，瑪麗卡在頂端。她的防彈衣阻礙行動，而她開始像翻肚的烏龜一樣轉圈，動彈不得。」保羅記得。瑪麗咯咯發笑。有人快速推她一把，她就成功翻了過去。就連他們越過巨石、溝渠和另一道牆時，背景的機關槍槍聲和砲聲隆隆，她從沒有顯露疲態。雖說航行和跑步讓瑪麗身體強健，但她已經五十六歲，以前時常吸菸，還有八公斤重的防彈衣和她背包裡多幾公斤的配備壓在身上。是決心和被捕的恐懼讓她持續往前邁進。「我知道這趟旅程在心理和生理上都會非常吃力。」瓦伊勒說，他比她年輕二十五歲。「她的身心簡直是鋼鐵做的——如此刻苦且堅韌。」

他們抵達一個泥濘的洞穴，那是暴雨水溝的入口，敘利亞自由軍就是從這裡送出傷患，並運入糧食和其他補給品，包括武器。他們深呼吸一口氣，便往下走入漆黑、潮濕、會引發幽閉恐懼症的隧道之中。髒水潑在他們的鞋子上，如果站直身子，他們的頭就會撞上水泥牆壁。J－P說他沒辦法走完，但如今已經無路可退。瑪麗試著輕鬆看待他們的處境時，聲音不住顫抖。「別擔心，我也在害怕。」保羅回答。他們開始走路，彎著腰，肌肉緊繃，昏暗的火炬光線點亮前方的路。當氧氣逐漸稀薄，空氣愈發炎熱，他們的呼吸開始變得短促。經過一陣子，他們聽見巨大的轟隆聲朝他們奔來，惡臭的空氣充滿濃煙：一臺摩托車正在接近。J－P已經累垮，氣喘吁吁。當摩托車迴轉駛入建於隧道內的一個小空間，他試圖說服瑪麗應該上車，但顯然他比較需要搭車，於是他加速離去，留下其他人慢慢跟上。他們吃力地向前走。隧道似乎永無止盡。終於，空氣開始變得好聞，而他們可以聽到吵鬧的人聲。「那句用隧道盡頭的亮光來比喻事情出現曙光的俗諺，其實是胡說八道。」保羅開玩笑說，「隧道的盡頭只有一群在吵架的阿拉伯人。」

他們被拉出洞口時，保羅和瑪麗笑了出來——他們不敢相信自己已經成功抵達霍姆斯。他們的處境如此荒謬、極端又超現實，導致他們無法有其他反應。不過，他們尚未抵達巴巴阿姆爾。他們仍然需要避開檢查哨，以及政府軍隊占據的學校、醫院和工廠。他們爬上一臺小卡車，讓他們驚恐的是，那輛車開著大燈飆速行駛，在後座的叛軍大喊著：「真主至大！」敘利亞軍隊當然開火攻擊。等到所有人冷靜下來後，他們被換到另一輛小車，但飛馳穿越空蕩的街頭時，也同樣遭到射擊。

瑪麗看向窗外的瓦礫堆、破碎的玻璃和殘破的車輛，道路兩旁的建築被戰車砲彈炸出大洞，有些還有扭曲的鋼筋如骸骨般突出。這就是巴巴阿姆爾了。那裡讓她想起車臣的格羅茲尼。最終他們抵達一棟相對完整的建築物——三樓已遭摧毀，但較低的樓層大致完好無缺。他們爬上樓梯，打開一道木門，進入一間大房間。藉著僅僅一盞的鎢絲燈泡，他們可以看到房裡有大約十五個青年，戴著耳機坐在地上的床墊上，身體包裹毛毯，在筆電上打字，或對著麥克風大吼。裡頭的空氣瀰漫濃濃的香菸煙霧。有缺口的咖啡杯和摁熄在菸灰缸的菸屁股放在一張矮桌上。糾結的電線在地板上四處蜿蜒延伸。經過超過四十八小時的危險路程，他們終於抵達巴巴阿姆爾媒體中心。

幾天前，有支ＣＮＮ團隊——亞娃．戴蒙（Arwa Damon）、尼爾．漢農（Neil Hannon）和提姆．克羅凱特（Tim Crockett）——也已經抵達那裡。他們和那些抗爭者快速向他們解釋情況：轟炸會在每天早上六點半開始，直到天黑前都不會停歇。砲轟從不間斷。無人機在頭頂飛行，監看街上的車輛和行人。走出媒體中心十分危險，待在裡頭也是。目前已經有大量平民遭到殺害或受傷。野戰醫院的情況會是最好的報導，但只有在砲轟轉移焦點到其他地方時，才能去那裡。而就算如此，也必須不畏部署在社區周圍高樓的狙擊手，從車上到醫院還得拚命狂奔。

瑪麗打Skype電話給肖恩，告訴他他們已經進入該區，而且平安無事。接著她和保羅回到一間後方的房間，兩人蜷縮在毯子下，瑪麗在外衣下穿著吉姆．穆伊爾的長內褲，上身則套著一件她借來的黑色長袍，希望多增加點暖意。因為筋疲力竭，她立刻就沉沉睡去。

*

轟炸在黎明準時開始。瑪麗原本想繼續睡，但保羅叫醒她，因為他們必須移動到那棟建築中央的主要房間，以防窗戶粉碎。瑪麗把冷水加進她帶來的即溶咖啡——總比完全沒得喝好。他們計算著發射過來的砲彈數量：三分鐘內共有四十六枚。保羅注意到那些砲擊有特定目標，而且敘利亞軍隊似乎有無窮無盡的彈藥存量。他和瑪麗不可能像在米蘇拉塔那樣獨立行動，因此他們必須依靠敘利亞自由軍和媒體中心的人員。阿布．哈寧（Abu Hanin）是其中一位會說英語的抗爭者，他告訴他們做好準備。他要陪他們外出。瑪麗、保羅、J－P和瓦伊勒。當他們預備跑向路的對側，一枚炸彈落在他們左邊大約五十公尺處，他們全都迅速臥倒。他們不顧沙塵和殘礫，跑向一間公寓，瑪麗和瓦伊勒在那裡訪問了一個家庭，接著跳上一輛沿著狹窄街道疾馳的車，繞過炸彈坑和瓦礫堆。開始下雨了。在她的快電中，瑪麗描述那個社區的景象：

《週日泰晤士報》，巴巴阿姆爾，二〇一二年二月十九日

在某些街道，所有的建築都已經倒塌——那裡只能看到被擊毀的家庭的破爛衣物、碎裂鍋盆和家具殘骸。沒有商店營業，所以家庭與親戚和鄰居分享他們所剩的物資。許多死者和傷患都是冒險出外覓食的民眾。因為害怕狙擊手冷酷無情的眼睛，上週許多家庭改為將麵包拋過屋頂，或是打通共有的牆，以便通行時不被人看見。

當車子停在一座損壞露臺的棚子下，阿布．哈寧告訴大夥，剩下到診所的路，他們得用跑的。一枚砲彈在他們後方爆炸，四周機關槍的槍聲隆隆迴響。「繼續跑！」阿布．哈寧大喊，於是他們繼續往前跑，經過兩名扛著一名傷患的叛軍，他的左腿只剩下幾條血肉相連。接著他們被拉進一間公寓大樓。「我們站在走廊上，屈身試圖喘口氣。」保羅寫，「心臟怦怦狂跳，恐懼和腎上腺素讓人發抖不止，我恢復一點力氣後抬起頭，算了算人數。我們全都平安抵達。」接著他們爬樓梯到一樓。

那間診所僅是一層公寓而已，由屋主慷慨捐出。裡面還有些格格不入的居家感：血漿袋掛在木頭掛衣架上，病人上方的天花板掛著一隻兒童的玩具手機。

上週五的轟炸是目前最激烈的一次，傷患被家人放在汽車後座上急忙送往診所。牙醫阿里正在診所的兩張手術臺之一，將二十四歲的阿赫瑪德．伊里尼（Ahmed al-Irini）身上的衣服剪開脫下。砲彈碎片在伊里尼的大腿上劃出血淋淋的巨大傷口。阿里用鑷子取出他左眼下方的一塊金屬碎片時血流如注。

伊里尼的雙腿一陣痙攣，在手術臺上死去。帶他來診所的姊夫開始啜泣。「飛彈擊中我們的屋子時，我們正在玩撲克牌。」他淚眼汪汪地說。伊里尼被帶到以前是後臥室的臨時停屍間，全身赤裸，但有一只黑色塑膠袋蓋住他的生殖器。

他們一刻也閒不下來。哈利德．阿布．卡瑪里（Khaled Abu Kamali）在醫生還來不及脫去他的衣物時，便嚥下最後一口氣。他是在家裡被砲彈碎片擊中胸部。……

烏姆．阿瑪爾（Um Ammar）幫忙照顧傷患，她四十五歲，育有七名子女，在鄰居的屋子遭到砲擊後，她自願要擔任護理師。她戴著骯髒的塑膠手套，正在哭泣。「我應該要撐住，因為所有被帶到這裡的孩子都是我的孩子。」她說，「但這實在太困難了。」

他們在野戰醫院待了幾個小時。人們一再問著，為什麼沒有人介入阻止阿薩德攻擊一個充滿婦女和孩童的社區。「人權在哪裡？我們沒有人權嗎？聯合國在哪裡？」從阿薩德叛逃的軍醫阿赫瑪德．穆罕默德（Ahmed Mohammed）問。「我們要請所有信神的人幫助我們——無論是基督教徒、猶太教徒或穆斯林！」一名青年說。他表示，一枚砲彈擊中清真寺時，他因為在裡面做禮拜而受傷。到了傍晚，四處走動比較安全，於是阿布・哈寧建議去一些婦女和小孩過夜的地方見見他們。人們紛紛從屋子裡走出，享受轟炸暫緩的短暫時光。瑪麗一行人開車大約五分鐘，抵達另一棟公寓大樓，並被帶進一座地窖中。瑪麗描寫這座地窖的外電將成為她最著名的報導。

> 他們稱之為寡婦的地下室。擠在臨時床鋪和散落物品之間的，是受驚的婦女和孩童，他們受困在霍姆斯的恐怖情況之中，這座敘利亞城市已經被無情的轟炸摧殘了兩個星期。
>
> 這座木頭工廠地窖位在巴巴阿姆爾被圍攻的區域，共有三百人擠在裡頭，其中一位是二十歲的努爾，砲彈和火箭奪走了她的丈夫和家。
>
> 「我們的屋子被火箭彈擊中，因此我們十七個人待在同一個房間。」她回憶時，她的三歲女兒米蜜和五歲兒子穆罕莫德緊抓著她的長袍不放。
>
> 「我們有整整兩天，除了糖和水沒有其他東西可吃，於是我的丈夫外出試圖覓食。」那是她最後一次看見三十歲的馬濟亞德，他過去在一間手機維修店工作。「他被一枚迫擊炮彈炸成碎片。」對努爾來說，那是場雙重的悲劇。她二十七歲的哥哥亞德南也在馬濟亞德身旁喪生。
>
> 所有在地窖裡的人都有類似的苦難或死亡的遭遇。之所以選擇那裡當避難所，是因為那裡是巴巴阿姆爾少數的地下室之一。泡沫床墊靠牆堆疊，而那些孩子從二月四日圍攻開始時，就再也沒有看過白天的陽光。多數的家庭逃離家中時，除了身上的衣物外一無所有。
>
> 城市的物資存量低得危險，這裡唯一的糧食是米、茶和一些鮪魚錫罐，都是一名地方的長老從一間炸毀的超市洗劫而來的。

上週在地下室出生的一名嬰孩，看起來就像她的母親法蒂瑪一樣因戰爭受到極度驚嚇。法蒂瑪今年十九歲，在她家族單層的住宅被夷平後逃到那裡。「我們奇蹟般地活了下來。」她低聲說。法蒂瑪受到的創傷嚴重到她無法哺乳，因此那個嬰兒只以糖和水維生；那裡沒有配方奶可以喝。

法蒂瑪不知道自己是否已經成為寡婦。她的丈夫是名牧羊人，圍困殘忍的猛烈攻勢開始時，他人在鄉下，自此音訊全無。

*

那晚瑪麗寄了電郵給理查德。

親愛的，這封短信是要告訴你，我已經抵達巴巴阿姆爾的中心，也就是霍姆斯被圍攻的社區。說是圍攻其實太過保守。每棟建築都受到攻擊，而且轟炸全天候不停歇。雖然我又濕又冷，渾身泥濘，但我親臨現場！這場人類悲劇的規模令人震驚。……我好愛你。

瑪，附上數不完的親親

經歷一天冒險倖存後的任何寬慰，會被電視新聞抹滅。CNN正在報導，《紐約時報》的安東尼．夏迪德（Anthony Shadid）在敘利亞北部採訪報導時，因為氣喘劇烈發作而死，他是這個地區思考最縝密、觀察最敏銳的記者之一。試圖救活他未果後，攝影師泰勒．希克斯（Tyler Hicks）帶著他的屍體，跨越土耳其邊界歸返。「這件事讓所有人深受打擊。」保羅說。「我們全都曾和他合作過。他就像是個老兵，已經在這個圈子走跳許久。」瑪麗陷入沉默。安東尼的作品「散發著人性光輝」，她在臉書上寫道。「他是能夠闡明這個陌生的新中東的最佳人選。」她撥打Skype電話給一位共同朋友，她對安東尼逝世的悲痛因為她自己身處的險境而更加劇。

接著又傳出更多壞消息。CNN通訊記者亞娃．戴蒙說，她在街上從敘利亞自由軍成員的口中，得知敘利亞政府計畫在當晚發動對巴巴阿姆爾的地面入侵。緊張情勢升高，人們在屋子裡來來去去，邊低聲交談邊抽菸。離開的唯一路徑是隧道。如果隧道因為轟炸被截斷，他們就會無路可逃。

保羅知道瑪麗已經取得新聞，他也已經拍到照片，因此他認為沒有留下的真正必要，但瑪麗不願意離去。「她非常固執。」瓦伊勒回想。在她心中，那和東帝汶的情況一樣：如果她離去，就是拋棄了在寡婦地下室遇見的婦女和兒童。無論如何，地面入侵可能不會發生，或至少還沒發生。她提議他們可以住在瓦礫堆中，穿著蒙面罩袍（burqas），報導入侵行動。肖恩打Skype電話給她，催促她離開：她已經取得一則精彩的新聞故事，她可以在相對安全的布威達發稿。最後，阿布．哈寧出面，結束所有的討論。他的抗爭團體將會分成兩組——六人會待在巴巴阿姆爾，成為殉戰烈士，另外六人會陪同記者從隧道離開。所有人都應該打包行李，做好立即動身離去的準備。

他們登上小巴士時，保羅和瑪麗一樣，感覺他們正在拋棄巴巴阿姆爾的居民。但和瑪麗不同的是，他認為他們別無選擇。在通往隧道的途中某處，後座的武裝護衛人員開始對司機大吼，因為他在一個十字路口倒退。他轉錯彎了。瑪麗向後靠到座椅上。他們束手無策。接到指令後，他們下車步行，保羅此刻對他們的護衛人員震怒不已，其中一人穿著有LED燈裝飾閃爍的運動鞋，活像個信號燈。那些抗爭者自顧自地聊天，似乎毫不在意維持基本安全的必要性。通過隧道的回程就像去程一樣艱鉅，接續則是顛簸不平的車程，前往布威達他們先前借住過的那位指揮官的住處。整趟旅程耗費了二十四個小時。

瑪麗走到對街的女性住處，在那裡徹夜熬夜，撰寫她的文稿。她的截稿日期是隔天。身在一個比較不危險的地方，她應該要如釋重負，但她卻沒有放心的感覺。早上時，她看起來累壞了，雙眼充血，把保羅叫醒。指揮官告訴她，預期的地面入侵並沒有實際發生。巴巴阿姆爾的一切都和過去一樣。「我們搞砸了。」她說。無論她對於離開當地的決定多麼憤怒，最優先該完成的事是要發送她的報導。兩人的可攜式衛星終端機都無法運作，他們懷疑是因為敘利亞政府正在干擾訊號。瑪麗必須用衛星電話口述她的文稿，可能會耗費長達一小時。在她離開前，一名安全顧問曾建議她，她只應該在準備動身前往其他地方時，才使用衛星電話，因為訊號很容易就會遭到追蹤。可是，她如果想把報導傳到倫敦，就別無選擇。

她的頭版報導，是關於她在巴巴阿姆爾的野戰醫院認識的一名獸醫，他運用他綿羊解剖學的知識治療傷患。肖恩認為，在內頁的整版報導可能是她寫過最好的一篇文章，開頭是她對寡婦地下室的描述。「她對於細節的描寫非常精彩，而且她全心投入這篇報導中。」

> 敘利亞人挖掘出一條巨大的壕溝，圍繞該區的絕大部分，幾乎不讓任何人進出。軍隊正在發動殘忍的戰役，去鎮壓霍姆斯、哈馬（Hama）等其他反抗敘利亞總統阿薩德的城市，他的家族已經掌權四十二年之久。
>
> 在巴巴阿姆爾，敘利亞自由軍——也就是對抗阿薩德的武裝勢力——幾乎獲得平民一致的支持，

視他們為民眾的捍衛者。那是場不公平的戰役：阿薩德部隊的戰車和重裝武器，對上敘利亞自由軍的卡拉希尼科夫步槍。

據信約有五千名敘利亞士兵部署在巴巴阿姆爾市郊，而敘利亞自由軍昨天接獲通報，他們可能正在準備地面進攻。居民非常擔憂這波攻擊的後果。

「我們生活在敘利亞自由軍離開這座城市的恐懼之中。」四十三歲的哈米妲說，她和她的子女和姐姐一家人，在她們的房子遭到轟炸後，躲在一間一樓的無人公寓中，「那時將會發生大屠殺。」

*

瑪麗在一個特派記者臉書頁面禿鷹俱樂部（Vulture Club）上，張貼她報導的連結。「把故事從這裡傳播出去，正是我們踏入新聞業的目的。」她寫道。她懇求其他記者不要公開偷渡進入霍姆斯的路線，指出：「這不只是為了記者，也因為那是重傷傷患唯一能夠離開當地的路徑，黎巴嫩的醫院是他們存活僅有的希望。」

她寄電子郵件給她的朋友，告訴他們巴巴阿姆爾的情況多麼令人絕望，並且開始思考她下個目的地——或許可以去伊朗？肖恩告訴她，所有電臺的報紙評論都提到她的報導，吉姆．穆伊爾當天早上也在BBC引用她的文字，報社所有人都認為那篇報導非常出色。理查德寄電郵：「好精彩的故事，我親愛的。妳真的在親眼見證一起慘絕人寰的事件。妳的報導太棒了——幾乎是妳最好的一篇文章……我無法形容我有多麼以妳為榮。我也擔心妳的安危。」她打電話給他，在他沒接時留下一則語音訊息。「昨天實在挺瘋狂的。我必須不斷移動，因為我連不上網路。總之，我已經離開巴巴阿姆爾，但還在霍姆斯，可是我每小時都遭受轟炸。還有，我愛你。」她寄電郵給海倫．費爾汀，為她無法趕上她的生日酒會向她道歉。

地平線那端，巴巴阿姆爾升起陣陣的黑煙。CNN團隊和J－P正要前往黎巴嫩，但瑪麗不想要撤離。她感到焦躁不安。瑪麗和保羅研究前往哈馬的可能性，那是阿薩德軍隊預期要攻打的下一座城市，但很快就發現不可能成行。肖恩建議他們留在原地，報導逃出巴巴阿姆爾的民眾的證詞。瑪麗仍然是霍姆斯附近唯一一位英國報社的記者，因此在競爭中遙遙領先。但她十分沮喪。地面入侵沒有發生，那他們為什麼要離開呢？保羅表示，他們已經掌握唯一可以取得的一則新聞故事——他們還能如何得到不同的故事？入侵就算沒有在幾小時內成真，也絕對會在幾天內發生。那樣的說法無法令她滿意。她想要回去。保羅倦怠又茫然，於是默許她的提議，但並不認為那是個好主意。瓦伊勒說，如果他們要去，他也會同行。畢竟那是他生活的社區。最後，讓他們借住家中的那位指揮官同意，替他們尋找交通工具。

瑪麗沒有告訴肖恩她要回去巴巴阿姆爾。她也沒有寄信給理查德或任何一位她的朋友。星期日，她打電話給珍．韋爾斯萊，沒有留下語音訊息。隔天又撥了一通，這次留下訊息，說她可能會失去聯繫幾天，但沒什麼好擔心的。他們在二十號星期一的黎明前出發，搭車越野，直到夜幕低垂，他們抵達隧道前那間他們六天前落腳過的小屋。叛軍正在聊天抽菸，一對老夫婦四處大驚小怪地表示擔心，為眾人端上甜茶。

保羅告訴瑪麗，他有不好的預感。他腦中有個糾纏不休的聲音，不斷告訴他不要回去巴巴阿姆爾。瑪麗問他那些擔憂的根據是什麼。他聳了聳肩。「沒具體原因。」瑪麗不會因此罷休。如果他不想一起去，她就自己上路。她一定知道他不可能這麼做：拋下她會違反保羅受過的一切軍人訓練，更別提他對友情的忠誠。如果她遭遇不測，而他沒有陪在她身旁，他該如何心安理得地活下去？於是他吞下他的恐懼，他們跋涉通過泥地，爬上高牆，重返他們先前走過的同一條路。

他們正在暴雨水溝深處，彎腰費力涉水，沒有察覺地面上正在發生什麼事，因此沒有聽見巨大的爆炸聲響，穿透炸毀那對老夫婦招待他們喝茶的那間屋子。他們並不知情，叛軍在其中一間房間，貯藏數百公斤不穩定的黃色炸藥和Ｃ４塑性炸藥。保羅、瑪麗和瓦伊勒離開後不到半小時，某個東西點燃了那些炸藥。那對老夫婦、叛軍和附近區域的許多居民都被炸成碎片。

如果他們遵從保羅的直覺，在當時中止回到巴巴阿姆爾的旅程，那些炸藥引爆時，他們仍會待在那間屋子裡。他們三人全都會立即喪命。

*

當他們在不到一週內，第三次賣力走過隧道，一波人潮正往反方向蹣跚走來，有些人被用擔架扛著，其他人帶著傷步行，他們全是狙擊手和砲彈的受害者。顯然在隧道另一頭的情勢已經惡化：轟炸從未間斷，地面震盪搖晃。他們搭上一輛小卡車呼嘯離去，但被告知要在市郊暫停，在進入戰區前稍事休息。瑪麗緊張不安，既害怕又渴望能成功返回巴巴阿姆爾。最終，他們搭上一輛舊達特桑（Datsun），這臺車碎裂的擋風玻璃用膠帶固定住，嘗試發動四次後，點火裝置才成功點燃。車子在窄街中減速，隆隆的槍聲四起，司機弓著背躲在方向盤後方。

「嘿，各位，我們到家了！」瓦伊勒在他們靠近媒體中心門前時說，但裡面的抗爭者見到他們不怎麼高興。

「你們怎麼回來了？」阿布．哈寧問。

「我們必須親眼見證發生了什麼事，再報導出去。」瑪麗說。

瓦伊勒盡可能保持超然。「但我一想到，如果入侵真的發生，一切都會毀滅，所有人都會喪生，我就感到難過。」他回憶。

瑪麗寄電郵給理查德。

我又回到巴巴阿姆爾，現在在沒有窗戶的簡陋住處凍僵了。……你聽到一定會哈哈大笑。今晚我得爬過兩道石牆，在第二道（高達六英尺）時遇到困難，於是一名叛軍用雙手擺出翻花繩的樣子，並說：「踩在這裡，我會抬妳上去。」只是我比他預期得輕上許多，所以當他「抬」起我的一腳，他竟把我拋向牆的另一側，導致我頭朝下栽在泥地裡！

要親眼見證這裡在發生的事非常困難，我只能得到一些傳言。

我會在這裡再待上一週，然後離開。每天都充滿恐懼。我無時無刻都會想起你，我想念你，也想念待在你身邊。

深愛你的瑪，附上親親

在凌晨轟炸開始前，阿布．哈寧搖醒他們，播放一部其中一位抗爭者剛在野戰醫院拍攝到的影片給他們看。在閃爍的螢幕上，有名受傷的男嬰奄奄一息。醫療人員沒有辦法拯救他。幾小時後，一名抗爭者蹣跚走進房裡，渾身都是灰塵，帶來更多壞消息：最優秀的敘利亞攝影師之一拉米．塞依德（Rami al-Sayed）被砲彈碎片擊中，在野戰醫院因失血過多身亡。瑪麗和保羅試圖想出他們能做些什麼。外出太危險了。瑪麗寄電郵給另外幾位記者。「我想，關於我倖存的報導可能有些誇大。」她寫，「我又回到巴巴阿姆爾。這實在令人作嘔，無法理解世界怎能袖手旁觀，而我到現在應該要能堅強面對了。或許這不是我最好的決定，儘管如此，這樣的憤怒仍讓我覺得不虛此行。」她也寄信給肖恩，彷彿沒有和他討論，就回到世界上最危險的地方，是非常稀鬆平常的事。「我們已經移動到巴巴阿姆爾。只要能去到現場，我們不會想在市郊報導斯雷布雷尼察大屠殺（Srebrenica）[1]的，所以我們回到這裡了。」她表示，她的計畫是要報導那個鄰里社區的抵抗行動和平民的經歷。「沒水沒電，非常非常寒冷。」她補充寫道。

肖恩很震驚，她居然沒有和他商量就回到巴巴阿姆爾。他想要她離開，但知道如果他下令，瑪麗會固執己見。那時，關於她行蹤的消息已經傳開。外交部的首席新聞發布官打電話給肖恩，詢問她計畫如何離開那裡。派翠克透過記者的小道消息得知她的狀況後，也來電關心，擔憂瑪麗再次深陷危險之中。肖恩開始接到電視臺的電話，表示想要訪問她。「我們不想要製造誘因給敘利亞軍隊，讓他們因為妳正在散播他們的戰爭罪行而找上妳。」他在一封給瑪麗的電子郵件中寫道，「如果有風險，我會告訴任何來詢問的人，目前仍無法採訪。」瑪麗知道，那名在診所死亡的嬰兒，以及持續砲轟平民的新聞無法保密到星期日。此外，她和保羅可能也活不了那麼久。他們想要立即將新聞發布出去，但擔心現

1 譯注：一九九五年於波士尼亞戰爭期間發生的大屠殺，起因是波士尼亞與赫塞哥維納（Bosna i Hercegovina）通過公投，欲從塞爾維亞族共和國（Republika Srpska）獨立，而遭到塞族軍隊鎮壓屠殺。

場直播可能留下衛星訊號足跡，而被阿薩德軍隊的技術部門利用來追蹤他們。於是他們詢問阿布．哈寧，訊號會不會讓他們所有人陷入更大的危機。那些抗爭者自己也在接受阿拉伯語電視臺的Skype訪談。「就做吧。」他們說，「那是你們來這裡的目的。」瓦伊勒十分擔心。「我試圖告訴她，在報紙上寫報導是一回事，但現場直播會讓敘利亞政府氣瘋的。」他說，「掌權者想要讓所有聲音消音，而瑪麗代表的正是巴巴阿姆爾人民的聲音。」

瑪麗的第一場訪談是與第四臺新聞連線。她沒有強調她人在現場，只是描述抗爭者傳來的那部影片。「今天在診所，如果那能稱得上是診所的話——那只是間擺著兩張手術臺的公寓，有一名牙醫和一名醫師——有個一歲的小嬰兒，裸體，左胸被擊中。醫生說我們什麼事都做不了，只能眼睜睜看著那個寶寶小小的肚子劇烈起伏呼吸，然後斷氣。」她說。她和BBC的採訪清楚表明她正身處的危險。「我所在的這棟建築的頂樓上週被擊中，而隔壁的建物也已經完全毀壞。」她說，「我去過的所有街上，從沒有看見任一個軍事目標。這裡真的沒有任何軍事據點，我見過的傷患和死者，我敢說有八成都是平民。當然這裡有敘利亞自由軍戰士，但他們放肆轟炸卻沒有受到任何懲處，無情地不顧那些平民的安危，他們只不過是無法逃離而已。」

她知道，在CNN上廣播的影響力可能最大，因為美國國務院和白宮也會看見。「他們說自己只是在追擊恐怖分子，完完全全是在說謊。」她告訴CNN主播安德森．庫柏（Anderson Cooper），「敘利亞軍隊單純是在轟炸一座充滿又冷又餓的平民的城市。」當主播假設，那名嬰兒死去時，她人就在房內，她並沒有糾正他。「那景象非常可怕，我看得心都碎了。」她說，「而那只是許多相似的故事之一。他的家被砲彈轟炸。他的另一名家人稍後才到場，表示他們房子的二樓遭到砲擊。一枚砲彈碎片卡在他的胸部。」

她已經向從診所回來的抗爭者證實那些資訊，但對她來說，比起澄清她不是親眼看見那些事，讓那部垂死嬰兒的影片流傳更加重要。「那個小嬰兒可能會讓更多人動容，去思考發生了什麼事，又為什麼沒有人在阻止天天在霍姆斯上演的屠殺。」她對保羅說。

*

晚上，瑪麗和保羅披著毯子同坐，想著他們的處境。

「如果沒有支薪，妳還會在這裡嗎？」他問。

「會啊，」她說，「你呢？」

「當然。」保羅說。

正是如此。儘管保羅對於回到戰區持保留態度，但他就像瑪麗一樣，相信他們的所作所為是對的——向世界展示一場針對平民的全面攻擊行動多麼恐怖駭人。然而，瑪麗的想法更進一步——她認為他們在場能夠帶來改變，一如她在東帝汶所相信的。保羅想起，瑪麗對報導的信念在過去曾帶給她多少瘋狂的危險。

「瑪麗，妳這話言之過早了。」他說。她哈哈大笑。

肖恩和瑪麗透過Skype談話。他說，她已經做了所有她能做的事，下週的故事會和上週大同小異，既然如此，讓她自己和保羅暴露在更大的危險之中有什麼意義呢？她不同意。保羅默默背著她寄電郵給肖恩，告訴他唯一撤出的路線可能不久就會封閉，而瑪麗想要躲在廢墟瓦礫之中的想法並不可行。「我懷疑瑪麗因為這星期在報紙和電視上的訪談而備受注目，犧牲了我們的安全。如我們所知，敘利亞人擁有高效率的情報體系。」他寫，「瑪麗對於新聞的敏銳度極高，但依我所見，當遇上軍事行動，她卻缺乏一般的戰略意識。」又接到另一封來自肖恩的電子郵件後，瑪麗同意隔天他們會試圖取得更多報導素材，並在當晚離開。

「真他媽的哈利路亞。」保羅心想。

接著，正當保羅以為他們的撤退計畫已經底定，歐洲人抵達了。又有四名記者不顧轟炸的危險，勇敢通過隧道：西班牙《世界報》（*El Mundo*）的哈維爾．埃斯皮諾沙（Javier Espinosa）、法國記者艾狄．布維耶，以及兩位法國攝影師威廉．丹尼爾斯（William Daniels）和瑞米．歐希里克。能見到友善的臉孔是件好事，但保羅的心頓時沉了下去：他知道如今要瑪麗離開會更加困難，因為競爭者已經進城。她寄信給肖恩。「一群歐洲記者湧進來了！」她寫，「我拒絕敗在法國人手下！」她認為，其他CNN和半島電視臺的記者也會接踵而至。「我感到驚恐，懷疑我的報導讓所有人發現是進得來的。」她寫。她和保羅計畫明早的行程。如果他們起得早，她提議在砲轟開始前，他們或許能去一趟野戰醫院？阿布．哈寧不耐地默許：可以早上五點去。「現在歐洲敗類到這裡來了，你還想走嗎？」瑪麗問保羅。

有件事讓她擔心——從未間斷的砲轟似乎導致她一耳失聰。保羅拿著一枝火把，往她的耳朵裡瞧。「千萬別動。」他邊說，邊將一根火柴伸進她的耳道。「現在可以看了。」他說，拿起他取出的戰利品。那是她在接受CNN訪談時，使用的耳機所掉落的橡膠耳機套。瑪麗開始咯咯傻笑。保羅也接著笑了出來。他們笑得渾身發抖，直到相繼睡去。

＊

那天晚上，當記者正蜷縮在毛毯底下，哈利德．法利斯的情報網絡中，有名女子告訴他，她知道媒體中心的位置。她不僅知道中心所在的街道和那棟建築屋主的名字，她還肯定有外國記者待在那裡。她的身分保密，但可能是其中一位抗爭者的親戚。法利斯帶她到霍姆斯的作戰指揮室，夏哈達少將正在那裡等候。一張巴巴阿姆爾的空照圖投影在螢幕上。在那名線人的幫助之下，少將和他的部屬得以確定他們目標的位置。「尤利西斯」在他宣誓過的陳述中表示，「法利斯拿著一只黃色的大信封離開會議室，是用來裝情報報告的那種信封。」他指示：「把這個信封交給電腦與信號部門的負責人驗證真偽。」幾小時後，結果回傳：「今晚在同一個地點曾發射直播訊號。」幾乎可以肯定，那是瑪麗用Skype進行的直播之一。夏哈達少將終於得到他想要的資訊。他們立即將細節傳遞給城鎮邊緣的砲兵單位。

＊

瑪麗試圖在約定的早上五點叫醒阿布．哈寧，但他睡得太熟。他們只能晚點再嘗試去野戰醫院一趟。同樣筋疲力盡的她爬回毯子底下，不久便再次入睡，身旁躺著保羅和瓦伊勒。幾小時後，他們自己醒來，正準備走到主房間。「該死，狙擊手現在已經醒了。」瑪麗咕噥抱怨。「那些法國人也是。」當他們搖搖晃晃走進房間，他們所有的感官都同時遭受重擊。火箭彈震耳欲聾的尖銳聲響震碎他們的耳膜。建築劇烈搖晃，破瓦殘礫從牆面和天花板大量崩落。在煙霧和沙塵中，破碎窗戶的玻璃碎片墜落。第二次爆炸襲來。人們尖叫大吼：「快出去！」

保羅受過的訓練派上用場：火箭彈愈來愈接近，代表那個地方遭到「夾叉射擊」，那是砲兵的一種策略，射擊目標的每一側後，根據前方著彈點觀測員或無人機提供的資訊修正，接著再次發射。攻擊者知道自己在做什麼。他意識到，下一枚火箭彈就會直接擊中屋子，而只過一瞬間，建築物的後方就立即爆炸，發出令人作嘔的嘎吱聲，房內充滿煙霧、粉塵和燃燒的氣味。保羅跑到後方的房間，拿他的相機。瑞米已經順利穿上他的防彈衣。瑪麗也套上她的防彈夾克，正試圖從她的包包裡拉出某樣東西。「快出去！出去！」人們用阿拉伯語、法語和英語尖叫著。艾狄嚇得不知所措。她該拿她的包包嗎？她該往哪裡去？威廉和哈維爾靠在主房間的牆邊站著，而瓦伊勒站在房間中央。

其中一位抗爭者對所有人大喊，要他們兩兩跑到門廳，再跑過對街，到一棟有地下避難所的建築。瓦伊勒握著瑪麗的手，準備拔腿狂奔，卻發現瑞米正握住她的另一隻手。他選擇放手。哈維爾也開始奔跑，但馬上衝回來穿上他的靴子。突然之間，保羅想到，他們到街上會更容易遭到攻擊——一道內牆在人身上粉碎，還有機會存活，但遇上戶外如此大量的砲彈碎片飛濺，就必死無疑。「別他媽的出去！別他媽的離開！」他在煙霧和沙塵中咆哮。「回去！」其中一名抗爭者尖叫，並沒有特定對誰大喊。但已經太遲了。第四枚火箭彈呼嘯落入屋內。炙熱的金屬撕裂水泥和木材。粉塵堵住空氣。瓦伊勒昏厥過去，而保羅感覺到腹部和腿部劇烈疼痛。

正當瑪麗和瑞米跑過門口，那枚火箭彈在房子的前方爆炸。砲彈直接命中兩人。那股衝擊力必定讓兩人立即倒地，滾燙的炸彈碎片刺穿他們的身體。更多砲彈墜落，炸傷那些衝到街上的媒體中心抗爭者，瑪麗和瑞米一動也不動地靜默躺著，破瓦殘礫如下雨般落在他們身上。

超過十五分鐘後，攻擊停止，煙霧和沙塵開始散去。一臺無人機在頭頂嗡嗡飛行。保羅的腿受到重傷，他已經設法用網路纜線充當止血帶，止住血流。他爬出那棟建築。抬起頭時，他可以看見瑪麗的皮帶和藍色毛衣。她的頭部淹沒在瓦礫之中。他知道火箭彈必然立即奪走她的性命，但內心有一部分不太能承受這個事實。他伸出手，把手放在她的胸上。沒有呼吸。沒有心跳。

後記

狂喜是
內陸之人航向大海，
行經房舍——行經陸岬——
進入深遠的永恆——

一如我們，在山間成長，
水手豈能了解
離開陸地的第一里格時
那神妙的陶醉？

——艾蜜莉・狄金生（Emily Dickinson）

倖存的記者聯絡他們的新聞編輯部和家人時，他們的消息走漏了：瑪麗和瑞米喪生；保羅、艾狄和瓦伊勒受傷；哈維爾和威廉飽受驚嚇，但毫髮無傷。當半島電視臺的人員打電話給國際版編輯部，肖恩正在健身房的跑步機上。他衝進辦公室時，試圖說服自己這可能不是真的，或許她只是受傷，但愈來愈多通電話湧入，而所有人似乎都在說一樣的事。他撥電話給理查德。

「我非常遺憾，但我打來是要告訴你再糟糕不過的消息。據說瑪麗已經遇害身亡。」他按照別人告訴他這個壞消息的劇本說著。理查德驚叫。肖恩說：「我還沒有確認。」但理查德已經在用電腦搜尋消息。「老天，上路透社新聞了。」他說完便掛掉電話。不久，珍和瑪麗的其他朋友也接到電話，所有人都震驚哭泣。經過幾小時，《週日泰晤士報》確認了這則最糟的消息後，首相大衛・卡麥隆（David Cameron）在國會發表聲明，表示瑪麗的死是「極為悲痛的提醒，讓我們謹記記者在告訴世人事發經過時所承擔的風險，以及敘利亞的可怕事件」。反對黨領袖艾德・米勒班（Ed Millband）說，「她是個勇敢且孜孜不倦的記者，走過許多大洲，歷經許多艱難的情況。她也為同行的女性帶來啟發。她死前幾小時的報導展現出她作品的顛峰。」

CNN和安德森・庫柏現場連線，他幾個小時前才剛訪問過瑪麗。「即便她已經到過那麼多衝突的現場，她從未失去人性，也從未失去將那份人性傳遞給我們所有人的能力。那就是她如此出色的原因。」他說，聽起來深受震驚，「就像許多在戰區的人們，我想她也同樣感到恐懼，但她從沒有因為恐懼而卻步。正是這一點，讓她成為英雄。」

在舊金山，卡崔娜剛上床，電話鈴響時沒有醒來，於是一個留宿的朋友接起電話，把她搖醒，告訴她這個消息。「不！」她放聲呼喊，「不，不，不，不……」凱特當時正在佛蒙特州和她的孩子度過滑雪週末，肖恩在她的電話留下語音訊息時，她也已經入睡，幾個小時後才醒來，因為有個朋友打來說她在CNN看到關於瑪麗死訊的報導。

凱特撥電話給蘿絲瑪麗時，蘿絲瑪麗已經得知噩耗。

開車回牡蠣灣的六小時車程似乎永無止盡。凱特一直希望用意志力讓她的手機鈴響，而且會是瑪麗打來的。**「噢，小白兔，妳不會就這樣相信我死了吧？」**她抵達時，成排的衛星採訪車已經聚集在她母親的小房子外，停在東諾維奇的安靜街道上，記者正排隊等候訪問蘿絲瑪麗。經過這些年來的複雜心情，蘿絲瑪麗對她女兒成就的驕傲，總是會因為擔心她的安危而沖淡，如今，她決定當天每位記者離開時都要帶走一段引言。「今天我會和你們對話的原因，是因為我不希望我女兒留下的東西只是一句『無可奉告』……因為她不是個會說『無可奉告』的人。」她說，「她留給我們的啟示是：永保熱情，投入你所相信的事物。並且盡你所能，全心、誠實、無畏地去做。」

*

早上，夏哈達少將在他的辦公室舉辦慶祝會。發動那場攻擊行動的軍官和幫助鎖定媒體中心位置的情報員，一起接受道賀。大約在早上十一點，三一八一般情報科的領袖菲拉斯・哈米德（Firas al-Hamed）上校抵達宴會現場，表示電子監視設備已經確認兩名外國記者喪生。因為攔截從巴巴阿姆爾外傳的求救電話，請求協助撤離屍體和倖存者，他們知道那些死者的姓名。根據「尤利西斯」所述，他們大吃大喝，為自己的成功洋洋得意。

「那個獨眼的賤貨是以色列人。」其中一名軍官說。

「瑪麗・柯爾文是個婊子，如今她總算死了。」夏哈達少將說，「現在讓美國人去幫她吧。」

「尤利西斯」說，幾天後，哈利德・法利斯因為對殺害瑪麗・柯爾文和瑞米・歐希里克有所貢獻，而獲頒獎勵：一臺閃亮豪華的黑色轎車，是現代集團的創世紀車款。「這輛車是來自馬希爾・阿薩德的禮物。」他聲稱，「是作戰成功的獎賞。」

*

瑪麗的同事哈菈・賈伯正和黎巴嫩的家人一起，為她的丈夫攝影師史帝夫・班特（Steve Bent）哀悼，他在耶誕節因癌症逝世。當肖恩打給她，詢問她是否願意去大馬士革，試圖取回瑪麗的遺體，並救出保羅・康羅伊時，她毫不猶豫地答應。「我心想，如果角色對調，瑪麗會不會為我這麼做？」她回想，「她絕對會。瑪麗不只是我的同事，更是我的好友。」她先走陸路，仍穿著傳統哀悼死者的黑衣。邁爾斯・阿莫爾和《週日泰晤士報》的圖像編輯瑞・威爾斯（Ray Wells）受派前往貝魯特，去察看如果從叛軍的路徑把倖存者營救出來是否比較妥當。

抵達大馬士革時，哈菈聯絡她認識的所有門路，甚至試圖說服敘利亞軍方和敘利亞自由軍協商停火，讓等同於紅十字會的紅新月會救護車駛入巴巴阿姆爾，載運遺體和傷患。但她無法辦到的是直接和保羅交談，因為叛軍會擔心來自大馬士革的電話，是要試圖找出他們的所在位置，以便發動另一次攻擊行動。她必須和倫敦的國際版編輯部對話，由他們傳遞訊息給在貝魯特的團隊，貝魯特的人員再和尋找保羅行蹤的叛軍聯繫。讓哈菈感到挫折的是，保羅、艾狄等人拒絕搭上紅新月會的救護車，深信他們一進入敘利亞政府的領地，就會被拘留，甚至遭到殺害。直到今天，哈菈仍堅信，如果受傷的記者坐上那臺救護車，他們抵達政府那方的地區後，就會受到妥善的醫治。不過，保羅說，救護車隨行的敘利亞醫師警告他們，那場營救實際上只是個詭計。

長達近一週，那些受傷的記者都留在巴巴阿姆爾，試圖想出脫身的辦法。最後，在抗爭者的幫助下，保羅和哈維爾設法回到地下的隧道，成功抵達貝魯特。對保羅來說，帶著他一腿和身體一側的多個傷口，那是段漫長且極度痛苦的旅程。他一跨越進入黎巴嫩國土，他就能聯繫邁爾斯和瑞，最終順利抵達貝魯特的英國大使館住處。艾狄和威廉因為遇上交戰而無法前進，必須掉頭回到巴巴阿姆爾。他們最後在二月二十九日的晚上逃出，幾個小時後，敘利亞自由軍就撤離，政府軍重新奪回巴巴阿姆爾。

阿布·哈寧極度悲痛震驚，拍下瑞米和瑪麗遺體的影像。接著其他抗爭者帶他們到臨時的停屍間，再送上冷藏車，可是燃料用光了，於是他們埋葬遺體，仔細標注位置，並且記錄在GPS上。哈菈給敘利亞情報單位的一位資深成員看蘿絲瑪麗寫的信，請求能把她女兒的遺體遣送回國。派駐敘利亞的法國大使艾希克·謝瓦里耶（Eric Chevallier）正在聯絡他的人脈，試圖取回瑞米的遺體。幾天後，一名同時為政權和叛軍工作的雙面間諜，將屍體挖掘出來，重新埋葬在他的花園裡。政府勢力奪回那個社區後，相關人員又從那裡取走遺體。攻擊行動的兩週後，瑪麗和瑞米的遺體被送往大馬士革。

對哈菈而言，辨認瑪麗的屍體是她曾獲派最痛苦的任務，但她冷靜而清醒。「我是為了我的朋友和她的母親，好讓她能夠為她的遺體禱告。」她說。哈菈和法國大使安排為遺體做防腐處理，並放入棺木中，準備送上法國航空（Air France）最後一班離開大馬士革的飛機，之後航空公司便關閉在敘利亞首都的辦公室。他們坐在機場，兩人都陷入沉思，直到飛行員通知大使，班機已經離開敘利亞的空域。

二〇一二年三月四日，瑪麗·柯爾文的遺體抵達巴黎。隔天她被送往紐約。

蘿絲瑪麗、瑪麗的弟妹和肖恩在停機坪上等候時，覆蓋星條旗的棺材搬下飛機，放上在一旁待命的殯儀車，載她到牡蠣灣的殯儀館。瑪麗回家了，或說至少是回到一切開始的地方。人們開始從歐洲和中東陸續抵達。他們守靈、喝威士忌，並且交換瑪麗種種功績的故事，從她孩提時在屋子後方的山丘大膽嬉戲玩耍，到她在耶魯大學的派對，和她身為記者的非凡成就，報導她身處時代的衝突事件。葬禮於三月十二日在聖道明教堂舉行，她童年時曾在那裡禮拜，也在那裡參加她父親的葬禮、和派翠克結婚。幾個月前，她和派翠克已經言歸於好。「儘管她曾看過和經歷這些種種，她仍保有一種天真。而在時髦的外表下，你總是能瞥見那個熱切又男孩子氣的牡蠣灣小女孩。」派翠克寫道。「時間和酸苦的經歷從未抹去那孩子般的特質。她總是能在事物中看見驚奇。」

朋友和過去的情人，愛她和景仰她的人們組成的龐大人際網絡，從耶路撒冷、倫敦和更遠的地方前來齊聚一堂。有些在她人生中最重要的人物已經逝世，包括米基・馬耶、盧西恩・卡爾和大衛・布朗迪。其他人就算已經多年沒有見過她仍到場致哀，其中有她早年的男友湯姆・德傑蘇和克里斯・比加特、她青春期的死黨潔瑞琳・漢拉罕，以及給瑪麗第一份在卡車司機工會的工作的喬・麥德莫。一群和她素未謀面的流亡敘利亞人，來到現場向她致敬。耶魯大學的校友群，混雜著諾丁丘的朋友和數十名記者。理查德和瑪麗的親朋好友之間關係有些緊繃，他們永遠無法原諒他對她造成的痛苦，也對他聲稱是她的伴侶感到憤怒。魯柏・梅鐸坐在教堂的後方。他說，瑪麗是「我們報社有史以來最優秀的戰地記者，而我想可能也是全世界最傑出的一位」。

卡崔娜在悼詞中形容，她的摯友如何「拖著一連串的榮光與混亂」而來。這是許多人認識的瑪麗：才華洋溢、勇敢無懼，當她找不到她的皮夾，或因為迷路而遲到，她總是哈哈大笑。「妳對笑聲徹徹底底毫無抵禦之力。」卡崔娜說，「瑪麗對自己的不切實際十分坦蕩，但她會壯大她身上散發的享樂氣息——那可以掩飾另外一面的她，不再真摯而遠遠更加孤僻。那樣的她是個過分敏感、賦予自己沉重壓力的作家，是個滿懷抱負的歷史學者，是個散文和詩歌的學徒，也是個想要快樂戀愛的脆弱女人。」

珍朗讀《提摩太書》的段落。

至於我，我的人生已如奠酒般被澆灑，我離世的時候到了。那美好的仗我已經打過了；當跑的路我已經跑盡了；所信的道我已經守住了。

伴隨風笛手演奏的〈奇異恩典〉，送葬者走出戶外到陽光下，那裡有群泰米爾人沉默站立，手持標語，並分發傳單。「昨日，妳為斯里蘭卡的泰米爾人犧牲妳的一隻眼睛，讓盲眼的世人重見光明。」其中一張寫著，「今日，妳為敘利亞同志犧牲妳的性命，讓世人淚眼汪汪。明日，妳將永遠活在世界各地人道擁護者的心中。」

在《週日泰晤士報》報社內，有人將她的死怪罪到她的編輯身上——他們表示，早在多年前就不該讓她繼續出差。如今沒有法醫的審查去確認她死亡的實情，而且他們認為肖恩和約翰曾鼓勵她冒著瘋狂的危險跑新聞，幾乎毫不關心她的健康，最後甚至不顧她的生命安全。他們認為社內一份沒有究責的機密管理報告是在掩蓋真相。卡崔娜覺得，瑪麗的抑鬱和創傷後壓力症候群，或是酗酒問題，從來都沒有接受妥善治療；她一再在腦中回想瑪麗生前的種種，試圖想出是否曾經有某一刻，她或其他人應該可以介入幫助她。珍和柯爾文一家並不認同這樣的想法：他們說，瑪麗是自己將自己推到極限，而且很難想像她待在衝突地區以外的地方，不去「親眼見證」。她一直都拒絕服從規則。沒有任何熟識瑪麗的人，會認為她有心求死，但就連那些愛她的人，也質疑她回到巴巴阿姆爾的判斷。她知道那是個糟糕的決定——因此她在出發前沒有告訴任何人。

保羅後續又承受了十餘次的手術和永久性的身體創傷，但他從未批評瑪麗回到巴巴阿姆爾的決心。他相信，她認為她的報導能夠救人。那聽起來有些自大，也或許真是如此。自從一九八七年，她在貝魯特的巴勒斯坦難民營時，狙擊手在「死亡之路」射殺一名年輕女子哈嘉．阿赫瑪德．阿里，而她親眼目睹她斷氣以來，引起世人注意可能會帶來改變的想法，一直是她最強而有力的動機之一。她的記者生涯與西方人道干涉的時代重疊，但一如她心知肚明的，任何經歷波士尼亞或科索沃後殘存的理想主義，都在伊拉克化為泡影。也許她只是純粹拒絕去計算遇害的可能性：她都已經在車臣和斯里蘭卡存活下來，這真的還能更糟嗎？就像她在耶路撒冷領養的街貓比利斯密，她也有九條命。某方面而言，她知道這一點。幾年前，她和一個朋友在前線俱樂部外抽菸時，有人走向前來，為吸菸的危害嚴厲譴責他們。「相信我，」瑪麗當時說，「我不會這樣死掉的。」

瑪麗的死並沒有拯救巴巴阿姆爾的居民，也沒有阻止敘利亞的戰爭。有大約幾週的時間，西方政府全神貫注在這個問題上，但那段時期已經過去，而歷史的巨輪繼續轉動。幻滅與死亡餵養著極端主義。有些抗爭者不只撿起槍桿，也拿起《古蘭經》，宣誓效忠於伊斯蘭國（Islamic State）的聖戰意識形態。瑪麗的死，標誌著戰地報導的危險性已經提高，而且到達許多編輯和記者無法接受的程度。在她遇害，而其他人被聖戰士綁架斬首後，拍攝和報導衝突的幾乎都是敘利亞的「公民記者」——他們無疑勇敢又熟練，但服膺於某個理想。對巴巴阿姆爾媒體中心的攻擊，正好證明了殘忍的政府會做出何等極端之舉，去讓瑪麗這樣的獨立目擊記者噤聲。

二〇一八年，凱特和她最大的兩個孩子賈絲婷和克利斯為了瑪麗遇害，對敘利亞政府提起法律訴訟。「瑪麗被巴夏爾·阿薩德總統政權的探員追蹤且鎖定為目標，這是政權監視、逮捕甚至殺害記者的策略之一，旨在阻止記者報導政權鎮壓政治反對派的行徑。」控告書如此寫著。他們希望，變節者「尤利西斯」等人的證據呈上華府的法庭，最終能夠促使敘利亞總統和他的親信因戰爭罪而被起訴。那至少會讓他們感覺她的死不是枉然。

保羅拍下瑪麗的最後一張照片中，她背對鏡頭，穿著她厚重的黑色夾克和牛仔褲，頭髮用髮圈紮起。她正在寫字，筆記本的亮白色紙張，和她身旁廢棄房屋裡灰褐色的戰爭殘骸，形成鮮明的對比：崩碎的髒汙牆面露出糾結的鐵條，鍋碗瓢盆散堆各處，一條綠色的毛毯掉落在地面上，一旁則有扭曲生鏽的薄鐵板。很容易就能想像瑪麗生前最後時光的模樣，她身穿溫暖的深色衣服，衝出殘破的建築，定格在奔逃遇害的那一刻，永遠勇往直前，手裡拿著筆記本。

她從沒有寫成任何一本書，但當年稍晚，她最精彩的報導被集結成《在前線：瑪麗·柯爾文報導文集》（*On the Front Line: the Collected Journalism of Marie Colvin*）一書，可以證明——如果需要證明的話——她身為記者出眾的技巧，和她生活的非凡年代。年輕的記者，尤其是女性，會將瑪麗·柯爾文列為他們的典範，一如她以瑪莎·蓋爾霍恩和約翰·赫希為榜樣。就像她經常帶著一本快翻破的蓋爾霍恩的《戰爭的面容》，現在他們會帶著她的書，下載存放在他們的iPad裡。在她逝世後，許多人寫到她曾如何在利比亞或伊拉克花時間幫助他們，坐下來討論想法，評論他們的文稿，和他們分享消息門路，甚至在他們沒錢時，和他們分享她的飯店房間。其他人則回憶起他們在《週日泰晤士報》國際版編輯部實習時，她親切的態度和鼓勵。要去完所有她曾到過的地方可能太過危險，但他們仍追隨她聚焦平民經歷和戰爭代價的傳統，對於軍方用來欺騙記者的圖表和戰場影像保持懷疑。許多當今嶄露頭角的記者是來自敘利亞、斯里蘭卡、埃及和其他所有她曾實地報導過的國家——正如她對女性的新聞報導能力不如男性的觀念嗤之以鼻，他們也將繼續挑戰這樣的偏見。

瑪麗總是認同那些她接觸過的人們的生命——巴勒斯坦青年、東帝汶難民、斯里蘭卡的泰米爾人和那些圍困在巴巴阿姆爾的居民。他們會記得她不只是一位記者，她更跨過界線，和他們一同生活，最終也和他們一同死去。「我認識她的時間不長，但那是生死存亡的關頭，所以我在她身上看見了某些東西。」瓦伊勒說，他在殺死瑪麗的火箭彈攻擊中倖存，最後成為歐洲的難民。「她夢想為弱者發聲，也夢想有個戰爭不會波及平民的地方。她並非單純或天真，而是懷抱理想。她是個夢想家。」

在倫敦舉辦了兩場追悼會，一場在漢墨斯密的聖彼得教堂（St Peter's Church），另一場在特拉法加廣場旁的聖馬丁教堂（St Martin-in-the-Fields），外交大臣、軍情六處處長、《週日泰晤士報》讀者，以及眾多記者和朋友參加聖馬丁那場。亞倫．詹金斯朗誦〈關於我倖存的報導可能有些誇大〉，這是他在得知瑪麗的死訊後所寫的詩。

漢墨斯密追悼會後的日落時分，瑪麗的母親、她的四個弟妹、外甥、外甥女和她的摯友——卡崔娜、珍、JBC、亞倫和艾莉克斯——還有理查德和艾拉，按照她生前的要求，帶著她的骨灰盒到泰晤士河。珍．韋爾斯萊帶上在她花園摘下的花朵。隨著河水上漲，粉色和橘色的花瓣在三月的烏雲下鮮豔奪目。亞倫朗誦艾蜜莉．狄金生的詩〈狂喜是航向大海〉，他們走到浮筒上，將一把把的骨灰和花瓣撒向廣闊、褐色的河水，而它們義無反顧地流向瑪麗在世界上最愛的地方：海洋。

〈關於我倖存的報導可能有些誇大〉

（瑪麗．柯爾文，二〇一二年二月二十日歿）

◎亞倫．詹金斯

妳怎能躺在那裡？
衣衫不整，身陷瓦礫
當我們希望妳在這裡
遭遇其他的麻煩事——

逆風而上，或許頂風停船，
就在飛鴿酒館的下游，
在南倫敦迷失方向，沒有地圖
或為愛傾覆。

是什麼耽擱了妳？是某種膽識？

回來告訴我們，妳如何總能領先
眾人一步，妳如何不顧
恐懼，妳如何勇敢——

在我們害怕的時刻。聽著——我是這麼想的。
回來吧——這次永遠別再離去。
將妳的防彈夾克和裝備留下
在那焚毀殆盡的街區，

然後搭機返家，途經巴黎。我們就在那碰面。
我會從街角的小店買瓶酒，
一切如舊。妳可以抽根菸。
瑪麗，快從那血跡斑斑的地面站起來吧！

*

今晚妳伸出妳瘦削黝黑的手臂
搭上我的肩，並說

（語氣出奇冷靜）
「你就不能接受我的死嗎？

學著期待預料之外的海潮的
轉向，那地圖上沒有記載的暗礁，
那應當遠離船尾的岩石
而我們在船尾跌跌撞撞？

那些謊言、無知與憎恨——
何謂事件的全貌？那裡沒有安全的停泊處，
在車臣或奇西克河洲[1]。
那些夜裡我借酒驅趕我的絕望，

而滿溢的菸灰缸送出文稿
你將會閱讀——或不讀——配著
一股鹹苦的滋味和你的第一杯咖啡

1 譯注：即 Chiswick Eyot，位於英格蘭。

在你的舌上搏鬥；當比利斯密
那隻我從耶路撒冷救回的街貓
魯莽闖入，高聲叫喊，從他的戰爭而來……
許許多多的生命如他這般——而今我已利用他們。
真希望我已回到你們身邊。」

資料來源與致謝

這本書的骨幹是瑪麗終其一生寫下的三百餘本日誌，最早的寫於一九六九年，最近的是二〇一二年一月。有些年份的日誌缺漏，可能是因故佚失。這些日誌中，報導筆記和個人的日記紀錄交雜在一起，多數都有標注日期——但並非全部。她也寫行事曆，有時會在事件結束後才補上。有幸獲得引用這些文字的許可，我要感謝理查德·福萊、《週日泰晤士報》、柯爾文一家和瑪麗的遺囑執行人珍·韋爾斯萊。瑪麗會在生活中某些事情發生後，馬上寫下來，通常是用直接引述句，一如我在文中引用的那些。任何提到瑪麗想法的段落，都是根據她的日誌寫成。

對於柯爾文家的善意和友好款待，我感激不盡，尤其是凱特。我也想要感謝《週日泰晤士報》，允許我引用瑪麗的文章，並且要感謝鮑伯·泰爾的協助。《週日泰晤士報》新聞照片編輯部的瑞·威爾斯和Annabelle Whitestone幫助提供照片。德妮斯·萊斯大方讓我引用她為她的著作《實地見證：戰地記者與攝影記者的人生》（*Bearing Witness: the Lives of War Correspondents and Photojournalists* [Random House, Australia, 2004]）訪問瑪麗的內容。而休·哈德森和凱琳·阿德勒允許我使用他們錄製的一段和瑪麗的對談。理查德·福萊、卡崔娜·赫隆、休·哈德森、肖恩·萊恩、艾莉克斯·舒勒曼和珍·韋爾斯萊，許可我使用瑪麗寄給他們的電子郵件和傳真。

如果沒有新聞學院的院長Howard Schneider，或是長島石溪大學（Stony Brook University）的瑪麗・柯爾文國際報導中心（Marie Colvin Center for International Reporting）委員會，我無法完成這本書，後者將我選為他們的第一位訪問學者。Jennifer Carlino替我安排所有相關事宜，並照料我。

Ray Bonner在紐約親切提供我住處和鼓勵；珍・韋爾斯萊在南艾爾郡也如此善待我。她和亞倫・詹金斯為最初幾個版本的文稿，提供莫大助益的建議。我在第四臺新聞的編輯Ben de Pear和Nevine Mabro）允許我為寫書請假。我的經紀人Felicity Bryan，以及我的編輯Poppy Hampson和Greg Clowes慷慨給予我支持。非常感謝所有人。

在第三章，美國襲擊的黎波里的描述是取自大衛・布朗迪和Andrew Lycett的著作《格達費與利比亞革命》（*Qaddafi and the Libyan Revolution*, Weidenfeld & Nicolson, 1987）。在第四章，我引用寶琳・坎廷醫師和R. Agha論文〈一座巴勒斯坦難民營中的手術情形〉（*Journal of the Care of the Injured*, 1992, Vol. 23, issue 6）的摘要，額外的資訊則是參考坎廷醫師的回憶錄《圍困下的兒童》（*Children of the Siege*, Pan Books, 1988）和蘇西・懷頓的《隨遇而安：來自巴勒斯坦難民營的日記》（*One Day at a Time: Diaries from a Palestinian Camp*, Hutchinson, 1990）。在第八章，我參考伊蕾娜・克里斯塔利斯的著作《酸苦黎明：一段東帝汶的民族故事》（*Bitter Dawn: East Timor – A People's Story*, Zed Books, 2002），並援引雪莉・李卡迪的文章〈通往危險區的公寓〉（'Highway to the Danger Zone', *American Journalism Review*, April 2000）。最後一章的部分內容是根據保羅・康羅伊的《最後關頭》（*Under the Wire: Marie Colvin's Final Assignment*, Quercus, 2013）寫成，我強烈推薦任何對他逃脫和存活的非凡經歷有興趣的人去閱讀這本書。我也參

考了艾荻・布維耶的著作《觀看戰爭風景的房間》（*Chambre avec vue sur la guerre*, Flammarion, 2012）。至於敘利亞政府內部運作的細節，則是取自控告敘利亞政府非法殺害瑪麗的訴狀中宣誓的證詞，提告者是凱特・柯爾文和她的女兒賈絲婷、兒子克利斯。感謝正義與問責中心（Center for Justice and Accountability）的Scott Gilmore協助我調閱這些文件。

我也要感謝Manuela Andreoni、Suzanne Barry、Hannah Bennett、Antonia Brogna、Ellen Harris和Nicola Shannon協助謄打和翻譯。在研究過程中，我訪問了超過一百人，有部分並沒有在書中提及，但卻提供我關鍵的資訊和指引，包括Huda Abuzeid、Bill Beacon、Nick Birnback、Nora Boustany、Leah Cartmell、Ron Cohen、Lyse Doucet、Donna Fiore、Inigo Gilmore、Val Harper、Sara Hashash、David Jenkins、Ahmad Khalidi、Steve Mufson、Lowell Perry、Henry Porter、Lee Ranaldo、General Sir David Richards、Roxanna Shapour、Colin Storrie、Vera Taggart、Bill Trott、Jess Velmans和Mariann Wenckheim。我也必須提及Dima Hamdan、Anna Ridout和Pippa Nairn，再加上珍・韋爾斯萊、Lyse Doucet和我，我們正努力透過瑪麗・柯爾文記者網絡（Marie Colvin Journalists' Network）延續瑪麗的遺志，這個計畫旨在支持阿拉伯世界的年輕女性記者。

最後，我要感謝我的伴侶Tim Lambon和我的父親Cyril Hilsum，給我支持與愛。

作者簡介

琳賽・希爾遜是英國第四臺新聞的國際編輯。她曾報導過去二十五年來眾多重大衝突和國際事件，包括在敘利亞、烏克蘭、伊拉克和科索沃的戰爭；阿拉伯之春；和盧安達的大屠殺。她的作品散見《紐約書評》（*The New York Review of Books*）、《衛報》和《格蘭塔》（*Granta*）。她的第一本著作《沙塵暴：革命時代的利比亞》（*Sandstorm: Libya in the Time of Revolution*）曾進入二〇一二年衛報首作獎（Guardian First Book Award）的決選名單。

Beyond

世界的啟迪

深入絕境：戰地記者瑪麗・柯爾文的生與死

In Extremis: The Life and Death of the War Correspondent Marie Colvin

作者	琳賽・希爾遜（Lindsey Hilsum）
譯者	黃楷君
執行長	陳蕙慧
總編輯	張惠菁
責任編輯	盛浩偉
特約編輯	許　涵
行銷總監	陳雅雯
行銷企劃	尹子麟、余一霞
封面設計	賴佳韋
排版	宸遠彩藝

社長	郭重興
發行人兼出版總監	曾大福
出版	衛城出版／遠足文化事業股份有限公司
發行	遠足文化事業股份有限公司
地址	23141 新北市新店區民權路 108-2 號九樓
電話	02-22181417
傳真	02-22180727
法律顧問	華洋法律事務所 蘇文生律師
印刷	呈靖彩藝有限公司
平裝本初版一刷	2021 年 9 月
定價	550 元

歡迎團體訂購，另有優惠，請洽 02-22181417，分機 1124、1135

ACRO
POLIS
衛城
出版

Email acropolismde@gmail.com
Facebook www.facebook.com/acrolispublish

國家圖書館出版品預行編目(CIP)資料

深入絕境：戰地記者瑪麗.柯爾文的生與死/琳賽.希爾遜(Lindsey Hilsum)著；黃楷君譯. – 初版. – 新北市：衛城出版, 遠足文化事業股份有限公司, 2021.09
面；公分. –（衛城Beyond；24）
譯自：In extremis : the life and death of the war correspondent Marie Colvin

ISBN 978-986-06518-8-1（平裝）

1. 柯爾文(Colvin, Marie, 1956-2012)
2.記者 3.傳記 4.美國

785.28 110009519

● 親愛的讀者你好，非常感謝你購買衛城出版品。
我們非常需要你的意見，請於回函中告訴我們你對此書的意見，
我們會針對你的意見加強改進。

若不方便郵寄回函，歡迎傳真回函給我們。傳真電話 —— 02-2218-0727

或上網搜尋「衛城出版FACEBOOK」
http://www.facebook.com/acropolispublish

● 讀者資料

你的性別是 □ 男性 □ 女性 □ 其他

你的職業是 ________________ 你的最高學歷是 ________________

年齡 □ 20 歲以下 □ 21-30 歲 □ 31-40 歲 □ 41-50 歲 □ 51-60 歲 □ 61 歲以上

若你願意留下 e-mail，我們將優先寄送 ________________ 衛城出版相關活動訊息與優惠活動

● 購書資料

● 請問你是從哪裡得知本書出版訊息？（可複選）
□ 實體書店 □ 網路書店 □ 報紙 □ 電視 □ 網路 □ 廣播 □ 雜誌 □ 朋友介紹
□ 參加講座活動 □ 其他 ________

● 是在哪裡購買的呢？（單選）
□ 實體連鎖書店 □ 網路書店 □ 獨立書店 □ 傳統書店 □ 團購 □ 其他 ________

● 讓你燃起購買慾的主要原因是？（可複選）
□ 對此類主題感興趣
□ 覺得書籍設計好美，看起來好有質感！
□ 議題好熱，好像很多人都在看，我也想知道裡面在寫什麼
□ 其他 ________
□ 參加講座後，覺得好像不賴
□ 價格優惠吸引我
□ 其實我沒有買書啦！這是送（借）的

● 如果你覺得這本書還不錯，那它的優點是？（可複選）
□ 內容主題具參考價值 □ 文筆流暢 □ 書籍整體設計優美 □ 價格實在 □ 其他 ________

● 如果你覺得這本書讓你好失望，請務必告訴我們它的缺點（可複選）
□ 內容與想像中不符 □ 文筆不流暢 □ 印刷品質差 □ 版面設計影響閱讀 □ 價格偏高 □ 其他 ________

● 大都經由哪些管道得到書籍出版訊息？（可複選）
□ 實體書店 □ 網路書店 □ 報紙 □ 電視 □ 網路 □ 廣播 □ 親友介紹 □ 圖書館 □ 其他 ________

● 習慣購書的地方是？（可複選）
□ 實體連鎖書店 □ 網路書店 □ 獨立書店 □ 傳統書店 □ 學校團購 □ 其他 ________

● 如果你發現書中錯字或是內文有任何需要改進之處，請不吝給我們指教，我們將於再版時更正錯誤

____
____
____
____
____

請

沿

虛

線

剪

下

廣 告 回 信
臺灣北區郵政管理局登記證
第 1 4 4 3 7 號

請直接投郵•郵資由本公司支付

23141
新北市新店區民權路108-2號9樓

衛城出版 收

● 請沿虛線對折裝訂後寄回，謝謝！

Beyond

世界的啟迪